KB013432

폭력에 대한 인문학적 성찰

폭력에 대한 인문학적 성찰

초판 1쇄 인쇄 2023년 11월 15일
초판 1쇄 발행 2023년 11월 24일

–

지은이 변광배
펴낸이 이방원
책임편집 조성규 **책임디자인** 손경화
마케팅 최성수 · 김 준 **경영지원** 이병은

–

펴낸곳 세창출판사
신고번호 제1990-000013호 **주소** 03736 서울시 서대문구 경기대로 58 경기빌딩 602호
전화 02-723-8660 **팩스** 02-720-4579 **이메일** edit@sechangpub.co.kr **홈페이지** http://www.sechangpub.co.kr
블로그 blog.naver.com/scpc1992 **페이스북** fb.me/Sechangofficial **인스타그램** @sechang_official

–

ISBN 979-11-6684-281-8 93100

ⓒ 변광배, 2023

이 책에 실린 글의 무단 전재와 복제를 금합니다.

※ 이 도서는 한국출판문화산업진흥원의 '2023년 우수출판콘텐츠 제작 지원' 사업 선정작입니다.

폭력에 대한 인문학적 성찰

변광배 지음

세창출판사

강의를 시작하며

반갑습니다. "폭력에 대한 인문학적 성찰(I-II)"이라는 주제의 강의로 여러분을 찾아뵙게 되었습니다. 강의 주제에 대해 소개하는 시간을 갖고, 곧바로 첫 번째 강의인 지라르의 폭력론을 살펴보도록 하겠습니다. 강의 주제에 대해서는 '왜 폭력인가?' '폭력에 관심을 갖게 된 계기' '폭력에 대한 연구에서 흔히 다루어지는 주제들' '강의에서 다루게 될 학자들'을 소개하는 선에서 그치도록 하겠습니다.

먼저 왜 폭력인가 하는 문제부터 보겠습니다. 이 문제에 대한 답은 보통 거시적 담론의 측면에서 주어지는 경우가 많습니다. 그러니까 '인류의 역사는 폭력의 역사이다' '폭력이 우리 인류의 가장 오랜 동반자이다' '인류는 폭력을 극복하기 위해 폭력에 대한 전쟁을 계속 선포하고 있다' 등등의 사실을 지적하는 것이지요. 특히 지난 20세기는 '폭력의 세기' '극단의 시대'였다는 점도 강조됩니다. 실제로 그랬죠. 1, 2차 세계대전, 홀로코스트, 나치즘과 전체주의, 공산주의 독재 등등…. 또한 이런 세기를 뒤로하고 맞이한 21세기에도 폭력은 여전히 우리를 위협하고 있다는 사실 역시 지적됩니다. 이 강의를 하고 있는 지금도 지구에서는 전쟁이 계속되고 있으며, 인종차별도 여전히 행해지고 있습니다. 물론 이런 거시적인 담론의 측면에서의 답도 우리가 어떤 이유에서 폭력을 문제 삼아야 하는가에 대한 적절한 답이 될 수 있을 것입니다.

그렇지만 위의 문제에 대한 가장 간단하고도 확실한 답은 '폭력'이라는 단어의 어원에서 찾을 수 있을 것으로 보입니다. 우리말의 '폭력'에 해당하는 영어와 불어는 모두 'violence'입니다. 그런데 이 단어는 '삶'에 해당하는 불어 단어 'vie'와 그 어원이 같습니다. 그리고 불어에서 'vie'는 삶과 관계되는 단어들, 가령 '살다vivre' '생명의vital' '살아 있는vivant' 등과 같은 어군에 속합니다. 그런데 이 단어군의 라틴어 어원은 '*vis*'인데요, 그 의미는 '힘'입니다. 이 '*vis*'라는 단어는 '남자, 남편, 용사, 병사' 등을 의미하는 라틴어 '*vir*'와 친족 관계에 있으며, 이 단어는 '권능'의 의미를 지닌 인도·게르만어의 'val'과 무관하지 않습니다. 'val'은 독일어의 'Gewalt'와도 연결되는데, 이 독일어 단어는 '힘' '정당한 권력' '지배' '권위' '권능' '폭력' 등의 의미를 지니고 있습니다. 문맥에 따라서 이 단어는 '강제력'이라는 의미로도 사용됩니다.

이 같은 어원적인 접근을 통해 우리는 다음과 같이 말할 수 있겠습니다. 인간의 삶이 폭력과 떼려야 뗄 수 없는 관계에 있다고 말입니다. 이것은 우리의 삶 자체가 폭력의 연속이라는 것을 보여 줍니다. 그리고 우리의 일상생활에서 폭력이 자행되는 빈도수, 그 종류 등을 고려해 보면 폭력이 침투하지 않은 영역이 거의 없다고 할 수 있을 것입니다. 이것은 폭력을 이해하는 것이 곧 우리의 삶, 곧 실존의 과정을 이해하는 것과 동의어라는 것을 단적으로 보여 준다고 하겠습니다. 또한 폭력이 이처럼 복잡하고 다양하기 때문에 폭력을 이해하는 데에는 인문학의 여러 분야의 성과를 참고하는 것이 요구됩니다.

게다가 인간 각자가 폭력을 경험하는 방식, 시기 등은 아주 다양할 것입니다. 그러니까 각자가 폭력에 관심을 갖게 되는 계기는 천차만별일 것입니다. 저의 경우를 예로 들어 보겠습니다. 뭐랄까, 그다지 특별하지는 않습니다. 다른 사람들과 마찬가지로 저 역시 어린 시절부터 보통 아이들이 겪곤 하는 그런 소소한 폭력을 겪었습니다. 다만 그런 경험들이 흔히 말하는 트라우마로 무의식에 깊이 각인된 적은 없는 것 같습니다. 집에서도 그렇고, 초등학교, 중학교, 고등학교를 거치는 과정에서도 마찬가지였습니다. 과거를 돌아보면 다행스럽게 폭력과 이렇다 할 관계를 맺은 적은 거의 없다고 할 수 있습니다.

다만 하나의 예외가 있다면, 그것은 초등학교 때 겪었던 일이라고 할 수 있을 것입니다. 시골에서 학교를 다녔는데, 호적이 늦게 등록되는 바람에 늦깎이로 입학한 아이들이 가끔 있었습니다. 그런 아이들은 같은 학년의 아이들에 비해 덩치도 크고 힘도 셌습니다. 그래서 그런 아이들이 같은 학년의 아이들에게 폭력을 자행하는 경우가 없지 않았습니다. 저도 그런 경우를 경험했습니다. 초등학교 4학년 때의 일로 기억하는데요. 덩치가 큰 한 아이가 다른 아이들을 못살게 굴었죠. 그런데 흥미로운 것은, 그때 60여 명쯤 되는 반 아이들이 힘을 모아 덩치 큰 아이에게 맞섰다는 것입니다. 어떻게 했을까요?

제 기억이 정확하다면 그 방법은 이러했습니다. 가령, 점심시간에 도시락을 먹으면서 60여 명의 아이들이 모여 각자의 책상을 원형으로 배치하고, 그 위에 반찬을 두고 줄을 선 채 돌아가면서 도시락을 먹었어요. 그러는 동안 덩치가 큰 아이는 혼자 귀퉁이에서 도시락을 먹었던 것으로 기억합니다. 물론 방과 후에 그 덩치 큰 아이와 일대일로 만나게 되면 복수를 당하기도 했습니다. 하지만 어쨌든 장기적인 싸움에서 '우리'를 형성한 60여 명이 '그'를 물리치는 데 성공했던 것입니다. 물론 지금이야 그 동창생 친구를 만나 과거의 이야기를 할 때면 그저 웃고 넘어가지요. 하지만 그 당시에는 꽤 심각한 상황이었습니다.

폭력이 문제가 될 때마다 이 경험이 떠오를 만큼 이 사건은 저에게 꽤 깊은 인상을 남겨 주었습니다. 왜냐하면, 나중에 자세히 보게 되겠지만, 저는 이 경험을 바탕으로 '폭력'(기존폭력 = 덩치 큰 아이의 폭력)에 맞서 '다른 폭력'(대항폭력 = 60여 명의 저항)으로 대처할 수 있겠다는 도식의 가능성을 엿볼 수 있었기 때문입니다. 어쨌든 이 경험은 오랫동안 저의 뇌리에 남게 됩니다.

그 뒤로 제가 폭력에 대해 본격적으로 관심을 갖기 시작했던 것은 대학 시절이었습니다. 그 당시에 가장 중요한 과제는 우리나라의 민주화였습니다. 1945년 해방, 1950년 한국전쟁, 1960년 4.19 혁명, 1961년 5.16 군사 정변, 1972년 유신 헌법 제정, 1979년 부마 민주 항쟁, 1980년 광주 민주화 운동 등으로 이어지는 우리나라 현대사에서 주요한 과제는 군사 독재에 종지부를 찍고 민주화를 쟁취하는 것이었습니다. 정상적인 학교 생활이 거의 불가능했습니다. 하루가 멀다 하고 시위를 했고, 거의 매일 최루탄 가스를 마셨던 것으로 기억합니다. 그런 와중에 국민의 손으로 국민을 위하라는 임무를 부여해 준 국가가 어떤 이유에서 국민을 괴롭히는 국가로 변질되는가라는 문제에 사로잡히게 되었습니다. 이른바 국가 폭력의 문제에 직면하게 된 것입니다.

이렇게 해서 폭력에 대한 문제의식을 갖게 되기는 했지만, 그럼에도 이런 폭력을 극복하는 문제에 대해서는 뚜렷한 해결책을 가지고 있지 못했습니다. 그러던 중 대학원에 진학하게 되었고, 그때부터 20세기 프랑스를 대표하는 철학자이자 작가인 장폴 사르트르Jean-Paul Sartre에게 관심을 갖게 되었습니다. 그가 주창한 이른바 '참여engagement문학론'을 통해서였습니다. 거칠게 말하자면 참여문학론이란 문학도 사회의 변혁을 위해 무엇인가를 해야 하고 또 할 수 있다는 문학론이었습니다. 이 이론에서 문학의 본질인 쓰기 행위는 드러내고, 고발하고, 변화시키는 행위와 동의어로 이해됩니다. 하지만 사르트르의 이 문학론을 이해하기 위해서는 그의 철학, 특히 『존재와 무*L'Etre et le néant*』를 읽어야만 했고, 철학적 소양이 부족했던 저로서는 이 책을 읽고 이해하기 위해 이른바 3H로 불리는 철학자, 즉 헤겔, 후설, 하이데거의 철학을 단편적으로나마 공부하게 되었습니다.

그러다가 대학원을 마칠 무렵에 『존재와 무』에서 '나'와 '타자' 사이의 시선을 통한 갈등과 투쟁의 문제에 주목하게 되었고, 이를 바탕으로 사르트르의 단편집 『벽*Le Mur*』을 가지고 이 문제를 다루는 것으로 석사 논문을 마치게 되었습니다. 그런 와중에도 저의 관심은 여전히 폭력 문제에 있었습니다. 프랑스로 유학을 가기로 작정하고, 가서 폭력 문제를 다루어 보리라 마음먹었습니다.

프랑스에 도착해서 곧바로 사르트르의 후기 사상이 집대성된, 그리고 그의 사회, 정치철학이 전개되고 있는 『변증법적 이성비판*Critique de la raison dialectique*』을 구입해서 읽게 되었고, 이 책을 통해 사르트르 폭력론의 윤곽을 잡을 수 있었습니다. 그리고 "사르트르의 소설과 극작품에 나타난 폭력 문제"라는 주제로 박사학위 논문을 쓰기에 이르렀습니다.

그 과정에서 저는 가급적 사르트르의 폭력론 이외에 다른 학자들의 폭력론까지 함께 이해하고자 했습니다. 그 과정에서 소렐, 지라르, 파농, 아렌트 등의 폭력론을 피상적으로나마 접할 수 있었습니다. 하지만 유학을 마치고 귀국해서 한동안은 폭력에 대해 별다른 관심을 갖지 않았습니다. 그 주된 이유는 무기력이었습니다. 폭력에 대한 관심은 여전히 이론적, 사변적 차원에 그치고 있는 데 반해, 실제 생활에서 폭력은 더 교묘해지고, 다양해지고, 잔혹해지는 상황이 펼쳐지고 있었습니다. 이것이 무기력을 느낀 이유였습니다. 그러니까 폭력에 대해 아무리 이론적으로 이해하려고 해도 소용없겠다는 자포자기의 심정이었다고 할 수 있을 것입니다.

그러다가 다시 폭력의 문제에 주목하게 되었습니다. 강의와 연구를 계속해야 하고, 논문과 저서도 집필해야 하는 등의 상황이 계속 이어진 것이죠. 그런 와중에 학위 논문을 쓰면서 주마간산 격으로 보았던 벤야민, 데리다 등의 이론과 그 존재를 미처 알지 못했던 갈퉁, 또한 21세기 들어와 큰 관심의 대상이 된 아감벤, 지젝, 한병철 등의 폭력에 대한 이론도 접하게 되었습니다.

폭력에 대한 관심을 이어 간 또 하나의 주된 이유는 제 개인적인 바람과 무관하지 않습니다. 기억이 정확하다면, 과거에 '문학과지성사'에서 출간된 정문길의 『소외론』을 인상 깊게 읽은 적이 있습니다. 지금도 그 책을 가지고 있습니다. 폭력을 공부하는 과정에서 저도 그 같은 책을 한 권 집필하고자 하는 바람을 계속 가지고 있었습니다. 하지만 차일피일 미루다가 지금에 이르게 되었고, 이번에 강의를 하면서 이 바람의 물꼬를 트려고 생각하고 있습니다. 이 계획을 실현하는 데 가장 큰 난점은 바로 여러 철학자의 폭력론을 정확하고 균형 있게 이해하는 것입니다. 이번 강의를 통해 부족한 부분들을 보완해 나가면서 이 계획의 착수에 돌입하고자 합니다.

우리 사회에서도 폭력에 대한 관심이 점차 커지고 있습니다. 이론적인 연구에서뿐 아니라 실생활에서도 그렇다고 할 수 있습니다. 다만 우리의 관심이 주로 이론 쪽에 치우쳐 있기 때문에, 이 책에서는 이론 분야를 개괄하는 정도로 그치고자 합니다. 실제로 폭력에 대한 관심은 대부분의 경우 이론으로부터 시작되는 것이 보통입니다.

가령, 한 대학에 비폭력연구소가 설립되어 있으며, 이 연구소를 중심으로 활발한 활동이 이어지고 있습니다. 또한 각급 연구 기관을 통해 폭력에 대한 연구 논문이 쏟아져 나오고 있습니다. 또한 한국연구재단 프로젝트에서 폭력을 주제로 한 연구도 행해진 바 있으며, 대학 밖의 교육 기관에서도 폭력에 대한 특강이 빈번하게 행해지고 있습니다. 그리고 여기에 더해 출판계에서도 폭력에 대한 책들이 꾸준히 출간되고 있는 실정입니다.

저는 이 같은 여러 연구 성과를 종합적으로 참고하면서 이번 강의를 통해 11명의 철학자(지라르, 사르트르, 파농, 아렌트, 소렐, 벤야민, 데리다, 아감벤, 지젝, 갈퉁, 한병철)를 선정하고, 그들 각자의 폭력론을 이해하고자 합니다.

폭력론에서는 보통 다음과 같은 주제들이 주로 다뤄지고 있습니다. 우선, 폭력의 본질에 관한 문제, 즉 폭력의 기원과 정의의 문제와 폭력 현상에 대한 분석입니다. 그다음으로는 폭력의 극복 문제, 다시 말해 폭력으로부터 벗어나는 문제가 또 다른 탐구 영역을 이루고 있습니다. 특히 과연 폭력을 극복하는 데 또 다른 폭력의 사용이 어느 정도까지 정당화될 수 있는가의 문제가 세세하게 다뤄지고 있습니다. 이번 강의에서 다루게 될 11명의 학자는 인문학의 여러 분야에서 활동하면서 이 같은 폭력의 주요 주제들에 대해 종합적인 통찰을 하고 있습니다.

앞에서 불어의 삶vie과 폭력violence의 어원이 같으며, 실제로 우리의 삶 자체가 폭력의 연속이라는 점을 지적했습니다. 하지만 우리는 평소에 폭력에 대해 큰 관심을 갖지 않고 지내기 일쑤입니다. 그 이유는 폭력이 나의 주위에서 시간적으로 또 공간적으로 가까운 때와 가까운 곳에서 발생하지 않는 데다가 나와 가까운 사람들이 희생되는 경우가 아주 드물기 때문입니다. 하지만 폭력은 우리의 무관심 속에서 더 빈번하게, 교묘하게, 다양하게, 잔혹하게 자행됩니다. 이런 사실을 염두에 둔 채 이번 강의로 폭력에 대한 관심을 고취시키고, 나아가 폭력과의 전쟁에서 승리할 수 있는 방책 마련의 기회를 갖고자 합니다.

차례

제5강

소렐의 폭력론: 『폭력에 대한 성찰』을 중심으로

제6강

벤야민의 폭력론: 「폭력비판을 위하여」를 중심으로

제7강

데리다의 폭력론: 『법의 힘』을 중심으로

제8강

아감벤의 폭력론: 『호모 사케르』와 『예외상태』를 중심으로

제9강

지젝의 폭력론: 『폭력이란 무엇인가』를 중심으로

제10강

갈퉁의 폭력론: 『평화적 수단에 의한 평화』를 중심으로

제11강

한병철의 폭력론: 『폭력의 위상학』을 중심으로

일러두기

1. 이 책의 토대는 저자가 2021년 11월부터 이듬해 2월까지 철학아카데미에서 진행했던 강의이다.
2. 인명을 포함한 외국어 표기는 국립국어원의 외래어표기법과 용례에 따르되 몇몇 경우는 관용적 표기에 따랐다.
3. 이 책에서 언급하는 저서 중 우리말로 번역된 것, 잡지, 신문 등은 그에 해당하는 원어를 다음과 같이 첨자로 병기했다.

   『폭력과 성스러움*La Violence et le sacré*』
4. 우리말로 번역되지 않은 것은 대괄호 안에 원어를 넣어 다음과 같이 표기했다.

   『지하실의 비평』[*Critique dans un souterrain*]
5. 이 책의 주註에서는 인용한 저서 중 직접 인용된 것은 우리말 제목만 표기했다.

제1강

르네 지라르의 폭력론:

『폭력과 성스러움』을 중심으로

1.1.
시작하며

첫 번째 강의에서는 20세기 프랑스를 대표하는 폭력이론가인 르네 지라르René Girard의 폭력론을 살펴보도록 하겠습니다. 저의 개인적인 생각으로는 폭력에 관한 한 지라르가 전 세계에서 가장 유명한 학자가 아닌가 합니다.

지라르가 제시하는 폭력론의 특징은 크게 다음 네 가지로 요약할 수 있을 것 같습니다. 첫째, 그가 폭력의 기원을 인간의 '모방적 욕망désir mimétique'에서 찾았다는 점입니다. 둘째, 그가 현대와 같은 사법제도를 갖추지 못한 고대사회를 중심으로 폭력 문제를 다루었다는 점입니다. 셋째, 그가 폭력 문제를 종교, 특히 종교의 본질이라고 할 수 있는 '성스러움le sacré'과 연결시켰다는 점입니다. 넷째, 그가 폭력에서 서구 문화의 기원을 찾았다는 점입니다.

오늘 강의에서는 지라르의 폭력의 기원 문제를 『낭만적 거짓과 소설적 진실*Mensonge romantique et vérité romanesque*』을 통해 살펴보고, 『폭력과 성스러움*La Violence et le sacré*』을 통해 폭력을 극복하려는 노력의 일환으로 제시되고 있는 '희생제의rite sacrificiel'와 '희생양bouc émissaire' 개념, 그리고 그로부터 도출되는 성스러움 개념을 주로 살펴보고자 합니다. 그리고 마지막으로 지라르가 어떤 이유에서 폭력의 극복과 기독교를 연결시켰는지, 나아가 또 어떤 이유에서 폭력을 서양 문화의 기원으로 보게 되었는지 등을 살펴보고자 합니다.

1.2.
지라르의 생애와 저작

먼저 지라르의 생애와 저작을 살펴보겠습니다. 지라르는 1923년 프랑스의 아비뇽에서 태어나 2015년에 세상을 떠난 프랑스의 문학비평가, 인류학자, 종교철학자, 문화이론가입니다. 1940년에 바칼로레아를 통과하고, 1941년 고등사범학교 입학을 준비하기 위해 리옹에 갔다가 적응을 못하고, 아버지의 권유에 따라 파리 국립고문서학교Ecole nationale des Chartes에 입학했습니다. 하지만 고문서학 전공자로 박물관이나 도서관에서 일하는 것에 대해 회의를 느끼고 있던 차에 미국으로부터 프랑스어를 가르쳐 달라는 교직 제의가 오자 이에 응한 지라르는 1947년에 미국으로 향했습니다.

1950년에 인디애나대학에서 "1940-1943년 사이의 미국에 대한 프랑스의 여론"이라는 주제로 현대사 박사학위를 받았습니다. 그 뒤로 이 대학에서 강의를 하면서 스탕달, 프루스트, 플로베르, 도스토옙스키 등의 작품을 연구하게 됩니다. 1957년에 존스 홉킨스대학으로 옮겨 1968년까지 재직하고, 1961년에는 『낭만적 거짓과 소설적 진실』을 출간합니다. 이 책으로 그의 이름이 세상에 알려지게 되는데, 특히 문학비평가로 널리 알려지게 됩니다.

1966년에 지라르는 "비평의 언어와 인간과학The Language of Criticism and the Sciences of Man"이라는 주제를 다룬 국제학술대회 개최에 일조합니다. 골드만, 바르트, 데리다, 라캉, 이폴리트 등이 참가한 이 학술대회는 프랑스의 구조주의, 특히 데리다가 주창한 해체주의가 미국에서 대유행하는 계기가 됩니다. 하지만 지라르는 이 학술대회를 통해 학문의 주류에서 동떨어져 있음을 절실히 느끼게 됩니다.

이 학술대회를 계기로 지라르는 연구에 더 열중하게 되고, 1968년에 버펄로대학으로 옮겨 1975년까지 재직합니다. 1972년에 『폭력과 성스러움』이 출간되는데, 이 저서가 지라르의 대표 저서입니다. 1975년에는 존스 홉킨스대학으로 되돌아옵니다. 1978년에 『세상 설립 이후 감춰진 것들』[*Des choses cachées depuis la fondation du monde*]을 출간하면서 『폭력과 성스러움』에서 누락되었던 기독교 부분을 본격적으로 다룹니다. 1980년에 스탠퍼드대학으로 옮겨 간 뒤, 1995년 퇴임 때까지 그곳에서 재직합니다.

1983년 프랑스의 스리지 라 살Cerisy-la-salle에서 개최된 대규모 국제학술대회에서 지라르의 사유가 중점적으로 논의됩니다. 그 결과물은 1985년에 『폭력과 진리*Violence et vérité*』라는 제목으로 출간됩니다. 지라르는 1995년에 퇴임하고 나서 프랑스로 돌아옵니다. 2005년에 40명으로 구성된 프랑스 아카데미 종신회원으로 선출됩니다. 지라르의 삶과 관련해 한 가지 눈여겨볼 만한 점은, 그가 오랜 시간 동안 미국에서 이방인으로 지냈으며, 그 결과 그의 학문적 성과는 오랫동안 프랑스에서 제대로 인정받지 못했다는 사실입니다. 말하자면 지라르는 한동안 희생양 신세를 면치 못했던 것입니다.

지라르는 약 20여 권의 저작을 출간했는데, 그중 일부가 우리말로 번역되어 있습니다.[1] 주요 저작으로는 다음과 같은 것들이 있습니다.

1 『소설의 이론』, 김윤식 옮김, 삼영사, 1977; 『폭력과 성스러움』, 김진식 · 박무호 옮김, 민음사, 1993; 『낭만적 거짓과 소설적 진실』, 김치수 · 송의경 옮김, 한길사, 2001; 『나는 사탄이 번개처럼 떨어지는 것을 본다』, 김진식 옮김, 문학과지성사, 2004; 『문화의 기원』, 김진식

『낭만적 거짓과 소설적 진실』(1961)

『도스토옙스키: 짝패에서 통일성으로』[*Dostoïevski: Du Double à l'unité*](1963)

『지하실의 비평』[*Critique dans un souterrain*](1976)

『폭력과 성스러움』(1972)

『세상 설립 이후 감춰진 것들』(1978)

『희생양*Le Bouc émissaire*』(1982)

『사악한 사람들의 옛길』[*La Route antique des hommes pervers*](1985)

『셰익스피어: 선망의 불꽃』[*Shakespeare: Les feux de l'envie*](1990)

『이런 일들이 시작될 때』[*Quand ces choses commenceront*](1994)

『나는 사탄이 번개처럼 떨어지는 것을 본다*Je vois Satan tomber comme l'éclair*』(1999)

『그를 통해 스캔들이 왔다*Celui par qui le scandale arrive*』(2001)

『현실의 오해된 목소리』[*La voix méconnue du réel*](2002)

『문화의 기원*Les Origines de la culture*』(2004)

『비극과 연민』[*Le Tragique et la pitié*](2007)

『클라우제비츠를 완성하기』[*Achever Clausewitz*](2007)

『신은 만들어진 것인가』[*Dieu, une invention?*](2007)

『폭력에서 신성으로』[*De la violence à la divinité*](2007)

『거식증과 모방 욕망』[*Anorexie et désir mimétique*](2008) 등등.

조국인 프랑스에서 지라르에 대한 평가는 초창기에는 그다지 좋

옮김, 기파랑, 2006; 『희생양』, 김진식 옮김, 민음사, 2007; 『그를 통해 스캔들이 왔다』, 김진식 옮김, 문학과지성사, 2007.

지 않았다가 나중에야 달라지게 됩니다. 가령, 프랑스대학출판사PUF: Presses universitaires de France에서 1993년에 출간된 『철학자 사전*Dictionnaire des philosophes*』에서 지라르에 대해 다음과 같은 평가를 읽을 수 있습니다.

> 지라르는 마르크스, 니체, 프로이트와 같은 의심스러운 대철학자들을 해체하려 한다. 그런데 지라르는 바로 그들을 이용해 우상을 파괴한 다음, 다시 말해 어떤 신화를 밝혀낸 다음 스스로 그들을 '쓸모없는 우상들'로 간주하고 있다.[2]

또 프랑스의 주간지 『르 누벨 옵세르바퇴르*Le Nouvel Observateur*』(1994년 8월 18일)에서는 다음과 같은 평가를 볼 수 있습니다.

> '지라르 현상'이라고 부를 만한 것이 있다. 시중에는 지라르를 우리 시대의 가장 위대한 사상가 가운데 한 사람, 즉 프로이트나 마르크스 같은 사람으로 보는 이들이 많은데 그들은 틀리지 않았다. 그런데 정작 인문학 전문가라는 작은 서클 내의 사정은 정반대다. 지라르가 협잡꾼으로 매도당하는 것을 드물지 않게 볼 수 있다. 한 지식인에 대한 동료들의 도편 추방이 이렇게 끔찍하게 자행된 적은 일찍이 없었다. 평소에는 금기에 도전하고 또 지라르의 사상에서 새로운 힌트를 얻다가도, 이런 사태에 대해서는 아무 말도 않는 것이 사려 깊다고 여기는 대학교수들이 많이 있다. 그들은 아마 소르본의 닭이 울기 전에 '나는 저 사람을 모른다'고, 한 번이 아니라 세 번이

2 르네 지라르, 『문화의 기원』, 김진식 옮김, 기파랑, 에크리 총서, 2006, 320쪽, '옮긴이의 말'에서 재인용.

나 부인할 것이다. 그러나 지라르 이론의 최대 강점은 자신이 바로 그 대상인 추방의 폭력 그 자체를 설명하고 예견한다는 아주 비싼 대가를 치른다는 점일 것이다.[3]

우리나라에서의 지라르 수용은 다른 프랑스 철학자들에 비해 그다지 뜨거운 것은 아니었고, 또 지금도 그렇습니다. 하지만 프랑스 문학을 중심으로 시작된 그의 이론의 수용은 최근에는 철학 영역으로 확대되고, 특히 문화연구 영역으로까지 확대되고 있는 것으로 보입니다. 10여 편의 석사 논문, 30-40여 편의 논문, 6권의 번역서 등이 있는 것이 우리나라의 실정입니다.[4]

1.3.
폭력의 기원: 모방적 욕망과 욕망의 삼각형

지라르의 생애와 저작, 평가 그리고 우리나라에서의 수용에 대해 간략하게 살펴보았습니다. 이제 지라르의 본격적인 첫 저서에 해당하는 『낭만적 거짓과 소설적 진실』을 중심으로 지라르에게서 폭력의 기원 문제를 살펴보고자 합니다. 이를 위해서는 지라르의 욕망 개념과 그 특성을

3 같은 책, 320-321쪽에서 재인용.

4 지라르에 대한 연구 자료에 대해서는 다음을 참고하라. 김모세, 『르네 지라르: 욕망, 폭력, 구원의 인류학』, 살림, 2008, 330-338쪽.

소개하고 있는 그의 욕망론을 먼저 이해해야 합니다. 결론을 미리 말씀드리자면, 지라르의 욕망론은 그의 사유의 전체를 관통하는 핵심 이론이며, 특히 폭력의 기원 문제와 관련해서는 결정적인 중요성을 지녔다고 할 수 있습니다.

지라르는 『문화의 기원』에서 그 자신의 전체 이론이 "단 하나의 주제에 대한 기나긴 논증"[5]이었다고 술회하고 있습니다. 여기에서 단 하나의 주제에 해당하는 것이 바로 '폭력'입니다. 그리고 지라르는 이 폭력 문제와 관련해 특히 그 기원을 다루면서 욕망 개념을 출발점으로 삼고 있습니다. 하지만 이 사실에는 특별한 점이 없습니다. 그도 그럴 것이 서구의 모든 철학자가 이 사실을 인정하고 받아들인다고 할 수 있기 때문입니다. 그 대신 여느 철학자들과 마찬가지로 지라르 역시 욕망에 대해서는 이렇다 할 정의를 내리지 않은 채 이 개념을 사용하고 있습니다.

다만, 지라르는 욕망이 형이상학적 속성을 지니고 있다고 주장합니다. 지라르에 의하면 욕망은 주체가 이상적인 가치를 가지고 있는 것처럼 보이는 모델(중개자)을 모방함으로써 자신의 존재가치를 높이려고 한다고 보고 있습니다. 그러니까 욕망의 주체는 사용가치valeur d'usage가 없는 대상을 욕망하거나, 그것이 없는 대상에 어떤 가치를 부여하면서 대상을 욕망한다고 할 수 있는 것입니다. 이것이 바로 욕망이 지닌 형이상학적 속성입니다.[6]

5 이 표현은 『문화의 기원』의 '서문'의 제목이다. 이 서문은 이 책에서 지라르와 대담을 하고 있는 케임브리지대학의 이탈리아어학과 교수 피에르파올로 안토넬로(Pierpaolo Antonello)와 리우데자네이루대학에서 비교문학을 가르치는 주앙 세자르 데 카스트로 호샤(Joao Cezar de Castro Rocha) 교수가 함께 쓴 것이다.

6 욕망의 형이상학적 성격을 이해하기 위해 프루스트의 『잃어버린 시간을 찾아서』를 보자.

이를 토대로 다음과 같은 세 가지 사실을 엿볼 수 있습니다. 첫째, 인간의 욕망은 초월적이라는 사실입니다. 지라르의 욕망론 바탕에는 인간이 무엇인가를 욕망한다는 것은, 바로 인간 자신이 현재의 모습에 만족하지 못하는 자신을 넘어서고자 하기 때문이라는 생각이 깔려 있는 것으로 보입니다. 이것이 바로 욕망이 초월적이라는 것의 의미입니다. 둘째, 지라르에게서 욕망은 관계를 통해 이해된다는 사실입니다. 쉽게 짐작할 수 있는 것이지만, 이때 이 관계의 한 항項은 '대상objet'입니다. 그러니까 인간이 욕망의 주체로서 자신의 욕망을 충족시키기 위해 어떤 대상을 겨냥한다는 것입니다. 셋째, 인간의 욕망은 모방적이라는 사실입니다. 어쩌면 이 세 번째 사실이 폭력의 기원과 관련해 가장 중요하지 않을까 합니다. 그런 만큼 이 세 번째 사실을 조금 더 자세히 살펴볼 필요가 있습니다.

대부분의 경우에 우리는, 한 명의 인간이 그의 욕망을 충족시키는 과정에서 어떤 대상과 맺는 관계가 자연발생적인 데다, 심지어 자발적인 것이라고 생각하기 쉽습니다. 다시 말해 이 인간이 그 대상을 욕망하는 과정에서 누구의 영향이나 간섭도 받지 않는다는 것입니다. 이런 주장은

포부르 생제르맹에는 귀족들이 모여 살지만, 이곳은 이미 경제적 가치가 현저하게 떨어진 곳이다. 과거의 사교계 사람들이나 속물들에게만 이 장소의 이름, 옛 명성 등이 사회적 중요성을 가지고 있을 뿐이다. 다시 말해 이곳이 그들의 존재 위상을 높여 줄 힘이 있는 장소로 여겨지는 것이다. 그러니까 속물들에게는 이 장소가 환상의 마법 투구로 보인다. 막강한 권세를 누리며, 모두에게 존경받는 귀족에 대한 환상의 마법 투구가 그것이다. 따라서 이곳은 중개된 욕망으로 인해 일종의 마법의 왕국으로 간주된다. 이처럼 사용가치가 없는 대상을 추구하는 것은 정확히 지젝이 말하는 이데올로기라는 숭고한 환상과도 무관하지 않다는 점을 지적하자. 그러니까 아무것도 아닌 것(nothing)이, 빈 것이 가장 중요한 역할을 수행하는 셈이다.

일견 타당해 보입니다. 그렇지 않을까요? 상식적으로 내가 '무엇을 먹고 싶다' '무엇을 구매하고 싶다' 하는 상황에서 내가 나의 욕망의 주체라는 사실은 자명한 듯 보입니다. 물론 지라르도 이런 견해를 인정하긴 합니다. 지라르는 이를 주체 S와 대상 O 사이에 그을 수 있는 직선 개념으로 도식화합니다.

> 여기에는 중개자가 없다. 오직 주체와 대상이 있을 뿐이다. … 하지만 그래 봐야 욕망은 언제나 자연발생적이다. 즉 그 욕망을 묘사하기 위해서는 주체와 대상을 이어 주는 간단한 직선을 하나 그리기만 하면 된다.[7]

하지만 지라르는 인간 욕망의 자연발생적 성격 또는 자발성을 부정하는 입장을 견지합니다.[8] 이 같은 지라르의 입장은 정신분석학을 위시해

7 René Girard, *Mensonge romantique et vérité romanesque*, Grasset, coll. Pluriel, 1961, p. 16.(이하 MR로 약기.)

8 지라르는 『낭만적 거짓과 소설적 진실』에서 분석되고 있는 여러 작가의 소설 결말 부분에서 일어나는 '개종(conversion)'에 커다란 중요성을 부여한다. 지라르는, 인간의 욕망이 대상에 대해 직접적이고 자발적으로 작용한다는 사실을 그대로 믿는 이른바 '낭만적 거짓'을 각 소설의 결말 부분에 나타난 진실, 곧 인간의 욕망은 다른 사람의 욕망의 의해 중개된다는 '소설적 진실'을 통해 통렬하게 고발하고 있다. 이것이 바로 이 저서의 제목에 담긴 의미이기도 하다. "소설 결말들의 통일을 이루는 것은 바로 형이상학적 욕망의 포기이다. 죽어 가는 주인공은 그의 중개자를 부정한다. … 모든 소설의 결말은 개종이다."(*Ibid.*, pp. 329-330.) "우리의 분석은 모든 훌륭한 결말이 한목소리로 부르짖는 메시지로 우리를 가차 없이 인도했다. 주인공은 자만심으로 인한 거짓 신성을 포기함으로써 예속에서 해방되고, 결국 자신의 불행에 대한 진실을 소유하게 된다. 이 포기는 창조자의 포기와 구별되지 않는다. 낭만적 작가를 진정한 소설가로 만드는 것은 바로 형이상학적 욕망에 대한 승리이다."(*Ibid.*, p. 343.) "지금부터 우리는 '낭만적'이라는 용어를 중개자의 존재를 결코 드러내지 않은 채 그 존재를 반영하는 작품들에 할당할 것이고, 이 중개자의 존재를 드러

이른바 주체의 해체 또는 인간의 죽음을 선언하는 현대 철학적 담론들과 무관하지 않습니다. 우리는 "나는 나가 아니다" "나는 내가 존재하지 않는 곳에서 존재한다" 등과 같은 프로이트·라캉 정신분석의 주장을 알고 있습니다. 곧 "나는 타자다Je est un autre"라는 주장이 설득력을 갖습니다.

또한 구조주의 담론에서 나는 이미 이 세계와의 관계에서 의미 생산의 주체로서의 지위를 상실하고 있으며, 주체로서의 나는 나를 에워싸고 있는 여건, 이른바 구조의 효과로 여겨지고 있습니다. 물론 이 같은 협의의 극단적인 주체관은 포스트구조주의자들의 비판 대상이 되긴 합니다. 하지만 어쨌든 욕망의 자연발생적, 자발적 특성을 부정하는 지라르의 견해 역시 이런 종류의 현대적 담론들에서 크게 벗어나 있지 않은 것으로 보입니다.[9]

앞에서 우리는 지라르가 욕망의 형이상학적 속성을 주장하면서 모델 개념을 제시한 것을 보았습니다. 지라르는 자신의 욕망론을 전개하면서 인간의 욕망은 이 모델과의 관계에 의해서 발생하고 또 거기서 영향도 받는다고 주장합니다. 그러니까 이 경우에 모델은 인간이 자신의 욕망을 발생, 충족시키는 과정에서 일종의 '중개médiation'의 역할을 수행한다고 주장합니다. 그리고 이런 역할을 수행하는 자를 '중개자médiateur'라고 일컫습니다. 그러니까 한 인간의 욕망은 이 중개자의 중개 역할에 의해 발생하고, 이 중개자의 영향하에서 추구된다는 것입니다.

내는 작품들에는 '소설적'이라는 용어를 할당할 것이다."(*Ibid.*, p. 31.)

9 이 점에 대해서는 다음을 참고하라. 정일권, 『르네 지라르와 현대 사상가들과의 대화: 미메시스 이론, 후기구조주의 그리고 해체주의 철학』, 동연, 2017.

> 어떤 허영심이 있는 사람이 어떤 대상을 욕망하기 위해서는, 이 대상이 명성 높은 제3자에 의해 이미 욕망되었다는 사실을 확인하는 것으로 충분하다. … 실재하는 것이든 가정된 것이든 간에 이 욕망이 이 대상을 주체의 눈에 한없이 욕망을 불러일으키는 것으로 보이게 만드는 것이 바로 이 중개자의 욕망이다. (MR, p. 21)

바로 거기에 지라르의 그 유명한 욕망의 모방적 특징이 자리합니다. 그리고 지라르는 이 경우에 '주체 S' '중개자 M' '대상 O' 사이를 연결하면 일종의 '삼각형triangle'이 그려진다고 보는데, 이 삼각형이 바로 '욕망의 삼각형désir triangulaire'입니다.[10]

> … 그러나 이 직선은 본질적인 것이 아니다. 이 직선 위에 주체와 대상 쪽으로 동시에 빛을 발하고 있는 중개자가 있다. 이 삼각관계를 표현하는 공간적 비유는 분명 삼각형이다. 대상은 모험에 따라 매번 바뀌지만 삼각형은 남아 있다. (MR, p. 16)

이렇게 욕망의 모방적 성격을 규명하고 난 뒤에, 지라르는 '중개'를 다시 '외적 중개médiation externe'와 '내적 중개médiation interne'로 구분합니다. 그 기준은 주체와 중개자 사이의 '거리distance'입니다. 물론 이때의 거리는 물리적 거리가 아닌 심리적 거리라고 할 수 있습니다. 외적 중개는 주

10 지라르는 『돈키호테』에서는 돈키호테, 아마디스, 기사도를, 『적과 흑』에서는 레날, 쥘리앙 소렐(가정교사), 말(馬)을 구입한 발르노를, 『마담 보바리』에서는 보바리 부인, 소설 속의 주인공들, 파리의 화려한 생활을 각각 주체, 중개자, 대상 자리에 놓았다.

체와 중개자 사이의 거리가 아주 멀어 그들의 관계가 극단적 존경, 경외 등으로 나타나는 경우입니다. 예를 들면 그리스도와 기독교 신자의 관계 같은 것입니다. 외적 중개에 의한 모방은 일종의 유희와 비슷하다고 할 수 있습니다.

그와는 달리 내적 중개는 주체와 중개자 사이의 거리가 아주 가까운 경우입니다. 가령, 유치원 아이들의 모습에서 이 현상을 볼 수 있습니다. 잘 놀고 있는 아이들 사이에 장난감 하나를 던져 주면, 갑자기 아이들이 소란스러워지고 그들 사이의 관계가 험악해집니다. 모두가 장난감을 탐하기 때문입니다. 그들 사이에서는 옆에 있는 아이가 다른 아이의 욕망의 중개자 역할을 수행하며, 그 반대도 마찬가지입니다. 여기서 주목할 것은 그들 욕망의 대상인 장난감이 별다른 가치를 가지고 있지 않다는 사실입니다.

그러니까 사용가치와 교환가치valeur d'échange의 관점에서 보면, 사용가치가 낮은 대상인 경우에도 교환가치가 높아질 수 있습니다. 이와 관련해 하나의 문제를 제기해 보겠습니다. 다이아몬드는 그것이 그 자체로 가치(사용가치)를 가지고 있기 때문에 비쌀까요, 아니면 그것이 이미 귀한 까닭에[11] 많은 사람이 그것을 욕망하기 때문에 비쌀까요? 어쨌든 지라르의 이 같은 모방적 욕망의 개념과 중개의 개념은 현재 중요한 철학 주제로 인식되고 있는 잉여 개념과도 무관하지 않은 것으로 보입니다.[12]

11 지라르에게서는 대상의 희소성이 그다지 문제가 되지 않는다. 특히 내적 중개의 경우에 그렇다. 대상이 풍부해도 욕망의 모방, 그로 인한 갈등과 대립의 발생은 여전할 수 있기 때문이다. 따라서 욕망의 삼각형에서 중요한 것은 대상이 아니라 중개자라고 할 수 있다. 이와 관련해 지라르는 이렇게 말하고 있다. "대상을 향한 돌진은 결국 중개자를 향한 돌진이다."(MR, p. 24.)

어쨌든 지라르는 이 같은 특징과 속성을 지닌 욕망을 중심으로 인간들 사이에 맺어지는 몇 가지 유형의 관계에도 주목합니다. '무관심indifférence' '사디즘sadisme'과 '마조히즘masochisme' '상상 속으로의 도피fuite dans l'imagination' 등이 그것입니다. 먼저 무관심을 보겠습니다. 가장 흥미로운 것은 중개자가 내보이는 무관심입니다. 욕망의 주체는 중개를 통해(특히 내적 중개) 중개자를 모방하고자 하죠. 그런데 이 경우에 중개자는 주체에게 무관심한 태도를 내보일 수 있습니다. 그리고 이 경우에 주체는 중개자에 대해 다음과 같은 두 가지 반응을 보일 수 있을 것입니다. 중개자에 대해 더욱 강한 모방 욕망을 가질 수도 있습니다. 또한 그와는 정반대로 그런 중개자를 미워하게 될 수도 있을 것입니다. 첫 번째 경우에 중개자의 이런 태도는 주체가 열등감을 강하게 느끼게 하는 계기가 될 것입니다.

예를 들어 보겠습니다. 스탕달의 대표적 소설 『적과 흑』에서 주인공 소렐과 라 몰 후작의 딸 사이에서 그런 태도를 볼 수 있습니다. 실제로 소렐은 마틸드에게 철저하게 무관심한 태도로 일관합니다. 그런데 흥미로운 것은 그럴수록 마틸드의 눈에는 소렐의 가치가 더 커 보인다는 사실입니다. 소렐은 뭔가를 가지고 있는 것처럼 보이고, 따라서 그녀의 눈에는 그가 대단한 존재처럼 보이는 것입니다.

무관심한 사람은 우리 모두가 그 비밀을 찾고자 하는 뛰어난 자제력을

12 예컨대 라캉의 무의식의 구조에서 '상상계'의 영역으로 끊임없이 범람하는 '실재계'가 바로 그것이다. 또한 인간과 사물과의 관계에서 의식 작용, 이성, 언어 등에 의한 사물의 의미 규정을 끊임없이 위반한다는 사르트르의 '구토' 개념과 밀접하게 연결되어 있는 잉여존재 개념 역시 지라르의 욕망론과 무관하지 않은 것으로 보인다.

> 항상 지니고 있는 것처럼 보인다. 그는 외부와의 접촉이 차단된 상태에서 자신의 존재를 즐기면서 어떤 것도 방해할 수 없는 지고의 행복을 누리면서 살고 있는 것처럼 보인다. 그는 신이다. … 소렐은 마틸드에 대한 무관심을 위장하고 페르바크 부인의 욕망을 부추겨 마틸드에게 하나가 아닌 두 가지 욕망을 모방하도록 한다. (MR, p. 127)

이렇듯 무관심을 위장하는 자는 항상 주인의 자리에 있게 된다고 볼 수 있습니다. 이와 관련해 댄디즘의 경우도 흥미롭습니다. 댄디의 주요 특징은 냉담함과 무관심입니다. 그러니까 댄디는 자기 혼자만으로 충분하다는 태도를 내보이기 일쑤입니다. 다른 것에는 아무런 관심이 없다는 유유자적한 태도로 공공장소를 돌아다닙니다. 댄디는 스스로 느끼는 척하는 욕망을 타인이 모방하도록 만드는 데 능수능란합니다. 하지만 댄디는 이 같은 욕망을 숨기고 있으며, 그렇게 함으로써 타인들에 대한 자신의 우월성을 확보합니다.

그와는 반대로 욕망의 주체가 중개자에게 무관심한 태도를 취하면서 그를 오히려 멸시하고, 미워하는 태도를 보이는 것도 가능합니다. 이것은 방금 살펴본 중개자의 무관심과 댄디의 무관심과는 반대되는 현상으로 보입니다. 그렇지만 주체와 중개자와의 관계에서 욕망의 모방성이 그 기저에 깔려 있다는 점에서는 본질상 동일한 인간관계로 보입니다.[13]

13 지라르가 욕망의 모방적 특징을 중심으로 전개하고 있는 인간관계의 몇몇 유형(무관심, 증오, 사디즘과 마조히즘 등)은 사르트르의 『존재와 무』에서 볼 수 있는 '나와 타자와의 구체적 관계들'을 적극적으로 참고한 것으로 보인다. 이에 대해서는 사르트르의 폭력론을 다룰 때 다시 살펴보기로 한다.

그다음으로 사디즘과 마조히즘입니다. 지라르에 의하면 사디즘은 일종의 중개자 역할 놀이입니다. 그러니까 욕망의 주체가 중개자의 역할을 연기하기 시작하면서 이 중개자의 자리, 곧 우월한 자리에서 세상과 다른 주체들을(심지어는 중개자까지도) 내려다보는 것을 선택할 때 맺어지는 인간관계입니다. 그와는 반대로 마조히즘은 작고 보잘것없는 성공들에 대한 모방, 곧 중개자에 대한 모방에 싫증을 느낀 주체가, 이제 자기보다 훨씬 더 우월한 중개자(또 이 중개자가 추구하는 대상)에 흥미를 느끼고, 주체 자신에게는 금지되어 도저히 접근이 불가능한 중개자(또 이 중개자가 추구하는 대상)를 모방하려 할 때 나타나게 됩니다. 바꿔 말해 주체는 자기가 극복할 수 없는 중개자와 이 중개자가 추구하는 대상을 설정하고, 주체 자신의 욕망을 충족시키는 과정에서 중개자와 이 중개자가 추구하는 대상을 자기 자신의 방해자와 방해물로 설정합니다. 그러면서 주체는 이 중개자에게 접근할 수 없음을, 그를 모방할 수 없음을, 그리고 이 중개자가 추구하는 대상을 자기 손에 넣지 못한다는 자기경멸의 감정을 갖게 됩니다. 이것이 바로 마조히즘의 관계입니다.[14]

그런데 욕망의 모방적 속성과 특징으로 인해 인간들 사이에 맺어지는 무관심, 사디즘, 마조히즘 등과 같은 인간관계보다는 오히려 그들 사이에서 나타나는 갈등, 대립, 투쟁이 폭력의 기원과 관련해서 보다 큰 중요성을 가지고 있다고 할 수 있습니다. 주체, 중개자의 중개와 관련해 특히

14 이처럼 중개자의 무관심한 태도로 인해 열등감에 사로잡히고, 보잘것없는 모방에 싫증을 느껴 지금보다 훨씬 더 우월한 중개자와 그가 소유하고 있는 대상을 원하게 되지만, 그것을 현실에서 실현하지 못해 자기경멸에 휩싸이게 된 주체는, 단번에 이 중개자와의 거리를 따라잡으려고 할 수도 있다. 예컨대 상상 속으로의 도피가 그것이다.

문제가 되는 것은 내적 중개에 의한 모방입니다. 중개자와 주체 사이의 거리가 점차 가까워져 둘 사이에 있었던 차이가 사라지는 경우를 상정해 볼 수 있을 것입니다. 둘 사이에 '짝패 관계rapport du double'가 생겨나고, 둘은 '짝패double'가 되며, 최종적으로 둘 사이에는 차이가 사라지면서 '무차별화indifférentiation' 현상이 발생하게 됩니다.

그런데 이 같은 차이의 소멸은 곧바로 혼란으로 이어진다는 것이 지라르의 주장입니다. 그도 그럴 것이 동일한 대상을 겨냥하는 이 짝패의 욕망은 서로에게 장애물로 작용하게 되기 때문입니다. 이때 욕망은 더욱 강화됩니다. 특히 그것이 욕망을 불러일으킨 사람으로부터 생겨난 것일 경우에는 더욱 그렇습니다. 바로 거기에서 인간들 사이의 대립, 갈등, 투쟁, 곧 폭력이 출현한다는 것이 지라르의 주장입니다. 그리고 다음 시간에 『폭력과 성스러움』을 통해서 살펴보겠지만, 이렇게 출현한 폭력은 빠른 시간에 전염되어 공동체 전체의 위기로 작용하게 된다는 것입니다. 다시 말해 폭력이 개인의 차원에서 공동체의 차원으로 확대된다는 것입니다.

이렇듯 지라르는 『낭만적 거짓과 소설적 진실』에서 자신의 욕망론을 통해 폭력의 기원 문제를 깔끔하게 해결하고 있습니다. 너무 깔끔한 것이 오히려 흠이라면 흠일 정도입니다. 어쨌든 지라르는 이 저서를 통해 전 세계적으로 그의 이름을 알리게 되었습니다. 하지만 그 명성은 폭력 이론가보다는 오히려 문학비평가로서의 명성에 더 가까운 것이었습니다. 지라르가 이 책에서 분석 자료로 삼고 있는 것이 주로 문학작품이었기 때문이었습니다. 그런 만큼 지라르는 그다음에 오는 연구를 통해 관심의 폭을 넓힐 필요성을 느꼈던 것으로 보이며, 이런 필요성은 이제 폭력 현상에 대한 분석, 인류 문화의 기원, 신화, 종교적 텍스트 등으로 확장됩니다. 그 과정에서 지라르는 폭력이론가로서의 입지를 굳히게 되는

데, 거기에서 결정적인 역할을 한 저서가 바로 1972년에 출간된 『폭력과 성스러움』입니다.

1.4. 차이의 소멸과 폭력의 출현

방금 『낭만적 거짓과 소설적 진실』을 중심으로 폭력의 기원 문제를 살펴보았습니다. 지라르의 설명은 욕망, 그것도 모방적 특징을 지닌 욕망을 중심으로 이루어지고 있습니다. 그로 인해 욕망의 주체인 인간은 다른 인간, 특히 주체 자신에게 어떤 대상에 대해 욕망을 품게끔 하는 모델 또는 중개자와 동일한 대상을 두고 대립, 갈등, 투쟁의 관계를 정립하게 됩니다. 특히 주체와 중개자 사이의 거리가 가까운 내적 중개의 경우에 이런 대립, 갈등, 투쟁의 발생 가능성이 더 높아집니다. 또한 지라르에 의하면 바로 그 지점이 폭력이 탄생하는 지점이지요.

1961년에 출간된 『낭만적 거짓과 소설적 진실』과 11년의 시차를 두고 지라르의 중요한 저서인 『폭력과 성스러움』이 1972년에 출간됩니다. 이 저서에서 지라르는 욕망의 모방성과 함께 폭력의 모방성을 내세웁니다. 아울러 그로 인해 야기되는, 한 집단이 처하는 위기 상황에서 이를 극복하는 유력한 방법으로 폭력을 제시합니다. 더 나아가 지라르는 이 같은 폭력을 통한 폭력 제압의 과정이 성스러움으로 이어진다는 주장을 폅니다.

이런 시각에서 『폭력과 성스러움』은 『낭만적 거짓과 소설적 진실』에서 다룬 모방 욕망이 폭력, 그것도 공동체적 차원에서의 폭력으로 번지는 과정과 그 대처 방법, 나아가서는 인류 문화의 기원을 엿볼 수 있는 중요한 저서라고 할 수 있습니다. 이제 이런 중요성을 가지고 있는 『폭력과 성스러움』을 중심으로 지라르의 폭력론 속으로 들어가 보도록 하겠습니다.

지라르는 후일 『문화의 기원』에서 『폭력과 성스러움』에 대해 이렇게 말하고 있습니다.

> 『폭력과 성스러움』은 모방적 욕망이론을 고대 종교의 영역까지 확대한 것입니다. 첫 번째 책인 『낭만적 거짓과 소설적 진실』이 문학에 나타난 모방적 욕망과 경쟁을 다룬 것과 마찬가지로, 두 번째 책 『폭력과 성스러움』도 모방적 욕망을 다루고 있습니다. 다만 이 욕망에 대한 정의를 제6장에 배열했던 게 차이라면 차이라고 할 수 있을 겁니다. … 『폭력과 성스러움』에서 저는 희생에 관한 이야기부터 시작했는데, 희생이야말로 그 책의 중요한 주제가 될 것이라서 그랬던 것입니다. 사실 저는 특히 첫 번째 책과 똑같은 이야기만 하고 있다는 소리를 듣고 싶지 않았습니다. 그래서 6장에 가서야 모방적 욕망을 언급한 것입니다. 그러나 두 책의 연속성을 보지 못한 비평가들이 적지 않았습니다. … 말하자면 그들은 이 책과 제 첫 번째 책과의 연관성도 못 보았을 뿐 아니라 모방이론을 모든 문화로 확대해 적용한 것이 이 책이라는 점도 이해하지 못했던 것이지요.[15]

이 대목에서 지라르는 『폭력과 성스러움』의 구성 문제를 언급합니다. 그가 말하고자 하는 내용의 핵심은 이 책과 『낭만적 거짓과 소설적 진

15 르네 지라르, 『문화의 기원』, 앞의 책, 52-53쪽.

실』 사이의 연속성입니다. 『폭력과 성스러움』의 제6장에 모방 욕망 이론을 배치했지만, 전체적으로 보면 자신의 욕망론이 『폭력과 성스러움』으로 무리 없이 이어진다는 것입니다. 다만, 『폭력과 성스러움』에서는 모방 욕망의 수많은 예로 인해 폭력의 기원에 대한 설명이 다소 복잡하고 일목요연하지 못하다는 인상을 주기는 합니다. 하지만 그런 예들을 통해 지라르가 욕망의 모방성과 이를 바탕으로 한 폭력의 기원에 대한 자신의 직관이 옳다는 점을 여실히 보여 주었다고 저는 생각합니다.

지난 강의에서 모방적 욕망으로부터 폭력의 발생까지의 과정에서 이른바 주체와 중개자 사이의 차이의 소멸과 짝패의 등장에 대해 간단히 살펴보았습니다. 『폭력과 성스러움』에서는 이 과정이 수많은 예와 함께 아주 상세히 기술되고 있습니다. 그 과정에서 특히 주목해야 할 것은, 바로 지라르가 이런 설명을 통해 인류 문화의 기원의 밑동을 들여다보고 있다는 사실입니다. 사실 그의 이런 의도는 나중에 『문화의 기원』이라는 책을 통해 잘 드러나고 있습니다.

지라르는 우선 인간이 지니고 있는 모방 능력 자체에 주목합니다. 상식적인 얘기입니다만, 모방은 이중적인 특징을 가지고 있습니다. 긍정적 특징과 부정적 특징이 그것입니다. 긍정적 특징은 인간과 동물에게 공히 나타나는데, 이것은 인간과 동물이 각각 그 자신의 연속성을 확보하는 데 있어서 필연적이라고 할 수 있습니다. 모방이 학습과 교육, 문화의 창조, 정체성 확보 등에서 중요한 역할을 수행한다는 것에는 긴 설명이 필요하지 않을 것입니다. 인간은 문화를 창조하는 것이 아니라 모방하는 것이라는 주장에 이 같은 모방의 긍정적 특징이 오롯이 담겨져 있다고 할 수 있습니다.

하지만 모방은 그와 반대로 부정적 특징도 가지고 있습니다. 물론 지라르가 폭력의 기원과 관련해 주목한 특징이 바로 이것입니다. 그러니까 인간들 사이에 대립, 갈등, 투쟁, 폭력을 야기한다는 점입니다. 같은 대상을 향하는 두 욕망은 서로에게 장애물이 됩니다. 그렇기 때문에 욕망에 근거한 모방은 대립, 갈등, 투쟁으로 귀착된다는 것입니다.

기억을 떠올려 보면, 『낭만적 거짓과 소설적 진실』에서 다뤘던 내용이 위의 주장에 고스란히 들어 있습니다. 그러니까 지라르가 욕망의 삼각형을 통해 제시했던 모든 내용이 드러나 있습니다. '욕망은 모방적이다' '따라서 그 주체는 모델(중개자)의 욕망을 모방하려 한다' '즉 중개가 발생한다' '중개자와 주체가 가까워지면 가까워질수록(내적 중개) 그들 사이에는 더욱 강렬한 모방이 가능해진다' '그렇게 되면 그들 사이의 차이가 점차 소멸된다' '그로부터 폭력이 발생한다' 등등.

그런데 이 같은 차이의 소멸과 관련해 한 가지 흥미로운 것은, 바로 차이가 모든 자연적, 문화적 질서의 원칙이라는 점입니다. 차이가 있어야만 질서, 조직화, 정체성이 가능하다는 것입니다. 구태의연한 예이지만, 유교 문화권의 질서를 담당했던 도덕 준칙이었던 삼강오륜三綱五倫을 예로 들 수 있을 것 같습니다. 특히 오륜 중에서도 부부유별夫婦有別과 장유유서長幼有序 등을 꼽을 수 있습니다. 이 두 조항에서 눈에 띄는 것이 바로 '별別'과 '서序'인데, 이것은 '차이'를 의미합니다.

또한 구조주의 인류학을 정립한 것으로 알려진 레비스트로스Cl. Lévi-Strauss의 친족 구조에서도 예를 들어 볼 수 있습니다. 그에 의하면 고대사회의 질서와 안정을 결정하는 것은 ―부족 내에서뿐만 아니라 타 부족과의 관계에서도― 여자의 분배 문제와 소유 문제였습니다. 주지하다시피 이를 바탕으로 이루어진 친족 관계에서 주요한 요소 중의 하나가 바로 근친상간의 금지입니다. 이것 역시 차이를 염두에 둔 조치입니다.[16]

어쨌든 지라르에게서 중요한 것은 욕망의 주체와 중개자 사이의 차이가 소멸되면, 그 결과 둘 사이에 짝패 관계가 정립되고, 둘은 짝패가 되며, 또 동일 대상을 놓고 서로 대립, 경쟁, 투쟁하는 관계로 접어든다는 사실입니다. 물론 폭력도 그 지점에서 출현한다는 것이 지라르의 주장입니다. 지라르는 이 폭력을 "본질적 폭력violence essentielle"[17]으로 여깁니다. 이상이 앞에서 살펴본 내용입니다. 이와 관련해 지라르는 고대 신화나 전설 등에 등장하는 쌍둥이, 원수 형제 등의 존재에 주목합니다.

인류의 역사에서 쌍둥이는 그 자체로 차이 소멸의 좋은 예였습니다. 고대사회나 전설에서 쌍둥이의 출현은 그 자체로 이미 기이하고 드문 현상으로 여겨졌습니다. 한마디로 별난 존재였던 셈이죠. 그래서 많은 경우에 쌍둥이는 자연적, 사회적 불행과 연결되었습니다. 쌍둥이는 특별히 두려움을 자아내는 존재이기 쉬웠고, 그런 만큼 공동체에서 축출되거나 죽임을 당하기 십상이었습니다. 나아가서는 쌍둥이를 낳은 부모까지도 금기의 대상이 되는 경우도 있었다고 합니다.

실제로 고대 신화나 전설 등에서 쌍둥이 사이의 대립과 갈등이 빈번하게 나타나고 있습니다. 가령, 로마 건국신화에 등장하는 로물루스와 레무스가 그 좋은 예입니다. 로물루스는 전설에서 로마의 초대 왕입니다.

16 지라르는 『폭력과 성스러움』의 제9장("레비스트로스, 구조주의와 결혼 관습")에서 구조주의는 차이만을 강조하고 있으나 그 차이의 소멸에 대해서는 침묵을 지키고 있다고 지적한다. "구조주의는 이 모든 것을 분명하게 보여 주기는 하지만 그것을 말하지는 못한다. 왜냐하면 구조주의 그 자체는 구조 속에 갇혀서 공시태의 포로가 되어 있는 까닭에 그 변화가 폭력과 폭력의 공포라는 것을 알 수 없기 때문이다. 바로 거기에 구조주의가 뛰어넘을 수 없는 한계가 있다. 구조주의가 성스러운 것의 소멸을 아주 자연스럽게 만드는 것이 바로 이 한계이다."[René Girard, *La Violence et le sacré*, Grasset, 1972, pp. 335-336.(이하 VS로 약기.)]

17 *Ibid.*, p. 50.

로물루스는 쌍둥이 동생인 레무스와 함께 강에 버려졌으나, 늑대의 젖으로 자라다가 양치기에게 발견되어 양육되었습니다. 그 후에 이 쌍둥이 형제는 협력해서 새로운 도시 로마를 건설했으나, 형제는 반목하다가 도시의 신성한 경계를 넘었다는 이유로 형 로물루스가 동생 레무스를 죽였습니다.

이 같은 쌍둥이 사이의 차이의 소멸이 조금 더 확장되어 형제간의 싸움으로 번지는 경우도 있습니다. 카인과 아벨, 오이디푸스와 이오카스테의 두 아들인 에테오클레스와 폴리네이케스 사이의 싸움이 그 예입니다. 형제간의 골육전쟁은 우리의 일상생활에서도 빈번하게 나타납니다. 부모님이 돌아가셨을 때에 형제들 사이에서 유산을 두고 벌어지는 싸움이 가장 대표적인 예입니다. 지라르의 관점에서 보면 그들 사이의 싸움은 유산 앞에서 그들 사이에 존재하는 차이를 최대한 줄이고자 하는 시도, 따라서 권리와 의무의 무차별화의 시도가 아닐까 합니다.

이와 관련해 지라르가 제시하고 있는 축제/반축제 또는 가면假面의 의미 해석은 흥미롭습니다. 원시사회의 부족장이나 왕의 취임식과 같은 축제에서는 대대적인 금기의 위반이 이루어집니다. 그런데 이 같은 금기 위반의 주요 내용 중 하나는 이 사회의 구성원들 사이의 차이의 인위적인 소멸입니다. 그러면 이 사회는 일시적으로나마 혼란 상태에 빠지게 됩니다. 축제에서 사용되는 옷이나 변장, 가면 등도 이런 차이의 소멸과 무관하지 않습니다.

그런데 축제는 이 사회에 차이의 존재로 인해 발생한 해로운 기운(사회의 악)을 한데 모아 정화淨化하고, 이 사회의 새로운 질서를 재창출하고 강화하는 기능을 한다고 볼 수 있습니다. 그러니까 축제는 일시적으로 차이의 소멸을 허락하고, 이를 통해 발생하는 일시적인 혼란을 이용해 사회를 더 건강하게 만드는 일종의 안전장치입니다. 일종의 사회적, 집단적 카타르시스라고 할 수 있을 것입니다. 다만, 이런 축제, 가면[18] 사용 등의 기저에 차이의 소멸이 자리하고 있다는 것은 분명한 것으로 보입니다.

그런데 지라르는 축제 등에서 볼 수 있는 이 같은 차이의 소멸에 의해 나타날 수 있는 긍정적인 측면보다는 오히려 그 부정적인 측면에 더 주목하고 있는 것으로 보입니다. 앞에서도 지적한 바와 같이 지라르에 의하면 특히 내적 중개에서 욕망의 주체와 중개자의 사이가 지나치게 가까워지면, 그로부터 일종의 사회적 쌍둥이, 곧 짝패가 나타나게 됩니다. 그리고 지라르는 이런 짝패를 '괴물monstre'과 동일시합니다. "언제나 잘 알려져 있지 않은 근본 원칙, 그것은 짝패와 괴물은 하나라는 것이다."[19] 이것은 그대로 폭력의 출현이 임박한 상태입니다.

1.5.
모방 폭력의 회오리와 공동체의 위기

이렇게 해서 일단 한 공동체 내에 폭력이 출현했다고 가정해 보겠습니

18 지라르는 『폭력과 성스러움』에서 가면의 기능도 설명하고 있다. 가면의 특징은 사람, 귀신, 동물, 물건 등의 모습이 섞여 있어 구별이 잘 안되고, 또 양반, 상놈 등과 같은 신분의 차이도 없다는 데 있다(가령, 우리의 전통적인 탈춤을 생각해 보자). 이것은 '차이'의 소멸로 해석이 가능하며, 이것 역시 한 사회의 안정과 질서를 강화하고, 또 새로운 질서를 고안해 내기 위한 경고, 예비 연습, 안전장치와 무관하지 않아 보인다.

19 *Ibid.*, p. 223.

다. 그 후에 어떤 현상이 이어질까요? 지라르에 의하면 인간의 욕망이 모방적인 것처럼 폭력 역시 모방적인 것으로 이해됩니다. 그러니까 한 공동체에서 폭력이 발생하게 되면 —지금까지 살펴본 욕망의 모방성과 특히 내적 중개, 차이의 소멸, 짝패 관계의 정립, 짝패의 등장, 괴물화, 충돌, 대립, 폭력의 출현의 과정을 밟아서— 이 폭력은 모방적 속성으로 인해 삽시간에 이 공동체 안에 퍼지게 된다는 것입니다.

이와 관련해 지라르의 폭력론 이해를 위해 한 가지 유의해야 할 점이 있습니다. 그것은 바로 지라르가 폭력론을 펼치면서, 특히 『폭력과 성스러움』에서 '사법제도'가 제대로 구비되지 않은 고대사회를 주요 연구 대상으로 삼고 있다는 점입니다(VS, p. 35). 여기에는 그럴 만한 이유가 있습니다. 현대사회처럼 사법제도가 잘 갖춰진 경우라면, 어떤 사회의 어느 한 지점에서 폭력이 발생했을 때, 공권력이 즉시 개입해서 폭력을 제압할 수 있습니다. 물론 이런 공권력의 사용이 또 다른 폭력의 사용이라는 점을 잊어서는 안 될 것입니다. 그러니까 사법제도, 공권력 역시 폭력에 의한 폭력의 제압이라는 논리가 포함되어 있습니다. 어쨌든 이 수준에서 한 가지 분명한 것은, 지라르의 폭력론이 주로 사법제도가 미약한 수준에 머물렀던 고대사회를 배경으로 하고 있다는 것입니다.

그렇다면 이런 고대사회에서는 어떤 현상이 발생할까요? 짐작컨대 '눈에는 눈, 이에는 이'이라는 공식이 적용되지 않을까 합니다. 어떤 사회의 한 지점에서 폭력이 발생했을 경우에, 이 폭력은 다른 폭력을 부르고, 이 다른 폭력은 또 다른 폭력을 부르고 등등….

하나의 예를 들어 보겠습니다. 시골에서 자주 있는 일입니다. 같은 마을에서 한 집의 아이가 다른 아이에게 폭력을 당하는 경우, 가령 싸우다가 맞거나 얼굴이 긁히는 경우가 종종 있습니다. 그러면 폭력을 당한 아이의 집 식구들이 폭력을 가한 이의 집으로 찾아가 항의하다가 나중에는 아이들 싸움이 어른들 싸움으로 번지는 경우가 있습니다. 지라르가 고대 사회의 신화, 전설, 남겨진 문학 텍스트 등을 바탕으로 주목하고 있는 현상이 바로 이 같은 폭력의 확산 가능성입니다.

지라르는 이런 가능성을 폭력이 가진 모방적 특징으로 규정합니다. 폭력의 출현을 가능케 한 욕망과 마찬가지로 폭력도 모방적이라는 것입니다. 그런데 이런 특징으로 인해 계속해서 확산되는 경향을 지닌 폭력을 그대로 방치하면 어떻게 될까요? 게다가 지금 문제가 되는 사회는 사법제도가 온전하게 갖추어지지 않은 상태입니다. 답은 분명합니다. 그 사회는 모방적 폭력의 확산에 무방비로 노출되고, 최종적으로는 이 사회 전체가 폭력에 휩싸이게 될 것입니다. 이것이 바로 '폭력의 모방 회오리' 현상입니다.

지라르는 『폭력과 성스러움』에서 이 같은 폭력의 모방 회오리를 상징하는 여러 징후를 신화, 전설, 문학 텍스트를 통해 찾아내고 있습니다. 예컨대 피, 페스트, 홍수, 화재 등의 이미지가 그것입니다. 먼저 피를 보겠습니다.

가령, 누군가가 피를 흘렸다는 것은 이미 한 사회의 어느 지점에서 폭력이 발생했다는 증거입니다. 그렇기 때문에 흘린 피는 그 양의 많고 적음과는 상관없이 항상 두려움, 기피의 대상입니다. 가령, 아이들이 싸울 때조차도 코피가 나면 더 긴장하게 됩니다. 아이들이 피를 보면 뭔가 크게 잘못되고 있다는 것을 느끼면서 덩달아 흥분하게 되는 것입니다. 지라르는 이렇게 보고 있습니다. 두 사람이 싸우다가 한 사람이 피를 흘리게 되면, 피를 흘린 자는 불순한 자로 여겨진다고 말입니다. 그 이유는 피로 인해 이 사람이 '전염성contagion'을 갖기 때문입니다. 이것은 그가 흘린 피로 인해 누구든지 싸움에 말려들 수 있게 되었음을 의미합니다. 피가 폭력의 모방 회오리를 가져올 수 있는 가능성이 농후한 것이지요. 그런 만큼 피는 가능하면 피해야 할 것, 즉 금기의 대상인 것입니다.

피와 그로 인한 금기와 관련해 특히 고대사회에서 여성의 월경도 역시 지라르의 분석 대상입니다. 고대사회에서는 생리 중인 여자를 공동체에서 격리시키기도 했으며, 물건도 따로 사용했다고 합니다. 이런 조치 역시 불순함과 상서롭지 못함의 상징인 피의 전염성을 피하기 위해서라는 것입니다. 게다가 피, 폭력, 죽음 등은 상징적인 고리로 서로 긴밀하게 엮여 있는 것을 흔히 볼 수 있습니다. 다시 말해 피의 유동성은 곧 폭력의 전염성을 상징적으로 보여 준다고 할 수 있습니다.

우리는 또한 고대사회의 신화, 전설을 위시한 문학 텍스트 등에서 페스트, 홍수, 화재 등의 장면이 가끔 등장하는 것을 봅니다. 가령, 소포클레스의 『오이디푸스 왕』에서도 테베에 페스트와 유사한 전염병이 횡행하게 됩니다. 전염병을 위시한 이 같은 홍수, 화재 등을 이른바 인간의 죄를 벌하고자 하는 '신의 징벌Nemesis'로 해석할 수도 있을 것입니다. 하지만 지라르는 이런 해석보다는 오히려 폭력의 모방 회오리 현상으로 해석합니다.

이렇듯 고대사회 내부의 한 지점에서 폭력이 발생하게 되면, 그것은 예삿일이 아닙니다. 폭력의 모방성으로 인해 한 폭력이 다른 폭력을 부르고, 거기에 다른 폭력이 이어지고, 다시 말해 폭력의 '악순환cercle vicieux'이 발생하게 되는 것입니다. 이것이 폭력의 모방 회오리 현상입니다. 그런 만큼 폭력을 제어할 수 있는 적당한 장치(즉, 현대의 사법제도와 유사한 장치)가 없다면, 이 사회는 위기에 직면할 수 있을 것입니다.

물론 거기에 대한 대책 중 하나가 금기라고 할 수 있습니다. 하지만 금기는 위반의 가능성을 항상 안고 있으며, 특히 금기 위반자에게 어떤 처벌이 이루어지지 않으면 그 기능을 제대로 발휘할 수 없게 됩니다. 그로부터 폭력, 더 구체적으로는 폭력의 모방 회오리로 인해 발생한 위기 상태에 빠진 사회를 안정시키고, 또 이 사회가 위기의 상태에 빠지는 것을 미연에 방지할 수 있는 대책에 대한 필요성이 대두하게 됩니다. 지라르는 이 같은 필요성을 희생양 메커니즘과 희생제의를 통해 설명합니다. 차례대로 보도록 하겠습니다.

1.6.
희생양 메커니즘

방금 사법제도가 미비된 사회에서 발생한 폭력의 모방 회오리로 인해 사회가 위기 상황에 빠지게 되고, 그 구성원들의 안전이 문제시된다는 사실을 보았습니다. 지라르는 이런 상황에서 고대사회의 구성원들이 폭력을 제압하고, 이를 통해 이 사회의 안정과 질서를 되찾는 방식에 주목하게 됩니다. 지라르는 고대사회의 신화, 전설, 문학 텍스트 등을 면밀하게 검토한 끝에 희생양 제도와 이를 바탕으로 이루어지는 희생제의에 주목합니다.

지라르는 폭력이 절정에 달해 이 사회가 파멸의 위기에 봉착한 상황에서 고대사회의 지도자들이 이 사회를 이런 위기 상태에서 구할 수 있는 하나의 가능성을 고안해 내기에 이른다고 보았습니다. 그것은 바로 이 사회 전체의 폭력을 하나의 희생물에 집중시키는 것입니다.

다시 말해 이 사회에 만연한 폭력, 집단 전체의 폭력, 집단 구성원들 간의 폭력을 하나의 희생물에 완전히 집중시키고, 전이轉移시킨 다음에, 이렇게 해서 폭력이 집중된 이 희생물을 사회 밖으로 축출하거나 없앤다는 것입니다. 그렇게 되면 이 사회는 다시 질서를 회복하고, 안정을 되찾으면서 만연한 폭력으로 인한 위기 상태에서 벗어나게 된다는 것입니다. 이렇듯 한 사회에서 희생물에게 가해지는 폭력은 일종의 '대체하는 폭력violence de rechange'이라고 할 수 있습니다. 이 대체하는 폭력은 다른 폭력을 정화시키는 기능을 가지고 있습니다. 바꿔 말하자면 폭력을 폭력으로 치유하는 것입니다.

이런 의미에서 지라르는 희생물에게 가해지는 이런 폭력을 '정화적 폭력violence purificatrice'이라고 부릅니다. 지라르는 또한 이를 '초석적礎石的 폭력violence fondatrice'이나 '치유적 폭력violence curative'이라고 부르기도 합니다. 희생양에게 폭력을 가해 공동체의 안정과 질서를 회복한다거나 새로운 질서를 수립한다는 의미의 폭력입니다. 이것이 바로 희생양 메커니즘을 통한 폭력 제압의 방법입니다.

이와 관련해 다음과 같은 두 가지 표현은 흥미롭다 하겠습니다. 하나는 그리스어 '파르마코스pharmakos'입니다. 그리스에서는 자연재해나 기근에 대한 책임을 물어 사람을 폴리스 밖에서 사형에 처하는 풍습이 있었다고 합니다. 이 의식에서 죽임을 당하는 사람을 가리켜 파르마코스, 즉 희생물로, 또 이런 의식을 가리켜 파르마코스 제의로 명명했다고 합니다. 잘 아시겠지만, 파르마코스 또는 파르마콘은 '독毒'과 '약藥'이라는 두 가지 의미를 가지고 있습니다. 희생을 당한 자에게 가해진 폭력은 이 희생자의 입장에서 보면 당연히 독이고, 이 희생자의 희생 덕분에 살아남았거나 또 안정과 질서를 회복하는 사람들 입장에서 보면 치유제가 됩니다.

그다음으로 '고정농양固定膿瘍, abcès de fixation'이라는 표현입니다. 이것은 몸에 해로운 농을 고정시킨다는 의미입니다. 우리 몸에 종기가 나는 경우가 있습니다. 지금은 의학이 발달해서 종기가 난 부분을 간단하게 도려내는 소파수술搔爬手術을 통해 해당 부위를 치료합니다. 그렇게 되면 이 종기가 몸의 다른 부위로 퍼져 나가는 일이 없을 것이고, 그 결과 몸 전체가 아프거나 곪게 되는 일은 없을 것입니다. 다시 말해 몸 전체가 위기에 빠져 생명이 위태롭게 되지는 않을 것입니다.

혹시 '고약膏藥'이라고 하는 약을 아시는지요? 특히 이명래李明來 고약이 유명합니다. 지금도 화농성 종기 치료에 좋다는 선전과 함께 여전히 판매가 이루어지고 있습니다. 100년 이상의 전통을 가졌다고 합니다. 옛날에는 몸에 종기가 나면 그 부위에 고약을 붙였습니다. 그러면 종기 부분이 더 곪게 됩니다. 이렇게 해서 충분히 곪은 부분을 짜낼 수 있게 됩니다. 그러면 종기가 치료되는 것입니다. 이것도 일종의 파르마코스 제의라고 할 수 있습니다. 몸의 종기 부분도 우리 몸의 일부죠? 따라서 우리 몸의 일부를 희생시키면서 몸 전체를 지키는 것이 바로 고정농양의 효과입니다.

방금 희생양 메커니즘을 살펴보았습니다. 그런데 흥미로운 것은, 모든 것이 다 희생양이 되는 것이 아니라는 것입니다. 희생양이 될 수 있는 조건이 있습니다.

첫째는 희생양은 복수할 수 있는 힘을 지닌 존재여서는 안 됩니다. 아울러 문제의 집단 내에서 그 누구도 이 희생양의 입장을 두둔해서는 안 됩니다. 당연한 일이겠지요. 희생양에게 연고가 있어서 나중에 복수할 일말의 가능성이 있다면, 나중에 이 희생양으로 인해 폭력이 다시 발생할 수 있을 것입니다. 영화나 전설에서는 한 가문에서 살아남은 최후의 후손이 —대부분의 경우 젖먹이나 어린아이입니다— 희생양이 된 부모의 원한을 풀어 주는 복수극의 주인공이 되는 경우가 많습니다.

두 번째 조건은 희생양은 공동체 속에 있으면서도 완전히 속해 있지 않은 존재, 곧 경계적, 주변적 존재여야 합니다. 이 조건도 당연해 보입니다. 그도 그럴 것이 폭력의 회오리에 의해 위기에 처한 집단과 아무런 관련이 없다면, 희생양에게 그 모든 폭력을 집중, 전이시키는 데 작업의 의의가 반감될 것이기 때문입니다. 다시 말해 폭력을 퇴치하는 효과가 줄어들게 될 것입니다. 따라서 희생양은 어떤 식으로든 이 집단과 연결되어 있어야 합니다. 여기에서 희생을 위한 준비 과정이 필요한 것입니다. 가령, 전쟁 포로를 희생양으로 삼을 예정이라면 그를 바로 처형하는 것이 아니라, 일정 시간 동안 집단 내에 거주시키면서 폭력이 그에게 전이되도록 하는데, 이 과정이 바로 희생을 위한 준비 과정입니다.[20]

세 번째 조건은 희생양에게는 그것을 알아 볼 수 있는 어떤 '표식marque'이 있어야 한다는 것입니다. 이 조건과 관련해 한 가지 흥미로운 점은, 희생양이 반드시 깨끗하고 순진무구한 것이 아니어도 된다는 것과 또한 반드시 불완전한 존재가 아니어도 된다는 것입니다. 가령, 일국의 왕이나 통치자 같은 존재도 희생양이 될 수 있습니다. 오이디푸스왕이 후자의 경우에 해당됩니다. 또한 불우한 사람을 비롯한 절름발이, 불구자, 정신박약자, 예언자 등도 희생양이 될 수 있습니다.

네 번째 조건은 희생양에게 가해지는 폭력은 '만장일치à l'unanimité'의 폭

20 곧이어 살펴보겠지만, 여기에는 희생양으로서의 조건을 갖추게끔 하는 일련의 과정이 따르는데, 지라르에게서 이것은 희생양의 '성화(聖化)' 작업과 밀접하게 연결되어 있다.

력이어야 한다는 것입니다. 한 집단의 위기는 그 책임이 전적으로 희생양에게 있으며, 따라서 그것을 제거하면 폭력이 퇴치된다고 하는 사실을 공동체 구성원 전체가 확신해야 합니다.

다섯 번째 조건은 희생양 메커니즘의 효과가 공동체의 구성원들에게 알려져서는 안 되며, '비밀secret'이 잘 유지되어야 한다는 것입니다. 이와 관련해 지적해 두어야 할 것은, 이 희생양 메커니즘의 비밀을 아는 자들은 한 집단을 지배하는 소수의 권력자, 신통력을 가진 사람 등 몇몇 사람들에 국한되어 있다는 점입니다. 한 집단 내에 만연한 폭력을 제어하는 자가 곧 지배자, 통치자가 되기 쉬운데, 이들은 자신들만의 비밀을 가지고 있는 경우가 대부분입니다. 이런 조건들을 충족시킨 희생양이 있는 경우는 물론이고, 없는 경우에는 그런 희생양을 만들기까지 해서 이 희생양에게 한 집단의 모든 폭력을 집약, 전이시키고, 그다음에는 이 희생양을 집단 밖으로 축출시키든가 아니면 제거하는 것이 바로 희생양 메커니즘입니다.

1.7.
희생제의와 성스러움

이렇게 해서 한 집단을 위기로 빠뜨렸던 폭력이 극복되었다고 가정해 보죠. 그다음에는 어떤 현상이 일어날까요? 지라르에 의하면 그 뒤에 이어지는 현상이 바로 희생양을 성화하는 작업과 이 메커니즘을 제의화祭儀化하는 작업입니다. 그런데 두 작업의 선후 관계를 결정하는 것이 중요한 것이 아니라, 이런 두 현상이 발생한다는 것 자체가 중요합니다. 먼저 제의화 작업을 보도록 하겠습니다.

우선 다음과 같은 상황을 가정해 보겠습니다. 한 고대사회의 통치자가 희생양 메커니즘의 효력을 한번 경험했다는 상황이 그것입니다. 그렇다면 이 통치자는 어떻게 할까요? 아마도 이런 경험을 바탕으로 향후에 그와 유사한 폭력의 모방 회오리가 발생했을 때에도 같은 방법을 사용하기 십상일 것입니다. 일종의 학습 효과입니다. 게다가 이 통치자는 그런 비밀을 알고 있는 극소수의 한 사람으로서 자신의 통치를 연장할 수도 있고, 또 통치권을 강화할 수도 있을 것입니다.

그리하여 이 같은 희생양 메커니즘을 반복해야 하는 필요성이 생겨나게 됩니다. 또한 이런 상황도 가정해 볼 수 있을 것입니다. 평소에 이 집단이 꼭 폭력의 모방 회오리에 휩싸인 상황이 아니더라도, 폭력의 출현과 그것의 만연, 그리고 그로 인해 그가 다스리는 집단이 위기에 빠지게 되는 것을 미리 방지한다는 목적으로 통치자가 희생양 메커니즘을 적용해 보고자 하는 상황을 말입니다. 이를 통해 폭력 예방 효과가 있다고 판단하거나, 또는 자신이 통치하는 집단의 안정과 단합을 도모하고, 이를 기회로 자신의 통치권을 강화할 수 있다고 생각한다면, 그는 이런 행사를 정기적으로 반복할 수도 있을 것입니다.

이렇듯 한 집단의 희생양 메커니즘이 정기적으로 반복되는 행사로 고착되는 과정을 지라르는 이 메커니즘의 제의화 과정으로 봅니다. 그리고 한 가지 유념해야 할 것은, 바로 이 제의화를 통해 성스러움의 개념이 출현한다는 점입니다.

이를 위해 제일 먼저 이루어지는 작업이 바로 희생양의 성화 작업입니다. 한 집단이 폭력의 회오리로 인한 절멸의 극한 상황에서 빠져나오게끔 해 주는 것이 바로 이 희생양입니다. 또한 장차 다가올 여지가 있는 위험까지도 미리 막아 주리라는 믿음에 기여하는 것도 역시 이 희생양입니다. 그런 만큼 이 희생양에게 특별한 의미를 부여하는 것은 당연하다고 할 수 있을 것입니다.

그러니까 희생양은 이중의 성격을 가지고 있습니다. 우선 폭력의 출현과 그 확산의 책임자로 집단에 해를 끼치고 혼란을 야기한 죄와 그 책임이 있는 존재입니다. 그와 동시에 희생양은 제물로 바쳐진 후에는 집단을 위기에서 구해 주는 고맙고 유익한 존재가 됩니다. 이렇게 해서 희생양은 성스러움의 성격을 획득하게 됩니다. 지나가면서 '성스러운sacré'이라는 단어는 '성스러운'과 '저주받은'이라는 두 가지 의미를 다 지니고 있다는 사실을 지적하겠습니다.[21] 또한 이 희생양의 신성화 과정과 함께 그것을 바치는 장소, 그 과정을 주재하는 사람들, 그들의 복장, 태도, 행동 등등 모두가 특별한 의미를 부여받게 됩니다. 그러니까 그것들까지도 모두 성화가 되는 것입니다. 그리고 그 결과로 나타나는 것이 바로 희생제의입니다.

---

21 이와 관련해 조르조 아감벤의 『호모 사케르: 주권 권력과 벌거벗은 생명(*Homo Sacer: Il potere sovrano e la nuda vita*)』(1995)와의 비교도 흥미롭다. 아감벤에 의하면 고대 로마에서 신적 법과 정치적 법으로부터 배제되어 예외상태에 있는 자가 곧 호모 사케르(Homo sacer)이다. 신적 법으로부터 배제되어 있기 때문에 신에게 봉헌하는 희생제물이 될 수 없고, 또 정치적 법에서 배제되어 있기 때문에 살해를 하더라도 처벌받지 않는다. 이처럼 이중의 배제 상태에 있기 때문에 호모 사케르의 존재는 살아도 살아 있는 삶이 아닌 것이다. 즉, 그는 생물학적 삶만을 살아가는 '조에(zoe)'에 불과하며, 공적 영역에서 활동하는 '비오스(bios)'적 삶은 향유하지 못한다. 그럼에도 그는 이중의 법에 의해 배제되어 있지만, 그 이중의 법, 곧 상징계의 질서에 포획되어 있기 때문에 자유롭지도 못하며 저항할 수도 없는 상태에 있다. 이런 호모 사케르들이 어떻게 저항할 수 있는가의 문제가 현대 정치철학 담론의 주요 주제 중 하나이다.

1.8.
희생제의의 위기

그런데 이런 과정을 통해 정립된 희생제의 자체가 오히려 한 사회에 위기를 초래할 수 있다는 것이 지라르의 주장입니다. 앞에서 특히 한 사회의 통치자와 그 주위에 있는 소수의 사람에게는 이 희생제의를 반복해야 할 필요성이 있다는 사실을 지적했습니다. 또한 이 희생제의의 전 과정이 비밀리에 이루어져야 할 필요가 있다는 점 역시 지적했습니다. 하지만 상황은 이런 기대와는 다르게 진행됩니다.

우선, 희생제의를 위기로 몰아넣는 한 가지 요인은 희생양 자체의 '마모磨耗, usure'입니다. 그러니까 희생제의가 반복되는 과정에서 지금까지 잘 기능해 왔던 희생양이 이제 닳아서 더는 그렇지 못한 상황이 벌어질 수 있다는 것입니다. 이런 이유로 희생제의가 위기에 봉착할 수 있습니다. 이것이 바로 희생제의의 위기입니다. 문제는 이 위기의 극복입니다.

이를 위해서는 당연히 새로운 희생양을 물색해야 합니다. 그 과정에서는 앞에서 언급한 것처럼 새롭게 희생양을 만들기 위한 준비 과정이 필요합니다. 가령, 새로운 희생양이 될 어떤 존재를 일정 기간 동안 문제의 집단 내에 가두어 두는 준비가 그것입니다.

그다음으로 희생제의를 위기로 몰아넣는 것은 바로 비밀 유지의 실패입니다. 희생제의와 이것을 통해 한 집단의 통치자와 지배집단에 속한 자들이 자신들의 폭력 회오리에 의한 이 집단의 위기 상태를 구하고, 그러면서 그 구성원들의 단결을 도모함과 동시에 통치권을 강화하려고 한다는 점을 지적한 바 있습니다. 그 과정에서 그들은 자신들이 특별한 능력을 가지고 있는 것처럼, 또는 초월적 존재로부터 특권을 부여받은 것처럼 행동하는 경우가 많습니다.

가령, '카리스마charisma'에 담긴 의미가 그것입니다. 대부분의 경우에 이 카리스마는 통치자와 같은 사람들이 하늘 또는 초월적 존재로부터 특별히 부여받은 힘으로 이해됩니다. 그렇기 때문에 그들은 보통 사람들을 다스릴 수 있고, 또 지도자나 통치자로 군림할 수 있는 것입니다. 그러니까 폭력의 회오리로 인해 위기 상태에 빠진 집단을 희생양 메커니즘을 통해 구해 낸 경우, 이 집단의 통치자는 특별한 능력이 있는 자로 인정받고, 추앙받는 것입니다. 또한 이것이 그의 통치와 지배의 드러나서는 안 되는 비밀인 것입니다.

그런데 희생제의가 반복되는 와중에 이 같은 비밀이 새어 나갈 수 있다는 것이 지라르의 생각입니다. 어떤 통치자가 폭력의 회오리에 휩싸여 위기 상태에 있는 집단을 구해 낸 것은, 그가 가진 카리스마 덕분이 아니라 바로 희생양 메커니즘을 통해서라는 것입니다. 이렇듯 비밀이 드러나게 되면 당연히 희생제의는 그 역할을 제대로 할 수 없게 될 것입니다. 그뿐만 아니라 이런 희생제의에 의존했던 통치자의 통치술의 비밀이 드러나게 되면 그의 통치와 지배에 악영향을 끼치게 될 것입니다. 그렇기 때문에 희생제의로 인해 이득을 보고 있는 자들은 어떤 대가를 치르고서라도 희생제의의 비밀을 지키려고 할 것입니다.

그리고 이 같은 비밀 유지와 관련해 중요한 것은, 바로 이 비밀이 다름 아닌 폭력을 통한 폭력의 제압이라는 사실입니다. 이미 이해하셨겠지만 희생양 메커니즘의 기저에는 희생양에 대한 폭력이 놓여 있습니다. 또한 희생양은 대개의 경우 무고합니다. 그로 인해 영웅적인 통치자의 카리스마가 실은 순진무구한 희생양을 향한 한갓 폭력의 사용에 불과했다는 비밀이 백일하에 드러나게 되는 것입니다. 이는 당연히 통치자의 권위의 약화나 해체로 이어지게 될 것입니다.

그렇다면 지라르가 이 같은 희생제의를 통해 보여 주고자 했던 것은 무엇일까요? 이 질문은 희생제의의 의의를 묻는 질문과 다름없습니다. 또한 이 희생제의의 한계는 어디에 있을까요?

첫 번째 질문과 관련해서 짚고 넘어가야 할 것은 희생제의를 떠받치고 있는 가장 중요한 요소는 결국 폭력이라는 점입니다. 욕망의 모방성에서 기인한 폭력, 이 폭력의 모방적 성격으로 인한 폭력의 모방 회오리, 그로 인한 한 집단의 와해 위험, 이 위험을 물리치는 과정에서 희생양에게, 그것도 무고한 희생양에게 가해지는 폭력, 그것을 반복하는 과정에서 또다시 희생양에게 가해지는 폭력이 희생제의의 핵심입니다. 앞에서 지적한 것처럼, 이 폭력은 집단의 안위를 위협하는 동시에 집단의 안정을 낳는다는 의미에서 초석적 폭력 또는 치유적 폭력으로 이해됩니다.

또한 희생제의 과정에서 희생양에게 가해지는 폭력은 한 집단의 미래의 안녕과 평화를 담보하고 있다는 사실 또한 지적한 바 있습니다. 그렇기에 이런 폭력은 '예방적préventive' 기능을 가지고 있다고도 할 수 있습니다. 하지만 이 단계에서 지적할 수 있는 것은, 초석적 폭력으로 이해되든 아니면 예방적 폭력으로 이해되든 간에, 희생제의를 관통하는 것은 '작은 폭력으로 큰 폭력'을 치유하고 또 방어한다는 사실입니다.

또한 이 사실이 희생제의의 한계라고도 할 수 있습니다. 왜냐하면 자칫 희생제의는 폭력의 악순환으로 이어질 수 있기 때문입니다. 실제로 지라르의 관심도 어떻게 이 같은 악순환을 끊을 것인가에 초점이 모인다고 할 수 있습니다. 이와 더불어 지라르의 관심은 종교, 특히 기독교 쪽으로 향하는 것으로 보입니다.

1.9.
희생양 메커니즘의 폭로

지금까지 『폭력과 성스러움』을 중심으로 지라르의 폭력론의 핵심에 해당하는 희생양 메커니즘과 희생제의에 대해 살펴보았습니다. 이 과정에서 특히 종교적 성격을 띠는 성스러움 개념의 이면에 폭력이 자리하고 있다는 것을 알게 되었습니다. 또한 희생양은 초월적 존재에게가 아니라 거대한 폭력에 봉헌된다는 사실도 알게 되었습니다. 그런데 이 같은 내용이 들어 있는 『폭력과 성스러움』을 위시해 『희생양』 등과 같은 저서들은 주로 사법제도가 잘 정비되지 못한 고대사회를 배경을 하고 있고, 또한 그 사회의 신화나 전설 또는 문학 텍스트에 바탕을 두고 집필된 것입니다.

이와 관련해 한 가지 흥미로운 것은, 이런 텍스트들과 거의 같은 역사를 가지고 있으며, 고대사회에 대해 많은 정보를 주고 있고, 상당 부분 신화나 전설 등에서 차용된 또 하나의 중요한 텍스트가 있다는 사실입니다. 『성서』가 그것입니다. 지라르 역시 종교인류학자로서 『성서』에 커다란 관심을 표명합니다. 그가 『성서』에 주목했던 주된 이유는, 『성서』가 희생양의 관점에서 기술된 텍스트라는 데 있습니다. 이에 반해 고대사회의 신화, 전설, 문학 텍스트 등은 주로 박해자의 시각을 반영하고 있다는 것이 지라르의 생각입니다.

그런데 희생양의 관점에서 기술된 『성서』와 같은 텍스트를 통해 지라르는 지난 시간에 말씀드렸던 희생제의의 한계라고 할 수 있는 이른바 반복되는 폭력의 악순환의 고리를 끊어 버릴 수 있는 가능성과 그 실천

가능성을 탐사하고 있습니다. 그러면 먼저 박해자의 시각에서 쓰인 고대사회의 텍스트와 희생양의 관점에서 쓰인 『성서』의 차이가 어떤 것인지를 보도록 하겠습니다.

인류의 역사가 폭력의 연속, 즉 악순환처럼 보이지만, 어느 순간에 이런 폭력의 반복이 단절되었다는 것이 지라르의 주장입니다. 그리고 그 결정적인 계기가 바로 『성서』에 의한 계시, 곧 여태까지 감춰졌던 희생양 메커니즘의 폭로라는 것입니다. 『성서』는 고대사회의 신화와 여러 면에서 비슷합니다만, 서로 근본적으로 다르다는 것이 지라르의 주장입니다. 지라르에 의하면 『성서』에 의해 "세상이 창건된 이후에 감추어진 것"이 백일하에 폭로된 것입니다.

우선 비슷한 점을 보겠습니다. 『성서』(구약)에도 집단을 위협하는 차이, 위계질서의 소멸, 그로 인한 집단의 위기와 혼란이 자주 등장합니다. 바벨탑, 소돔과 고모라, 적대적인 형제(카인과 아벨) 등의 일화가 그것입니다. 그리고 일인一人에 대한 만인萬人의 집단 폭력이라는 주제도 등장합니다. 또한 「창세기」와 「출애굽기」에서 질서와 평화를 가져다주는 만장일치적 폭력이 등장합니다. 가령, 요셉이 그의 형제들로부터 받은 폭력이 그것입니다.

하지만 『성서』에서 볼 수 있는 이런 일화들은 신화의 그것과는 구별됩니다. 일종의 단절이 생긴 것이죠. 지라르에 의하면 신화는 실제로 있었던 박해를 박해자들의 회고적 시각에서 구성한 것입니다. 그 반면에 『성서』는 희생양의 시각에서 기술한 것입니다. 즉 희생양에게는 죄가 없으며, 오히려 그를 죽인 자들에게 죄가 있다고 하는 관점의 전환을 보여 준다는 것입니다.

예컨대 카인과 아벨의 일화를 보겠습니다. 지라르에 의하면, 카인에 의한 아벨의 살해는 공동체 창설의 근거로 작용하는 살해와 외관상으로 유사합니다. 카인과 아벨은 아담과 하와에게서 태어났습니다. 그런데 카인은 아벨에 비해 형으로서의 권한과 위치 보장을 —곧 차이의 유지를— 더 원했을 수도 있을 것입니다. 하지만 하느님은 목동인 아벨의 제물을 더 좋아했고, 이에 차이의 소멸과 위계질서의 붕괴를 우려한 농부 카인이 아벨을 살해합니다. 지라르의 눈으로 보면 이 과정은 차이의 소멸, 짝패화, 폭력의 출현, 폭력의 모방 회오리로 번질 수 있는 상황에서 질서 회복을 꾀한 살해라는 도식으로 이해될 수 있을 것입니다. 다시 말해 카인에 의한 아벨의 살해는 아벨을 희생양 삼아 공동체의 안전에 필요한 차이의 회복과 그것을 유지하려는 일종의 초석적 폭력으로 여겨질 수도 있습니다. 또한 가해자인 카인에 의해 이 폭력의 메커니즘과 의의가 감춰질 수도 있었을 것입니다. 하지만 카인의 행위는 하느님으로부터 비난을 받게 됩니다.

> 네 아우 아벨은 어디에 있느냐? 너는 무슨 짓을 했느냐? 네 아우의 피가 땅에서 나에게 울부짖고 있다. (「창세기」 4장 24절)

이렇듯 카인과 아벨의 일화를 보면 처음부터 누가 죄인인지가 밝혀지고 있습니다. 그리고 하느님은 그 벌로 카인이 평생 유랑 생활을 하게끔 하고 목숨은 살려 줍니다. 이때 카인은 추방되면서 하느님으로부터 '카인의 표식'이라는 표를 받습니다. 이것은 아담 또는 아벨의 후손들이 카인에게 보복하지 못하게 하기 위함입니다. 이는 폭력의 악순환을 미연에 방지하고 있는 것이라 하겠습니다.

> 여호와께서 그에게 이르시되 그렇지 않다. 가인[카인]을 죽이는 자는 벌을 칠 배나 받으리라 하시고 가인[카인]에게 표를 주사, 만나는 누구에게든지 죽임을 면케 하시니라. (「창세기」 4장 15절)

그다음으로 요셉의 경우를 보겠습니다. 야곱에게는 12명의 아들이 있었습니다. 요셉은 야곱이 노년에 얻은 아들이었습니다. 해서 요셉은 부모로부터 남다른 사랑을 받았습니다. 특히 요셉에게는 다른 형제들과는 달리 색깔이 있는 옷을 입혔습니다. 이런 부모의 사랑으로 인해 야곱은 다른 형제들의 질투를 사게 됩니다. 더군다나 요셉은 꿈 이야기를 해서 형제들의 분노를 사게 됩니다. 하루는 밭에서 곡식을 묶는 일을 하고 있었는데, 형제들의 곡식이 일어나서 자신의 곡식에 절하는 꿈을 꾸었다고 그들에게 자랑스럽게 이야기한 것입니다. 게다가 해와 달과 열한 개의 별이 절을 하는 꿈을 꾸었다고 이야기하는 바람에 형제들의 분노를 사게 되었습니다.

이렇게 미움을 받던 요셉이 다른 형제들이 양 치는 곳에 가게 되었는데, 형제들은 그의 색깔 있는 옷을 벗긴 다음, 빈 구덩이에 던져 버립니다. 요셉을 죽일 것을 모의하던 다른 형제들 사이로 이스마엘 사람이 지나가자, 유다는 요셉을 죽이지 말고 이스마엘 사람에게 팔아넘기자고 제안합니다. 다른 형제들은 이스마엘 사람에게 돈을 받고 요셉을 팔아넘기게 됩니다. 그리고 다른 형제들은 요셉의 옷에 숫염소의 피를 묻혀 야곱에게 가져가 요셉이 죽었다고 이야기합니다.

실제로 요셉은 애굽으로 팔려가 종이 됩니다. 그러다가 요셉이 우여곡절 끝에 애굽의 총리가 되고, 칠 년간의 풍년 후에 칠 년간의 흉년이 있을 것을 미리 알고 흉년을 대비하게 됩니다. 가나안에서 흉년을 맞이한 야곱은 애굽에 식량이 있음을 알고 자식들을 애굽으로 보내 식량을 사오게끔 합니다. 그런 와중에 야곱은 요셉이 살아 있음을 알게 되고, 모든 가산을 정리해서 애굽으로 가서 정착합니다. 애굽의 왕은 요셉의 가족을 기쁘게 맞아들이고, 요셉의 가족은 애굽의 한 지역의 목초지에서 거주하게 됩니다. 이 과정에서 야곱은 왕의 짐승을 기를 수 있도록 배려를 받습니다. 야곱은 왕을 축복하고, 왕은 국가의 재산으로 요셉의 가족을 먹여 살리게 됩니다.

요셉의 일화에서 흥미를 끄는 것은 바로 그가 다른 형제들에게서 폭력의 대상이라는 점입니다. 요셉은 일인에 대한 만인의 집단폭력의 희생양인 셈입니다. 하지만 요셉은 자기가 죄인임을 인정하지 않았고, 또 폭력 모방 회오리에 빠져들지 않았습니다. 그리고 『성서』에서 요셉의 일화는 요셉의 시각, 곧 희생양의 시각에서 이야기되고 있습니다. 또한 요셉은 다른 형제들에게 복수를 하는 대신에 오히려 그들에게 도움을 줍니다.

지라르는 이 같은 요셉의 일화를 오이디푸스왕의 일화와 비교하고 있습니다. 두 일화의 공통점은 가족 내의 위기가 주인공의 어린 시절에 문제로서 발단했다는 점입니다. 아시다시피 두 주인공 모두 가족에 의해 추방됩니다. 가족들은 주인공을 추방시킴으로써, 다시 말해 주인공을 희생양 삼아 그에게 가족 전체의 폭력을 전이시킴으로써 위기를 해결합니다. 하지만 지라르는 두 일화의 차이점을 지적합니다. 차이점은 이렇습니다. 오이디푸스 신화에서는 집단폭력과 추방이 정당화됩니다. 오이디푸스가 페스트에 책임이 있는 것으로 여겨집니다. 그리고 나중에 그의 유죄성이 확정되고, 그 결과 박해자들의 입장이 정당화됩니다.

하지만 요셉의 경우에는 집단폭력의 부당성이 처음부터 드러납니다.

오이디푸스 이야기가 그의 유죄성을 증명해 주는 추방으로 끝나는 대신, 요셉은 그의 무죄성을 강력히 증명해 주는 반전으로 끝이 납니다. 또한 요셉은 복수가 아니라 용서를 통해 집단폭력의 고리를 끊었고, 그럼으로써 형제들, 곧 박해자들의 유죄성을 입증하고 또 용서한 것입니다.

1.10.
희생양 메커니즘의 무효화 선언 및 그 대안

지라르는 이렇듯 고대 신화에는 초석적인 살해가 있었다는 사실을 사람들에게 감추고 이를 설득하는 경향이 있는 데 비해, 『성서』의 이야기는 그것을 분명하게 드러내고 있다는 사실을 강조하고 있습니다. 하지만 지라르는, 구약에서는 이 같은 희생양 메커니즘의 폭로 작업, 곧 탈신비화 작업이 완성되지 못했고, 그 부족한 부분이 복음서에서 완성된다고 보고 있습니다.

지라르는 「마태복음」(13장 15절)의 다음 문장을 주목합니다. "내가 말할 때는 비유로 말하겠고 천지창조 때부터 감춰진 것을 드러내리라." 지라르는 이 문장에서 "감춰진 것"을 희생양 메커니즘에서 무고한 희생양에게 가해진 초석적 폭력에 대한 진실로 이해합니다. 그리고 이를 인류 문화의 기저에 놓여 있으면서도, 잘 드러나지 않는 비밀로 생각합니다.

여기에서 다시 한번 다음과 같은 사실을 상기하는 것이 좋을 듯합니다. 희생양 메커니즘의 작동을 원만하게 해 주는 요건 중 하나가 바로 비밀 유지라는 것입니다. 희생양은 무고하죠. 그런데 희생양의 살해라는 폭력을 통해야만 집단을 위기 상태로 빠뜨렸던 폭력의 모방 회오리가 진정되죠. 이런 비밀스러운 경험을 한 어떤 집단의 통치자와 그 주위의 소수의 사람들이 희생양 메커니즘을 반복하면서 희생양을 성화합니다. 그리고 이런 희생양 메커니즘을 정기적으로 반복함으로써 그것을 제의화하게 됩니다. 그렇게 해서 무고한 희생양에게 가해지는 폭력은 정당화됩니다. 그런데 복음서에서는 이 과정 전체가 모두 백일하에 드러나고 있다는 것이 지라르의 주장입니다.

우선, 지라르는 희생양의 성화 과정이 없다고 주장합니다. 고대 신화에는 희생양의 성화 과정, 즉 박해자들에 의한 희생양의 이중 변형이 없다는 것입니다. 그러니까 무고한 희생양이 집단의 폭력 회오리에 관련되고 책임이 있다는 사실이 조작되는 과정(악마화 과정)과 희생양을 일정 기간 동안에 이 집단의 폭력에 감염시키는 과정(성화 과정)이 그것입니다. 하지만 이와는 달리 복음서에서는 반대 방향의 신성화 작업이 이루어진다는 것이 지라르의 입장입니다.

이렇듯 복음서에서는 성스러움의 출현이 더 이상 감춰진 폭력에 기초하지 않게 됩니다. 이것은 당연히 복음서가 희생양 메커니즘의 비밀을 감추지 않고, 신비화하지 않고 있는 그대로 폭로하고 있음과 동의어입니다. 지라르는 또한 복음서에서는 고대 신화에서 볼 수 있는 폭력의 만장일치성, 즉 일인에 대한 만인의 폭력이 깨지고 있다고 보고 있습니다. 가령, "너희 가운데 죄 없는 자 이 여인에게 돌을 던지라"(「요한복음」 8장 7절)가 거기에 해당할 것입니다.

바리새인들이 간음한 막달라 마리아를 율법에 따라 돌로 치려 할 때에 예수가 한 말이 이것입니다. 막달라 마리아의 정체성에 대해서는 신학자들 사이에 많은 논란이 있기 때문에 조심스럽습니다만, 상식적인 수준에서 이 문장은 막달라 마리아 일인에게 가해지는 바리새인들의 폭력의 만장일치성을 고발하고 있는 것으로 보입니다.

그리고 지라르에 의하면 복음서에서는 희생양에게 폭력을 가하는 박해자들의 무지無知가 폭로된다고 지적하고 있습니다. 이때 박해자들의 무지는 의식적일 수 있고 무의식적일 수도 있는 것으로 보입니다. 앞에서 지적한 것처럼 한 집단을 통치하는 극소수의 사람만이 희생양 메커니즘과 희생제의의 전 과정의 비밀을 알고 있을 뿐입니다. 따라서 박해자들은 자신들의 행동을 의식적으로 숨기려 할 것입니다. 게다가 그들은 이 과정을 알고 있으면서도 모르는 척할 수도 있을 것입니다. 이 경우에 그들은 자기기만적 상태에 빠져 자신들을 속이고 또 집단의 다른 구성원들을 속이려고 할 것입니다. 또한 박해자들은 정기적으로 반복되는 희생제의에 익숙해져 거의 습관적으로, 무의식적으로 자신들이 일삼던 행위를 반복할 수도 있을 것입니다. 하지만 지라르는 복음서에서 이 모든 형태의 박해자들의 폭력(사탄)이 폭로되고 있다고 주장합니다.

> 아버지여 저희를 사하여 주옵소서. 자기가 하는 것을 알지 못함이니이다. (「누가복음」 23장 34절)

또한 지라르는 예수 스스로가 희생양 메커니즘의 당사자가 되어 모진 수난Passion을 당했음에도 불구하고, 다시 말해 일인에 대한 만장일치적 폭력의 희생양이 되었음에도 불구하고, 복음서를 통해 복수의 포기뿐 아니라 용서를 가르치고, 그렇게 함으로써 희생제의의 기저에 놓여 있는 폭력의 악순환의 고리를 끊고자 했음을 지적하고 있습니다. 바꿔 말해 폭력에 의한 폭력 제압의 메커니즘을, 버선목을 완전히 뒤집듯이 뒤집어 폭로해 버린 것입니다. 요컨대 지라르에 의하면 복음서는 예수의 수난으로써 희생양 메커니즘에 감추어져 있던 폭력, 그러니까 무고한 희생양에게 가하는 폭력을 통해 집단의 폭력을 제압하는 메커니즘을 폭로하고 거기에 무효화를 선언한 기록이라고 할 수 있습니다.

지라르에 의하면 복음서는 고대 신화의 박해 텍스트들과 유사한 구조를 가지고 있지만, 실제에 있어서는 정반대의 결과를 낳고 있음을 지적하고 있습니다. 이 모든 것이 가능한 것은 이 텍스트가 바로 복음서인 까닭에 박해자가 아니라 희생양의 시각에서 기술되었기 때문이라는 것입니다.

이렇듯 지라르는 우리 인류가 운명과도 같은 폭력의 악순환에서 벗어날 수 있는 그 나름의 해결책을 제시하고 있는 것으로 보입니다. 그것이 바로 모방을 하긴 하되, 그 대신 모방 경쟁에 빠지지 않을 수 있는 모델을 찾아 모방하는 것입니다. 예수의 경우가 대표적인 것으로 보입니다. 이것이 지라르의 긴 학문적 여정의 결론입니다. 지라르는 인간이 신을 모방할 수 있다면 결코 모방의 함정, 즉 폭력의 덫에 빠지지 않을 것이라고 보았던 것입니다. 그런 만큼 지라르에게서 폭력에 대한 해결책은 어느 정도 개인의 선택에 달려 있는 것으로 보입니다.

> 너희가 그것을 먹는 날에는 너희 눈이 밝아 하나님과 같이 되어 선악을 알 줄을 하나님이 아심이니라. (「창세기」 3장 5절)

> 여자가 그 나무를 본즉 먹음직도 하고 보암직도 하고 지혜롭게 할 만큼 탐스럽기도 한 나무인지라. 여자가 그 실과를 따 먹고 자기와 함께한 남편에게도 주매 그도 먹은지라. (「창세기」 3장 6절)

하지만 문제는 개인 차원에서 이루어지는 이 같은 선택을 어떻게 집단 차원으로 끌어올릴 수 있느냐로 귀착될 것 같습니다. 전 인류의 복음화가 그것이겠죠. 하지만 이것이 가능할까요? 만일 가능하다고 해도 인간과 폭력의 관계를 완전히 단절할 수 있을지는 알 수 없을 것입니다. 물론 완전히 복음화된 지구를 경험하지 못한 상태이기 때문에 뭐라 단정할 수는 없습니다. 이런 면에서 지라르의 이론이 기독교 차원으로 지나치게 경사되고, 또 그 차원에 국한될 가능성이 없지 않습니다. 또한 그가 이런 결론에 도달하는 과정에서 보여 주었던 『성서』를 비롯한 여러 신화 및 전설 등의 텍스트들에 대한 여러 해석에서의 자의성 및 사회적, 역사적 배경을 제대로 고려하지 못했다는 사실에는 비판의 여지가 있습니다.

다만 이런 비판에도 불구하고 과연 폭력이 배제된 지속 가능한 공동체 정립이 가능한가 하는 문제는 과거에도 유효했고, 지금에도 유효하며, 또 앞으로도 유효할 것 같습니다. 어쨌든 지라르의 폭력론은 기원을 묻지 않는 분위기에서 문화의 기원을 겨냥하고, 그 과정에서 폭력이 갖는 중요성을 부각시키는 한편, 성스러움에 대한 독특한 해석을 가했다는 의의를 지닌다고 할 수 있습니다.

제2강

사르트르의 폭력론:

『존재와 무』와 『변증법적 이성비판』을 중심으로

2.1.
시작하며

오늘 강의의 주제는 20세기를 자신의 세기로 만들었다는 평가를 받고 있는 장폴 사르트르의 폭력론입니다. 사르트르는 아무래도 폭력론보다는 존재론, 현상학, 실존주의 등과 더 가깝습니다. 그리고 사르트르는 우리에게 자유의 철학자로 널리 알려져 있습니다. 그런 만큼 사르트르와 폭력을 연결시키기는 쉽지 않다고 생각하시는 분들이 많을 것 같습니다.

하지만 사르트르는 평생 폭력에 대해 큰 관심을 가졌습니다. 삶의 기나긴 시간 동안 폭력과 투쟁했다고 해도 과언이 아닐 성싶습니다. 폭력은 자유와 더불어 사르트르의 사상과 문학을 떠받치는 두 개의 중요한 축軸 중 하나라고 할 수 있습니다. 사르트르는 인간의 자유의 자발성, 절대성을 내세웁니다. 인간이 자신의 자유 행사에 방해를 받고 침해를 받을 때 그가 호소할 수 있는 것 중의 하나가 바로 폭력입니다.

사르트르는 이런 폭력의 문제를 개인적 차원, 집단적 차원으로 구분해서 다루고 있습니다. 개인적 차원의 문제는 주로 『존재와 무』(1943)에서, 집단적 차원의 문제는 주로 『변증법적 이성비판』(1960)에서 다뤄지고 있습니다. 오늘 강의를 통해 『존재와 무』에서는 '나-타자'의 존재론적 관계를 중심으로, 『변증법적 이성비판』에서는 '집렬체série'로부터 '융화집단groupe en fusion'으로 이행하고, 이 집단이 '서약집단groupe assermenté'으로 이행하는 과정에서 행해지는 '서약serment' 개념과 '동지애-공포Fraternité-Terreur' 개념을 중심으로 사르트르의 폭력론을 살펴보겠습니다.

사르트르의 폭력론은 지난번에 살펴본 지라르의 폭력론과 유사한 점이 없지 않습니다.[1] 하지만 지라르의 이론이 궁극적으로 기독교 쪽으로 기울게 되는 반면, 사르트르의 이론은 순전히 인간학 차원에 머문다는 차이점이 있습니다. 자세한 내용은 제가 2020년, 그린비에서 출간한 『사르트르와 폭력: 사르트르의 철학과 문학에 나타난 폭력의 얼굴들』을 참고하면 좋을 듯합니다.

2.2.
사르트르의 생애와 저작

먼저 사르트르의 생애와 저작을 살펴보도록 하겠습니다. 사르트르의 명함은 화려합니다. 20세기 프랑스를 대표하는 철학자, 소설가, 극작가, 문학이론가, 문학평론가, 참여지식인 등등. 그의 이름은 항상 실존주의와 묶여 소개되며, 또 20세기 중반 프랑스 지성사를 화려하게 수놓았던 카뮈, 메를로퐁티, 아롱, 보부아르 등의 이름과 항상 같이 거론됩니다. 그리고 보부아르와의 '계약결혼mariage morganatique'으로도 유명합니다.[2] 특히 사르트르의 이름은 자유와 밀접하게 연결되어 있습니다. 이런 이유로

1 지라르가 『낭만적 거짓과 소설적 진실』에서 다루고 있는 인간관계들, 가령 무관심, 사디즘, 마조히즘, 상상 속으로의 도피 등을 설명할 때 지적한 것처럼, 이런 관계들은 사르트르의 『존재와 무』에서 차용한 것으로 보인다.

2 사르트르와 보부아르의 계약결혼에 대해서는 다음을 참고하라. 변광배, 『사르트르 vs. 보부아르』, 세창출판사, 2023, 25-55쪽.

그는 자유의 철학자라고도 불립니다.

사르트르는 1905년에 파리에서 태어나 1980년에 세상을 떠났습니다. 그의 이름에는 실존주의 철학자, 참여문학littérature engagée, 참여지식인 intellectuel engagé 등과 같은 꼬리표가 항상 붙습니다. 사르트르의 사유의 주된 과제는 '인간에 대한 이해'입니다. 사르트르는 1943년 『존재와 무』를 통해 이 문제에 접근합니다. 사르트르는 이 저서에서 흔히 3H로 지칭되는 헤겔, 후설, 하이데거의 사상을 바탕으로 현상학적 존재론의 정립을 시도하면서 인간의 이해를 도모합니다. 하지만 사르트르의 인간 이해를 위한 노력은 2차 세계대전을 기점으로 집단과 역사로 그 지평이 확장됩니다. 그 결과가 바로 1960년에 출간된 『변증법적 이성비판』입니다. 사르트르는 이 저서에서 이른바 구조적, 역사적 인간학의 정립을 시도합니다.

또한 사르트르는 소설, 극작품, 시나리오 등의 집필을 통해 작가로서 활발한 활동을 하고, 그 결과 1964년에 노벨 문학상 수상 작가로 선정됩니다. 그가 이 상의 수상을 거부했다는 것은 잘 알려진 사실입니다. 또한 보들레르, 주네, 플로베르 등의 작가와 작품에 대한 비평과 아울러 『지식인을 위한 변명*Plaidoyer pour les intellectuels*』(1971) 등과 같은 참여지식인에 대한 논의로 사르트르의 활동 범위가 확장됩니다. 사르트르는 생전에 카뮈, 아롱, 메를로퐁티 등과 벌였던 치열한 이념적 논쟁으로도 유명합니다.

사르트르의 주요 저서로는 『상상력*L'Imagination*』(1936), 『상상계*L'Imaginaire*』(1940), 『존재와 무』(1943), 『실존주의는 휴머니즘이다*L'Existentialisme est un humanisme*』(1946), 『변증법적 이성비판』(1960), 『윤리를 위한 노트』[*Cahiers pour une morale*](1983) 등과 같은 철학 저작들, 『구토*La Nausée*』(1938), 『벽』

(1939), 『자유의 길*Les Chemins de la liberté*』(1945), 『말*Les Mots*』(1964) 등과 같은 소설, 『파리떼*Les Mouches*』(1943), 『닫힌 방*Huis clos*』(1944), 『악마와 선한 신*Le Diable et le bon Dieu*』(1951), 『알토나의 유폐자들』[*Les Séquestrés d'Altona*](1959) 등의 극작품, 『문학이란 무엇인가*Qu'est-ce que la la litttérature?*』(1948), 『시인의 운명과 선택 — 보들레르: 인간과 시*Baudelaire*』(1947), 『성자 주네: 희극배우와 순교자』[*Saint Genet: Comédien et martyr*](1952), 『집안의 백치』[*L'Idiot de la famille*](1971) 등과 같은 문학이론, 비평서 및 위에서 언급한 에세이 『지식인을 위한 변명』도 있습니다. 이 외에도 영화, 시나리오, 회화, 음악에 대한 평론, 정치 평론 등도 있습니다.

2.3.
나와 타자의 시선 투쟁

사르트르의 삶과 저작 소개는 이것으로 간단하게 마치고, 곧장 사르트르의 폭력론을 살펴보도록 하겠습니다. 사르트르의 폭력론 이해에서 가장 핵심적인 내용은 바로 그의 이론이 전적으로 인간 중심으로 전개된다는 점입니다. 말씀드렸다시피 앞에서 살펴본 지라르의 폭력론과는 달리 사르트르의 폭력론에는 종교적인 요소가 전혀 없습니다. 또한 사르트르는 자연적 폭력 현상에도 관심을 갖지 않습니다. 뒤에서 보게 되겠지만, 사르트르에게서 자연은 인간이 그것에 대해 관심을 갖는 경우에만 그 의미를 가질 뿐입니다. 따라서 사르트르는 홍수, 눈사태, 지진, 전염병 등과 같은 자연현상에서 비롯된 폭력을 다루지 않습니다.

사르트르의 폭력론은 크게 다음과 같은 차원에서 전개되고 있는 것으로 보입니다. 개인과 개인, 집단과 집단, 집단과 개인의 차원이 그것입니다. 이런 차원에서 폭력 기원의 문제, 폭력 극복의 문제 등이 주로 다루어지고 있습니다. 개인과 개인의 차원에서 발생하는 폭력과 그 극복의 문제는 주로 『존재와 무』에서, 집단과 집단, 집단과 개인의 차원에서 발생하는 폭력과 그 극복의 문제는 주로 『변증법적 이성비판』에서 다루어지고 있습니다. 해서 먼저 『존재와 무』를 중심으로 사르트르의 폭력론을 살펴보도록 하겠습니다.

『존재와 무』의 핵심 주제는 "존재의 세 영역"에 해당하는 '즉자존재卽自存在, l'être-en-soi' '대자존재對自存在, l'être-pour-soi' '대타존재對他存在, l'être-pour-autrui' 사이의 관계를 '현상학적으로phénoménologiquement'[3] 기술記述하는 것입니다. 사르트르는 의식의 주체인 인간(대자존재)이 다른 존재들, 가령 사물(즉자존재)과 다른 인간(대타존재)와 맺는 관계(존재관계)에 주목합니다.

여기에서 '현상학적'이란 말은 개략적으로 '의식에 나타나는 대로'라는 말과 동의어라고 생각하시면 될 것 같습니다. 인간과 사물과의 관계는 의식의 '지향성intentionnalité'에 의해 설명됩니다. 사르트르는 현상학의 창시자인 후설에게서 "의식은 그 무엇인가에 대한 의식conscience est conscience de quelque chose"[4]이라는 명제를 가져옵니다. 인간은 이 의식의 지향성의 구조를 채우면서 그 무엇인가에 대해 거리를 펼치고, 또 그것에 의미를 부여합니다.

3 『존재와 무』의 부제는 "현상학적 존재론 시론(essai d'ontologie phénoménologique)"이다.

4 Jean-Paul Sartre, *L'Etre et le néant: Essai d'ontologie phénoménologique*, coll. Gallimard, Bibliothèque des idées, 1943, p. 27.(이하 EN으로 약기.)

문제는 인간 주위에는 사물, 곧 즉자존재만 있는 것이 아니라는 것입니다. 그의 주위에는 다른 사람도 있습니다. 사르트르는 이 다른 사람, 곧 '타자autrui'를 중요시합니다. 해서 사르트르는 그의 현상학적 존재론에 나와 타자 사이의 존재관계에 대한 기술을 포함시키고자 합니다. 그런데 이미 짐작하시겠지만, 나와 사물과의 관계와 나와 타자와의 관계는 질적으로 다릅니다. 보통의 경우라면 인간이 사물과의 관계에서 거북함을 느끼는 경우는 많지 않습니다.[5]

사르트르는 나와 타자와의 관계를 설명하기 위해 '수치심honte'[6]을 예로 듭니다. 내가 바위 앞에서 수치심을 느끼는 경우는 거의 없을 것입니다. 따라서 내가 수치심을 느끼는 것은 또 하나의 의식, 곧 타자의 존재를 전제로 하는 것입니다. 물론 인간은 혼자 있을 때조차 수치심을 느낄 수 있습니다. 하지만 이때 인간은 자기를 객체화하면서 자기에게 어느 정도 거리를 둔 채 수치심을 느끼는 것입니다. 그런데 혼자 있는 경우 수치심을 가능케 했던 거리는 곧바로 사라져 버릴 수 있습니다. 하지만 내가 저지른 야비한 행동을 누군가가 보았다고 합시다. 이 경우에 나의 수치심은 끝이 없을 것입니다.

사르트르는 이처럼 수치심을, 타자 앞에서 내가 나에 대해 갖는 수치심이라는 이중의 구조 속에서 파악하고 있습니다. 또한 거기에서부터 출발해서 타자라는 새로운 유형의 존재에 대한 탐사의 필요성을 제시하고

5 사르트르가 같은 제목으로 소설을 쓴 '구토' 개념은 예외처럼 보일 수도 있다. 하지만 이 구토를 체험하는 것은 인간의 몫이며, 일상성에 빠져 있는 인간의 경우에는 그것을 체험할 수 없다.

6 라캉은 사르트르의 '존재론(ontologie)'를 비판하면서 '수치학(hontologie)'이라는 신조어를 만들어 내기도 한다.

있습니다.

> 사람은 혼자서 야비한 것이 아니다. 이처럼 타자는 단지 나에게 나였던 바의 것만을 열어 보여 주는 것이 아니다. 타자는 또한 새로운 자격들을 지탱해야 할 하나의 존재 유형에 따라서 나를 구성해 놓기도 했다. 이 존재는 타자의 출현 이전에 내 안에 잠재적으로 있었던 것이 아니다. (EN, p. 276)

사르트르는 이 같은 필요성에서 출발해서 『존재와 무』에서 대타존재를 다루고 있습니다. 대타존재는 불어 'l'être-pour-autrui'의 우리말 번역어입니다. 영어로는 'Being-for-Others'라고 합니다. 대타존재에서 불어 'pour'는 대자존재에 포함되어 있는 'pour'와 같습니다. '향해서'의 의미입니다. 대자존재l'être-pour-soi에서는 내가 '자기soi'를 향해 있습니다. 하지만 대타존재l'être-pour-autrui에서는 내가 '타자autrui'를 '향해' 있습니다. 사르트르는 『존재와 무』에서 인간과 이 세계의 모든 존재 사이에 맺어지는 존재관계의 전체 모습을 파악하기 위해서는 이 대타존재를 구성하는 타자라고 하는 또 다른 존재를 고려해야 한다고 보고 있습니다. 그리고 이 대타존재의 문제를 '타자란 누구인가'라고 하는 '타자의 존재 문제'와 내가 이 타자와 맺는 '존재관계'의 문제로 구분하고 있습니다.

> 하지만 그와 동시에 나는 나의 존재의 구조 전체를 완전히 파악하기 위해 타자를 필요로 한다. 대자는 대타를 가리킨다. 따라서 만일 우리가 인간과 즉자존재와의 존재관계를 그 전체 속에서 파악하고자 한다면, 우리는 이 책의 앞부분에서 소묘된 기술만으로 만족할 수는 없다. 우리는 아주 다른 의미로 놀라운 두 가지 질문에 답을 해야만 한다. 먼저 타자의 존재 문제

이며, 그다음으로는 타자의 존재와 나의 '존재' 관계의 문제다. (EN, p. 277)

사르트르는 『존재와 무』에서 '시선regard' 개념을 도입해 대타존재와 관련된 위의 두 문제를 해결하고자 합니다. 첫 번째 문제와 관련해 사르트르는 실제로 데카르트, 헤겔, 후설, 하이데거 등의 타자론을 비판하는 긴 과정을 거치고 나서 "타자는 나를 바라보는 자autrui est celui qui me regarde"(EN, p. 315)라는 정의를 내리고 있습니다.

이처럼 사르트르에게서 시선은 나에 대한 타자의 직접적이고 구체적인 현전現前을 설명해 주는 아주 중요한 개념입니다. 그리고 개인과 개인 사이에서의 갈등과 투쟁의 발생을 결정하는 핵심적인 개념이기도 합니다. 그런 만큼 사르트르의 『존재와 무』 차원에서의 폭력의 기원 문제를 해결하기 위해서는 이 시선 개념을 잘 이해해야 합니다.

사르트르에게서 시선은 단순한 두 눈동자의 움직임이 아닙니다. 그보다는 오히려 이 시선은 '힘puissance'으로 이해됩니다. 그것도 그 끝에 닿는 모든 것을 '객체화objectiver'시키는 강력한 힘으로 이해됩니다. 이와 병행해서 사르트르의 사유 체계에서 유의해야 할 점은, 바로 인간은 누구나 항상 '주체성subjectivité'의 상태에 있으려고 한다는 점입니다. 다시 말해 인간은 그 어떤 상황에서도 이 세계의 중심에 서서 주위의 모든 존재에 의미를 부여하면서 자유와 초월transcendance[7]의 상태에 있으려고 합니다.

7 사르트르에게서 '초월' 개념은 보이지 않는 존재를 향한 움직임을 의미하지 않는다. 그와는 달리 사르트르는 초월을 '의식'의 특징으로 본다. 앞에서 본 바와 같이 사르트르에게서 의식은 '무엇인가'를 '지향'하는데, 이때 의식은 이 무엇인가를 향해 자기(자기의식)를 넘어서 '외부로 폭발하는 것(s'éclater vers le dehors)'으로 여겨진다. 이 운동이 바로 초월이다.

정확히 이 같은 이유로 나와 타자는 우연히[8] 만나자마자 서로가 서로를 객체로 사로잡으려고 한다는 것이 사르트르의 주장입니다. 물론 이 투쟁의 목표는 각자가 주체성의 자격을 유지하는 것입니다. 사르트르는 이 같은 점을 고려해 인간들 사이의 관계를 함께 '협력하는mitmachen, faire-avec' 관계가 아니라 '갈등conflit', 투쟁lutte의 관계로 보고 있습니다(EN, p. 502).

그 내력은 이렇습니다. 우선 나는 타자를 바라보며 '바라보는-존재l'être-regardant'의 자격으로 주체성의 상태에 있게 됩니다. 물론 이때 타자는 '바라보이는-존재l'être-regardé'의 자격으로 객체성의 상태에 있게 됩니다.[9] 하지만 타자는 내가 항상 주의를 기울여 다뤄야 하는 위험한 존재입니다. 왜냐하면 타자는 언제든지 그의 시선을 폭발시켜 나를 바라보면서 나를 객체화시킬 수 있는 존재이기 때문입니다. 사르트르는 타자가 바라보이는-존재에서 바라보는-존재가 되는 것을 '승격transfiguration'이라는 용어로 부릅니다. 또한 이 같은 타자의 승격에 수반되는, 나의 바라보는-존재에서 바라보이는-존재로의 변화를 '강등dégradation'이라고 부

8 사르트르의 존재론은 '무신론' 위에 정립되고 있다. 사르트르는 존재의 세 영역을 구분한다. 그런데 이 세 영역에 속하는 존재들에는 한 가지 공통점이 있다. 그것들이 우연성(contingence)에 의해 지배받는다는 사실이 그것이다. 사르트르는 이 세계의 존재들에 대한 탐구에서 그것들이 이른바 신의 '대(大)지적 기획(Grand Intellectual Design)', 곧 필연성의 대논리에서 벗어나 있다고 보고 있다. 그 결과 이 존재들은 '필연성'이 아니라 '우연성'에 의해 지배된다는 것이 사르트르의 주장이다. 또한 이 우연성 개념은 존재들의 '잉여성'과도 무관하지 않다. 사르트르에 의하면 이 세계의 모든 존재는 '잉여존재(l'être de trop)', 곧 '남아도는 존재'이다.

9 불어로 '바라보다'라는 의미를 가진 동사는 'regarder'이다. '시선'의 의미를 가진 단어 'regard'는 이 동사의 명사이다. 그리고 '바라보는-존재'와 '바라보이는-존재'에서 '바라보는'과 '바라보이는'에 해당하는 'regardant'과 'regardé'는 각각 이 동사의 현재분사와 과거분사이다.

릅니다.

어쨌든 한 가지 분명한 것은, 나와 타자의 관계는 서로 만나자마자 서로 찢기어 서로가 서로를 객체화시키려는 투쟁과 갈등의 관계라는 점입니다. 이것이 바로 사르트르가 파악하고 있는 대타존재의 두 번째 문제인 나와 타자 사이에 맺어지는 존재관계 —사르트르는 이 관계를 '근본적 관계relation fondamentale'이라고 부릅니다— 의 한 양상입니다. 그리고 사르트르는 나와 타자 사이에서 벌어지는 시선 투쟁과 갈등에서 인간들 사이의 폭력이 출현한다고 보고 있습니다.

2.4.
나와 타자의 구체적 관계들

사르트르는 극작품 『닫힌 방』에서 "타자는 나의 지옥이다L'enfer, c'est les Autres"[10]라고 말하고 있습니다. 이것은 위에서 살펴본 대로 타자가 나를 바라보면서 나에게 객체성을 부여하고, 또 그러면서 나와 투쟁 및 갈등 관계에 있기 때문입니다. 이 같은 시각에서 보면 사르트르의 타자에 대한 사유는 온통 부정적 이미지로 물들어 있을 뿐입니다. 하지만 사르트르 사유는 거기에서 그치지 않습니다.

사르트르의 사유 체계에서 타자는 나와의 관계에서 존재론적으로 이

10 Jean-Paul Sartre, *Huis clos*, in *Théâtre complet*, Gallimard, coll. Bibliothèque de la Pléiade, 2005, p. 128.

중二重의 모순된 지위를 갖는 것으로 이해됩니다. 방금 지적한 것처럼 나와의 관계에서 타자의 존재론적 지위는 부정적입니다. 하지만 그와 정반대로 사르트르는 타자를 나에게 있어서의 필수불가결한 존재로 보고 있습니다. 보다 더 구체적으로 사르트르는 타자를 "나와 나 자신을 연결해주는 필수불가결한 중개자médiateur[11] indispensable entre moi et moi-même"(EN, p. 276)로 규정하고 있습니다. 왜 그럴까요?

이 물음에 답을 하기 위해 다시 한번 사르트르의 학문적 가정인 무신론, 곧 신의 부재로 돌아가 봅시다. 신의 존재를 인정하고 받아들인다면, 나는 나 자신의 존재이유raison d'être와 존재근거fondement d'être에 대해서는 안심할 수 있을 것입니다. 왜냐하면 모든 것은 신에 의해 이미 구상되었기 때문입니다. 하지만 그 반대의 경우라면 인간은 안심할 수 없습니다. 자신이 왜 거기에 있는지, 자신의 존재이유는 무엇인지, 자신의 존재근거는 어디에 있는지 등에 대해 아무런 대답을 가지고 있지 못하기 때문입니다.

그런데 나의 옆에 우연히 타자가 있습니다. 물론 나에게 있어서 타자는 내가 온 힘을 다해 물리쳐야 하는 무서운 적敵입니다. 그도 그럴 것이 이 타자는 나를 바라보면서 나를 객체로 사로잡기 때문입니다. 그런데 사르트르는 타자가 이처럼 나를 바라보면서 나에게 부여하는 객체가 곧 나의 존재근거에 해당한다고 주장합니다.

11 우리는 앞에서 지라르의 폭력론에서도 인간이 다른 인간의 중개자 역할을 한다는 사실을 보았다. 하지만 사르트르와 지라르의 입장은 다르다. 지라르에게서는 욕망의 주체와 중개자의 관계에서 중개자는 이 욕망 주체가 중개자 자신이 욕망하는 대상을 욕망하도록 하는 역할을 수행한다. 반면, 사르트르에게서 타자는 내가 나의 정체성을 찾고 또 확립하는 데 절대적인 도움을 주는 역할도 하는 것으로 여겨진다.

사르트르에 의하면 우선 타자의 시선에 포착된 나의 모습은 나의 '외부外部, dehors'에 해당합니다. 그리고 이 외부는 나의 '본성nature' 또는 '본질essence'에 해당합니다. 왜냐하면 나는 타자가 나를 바라보면서 나에게 부여하는 이 외부를 통해 내가 어떤 존재라는 것을 알기 때문입니다. 이에 대해 사르트르는 『실존주의는 휴머니즘이다』에서 "나에 대한 진리를 알기 위해서 나는 타자를 통과해야만 한다"고 말하고 있습니다.[12]

물론 나는 내 자신이 어떤 존재인지에 대한 나름의 답을 가지고 있습니다. 가령, 나는 나를 착한 사람으로 여기고 있다고 해 보겠습니다. 그런데 만일 타자가 나를 바라보면서 착하지 않은 사람이라고 규정한다면, 나는 혼란스러운 상태에 빠지게 되고 맙니다. 그리고 나에 대해 내가 가지고 있는 이미지와 타자가 나를 바라보면서 나에게 부여하는 이미지가 너무 다르다면, 나는 아마 사회생활을 하는 데 커다란 어려움을 겪게 될 것입니다. 어쨌든 한 가지 분명한 것은, 신이 부재한다고 여겨지는 세계에서 타자가 나를 바라보면서 나에게 부여하는 나의 외부는 나라는 존재의 핵심을 건드린다는 점입니다.

정확히 이 같은 의미에서 타자에 의해 나에게 부여되는 나의 외부는 나의 존재근거에 해당한다고 할 수 있는 것입니다. 하지만 문제는 타자의 시선에 의해 포착된 나의 모습이 어떤 것인지를 나는 알 수가 없다는 것입니다. 그렇지 않을까요? 타자의 시선 뒤에 그려진 나의 모습을 나는 결코 알 수가 없을 것입니다. 이런 의미에서 사르트르는 타자가 나에게 부여하는 나의 외부를 나의 '비밀'에 해당한다고 봅니다. 이것은 나와의

12 Jean-Paul Sartre, *L'Existentialisme est un humanisme*, Nagel, coll. Pensées, 1946, pp. 66-67.

관계에서 타자는 반드시 필요한 존재라는 것을 의미합니다. 타자는 나를 바라보고, 나에게 객체성을 부여하면서, 나의 존재이유와 존재근거를 마련해 준다고 할 수 있을 것입니다.[13]

이처럼 나와의 관계에서 타자가 이중의 상반된 지위를 가진다는 사실 때문에 타자에 대한 나의 '태도attitude'가 결정된다는 것이 사르트르의 주장입니다. 사르트르에 의하면 이 태도는 다음의 두 가지로 나타납니다. '초월transcendance'의 태도와 '동화assimilation'의 태도가 그것입니다. 앞의 태도는 타자가 나를 바라보면서 나를 객체화시키는 것에 대한 반격의 의미를 지니고 있습니다. 그러니까 나는 나를 공격하는 타자를 바라보면서 그를 객체화시키려고 시도합니다.

다른 한편, 타자는 주체의 자격으로 나를 바라보면서 나에게 '나'의 존재근거를 제공해 주는 존재이기 때문에, 이번에는 그의 주체의 자격을 인정해 주면서 그의 시선에 포착된 나의 모습을 나 자신에게로 흡수하려고 시도할 수도 있을 것입니다. 이것이 바로 동화의 태도입니다. 사르트르는 이 두 태도를 중심으로 나와 타자 사이에 맺어지는 관계들을 '구체적 관계들relations concrètes'이라고 부릅니다.

13 사르트르는 인간을 "신이 되고자 하는 욕망(désir d'être Dieu)"(EN, p. 654)로 규정한다. 그리고 이 신의 존재방식을 '즉자-대자(en-soi-pour-soi)'의 결합으로 규정한다. 물론 이 개념은 살아 있는 인간이 실현할 수 없는 모순적인 개념이다. 그도 그럴 것이 이 개념은 인간에게 살아 있음과 동시에 죽어 있음의 상태를 요구하기 때문이다. 이런 이유로 인간은 "무용한 수난(passion inutile)"(*Ibid.*, p. 708)으로 여겨진다. 또한 사르트르는 신의 존재방식인 '즉자-대자'의 결합을 '자기원인자(ens causa sui)'로 여기고 있기도 하다. 이것은 어떤 대자가 이 결합에 포함된 즉자를 자기 자신의 존재근거, 존재이유로 여기는 것과 동의어이다. 그런데 사르트르는 신의 부재를 가정하고 있기 때문에, 이 결합에서 즉자는 뼈와 살을 가진 구체적인 타자로부터 올 수밖에 없다.

> 타자는 나를 '바라본다'. 그리고 그런 자로서 타자는 나의 존재의 비밀을 쥐고 있다. 타자는 내가 '무엇'이라는 것을 안다. 이렇게 해서 나의 존재의 깊은 의미는 나의 바깥에 있고, 하나의 부재 속에 갇혀 있다. 타자는 나에 대해 우세하다. 따라서 나는, 내가 그것으로 있으면서 그것을 근거 짓지 못하는 즉자를 도피하는 한에서, 외부에서 나에게 부여된 이 존재를 부인하려고 시도할 수 있다. 다시 말해 나는 이번에는 내 편에서 타자에게 객체성을 부여하기 위해서 타자 쪽으로 돌아설 수 있다. 그 까닭은 타자의 객체성은 타자에게 있어 나의 객체성을 파괴하는 것이기 때문이다. 하지만 다른 한편으로 자유로서의 타자가 나의 즉자존재의 근거인 한에서, 나는 타자로부터 자유의 성격을 제거함이 없이 그 자유를 되찾고, 그것을 탈취하려고 할 수가 있다. 만일 사실 내가 나의 즉자존재의 근거인 그 자유를 나에게 동화시킬 수 있다면, 나는 나 자신에 대해 나 자신의 근거가 될 것이다. 타자의 초월을 초월하는 것, 아니면 반대로 타자로부터 초월의 성격을 제거함이 없이 그 초월을 내 안으로 삼키는 것, 이것들이 바로 내가 타자에 대해 취하는 두 개의 원초적인 태도이다. (EN, p. 430)

사르트르는 초월의 태도를 중심으로 형성되는 나와 타자 사이의 구체적 관계들로 '사디즘, 성적 욕망, 무관심, 증오'를 들고 있습니다. 그리고 동화의 태도를 중심으로 형성되는 나와 타자 사이의 구체적 관계들로는 '사랑, 언어, 마조히즘'을 들고 있습니다. 우선 초월의 태도를 중심으로 하는 관계들을 시작으로 이들 관계를 간단히 살펴보죠.

먼저 사디즘을 보겠습니다. 사르트르는 사디즘의 한 예로 고문拷問을 들고 있습니다. 고문하는 자의 목표는 고문당하는 자로부터 중요한 정보를 얻어 내는 것일 때가 많습니다. 사르트르는 고문당하는 자의 자백의 순간을 그의 주체성이 강제로 탈취되는 순간으로 이해합니다. 성적 욕망은 '애무caresse'를 통해 내가 타자의 몸에 객체성을 불어넣는 것으로 설명할 수 있습니다. 무관심은 내가 타자를 완전히 무시하는 태도로 이해됩니다. 가령, 타자가 나에게 인사를 하는데도 불구하고 내가 그의 인사를 받지 않으면서 그를 완전히 무시하는 경우가 그것입니다. 또한 증오는 나에 대한 비밀을 알고 있는 타자를 내가 살해하려는 마음으로 이해됩니다.

하지만 이 모든 관계는 실패라는 것이 사르트르의 주장입니다. 왜냐하면 타자는 언제라도 자신의 시선을 폭발시켜 나를 바라보면서 객체화시킬 수 있기 때문입니다. 특히 증오의 경우에는 내가 타자를 살해하는 데 성공한다 해도, 그가 나에 대한 비밀을 무덤까지 가지고 갔다는 그 사실 자체를 없앤다는 것은 불가능하기 때문입니다.

또한 동화의 태도를 중심으로 맺어지는 구체적 관계들 중 사랑이란 나와 타자가 동시에 자유와 주체성을 유지하면서 맺으려고 하는 관계로 이해됩니다. 하지만 이것은 현실에서는 실패라는 것이 사르트르의 주장입니다. 왜냐하면 나와 타자는 만나자마자 각자의 시선을 통해 상대방을 객체화시키고자 하기 때문입니다. 그다음으로 언어도 사랑과 마찬가지로 나와 타자의 자유와 주체성 위에서 맺으려고 하는 관계입니다. 하지만 언어 역시 실패라는 것이 사르트르의 판단입니다. 왜냐하면 내가 말한 것은 언제나 타자에 의해 부분적으로 파악되거나 왜곡될 수 있기 때문입니다. 마지막으로 마조히즘은 내가 타자의 주체성에 의해 포착된 객체화된 나의 모습에 안주하면서 휴식을 취하는 것으로 이해됩니다. 하지만 이것은 내가 내 자신을 속이는 것이기 때문에 실패할 수밖에 없다는 것이 사르트르의 설명입니다.

방금 간단하게 살펴본 것처럼 나와 타자 사이에 맺어지는 모든 관계는 궁극적으로 실패로 돌아갈 수밖에 없다는 것이 대타존재에 대한 사르트르의 비극적인 이해입니다. 특히 타자의 살해로 정의되는 증오의 관계마저도 실패로 끝날 수밖에 없다는 데서 이 비극성은 최고조에 달한다고 할 수 있습니다. 사르트르는 나와 타자 사이에 맺어지는 존재관계의 이 같은 비극적인 악순환을 고려하여, 타자가 있는 이 세계에 내가 출현한 사실 자체를 나의 '원죄péché originel'로 규정하고 있습니다.

사르트르가 『존재와 무』에서 직접 다루고 있지는 않지만, '나와 타자 사이의 존재관계의 시각에서 내가 타자 앞에서 펼쳐 보이는 '코미디comédie'는 아주 흥미롭다 하겠습니다. 가령, 극작품 『닫힌 방』의 한 인물이 다음과 같이 거울 놀이를 하면서 아무도 없는 곳에서도 마치 타자가 있는 것처럼 연기를 펼쳐 보이고 있습니다.

> **에스텔** … 내 침실엔 여섯 개의 큰 거울이 있어요. 난 그것들을 봐요. 난 그것들을 본다니까요. 하지만 거울들은 나를 보지 못해요. 거울들에 긴 의자, 양탄자, 창문이 비쳐요…. 참 공허하네요. 내가 없는 거울 말예요. 내가 말할 때는, 거울을 하나 둬서 내가 나를 쳐다볼 수 있도록 했어요. 말을 했고, 말하는 나를 봤지요. 마치 사람들이 나를 보듯이 나를 봤어요. 그게 나를 깨어 있게 했어요.[14]

실제로 코미디에서 종종 볼 수 있는 연기演技는 특히 나와 타자 사이의 존재론적 힘의 불균형이 심할 때 더욱 두드러집니다. 이런 현상은 사

14 Jean-Paul Sartre, *Huis clos*, *op. cit.*, pp. 105-106.

르트르의 문학작품 전체에 널리 나타나고 있으나, 그의 자서전적 소설 『말』에서도 자주 등장합니다. 가령, 미사에 참여하는 어른들의 모습이라든가, 그들과 같이 미사에 참여해 얌전한 아이라는 평판을 듣기 위해 애를 쓰는 어린 사르트르가 그 좋은 예입니다.

> 가끔 일요일이면 외할머니와 어머니는 유명한 오르간 연주자의 훌륭한 음악을 듣기 위해 미사에 참석했다. 두 사람은 열성 신자는 아니었지만 다른 사람들의 신앙 덕분으로 음악의 황홀경을 맛볼 수 있었다. 두 사람은 토카타를 감상할 수 있는 동안에만 신을 믿는 것이다. 이런 숭고한 정신이 깃드는 순간에 나는 제일 신이 났다. 모두들 자고 있는 것 같고, 해서 내가 묘기를 부려 볼 기회인 것이다. 나는 기도대에 무릎을 꿇고 동상으로 변한다. 발가락 하나라도 움직여서는 안 된다. 나는 뺨으로 눈물이 흘러내릴 때까지 눈 하나 깜빡하지도 않은 채 앞을 똑바로 쳐다본다. 물론 다리가 저려 죽겠지만 있는 힘을 다해 참아 낸다. 이겨 낼 자신이 있는 것이다. 내 힘이 얼마나 센지 알고 있으니까, 가장 죄스러운 유혹을 주저하지 않고 만들어 그 유혹을 물리치는 기쁨을 맛보려고 한다. '땅! 땅!' 하고 소리치면서 일어선다면? 원주를 기어올라 성수반聖水盤에 오줌을 갈긴다면? 이런 끔찍한 유혹을 물리쳤으니 조금 있다가 어머니의 칭찬을 의기양양하게 받을 수 있을 것이다. 하지만 나는 나 자신을 속인 것이다….[15]

15 Jean-Paul Sartre, *Les Mots*, in *Les Mots et autres écrits autobiographiques*, Gallimard, coll. Bibliothèque de la Pléiade, 2010, p. 13.

2.5.
실천적-타성태

지금까지 『존재와 무』를 중심으로 사르트르에게서 폭력이 발생하는 과정을 추적해 보았습니다. 요약하자면 사르트르에게서 폭력은 전적으로 인간의 문제이며, 폭력은 인간과 인간 사이에서 일어나는 시선의 투쟁과 그들 사이의 구체적 관계들(무관심, 사디즘, 증오, 마조히즘 등)에서 발생했습니다. 오늘은 사르트르의 후기 사상이 집대성되었다고 여겨지는 『변증법적 이성비판』을 통해 사르트르의 폭력론을 살펴보도록 하겠습니다. 사르트르의 사상은 『존재와 무』로 대표되는 전기 사상과 『변증법적 이성비판』으로 대표되는 후기 사상으로 구분하는 것이 보통입니다.

그런데 이처럼 전, 후기 사상이 구분되는 기점은 1939년부터 1945년까지 계속된 2차 세계대전입니다. 사르트르의 삶과 사유의 형성에서 전쟁이 차지하는 비중은 대단히 큽니다. 사르트르는 1차 세계대전, 2차 세계대전, 한국전쟁, 베트남전쟁, 중동전쟁 등에 직간접적으로 관여했습니다. 어쨌든 사르트르는 자신의 삶이 2차 세계대전을 기점으로 전, 후기로 나뉘며, 전기의 모습은 후기에서 찾아볼 수 없을 정도라고 말한 바 있습니다. 이런 이유로 사르트르의 사유에서도 전기 사상(『존재와 무』로 대표됩니다)과 후기 사상(『변증법적 이성비판』으로 대표됩니다) 사이에 이른바 '인식론적 단절rupture épistémologique'이 있었는가의 여부가 논의되고 있습니다. 폭력이라는 주제 면에서 볼 때, 사르트르의 전, 후기 사상에는 인식론적 단절은 없었던 것으로 보입니다. 다만, 그 논의의 범위는 전기 사상에서보다 후기 사상에서 훨씬 더 넓어지게 됩니다.

어떻게 넓어졌을까요? 이 물음에 답을 하기 전에 사르트르가 직접 제시하고 있는 그 자신의 철학의 목표를 보여 주는 것이 좋을 듯합니다. 사르트르의 평생의 철학적 과업은 '인간'에 대한 이해입니다. "나는 인간을 이해하고자 하는 정열을 가졌다J'ai la passion de comprendre l'homme."[16] 그리고 이 목표를 위해 사르트르는 『존재와 무』에서는 존재의 세 영역(즉자존재, 대자존재, 대타존재) 사이의 존재관계를 현상학적으로 기술하고자 했던 것입니다. 하지만 『존재와 무』에서 시도된 사르트르의 인간 이해를 위한 노력에는 이 인간이 처해 있는 '사회, 역사적 차원'이 결여되어 있습니다. 이렇듯 결여되었던 차원으로 사르트르의 눈을 돌리게 한 것이 바로 2차 세계대전이었습니다. 인간 이해를 위한 사르트르의 노력은 이 전쟁을 계기로 급격한 변화를 겪습니다. 사르트르 자신은 이 변화를 종교적 의미에서 '전회'(또는 개종Conversion)로 규정하고 있을 정도입니다.

그렇다면 이 전회의 주된 내용은 어떤 것이었을까요? 사르트르는 그 내용을 크게 다음 세 가지로 구분하고 있습니다. 하나는 인간이 고립무원의 존재가 아니라 사회성, 역사성을 띤 구체적 인간이라는 점입니다. 사르트르는 이 사실을 2차 세계대전이 발발했을 때 총동원령에 따라 자신이 전선에 배치되는 과정에서 체험하게 됩니다. 또 하나는 계급투쟁의 발견입니다. 이를 계기로 그는 점차 마르크스주의에 경도되고, 급기야 이것을 그가 살던 시대의 정신을 반영하고 있는 '뛰어넘을 수 없는 indépasssable' 철학[17]으로 규정합니다.

16 Jean-Paul Sartre, *Saint Genet: Comédien et martyr*, (*Œuvres complètes* de Jean Genet, t. I) Gallimard, 1952, p. 158.

17 Jean-Paul Sartre, *Critique de la raison dialectique*(précédé de *Questions de méthode*), tome I: *Théorie*

마지막 하나는 공동체 내에서의 '연대성solidarité' 체험입니다(사르트르는 독일 점령하에 있던 파리가 해방되던 때와 후일 1968년 5월 혁명 당시에도 이와 비슷한 체험을 하게 됩니다). 그는 2차 세계대전 당시 독일군에게 포로로 잡혀 포로수용소에서 지내면서 『바리오나 또는 고통과 희망의 유희』[*Barionna ou le jeu de la douleur et de l'espoir*]라는 극작품을 무대에 올리게 됩니다. 이 기회를 통해 그는 연대성을 경험하게 됩니다. 그리고 이 경험은 후일 『변증법적 이성비판』에서 이른바 '융화집단'의 성립과 관련해 아주 중요한 논거로 소용됩니다. 어쨌든 한 가지 분명한 점은, 2차 세계대전을 계기로 사르트르의 인간 이해를 위한 노력의 폭이 넓어짐에 따라 폭력에 대한 그의 관점 역시 확대될 수밖에 없었다는 사실입니다.

『변증법적 이성비판』에서 사르트르의 폭력의 기원 —이 책에서의 논의는 '인간학적anthropologique 관점'[18]에서의 논의라고 할 수 있습니다— 에 대한 논의에서 핵심은 '실천적-타성태le pratico-inerte' 개념이라고 할 수 있습니다. 『변증법적 이성비판』에서 볼 수 있는 가장 독창적인 개념 중 하나라고 할 수 있는 이 개념의 이해가 폭력의 기원에 대한 사르트르의 인간학적 관점의 이해와 직접적으로 연결되어 있는 것으로 보입니다.

먼저, '실천적-타성태' 개념에는 '실천praxis'이 들어 있다는 사실을 지

◇◇◇◇◇◇◇◇◇◇◇◇◇◇◇◇◇◇

des ensembles pratiques, Gallimard, Coll. Bibliothèque de philosophie, 1960, p. 14.(이하 CRDI로 약기.)

18 이와는 달리 『존재와 무』에서 다루어진 폭력의 기원에 대한 논의는 '존재론적(ontologique) 관점'에서 행해진 논의라고 할 수 있다. 왜냐하면 『존재와 무』의 부제, 즉 "현상학적 존재론 시론"에서 볼 수 있듯이, 이 책의 주요 주제는 존재론이기 때문이다. 반면, 『변증법적 이성비판』에서 사르트르가 추구하는 인간 이해는 "역사적, 구조적 인간학"(*Idem.*)의 정립으로 수렴된다. 이런 이유로 이 책에서 다루어지는 폭력에 대한 논의를 '인간학적 관점'에서의 논의라고 규정짓는다.

적해야 할 것입니다. 실천의 주체는 인간입니다. 그런데 인간은 『존재와 무』에서 탐구되는 신神이 되고자 하는 욕망, 즉 '즉자-대자'의 결합을 지향하는 존재로 정의되는 그런 인간이 아닙니다. 오히려 그 자신의 생물학적 '욕구besoin'를 충족시켜야 하는 '실천적 유기체organisme pratique'로서의 인간입니다. 만일 인간이 실천의 장champ에서 자신의 욕구를 충족시키지 못한다면, 그는 죽음의 위험에 빠지거나 비非존재non-être로 추락할 수 있습니다. 따라서 인간은 그를 에워싸고 있는 물질 환경과 항상 긴장관계에 있을 수밖에 없다는 것이 사르트르의 주장입니다.

물론 인간은 자신의 욕구를 충족하는 과정에서 물질에 자신의 표지를 새기면서, 즉 '가공된 물질matière oeuvrée'을 만들어 내면서 자신을 창조해 나가고, 또 역사 형성에 기여하면서 삶을 영위해 나가게 됩니다. 이 과정이 실천, 곧 기투projet입니다.[19] 그런데 이 실천이 이루어지는 물질적 환경은 희소성rareté이라는 "우연적이고 필연적인 요소fait contingent et inéluctable"(CRDI, p. 233) —여기에 '인간들의 복수성pluralité des hommes'이라는 또 하나의 요소가 더해져야 합니다— 에 의해 지배된다는 것이 사르트르의 견해입니다.

그리고 희소성에 의해 매개되는 인간들의 관계는 갈등과 투쟁으로 귀착될 수밖에 없다는 것이 사르트르의 견해이기도 합니다. 이것은 일견 당연해 보입니다. 그도 그럴 것이 희소성이 근본적으로 극복되지 않는 한, 인간은 다른 인간과의 관계에서 항상 "낯선 종espèce étragnère"이나 "반

19 사르트르에게서 '기투'는 주로 『존재와 무』 차원에서 사용되는 개념인데 비해, '실천'은 『변증법적 이성비판』에서 사용되는 개념이다. 하지만 두 개념 사이에는 큰 차이가 없는 것으로 보인다.

反인간contre-homme"으로 변모할 수 있는 가능성이 농후하기 때문입니다 (CRDI, p. 243).

정확히 여기에 『변증법적 이성비판』의 인간학적 관점에서 포착된 폭력의 기원에 대한 사르트르의 첫 번째 설명이 자리합니다. 그러니까 희소성에 의해 매개되는 인간관계가 곧 폭력 발생의 근본적인 원인입니다. 하지만 폭력의 기원에 대한 이 같은 설명은 지나치게 간단하고, 따라서 일차원적입니다. 그도 그럴 것이 인류의 역사는 희소성 극복의 역사였다고 해도 과언이 아닐 정도로 전 인류가 희소성을 극복하기 위해 끊임없는 노력을 경주해 왔기 때문입니다. 따라서 폭력의 기원에 대한 사르트르의 설명이 보다 현실적인 의미를 갖기 위해서는 희소성 극복을 위해 끊임없이 노력을 경주해 온 인간들 사이의 관계가 폭력 발생과 무관한가 아니면 그렇지 않은가의 여부를 따져 보아야 할 것입니다.

사르트르는 실제로 희소성이 인간들을 갈등과 투쟁으로 이끄는 대신 그와 반대되는 역할도 한다고 주장합니다. 사르트르는 희소성에 대항하는 과정에서 인간들이 서로 협동하고 단결하면서 군집rassemblement —경우에 따라 이 군집은 융화집단의 형태를 띠기도 합니다(이 융화집단의 특징에 대해서는 뒤에서 살펴볼 것입니다)— 을 형성하게 된다고 주장합니다. 그리고 이 군집의 구성원들의 관계는 희소성 극복이라는 공동 목표를 실현하는 과정에서 너, 나의 구분이 없는 관계, 곧 '완벽한 상호성réciprocité parfaite'에 입각한 그런 관계가 되는 것도 가능한 것으로 보입니다.

하지만 문제는 희소성 극복을 위한 인간들의 노력 —이런 노력은 그들의 실천 이외의 다른 것이 아닙니다— 이 반드시 긍정적 결과만을 가져오지 않는다는 점에 있습니다. 왜 그럴까요? 사르트르에 의하면 그 답이 바로 실천적-타성태에 들어 있습니다.

앞에서 인간의 실천이 가공된 물질을 이 세계에 오게 하는 것과 동의어라는 사실을 지적했습니다. 그런데 이 가공된 물질은 희소성에 대항하는 과정에서 이 세계에 나타난 것이기 때문에, 당연히 인간들 사이의 긴장과 대립을 완화하는 순기능을 수행해야 할 것입니다. 가공된 물질은 인간들의 '긍정적 획득물acquis positif'이어야 할 것입니다.

하지만 이 같은 당위성은 당위성에 그치고 만다는 것이 사르트르의 주장입니다. 즉 가공된 물질은 인간들의 새로운 실천을 제약하는 '적대적hostile' 기능을 수행하게 된다는 것입니다. 다시 말해 가공된 물질은 그것을 이 세계에 오게끔 한 장본인인 인간들에게 뜻밖의 '반反목적성contre-finalité'을 드러내 보이게 된다는 것입니다. 사르트르는 인간의 실천과 그 결과물 사이에 나타나는, 이 같은 뜻하지 않은 관계를 실천적-타성태로 규정합니다.

2.6. 집렬체와 융화집단의 형성

이렇게 규정되는 실천적-타성태 개념과 관련해 한 가지 흥미로운 점은, 이 개념으로 인해 인간들 사이의 관계가 '집렬체화sérialisation'된다는 것입니다. 그리고 이 집렬체화의 결과로 그들은 '집렬체série'로 명명되는 군집의 일원이 됩니다. 사르트르는 이 집렬체의 한 예로 버스 정류소에서 버스를 기다리는 사람들을 제시합니다. 이 예에서 이들 잠재적 승객 사이의 관계는 '상호 교환 가능하다interchangeable'는 특징을 갖습니다.

버스 정류소에 조금 일찍 나온 A와 조금 늦게 나온 B는 완전히 구별되는 다른 사람들입니다. 그들 사이에는 아무런 공통점도 없습니다. 하지만 그들은 같은 장소, 같은 시각에 같은 버스를 기다린다는 사실에서만큼은 하나의 뚜렷한 공통점을 가지고 있습니다. 이런 점에서 그들은 상호 교환적입니다. B가 조금 일찍 나왔더라면 A의 자리에 서 있을 수 있었을 것입니다. 그 역도 마찬가지입니다. 이처럼 A와 B가 상호 교환적이라는 사실은 그들 각자가 상대방에게서 자기自己와 똑같은 자기를 발견한다는 것과 동의어입니다.

하지만 이 같은 발견은 승객들 서로에게 부정적일 수밖에 없습니다. 그도 그럴 것이 A와 B는 서로 버스를 통해 매개된 관계에서 보면 서로 '잉여적excédentaire'이기 때문입니다. 이것은 달리 진행될 수 없습니다. 왜냐하면 그들은 서로에게서 자기를 발견하지만, 이 자기는 이미 자기와는 다른 속성, 즉 이타성異他性를 지닌 자기이기 때문입니다. 그런데 한 가지 사실을 염두에 두어야 합니다. 이 모든 사태의 주된 원인이 바로 버스라는 점이 그것입니다. 더 정확하게 말하자면 버스의 정원이 한정되어 있다는 사실입니다.

그런데 버스는 정확히 인간들이 시간과 공간의 희소성을 극복하기 위해 만들어 낸 가공된 물질의 하나입니다. 사르트르는 이처럼 버스라고 하는 가공된 물질에 의해 매개된 사람들의 관계 역시 갈등과 경쟁으로 귀착된다고 보고 있습니다. 버스에 의해 촉발된 실천적-타성태의 작용으로 잠재적 승객들의 관계는 폭력으로 이어질 수 있다는 것입니다. 물론 여기에서 예로 든 버스를 매개로 한 잠재적 승객들의 관계는 곧바로 갈등이나 투쟁으로 귀착되지 않을 수도 있습니다. 버스 외에도 다른 운송 수단이 많이 있기 때문입니다.

하지만 전쟁을 피하기 위해 목숨을 걸고 피난 열차에 오르려고 하는 피난민들이나, 또는 배에 오르려고 하는 피난민들 —예컨대 보트피플 Boat People— 사이의 관계는 극단적인 갈등이나 투쟁으로 나타날 수도 있습니다. 정확히 이런 의미에서 사르트르는 실천적-타성태에 의해 지배되는 세계를 지옥으로 규정합니다.[20] 우리는 여기에서 『존재와 무』 차원에서 보았던 "타자는 나의 지옥이다"라는 주장과 다시 만나게 됩니다.

어쨌든 이처럼 가공된 물질에 의해 나타나는 실천적-타성태의 작용으로 인해 인간들이 서로에게서 이타성을 지닌 자기를 발견해 나가는 과정이 곧 집렬체화입니다. 이 같은 집렬체화의 결과로 나타나는 그들의 군집의 존재태가 바로 집렬체로 이해됩니다. 그리고 이 집렬체 안에서의 삶은 경쟁과 투쟁의 연속이며, 이런 의미에서 지옥과도 같은 삶인 것입니다.

바로 위에서 실천적-타성태가 인간들 사이의 관계를 집렬체화한다는 사실을 보았습니다. 그런데 이번에는 이 실천적-타성태의 작용이 이른바 인간적 삶을 누리는 부류 —유산계급— 와 그렇지 못하는 부류 —무산계급— 로 구분하는 계기가 되기도 하며, 또 나아가서는 이 두 부류 사이의 투쟁으로 발전하게 할 수도 있다는 것이 사르트르의 주장입니다. 이 과정을 설명하면서 사르트르는 '요구exigence' '이해관계intérêt' '운명destin' 개념에 의지합니다.

먼저, 사르트르는 요구를, 가공된 물질 —기계machine라고 하죠— 이 내리는 '정언명령impératif catégorique'으로 규정합니다. 기계는 이 기계 자체와

20 사르트르에 의하면 인간은 다른 인간에게 병균이나 맹수보다도 더 무서운 존재로 여겨진다.(*Ibid.*, p. 243.)

관계를 맺는 자(가령, 소유자)에게 모종의 행동을 기대합니다. 다시 말해 기계는 그 소유자에게 모종의 행동을 요구하는 것입니다. 대부분의 경우 이 요구의 내용은 기계 자체의 증식입니다. 그런데 소유자는 이 요구를 거절할 수가 없습니다. 왜냐하면 그는 이 기계에서 자기 자신의 이해관계를 보기 때문입니다.

이는 달리 진행될 수 없습니다. 왜냐하면 사르트르에게서 '가짐Avoir'의 범주가 '있음Etre'의 범주로 환원되기 때문입니다.[21] 따라서 한 인간에 의해 만들어진 기계는 이 인간에게서 '내면성intériorité' 또는 주체성을 부여받게 되고, 그 결과 이 인간과 이 기계 사이에는 동일화가 이루어지게 됩니다. 즉, '인간 = 기계'입니다. 곧 소유주가 소유대상과 하나가 되는 것입니다. 그렇기 때문에 이 기계의 증식은 이 인간의 존재론적 힘의 강화와 동의어라고 할 수 있습니다.

물론 같은 이유로 이 기계가 발산하는 자기 증식의 요구를 인간은 거절할 수가 없습니다. 또한 사르트르는 이 기계에 종사하는 자(가령, 노동자) 역시 이 기계에서 그의 이해관계를 본다고 주장합니다. 다만 이 노동자의 이해관계는 기계 소유자의 그것과 정반대되는 특징을 가지고 있습니다. 사르트르는 이 같은 노동자의 '반反이해관계contre-intérêt'를 이 노동자의 운명으로 규정합니다.

그런데 사르트르는 다시 이 같은 요구, 이해관계, 운명이 한 개인에게

21 사르트르는 『존재와 무』에서 인간 실존의 주요 세 범주로 '함(Faire)' '가짐' '있음'을 들고 있다. 그리고 함의 범주는 가짐의 범주로, 가짐의 범주는 다시 있음의 범주로 환원이 가능하다고 본다. 특히 후자의 환원과 관련해서, "더 많이 가지면 더 많이 존재한다(Plus on a, plus on est)"라는 명제가 성립한다.

만 해당되는 것이 아니라 '일반성généralité'을 갖는다고 봅니다. 이 세 개념이 "비슷한 부류의 불특정 다수nombre indéterminé des exemplaires semblables" 에게도 해당된다는 것입니다(CRDI, p. 319). 이런 견해에 따르면 한 사회, 한 나라가 생산하고 공급하는 가공된 물질(곧, 부富)의 대부분을 소유하고 있는 부류의 사람들과 그렇지 못한 부류의 사람들 사이의 집단적 투쟁은 필연적입니다. 실제로 사르트르는 거기에서 계급투쟁의 기원을 보고 있습니다.

또한 사르트르는 실천적-타성태의 작용으로 특히 두 번째 부류에 속한 자들에게 삶과 죽음이 문제시되는 상황, 또는 그들이 삶을 영위하는 것이 더 이상 불가능한 상황에 이르게 되면, 그들을 이런 상태에 이르게 한 자들과 대대적인 투쟁에 돌입하게 된다고 봅니다. 그 순간이 바로 혁명의 순간입니다. 그리고 바로 그 순간에 집렬체가 융화집단으로 변모한다는 것이 사르트르의 주장입니다.

2.7. 융화집단, 서약집단, 조직화된 집단 및 제도화된 집단

『변증법적 이성비판』에서 사르트르는 융화집단을 설명하기 위해 프랑스 대혁명 당시 바스티유 감옥을 공격했던 파리 시민들의 예를 들고 있습니다. 이 시민들 역시 앞서 살펴본 버스를 기다리는 자들과 마찬가지로 서로가 서로에게서 자기를 봅니다. 즉 그들은 상호 교환적입니다. 하지만 버스를 기다리는 승객들의 군집과 바스티유 감옥을 공격하는 파리 시민들의 군집 사이에는 뚜렷한 차이가 있습니다. 바스티유 감옥을 공격하는 파리 시민들은 서로가 서로에 대해 잉여적이지 않습니다. 서로가 서로를, 이타성을 지닌 자기로 여기지 않습니다. 그보다는 오히려 그들에 의해 형성된 군집은 나와 너 사이의 구별이 없는 '우리nous'에 해당합니다. 이 군집이 바로 융화집단입니다.[22]

이처럼 우리로 특징지어지는 융화집단에서 나와 너 사이에는 완벽한 상호성을 바탕으로 인간관계가 맺어집니다. 또한 이 집단은 '편재성ubiquité'[23]의 세계이기도 합니다. 왜냐하면 나와 너 사이에 차이가 없으며, 따라서 예컨대 네가 지금 거기에 있는 것은 내가 지금 저기에 있는 것과 같기 때문입니다. 이렇듯 융화집단에 한 명의 구성원이 더 오는 것은 그대로 집단의 힘의 강화로 이어집니다.

하지만 융화집단의 형성에는 두 가지 문제가 따른다는 것이 사르트르의 생각입니다. 하나는 이 집단은 구성원들 전체가 공동 목표를 위해 행동하는 순간에만 존재할 뿐이라는 점입니다. 융화집단의 형성 순간은 '묵시록Apocalypse'의 순간으로 여겨지기도 합니다. 하지만 이 순간은 전적

22 이 강의를 시작하면서 언급했던 필자의 초등학교 시절의 경험이 바로 여기에 해당한다고 할 수 있을 것 같다. 그때 나이가 많고 힘이 셌던 한 아이의 위세에 눌려 있던 같은 반의 나머지 학우 전체가 그에게 맞설 의도로 점심 시간에 책상을 둥글게 배치하고 그 위에 각자의 반찬을 두고 돌아가면서 도시락을 먹었던 경험이 그것이다. 이때 나이가 많고 힘이 셌던 아이에 맞선 나머지 학우들이 형성한 군집 형태가 바로 '우리', 곧 융화집단에 해당한다고 할 수 있다.

23 과학기술의 발달로 컴퓨터를 위시해 통신 기기를 통해 '어디에서든 접속이 가능한'의 의미를 지닌 '유비쿼터스(ubiquitous)'와 같은 어군에 속한다. 편재성은 원래 철학이나 종교에서 절대자가 어디에나 있다는 의미로 사용되었다는 점을 지적하자.

으로 이 집단의 실천에 좌우된다는 것이 사르트르의 생각입니다. 이것은 곧 이 집단의 존속 여부가 중요한 문제라는 것을 예견케 합니다.

다른 하나는 이 융화집단의 형성에는 두 형태의 폭력이 전제된다는 것입니다. '기존폭력violence déjà existante' —융화집단 이전의 집렬체를 지배하는 폭력— 과 이 폭력을 근절시키기 위해 동원되는 폭력, 곧 '대항폭력contre-violence'이 그것입니다. 앞에서 실천적-타성태로 인해 한 군집의 구성원들이 인간적인 삶을 누리는 부류와 그렇지 못하는 부류로 나누어지고, 이들 사이의 대립이 극한으로 치달을 때 융화집단이 형성될 수 있다는 사실을 지적했습니다. 이 지적에서 두 번째 부류에 속하는 자들의 삶을 불가능하게 하는 폭력이 바로 기존폭력입니다. 그리고 거기에서 벗어나기 위해 두 번째 부류에 속하는 자들이 동원하는 극단적 수단이 바로 대항폭력입니다.

방금 융화집단의 형성 이후에 이 집단에서 제기되는 문제는 존속의 문제라는 점을 지적했습니다. 사르트르에 따르면 이 집단은 그 형성 이후 '반성réflexion'의 시간을 갖게 됩니다. 적은 멀찌감치 퇴각했고, 우리는 힘들었던 전투에서 승리를 거두었습니다. 하지만 적이 언제 다시 반격해 올지 모르는 상황입니다. 이런 상황에서 하나로 뭉쳤던 이 집단 구성원들 사이에 결속도가 점차 떨어지고, 그들 사이에 이타성이 다시 나타날 가능성을 배제할 수 없습니다. 다시 말해 융화집단은 다시 이 집단 이전의 상태, 곧 집렬체의 상태로 되돌아갈 수도 있습니다. 따라서 이 집단 구성원들은 집렬체로의 회귀를 막기 위해 필요한 조치를 취하게 됩니다. 이 조치가 바로 서약誓約입니다. 그리고 이 서약을 계기로 융화집단은 서약집단이 됩니다.

사르트르는 서약을 융화집단 구성원들 스스로가 자신들의 결속을 위해 생각해 낸 '실천적 고안invention pratique'으로 이해합니다. 그런데 이 실천적 고안으로서의 서약은 단지 언어상의 다짐 이상의 의미를 가지고 있습니다. 사르트르에 의하면 서약은 서약자들이 자신들의 자유를 스스로 저당 잡힌다는hypothéquer 의미를 가지고 있습니다. 그리고 이 행위는 그대로 이 집단이 '강제력force coercitive'을 가져야 하는 필요성에 대한 구성원들 전체의 자발적인 인정으로 이어집니다.

그 과정은 이렇습니다. 서약집단 구성원들 각자는 다른 구성원들에게 만일 자기가 이 집단을 배신하는 경우 자기를 집단의 이름으로, 곧 집단의 이익을 위해 처벌해도 좋다는 다짐을 합니다. 하지만 서약은 상호적입니다. 다시 말해 서약집단 구성원들 모두는 서로가 서로에게 맹세를 합니다. 이렇게 해서 나의 배신에 대한 처벌 권리를 집단의 이름으로 다른 구성원들에게 일임하는 것은 역으로 그들이 나를 배신하는 경우 나 역시 그들을 집단의 이름으로 처벌하는 권리에 대한 요구로 이어지게 됩니다.

하지만 서약집단에서도 문제는 여전히 폭력의 사용입니다. 방금 서약은 서약집단 구성원들 사이의 배신에 대한 처벌권의 상호 인정이라는 점을 지적했습니다. 그런데 여기에서 처벌이란 무엇일까요? 그것은 궁극적으로 폭력의 사용과 다름없습니다. 바로 거기에 사르트르의 그 유명한 '동지애-공포Fraternité-Terreur' —'형제애-공포'라고도 지칭됩니다— 개념이 자리합니다. 실제로 융화집단은 우리의 세계이고, 따라서 우리를 구성하는 이 집단의 구성원들 모두는 완벽한 상호성이라는 이상적인 인간관계를 맺고 있는 동지들이자 형제들입니다.

그런데 비극적인 것은 그들 사이에서 동지애가 계속 실현될 수 있으려면 반드시 이 집단을 배신하는 자를 처벌해야 한다는 것입니다. 그러니까 처벌이라는 또 하나의 폭력에 의존해야 하는 것입니다. 이것이 바로 공포입니다. 물론 이 공포는 방어적 기능을 수행한다고 할 수 있습니다. 작은 폭력의 사용 —배신자의 처벌[24]— 으로 서약집단의 모든 구성원이 그 이전에 겪었던 폭력, 곧 자신들의 인간다운 삶의 영위를 불가능하게 했던 더 큰 폭력의 도래를 미연에 방지하려고 하는 것입니다. 어쨌든 한 가지 분명한 것은 융화집단에서 서약집단으로의 이행 역시 폭력과 긴밀하게 연결되어 있다는 점입니다.

서약집단은 다시 '조직화된 집단groupe organisé'으로 변모한다는 것이 사르트르의 주장입니다. 변모의 원인은 이 집단 유지를 위한 현실적인 효율성에서 발견됩니다. 이 집단 구성원들은 점차 이 집단 내부에서 각자가 맡은 역할에 전문성을 확보하게 됩니다. 그렇게 해서 이들은 점차 자신들이 이전에 그토록 배척했던 이타성을 재도입하기에 이릅니다. 그 까닭은 전적으로 자신들의 집단 유지의 현실적 효율성 때문입니다.

사르트르는 이 조직화된 집단을 설명하기 위해 '축구팀'을 예로 듭니다. 그에 따르면 이 팀에서 자기 포지션에서 전문적인 훈련을 받은 선수는 다른 선수의 포지션에 서게 되면 역량을 충분히 발휘하지 못하게 됩니다. 다른 팀과의 경기에서 승리를 거둔다는 공동 목표를 달성하기 위해 이 팀에서 가장 중요한 것은, 선수 각자가 자기 포지션에서 최대한의 능력을 발휘하는 것입니다. 이처럼 융화집단으로의 이행에서 그토록 배척하려 했던 집렬체에 고유한 이타성을 다시 받아들이면서 서약집단은 조직화된 집단으로 이행하게 됩니다.

24 이 배신자의 처벌은 지라르의 경우에 희생양의 처벌에 해당할 수도 있다.

그리고 조직화된 집단은 재차 '제도화된 집단groupe institutionnalisé'으로 이행하게 됩니다. 조직화된 집단의 구성원들 각자가 점차 그 역할에서 전문화되어 자신의 능력을 최고도로 발휘하게 되는 경우를 상정해 보죠. 그렇게 되면 그들 각자의 위치는 더 이상 다른 사람에 의해 대치 불가능하게 됩니다. 사르트르는 이런 상황에서 조직화된 집단은 제도화된 집단으로 변모한다고 봅니다. 그리고 이 제도화된 집단의 전형적인 예로 '국가'를 들고 있습니다.

국가의 주인은 국민입니다. 하지만 국가의 권력은 국가 제도를 떠맡은 자들의 수중에 떨어지고, 대부분의 국민들은 일상생활에서 그렇게 피하고자 했던 집렬체적 삶, 곧 실천적-타성태의 작용으로 인해 다른 자들과의 투쟁과 갈등이 불가피한 지옥과도 같은 삶을 다시 영위해야 하는 상황으로 떨어지게 됩니다. 이런 상황에서 그들이 다시 힘을 합쳐 하나로 뭉쳐 융화집단을 형성하고, 또 다시 이 융화집단은 서약집단, 조직화된 집단, 제도화된 집단의 정해진 수순을 밟아 나간다는 것이 사르트르의 주장입니다.

2.8.
진보적 폭력을 둘러싼 논쟁

사르트르는 이처럼 개인의 실천에서 출발해서 공동체 형성과 와해의 과정까지를 기술하고 있습니다. 그 과정을 종합해 보면 결국 집렬체와 융화집단 사이에서 발생하는 "재집단화와 석화石化의 끊임없는 이중 운동double mouvement perpétuel de regroupement et de pétrification"(CRDI, p. 760)이라는 사실을 알 수 있습니다. 그런데 한 가지 주목해야 할 점은 앞에서 지적한 바와 같이 이 운동의 매 계기에는 폭력이 어김없이 자리 잡고 있다는 사실입니다. 집렬체 내에서 볼 수 있는 폭력, 곧 이 집렬체의 일부 구성원들로 하여금 인간다운 삶을 영위하지 못하게 하는 기존폭력, 이를 분쇄하는 과정에서 그들이 동원하는 대항폭력, 그리고 이 대항폭력을 통해 형성된 융화집단을 유지하기 위해 사용되는 서약, 곧 동지애-폭력이 그것입니다.

정확히 이런 이유로 사르트르의 절친한 친구이자 학문의 경쟁자였던 아롱은 사르트르를 "폭력의 사도apôtre de la violence"[25]로 규정하고, 이처럼 폭력의 사용을 정당화한 그에게 미움의 감정을 드러내고 있기도 합니다. 또한 사르트르 연구자 중 한 명인 베르네르는, 사르트르의 이런 논의가 궁극적으로는 "인간은 인간에 대해 늑대homo homini lupus"라는 입장을 견지한 홉스의 전통을 따르는 것이라고 봅니다.

그런데 폭력에 대한 사르트르의 사유와 관련해 한 가지 흥미로운 점은, 이 같은 사유가 20세기 중반 프랑스 지성사를 화려하게 수놓았던 카뮈, 메를로퐁티 등과 벌였던 격렬한 논쟁의 쟁점이 되었다는 사실입니다.

먼저 카뮈와의 논쟁을 보죠. 카뮈는 정치철학의 주요 주제 중 하나인 '목적-수단fin-moyen' 문제에서 다음과 같은 입장을 견지한 것으로 알려져 있습니다. 즉 목적도 정당해야 하며, 또한 이 목적을 달성하기 위한 수단 역시 정당해야 한다는 입장이 그것입니다. 카뮈의 이런 입장은 특히

25 Raymond Aron, *Histoire et dialectique de la violence*, Gallimard, coll. Les Essais, CLXXXI, 1973, p. 218.

1949년에 공연된 『정의의 사람들*Les Justes*』(1949)에 잘 반영되어 있습니다. 하지만 사르트르의 입장은 카뮈의 입장과는 차이를 보입니다. 사르트르는 목적이 정당하다면 이 목적의 실현을 위해 동원되는 모든 수단 ―물론 폭력을 포함해― 이 정당화될 수 있다는 입장을 견지합니다. 사르트르의 이런 입장은 1943년에 공연된 『무덤 없는 주검*Morts sans sépulture*』(1946)에서 그대로 드러나고 있습니다.

그다음으로 사르트르와 메를로퐁티는 이른바 '진보적 폭력violence progressive' 개념을 토대로 한동안 거의 동일한 정치적 입장을 견지했습니다. 이 개념의 의미는 현재 사용되는 폭력이 미래의 보다 나은 사회의 건설에 기여하는 경우, 그것의 사용이 정당화될 수 있다는 것입니다. 한동안 사르트르보다 더 좌파에 가까웠던 메를로퐁티는 이 같은 진보적 폭력 개념을 내세우면서 카뮈와 거리를 유지함과 동시에 사르트르와 가까운 사이를 유지할 수 있었습니다.

그리고 사르트르는 그 나름대로 '필요한 폭력violence nécessaire'과 '무용한 폭력violence inutile'을 구별하면서 메를로퐁티가 주창한 진보적 폭력에 동의했습니다. 앞에서 살펴본 융화집단의 형성에 동원되는 대항폭력과 서약집단에서 행해지는 동지애-공포가 용인될 수 있는 것은, 이것들이 정확히 필요한 폭력, 곧 진보적 폭력으로 여겨지기 때문입니다.

하지만 사르트르와 메를로퐁티의 관계는 한국전쟁을 계기로 파경으로 접어듭니다. 한국전쟁을 전후해서 사르트르는 소련과 프랑스공산당PCF에 더 가까워진 반면, 메를로퐁티는 북한에게 전쟁을 사주한 소련에게서 진보적 폭력을 통한, 보다 더 나은 국가의 건설이라는 지표보다는 세계를 제패하고자 하는 야만적 제국성을 보았기 때문입니다. 그 결과 메를로퐁티는 그런 소련을 두둔하는 사르트르의 '과격한 볼셰비즘

ultra-bolchevisme'을 비판하고, 그와 이념적으로 갈라서는 길을 선택하게 됩니다.

물론 사르트르 역시 헝가리 사태와 프라하 사태를 겪으면서 점차 소련과 PCF에 등을 돌리게 됩니다. 어쨌든 여기에서 분명한 것은, 사르트르의 사회, 정치철학과 관련되는 여러 주제, 가령 국가, 권력, 계급투쟁, 정치체제, 인간들 사이의 관계 정립 등에 대한 논의에서 폭력 개념이 중요한 위치를 점하고 있다는 사실, 그리고 이 개념이 20세기 중반 프랑스 지성사를 수놓은 여러 지식인들 사이에서 발생했던 뜨거운 논쟁의 한복판에 있었다는 사실입니다.

이처럼 폭력을 옹호한 사르트르에 대한 한 가지 의문을 제기하면서 그의 폭력론을 마치려 합니다. 과연 그가 이처럼 평생 폭력을 옹호하는, 과격하고 극단적인 입장만을 견지했을까 하는 의문이 그것입니다. 1975년 70세에 있었던 한 대담에서 그는 이렇게 말합니다. "나는 하나의 확신을 가지고 있어요. 그것은 과격한 정치를 해야 한다는 겁니다. 이런 정치가 성공하리라는 확신은 가지고 있지 않아요. 하지만 그것은 하나의 믿음일 겁니다."[26]

물론 과격한 정치를 추구했던 사르트르의 입장은 그의 저작 여기저기에서 볼 수 있습니다. 예컨대 1943년에 공연된 『파리떼』에서 엘렉트라는 이렇게 말합니다. "난 이 성城의 주민들을 말로 치유할 수 있다고 믿고 싶어 했어요. … 하지만 그들은 폭력으로 치유해야 해요. 악은 다른 악으로만 물리칠 수 있을 뿐이니까요."[27]

26 Jean-Paul Sartre, *Situations, X*, Gallimard, 1976, p. 218.

27 Jean-Paul Sartre, *Les Mouches*, in *Théâtre complet*, Gallimard, coll. Bibliothèque de la Pléiade,

또한 엘렉트라의 입을 통해 표명된 사르트르의 입장은 특히 1951년에 공연된 『악마와 선한 신』의 중심인물인 괴츠의 결단에 의해서도 설명됩니다. 실제로 괴츠는 사르트르에 의해 고안된 인물 중 가장 과격하고 가장 폭력적인 인물입니다. 지금까지 우리가 살펴본 『변증법적 이성비판』까지의 과격한 정치를 선호한 사르트르의 입장을 가장 분명하게 실천에 옮기고 있는 인물이라고 할 수 있습니다.

하지만 이런 사실에도 불구하고 사르트르의 정치적 입장이 과격 일변도는 아니었다는 것이 우리의 판단입니다. 오히려 실천적-타성태의 작용하에서 지옥으로 그려지고 있는 집렬체라고 하는 현실을 변화시키려는 목적으로 과격한 입장과 온건한 입장을 조화시키고자 한 것으로 보입니다. 그리고 그의 온건한 입장은 이른바 참여문학을 위한 글쓰기에 그대로 반영되어 있다고 할 수 있습니다.

이런 입장은 1962년에 집필된 시나리오 『톱니바퀴*L'Engrenage*』에 잘 나타나 있습니다. 이 작품에서 서로 형제이자 분신으로 생각하는 두 중심인물인 장과 뤼시앵의 다음의 대화가 그 증거입니다. 기자인 뤼시앵은 이렇게 말합니다. "나 역시 폭력에 대항하고 싶네. 하지만 내 방식으로일세. 나는 행동하는 인간이 아닐세. 나는 글을 쓰네. 해서 펜을 통해 폭력을 고발하고자 하는 걸세."[28] 하지만 장은 이미 폭력을 물리치기 위한 유일한 방법은 다른 폭력에 호소하는 것이라는 점을 이미 자각하고 있습니다. "비참함! 폭력! 나는 폭력에 대항할 수 있는 유일한 무기를 발견했다. 그것은 폭력이었다."[29]

2005, p. 35.

28 Jean-Paul Sartre, *L'Engrenage*, Nagel, 1948, p. 115.

물론 사르트르의 이런 입장은 1945년을 전후해 집필된 『문학이란 무엇인가』에 그대로 나타납니다. 글쓰기를 '드러내기' '고발하기' '변화시키기'와 동의어로 보고 있는 그의 견해에 비춰 보면, 글쓰기가 폭력에 대항하기 위한 대항폭력의 하나라는 점은 분명합니다. 글쓰기가 지닌 이런 특징을 강조하기 위해 글쓰기를 '언어적 대항폭력contre-violence verbale' 또는 '언어 폭탄bombe verbale'이라고 부를 수 있을 것입니다. 반면, 폭력에 대항할 목적으로 동원되는 대항폭력은 '순수대항폭력contre-violence pure'이라고 부를 수 있겠습니다.

하지만 문제는 언어적 대항폭력을 사용하는 경우, 폭력이 배제된 인간관계의 정립이라는 유토피아의 건설[30]에는 상당한 시간이 필요할 것이라는 점입니다. 이런 의미에서 사르트르는 글쓰기를 통한 혁명을 '항구혁명révolution permanente'으로 여기고 있습니다. 물론 그는 후일 글쓰기에 부여했던 이 같은 희망을 폐기 처분 하게 됩니다. 또한 『트로이의 여자들』[*Les Troyennes*](1965)의 각색과 더불어 완전히 니힐리즘으로 빠져들고 맙니다. 그럼에도 인류의 가장 오랜 동반자로 여겨지는 폭력의 극복을 평생의 과제로 삼고 끝까지 투쟁했던 사르트르의 노력은 그대로 그의 사회, 정치철학의 지향점이 어디에 있는가를 극명하게 보여 준다고 하겠습니다.

29 *Ibid.*, p, 159.

30 이 같은 유토피아의 건설은 사르트르가 평생 간직한 꿈이라고 할 수 있다. 이렇게 말할 수 있는 근거는 그의 청소년 시절의 경험이다. 어머니의 재혼 이후 라 로셸(La Rochelle)로 이사를 가게 되는데, 그때 그는 12세였다. 그곳에서 그는 "모든 인간 사이의 관계는 폭력 위에 정초하고 있다"는 사실을 깨닫게 된다.(Jean-Paul Sartre, *Ecrits de jeunesse*, Gallimard, 1990, pp. 56-57, note 3; Annie-Cohen Solal, *Sartre, 1905-1980*, Gallimard, 1985, p. 75.) 그에게서 이 깨우침은 깨우침 이상의 의미를 갖는다. 그도 그럴 것이 그는 이 깨우침이 평생 동안 자기에게 큰 영향을 주었다고 술회하고 있기 때문이다.

제3강

파농의 폭력론:

『대지의 저주받은 자들』을 중심으로

3.1.
시작하며

오늘 강의의 주된 내용은 폭력 개념을 둘러싸고 프란츠 파농Franz Fanon (1925-1961)과 사르트르 사이에서 이루어진 간접적인 대화의 일단에 귀를 기울여 보는 것입니다. 보다 구체적으로 파농의 주요 저서인 『대지의 저주받은 자들*Les Damnés de la terre*』(1961)의 일부에 해당하는 '폭력에 대하여'(제1장) 부분과 이 저서에 부친 사르트르의 '서문'[1]을 중심으로 폭력에 대한 이해에서 두 사람 사이에 발견되는 선택적 친화력과 차이점에 주목해 보고자 합니다.

사르트르는 참여문학론의 경전이라고 일컬어지는 『상황*Situations, II*』(1948) 제2권(『문학이란 무엇인가』라는 제목으로 번역되었습니다)에서 문학작품을 바나나와 비교하면서 이렇게 말하고 있습니다. "바나나는 즉석에서 따 먹을 때 가장 맛있다"[2]고 말입니다. 그런데 사르트르의 이 주장은 『대지의 저주받은 자들』에도 그대로 해당되는 것으로 보입니다.

얼핏 보면 이 저서가 출간된 1961년으로부터 60여 년이 지난 지금, 파

1 이 서문에는 사르트르가 『변증법적 이성비판』에서 개진하고 있는 폭력에 대한 사유가 상당 부분 녹아 있다. 따라서 파농의 '폭력에 대하여'와 사르트르의 서문을 중심으로 하는 폭력에 대한 사유의 비교, 분석은 결국 『대지의 저주받은 자들』과 『변증법적 이성비판』을 중심으로 이루어지게 될 것이다.

2 Jean-Paul Sartre, "Pour qui écrit-on?", in *Situations, II(Qu'est-ce que la littérature?)*, Gallimard, 1948, p. 122.

농이 이 저서를 통해 피력했던 대부분의 주장은 그 유효성을 상실했다고 할 수 있을 것입니다. 그럼에도 오늘 강의에서 『대지의 저주받은 자들』, 특히 이 저서의 핵심 주제 중 하나인 폭력의 문제를 다시 거론하는 것은, 이 저서의 출간 이후 아프리카 대륙에서 수많은 변화가 발생했지만 세계 열강, 가령 미국, 프랑스, 중국 등과 같은 나라들의 영향권에서 이 대륙이 아직도 완전히 벗어나지 못했다는 판단 때문입니다. '폭력의 세기'(아렌트) 또는 '극단의 시대'(홉스봄)로 규정되는 20세기를 벗어나 새로운 밀레니엄으로 접어든 지 시간이 꽤 흘렀음에도, 식민지의 폭력적 상황에서 여전히 벗어나지 못하고 있는 아프리카 대륙의 상황은 어쩌면 우리의 상황을 냉정하게 되돌아보게 하는 하나의 참고점이 될 수도 있을 것입니다.

3.2.
파농의 생애와 저작

36세로 세상을 떠난 파농의 사상 이해에서 그의 생애가 중요한 역할을 한다고 볼 수 있습니다. 파농은 1925년 프랑스 식민지 지배를 받고 있던 마르티니크의 포르드프랑스에서 출생했습니다. 1939년에는 마르티니크 출신 시인 에메 세제르Aimé Césaire에게서 직접 사사하기도 했습니다. 1943년에 도미니카에 있는 프랑스 해방군에 입대했고, 1944년에 프랑스에서 참전합니다. 북아프리카에 체류한 뒤 연합군이 펼친 프랑스 남부 지방의 해방 작전에 참가했다가 중상을 입고 후송됩니다. 1945년에 전투에서 세운 공으로 무공훈장을 받고 마르티니크로 귀향합니다.

1946년부터 1947년까지 마르티니크에서 세제르의 선거 운동을 도운 직후 곧바로 파리에 유학하고, 리옹에서 의대에 입학했으며, 메를로퐁티의 강의를 듣기도 했습니다. 1951년에 논문 심사에 통과하고 의대를 졸업합니다. 1952년에 파농의 첫 저서 『검은 피부, 하얀 가면*Peau noire, masques blancs*』이 출간됩니다. 그리고 1953년에는 알제리의 블리다 주앵빌Blida-Joinville 정신병원에서 근무하게 됩니다.

1956-1957년에 개최된 제1회 아프리카 작가 및 예술가 대회에서 연설을 합니다. 이후에 블리다 주앵빌 정신병원을 떠나게 되고, 알제리에서 추방당하게 됩니다. 파리에서 잠시 체류한 뒤 튀니지로 가서 알제리민족해방전선FLN에 가담하고, 『엘 무드자히드*El Moudjahid*』 편집부에서 근무합니다. 1958년에는 가나의 수도 아크라에서 개최된 아프리카 총인민회의에 알제리 대표단의 일원으로 참가합니다.

1959년에는 로마에서 열린 제2회 아프리카 작가 및 예술가 대회에 참가합니다. 알제리에서 파농은, 지프차가 지뢰 위로 지나가 중상을 입는 사고를 당했으며, 병원에서 암살을 모면하기도 합니다. 같은 해에 『알제리 혁명 5년*L'An V de la révolution algérienne*』을 출간합니다. 1960년에는 제2회 아프리카 총인민회의에 참가하고, 알제리 임시정부의 가나 주재 종신대사를 역임합니다. 1961년에 백혈병 진단을 받고, 『대지의 저주받은 자들』을 집필합니다. 소련과 미국에서 치료를 받았으나 36세를 일기로 세상을 떠납니다. 1964년에 유고작으로 『아프리카의 혁명을 위하여*Pour la Révolution africaine*』가 출간됩니다.

파농의 삶에서 다음의 몇 가지 사실을 주목할 필요가 있습니다. 첫째, 철저한 식민지 교육의 결과, 파농 자신은 한동안 '검은 피부, 하얀 가면'

의 세계에서 살았다는 것입니다. 파농은 자신을 프랑스인으로 생각했습니다. 예컨대 초등학교에서 '나는 프랑스인이다'라고 배웠습니다. 학교 교실의 벽에 보르도의 포도주, 알프스의 스키장 등이 그려진 화보가 붙어 있었습니다. 집에서도 '흑인처럼 행동하지 말라'고 주의를 받곤 했다고 합니다. 또한 파농은 토속어가 가미되지 않은 표준 불어에 관심을 기울였다고 합니다. 독일 침략을 받은 프랑스에 대한 애국심으로 그는 2차 세계대전에 참전하게 됩니다.

파농의 삶에서 일종의 전환점은 바로 세제르와의 만남이라고 할 수 있습니다. '네그리튀드Négritude'에 대해 큰 관심을 가졌던 세제르와의 만남을 계기로 파농은 자신의 정체성에 대해 어렴풋한 인식을 갖게 됩니다. 특히 전쟁에 참전하는 과정에서, 북부 아프리카 체류 중에 자기와 같은 흑인들이 미군이 나누어 주는 빵을 주워 먹는 장면, 쓰레기통을 뒤지는 흑인들의 모습, 군에서 백인 부대와 흑인 부대의 차별 등을 직접 목격하고 나서 자신 역시 흑인이라는 사실을 확인하게 됩니다. 한마디로 하얀 가면을 벗어 버리게 됩니다.

또한 파농은 의대에서 배웠던 지식을 바탕으로 피식민자들의 정신질환이 '원주민의 원시사회적 성격primitivisme des indigènes'에서 유래하는 것이 아니라 억압적이고 폭력적인 식민지 제도 자체에서 기인한다는 입장을 견지합니다. 특히 알제리전쟁(1954-1962)이 한창일 때, 파농은 스페인 의사 프랑수아 토스켈F. Tosquelles과의 만남을 통해 정신질환자들에 대한 사회적 치료에 관심을 갖게 됩니다.

파농의 주요 저작들의 내용을 요약하면 다음과 같습니다.

『검은 피부, 하얀 가면』

식민지 치하에서 신음하는 흑인들이 백인들과의 관계에서 체험하는 정신적 상처에 대한 해부입니다. 의대 논문으로 생각했다가 취소한 글입니다. 파농의 관심이 피식민지인들의 정치적 현실보다는 심리적 현실에 압도적으로 쏠려 있다는 평가를 야기한 책이기도 합니다. 식민지의 지식인, 중산층에 속하는 자의 허위의식과 속물근성 등도 논의되는데, 이것은 어느 정도 파농 자신의 경험이라고 할 수 있습니다.

파농의 주된 관심은 피식민지인들의 정신질환이 그들의 유전적 속성 때문이 아니라 문화적 요인 때문에 발생한다는 사실입니다. 특히 흑인 정체성의 문제("나는 내가 아니다"), 언어 문제, 흑인 남자와 백인 여자, 흑인 여자와 백인 남자의 관계 문제 등의 분석은 지금도 유효하다고 할 수 있습니다.

『알제리 혁명 5년』

파농이 알제리 블리다 주앵빌 정신병원에서 근무하면서 직접 목격했던 알제리의 변화에 대한 기술이 주된 내용입니다. 변화의 예는 다음과 같습니다. 첫째, 알제리 여성들의 사회참여와 히잡, 전통 의상 문제입니다. 혁명의 참여로 여성들 스스로가 히잡을 벗을 수밖에 없는 상황을 그리고 있습니다. 둘째, 라디오의 기능에 주목하고 있습니다. 전통적으로 라디오는 식민지 사람들을 위한 문명의 이기입니다. 하지만 혁명 이후 정보 공유의 필요성으로 나타난 알제리에서의 라디오 보급 현상의 의미에 주목합니다. 라디오와 관련해서 사르트르가 『변증법적 이성비판』에서 다루고 있는 라디오 청취자의 예는 흥미로운 주제입니다. 사르트르에게서 라디오 청취자들은 집렬체의 한 예로 등장하며, 라디오는 인간관계를 부정적으로 파악하게끔 하는 도구로 기능합니다. 하지만 그와 달리 파농에게서는 라디오가 오히려 융화집단을 가능케 하는 매체로 여겨지고 있습니다.

『대지의 저주받은 자들』

아프리카의 총체적인 상황에 대한 검토를 토대로, 알제리 혁명이라는 특수한 상황을 전 세계적 문제로 일반화한 식민주의의 본질(경제적, 문화적, 심리적 폐해)에 대해 날카롭고도 신랄하게 분석합니다. 특히 폭력을 통한 식민지 국가의 해방과 독립 이후 도래할 사회를 떠맡아야 할 '새로운 인간'과 민족의 단결, 민족문화의 창달에 대한 밑그림 및 식민지 사회에서 식민지인과 피식민지인에게서 발생한 여러 경우의 정신질환에 대해 기술하고 있습니다.

이 책은 또한 네그리튀드 개념의 시효 상실 선언과도 같습니다. 흑인성이라는 '본질'을 전제한다는 것이 그 주된 이유입니다. 흑인으로서의 의식공동체나 문화공동체는 이미 존재하지 않고, 각 나라마다 다른 여건에서 전개하는 식민자에 대한 국민적 투쟁만이 있을 뿐이라는 점을 강조하고 있습니다.

『대지의 저주받은 자들』은 다음과 같이 구성되어 있습니다.

0. 사르트르의 서문
1. 폭력에 대하여
2. 자발성의 강점과 약점
3. 민족의식의 함정
4. 민족문화에 대하여

5. 식민지 전쟁과 정신질환

6. 결론

사르트르가 쓴 서문과 관련해 예비적으로 다음의 사실을 먼저 지적하도록 하겠습니다. 이 서문은 본문보다 더 유명하고 더 많이 읽힙니다. 하지만 서문이 파농의 생각을 왜곡했다는 비난도 없지 않습니다. 가령, 알리스 셰르키Alice Cherki(*Portrait de Frantz Fanon*, Seuil, 2000; 『프란츠 파농』, 이세욱 옮김, 실천문학사, 2002)는 이렇게 지적하고 있습니다. 파농은 폭력을 분석하고, 개인에 대한 폭력의 영향을 분석했는 데 비해, 사르트르는 폭력(예컨대, 살인)을 정당화했다고 말입니다.

파농의 부인은 남편이 죽고 난 뒤에 사르트르의 서문을 빼고 출판해 줄 것을 출판사에 요구했으며, 현재는 서문 없이 출간되고 있습니다. 하지만 파농 역시 폭력 사용의 필요성을 강조한 것은 변함없는 사실입니다. 비록 『대지의 저주받은 자들』에서 아프리카 여러 나라의 해방 이후에 발생할 여러 사태에 대한 뛰어난 비전을 보여 주고 있는 것은 사실이지만, 이 같은 해방의 선결 조건으로 파농이 폭력 사용을 내세운 것은 부인할 수 없습니다. 이런 관점에서 보자면 사르트르가 쓴 서문의 내용 때문에 파농의 생각이 왜곡되었다는 것은 자의적인 판단으로 보입니다.

사르트르의 서문은 『변증법적 이성비판』에서 펼치고 있는 폭력론과 거의 일치합니다. 파농은 『대지의 저주받은 자들』의 제2-5장에서 기존 폭력에 대한 대항폭력, 이 대항폭력을 통한 융화집단의 형성(아프리카의 대동단결), 융화집단의 형성 이후 점차 서약집단, 조직화된 집단, 제도화된 집단으로 이행되는 과정(알제리 혁명) 등을 기술하면서 사르트르의 폭력론으로부터 많은 영감을 받고 있습니다.

3.3.
『대지의 저주받은 자들』의 서문

사르트르가 파농의 『대지의 저주받은 자들』에 서문을 썼다는 사실은 비교적 잘 알려져 있습니다. 하지만 두 사람의 관계에 대해서는 자세히 알려진 바가 거의 없습니다. 두 사람은 과연 1961년 전부터 알고 지내던 사이였을까요? 그 이전에 두 사람은 간접적으로만 알고 지냈던 것으로 보이며, 그들이 직접 만난 것은 1961년에 파농이 백혈병으로 세상을 떠나기 직전 로마에서였습니다.

파농이 언제부터 사르트르와 그의 사유에 관심을 가졌는지는 분명하지 않습니다. 하지만 파농은 1946-1947년경에 사르트르의 이름을 알고 있었으리라 추측됩니다. 이 기간에 리옹에서 의학을 공부했으며, 그 당시 리옹대학에서 메를로퐁티의 심리학 강의를 들었기 때문입니다. 파농은 메를로퐁티를 통해 사르트르에 대한 정보를 얻었을 수도 있습니다. 그 무렵에 사르트르는 실존주의의 유행과 더불어 이미 파리 지성계에서 하나의 '현상phénomène'으로 확고한 자리를 차지하고 있었습니다. 사르트르의 『존재와 무』가 출간된 것이 1943년이고, 월간지 『레 탕 모데른*Les Temps modernes*』이 창간된 것이 1945년이며(메를로퐁티도 이 잡지의 창간에 참여했습니다), "실존주의는 휴머니즘이다L'existentialisme est un humanisme"라는 제목의 강연이 개최된 것 역시 1945년이었습니다.

사르트르의 이 같은 다양한 활동과 저술 중에서도 특히 파농의 관심을 끌었던 것은 「검은 오르페우스」[Orphée noir](1948)[3]가 아니었을까 합니다. 이 글은 셍고르L. S. Senghor에 의해 편찬된 『새로운 흑인 시, 마다가스카르 시 프랑스어 선집』[*Anthologie de la nouvelle poésie nègre et malgache de langue française*](1948)에 사르트르가 부친 '서문'입니다. 사르트르는 이 글에서 네그리튀드에 대한 고유한 견해를 펼쳤는데, 파농이 거기에 주목했을 수도 있습니다.

사르트르에 대한 파농의 관심은 「검은 오르페우스」 이후 더 커져 간 것으로 보입니다. 실제로 사르트르는 그 이후 식민지 문제, 특히 알제리전쟁(1954-1962)에 큰 관심을 갖게 됩니다. 사르트르는 반식민지주의를 주된 내용으로 하는 몇 편의 글을 썼고, 또 알제리전쟁에 반대하기 위해 1960년, '121인 선언Manifeste des 121'[4]에 이름을 올리기도 했습니다. 그로 인해 파리 소재 사르트르의 아파트가 극우파의 폭탄 세례를 받기도 했습니다. 그 당시, 사르트르는 프랑스에서 가장 미움받는 사람이 되었고, 그는 점차 좌파 이데올로기 쪽으로 경도되었으며, 1960년에 『변증법적 이성비판』을 출간하기에 이릅니다.

한편, 파농은 프랑스 유학 이후 점차 탈식민화 운동에 참여하게 됩니다. 앞에서 말씀드렸다시피 파농은 1953-1956년 프랑스 식민지였던 알

◇◇◇◇◇◇◇◇◇◇◇◇◇◇◇◇◇◇

3 파농은 이 글 외에도 사르트르의 『존재와 무』, 1946년에 출간된 『유대인 문제에 대한 성찰(*Réflexions sur la question juive*)』에 대해서도 관심을 가졌다고 한다. 어쩌면 같은 해에 집필되었으며 식민지 문제를 다룬 시나리오 『톱니바퀴』에 대해서도 관심을 가졌을 수도 있다.

4 알제리전쟁 당시 프랑스 지식인 121인이 『베리테-리베르테(*Vérité-Liberté*)』에 게재한 서한으로, '알제리전쟁 불복종 권리 선언(Déclaration sur le droit à l'insoumisson dans la guerre d'Algérie)'이 원명칭이며, 이를 줄여 '121인 선언'이라고 한다.

제리의 블리다 주앵빌 정신병원에서 근무하게 됩니다. 그러면서 파농은 1954년 이후 FLN에 참여했으며, 1956년 튀니스에서 발간되는 신문 『엘 무자히드』의 편집을 맡기도 했습니다. 이런 정치 행보로 인해 파농은 1957년에 병원을 떠나게 되고, 급기야 알제리에서 추방당하게 됩니다. 그 후 파농은 튀니지의 수도인 튀니스로 가서 알제리민족해방전선에 적극 협조하게 됩니다.

이런 상황에서 파농은, 하나의 공동체에 만연한 폭력을 극복하기 위해 폭력에 호소하는 것이 유력한 수단이라는 주장을 담은 『변증법적 이성비판』을 출간한 사르트르에게서 탈식민화의 가능성을 엿보았을 수 있습니다. 실제로 파농은 사르트르를 "살아 있는 신神"으로 생각할 정도였고,[5] 『변증법적 이성비판』을 정독했으며, 이 저서의 주요 내용을 다른 사람들에게 가르치고 보급하려고도 했습니다.

이처럼 글을 통해 간접적으로 이루어졌던 파농과 사르트르의 관계는 1960년에 한층 긴밀해집니다. 『레 탕 모데른』의 특파원 자격으로 클로드 란츠만Cl. Lanzmann과 마르셀 페쥐M. Péju가 튀니스에서 파농을 방문한 적이 있습니다. 이때 아프리카 여러 나라의 해방을 위한 반식민주의 회의가 열렸으며, 많은 지식인이 거기에 참가했습니다.[6] 이 방문 후, 파농의 『알제리 혁명 5년』의 발췌본과 「알제리 문제 앞의 프랑스 지식인들과 민주주의자들*Les intellectuels et les démocrates français devant la question algérienne*」이 『레 탕 모데른』에 실렸습니다. 또한 이 잡지는 특집호를 마련하여 알제리 상황을 집중적으로 조명하기도 했습니다.

5 베르나르 앙리 레비, 『사르트르 평전』, 변광배 옮김, 을유문화사, 2009, 56-57쪽.

6 패트릭 엘렌, 『나는 내가 아니다』, 곽영단 옮김, 우물이 있는 집, 2000, 276쪽.

이처럼 「검은 오르페우스」와 『레 탕 모데른』 등을 통해 알게 된 사르트르와 실제 만남이 이루어진 것은 1961년 7월의 일로 알려져 있습니다. 그 당시, 사르트르는 쿠바 방문 후에 로마에서 휴가를 보내던 참이었고, 백혈병에 걸렸던 파농은 치료를 위해 로마를 경유하는 길이었습니다. 보부아르는 이들의 만남을 『상황의 힘』[*La Force des choses*](1963)에서 이렇게 회상하고 있습니다.

> 이탈리아 북부에서 류머티즘을 치료하려 했던 파농이 그의 방문을 알렸을 때 우리는 기뻤다. 그 전날 저녁에 도착한 란츠만과 함께 나는 공항으로 파농을 마중하러 갔다. … 식사를 하기 위해 사르트르와 자리를 같이했다. 그들의 대화는 새벽 2시까지 이어졌다. 사르트르가 잠을 자야 한다는 구실로 나는 점잖게 그들의 대화를 끊었다. 그러자 파농은 화를 냈다. "나는 자기 자신을 아끼는 사람을 싫어합니다"라고 그가 란츠만에게 말했다. 란츠만은 그다음 날 아침 8시까지 깨어 있었다. … 파농은 사르트르에게 할 말도 많았고, 그에게 던지고 싶은 질문도 많았다. "2주일 동안 사르트르와 함께 아침부터 저녁까지 대화를 할 수 있다면 나는 하루에 2만 프랑을 지불하겠소"라고 그는 웃으면서 란츠만에게 말했다. 금요일, 토요일, 일요일 그리고 그가 아바노행 열차를 탈 때까지 우리는 계속 이야기를 나누었다.[7]

그 무렵, 파농은 『대지의 저주받은 자들』을 막 완성한 참이었습니다. 이 저서는 마스페로Maspero 출판사에서 출간될 예정이었습니다. 사르트

7 Simone de Beauvoir, *La Force des choses*, Gallimard, 1963, pp. 619-620.

르와의 만남이 있기 직전, 파농은 출판사에 출간을 서둘러 달라는 내용과 사르트르에게 서문을 부탁하는 내용의 편지를 썼습니다. 사르트르는 서문을 약속했고, 이 약속을 지키게 됩니다. 이렇게 해서 『대지의 저주받은 자들』보다 더 유명한 이 책의 서문이 빛을 보게 됩니다.[8] 1961년 9월의 일입니다. 이 서문은 사르트르의 글 중 가장 격렬한 것으로 알려져 있으며, 또한 이른바 '제3세계주의le tiers-mondisme'가 출현하게 된 계기로 여겨지기도 합니다. 한편, 파농은 백혈병을 이기지 못하고 1961년 12월 6일, 워싱턴에서 세상을 뜨게 됩니다.

3.4.
폭력: 새로운 시작을 위한 최후 수단

『대지의 저주받은 자들』, 그중에서도 특히 제1장 '폭력에 대하여'에 드러난 파농의 식민지 상황에 대한 인식은 참담하기 그지없습니다. 그 까닭은 인식의 기저에 폭력이 똬리를 틀고 있기 때문입니다. 그런데 파농의 탈식민지 담론에 등장하는 똬리의 모습은 결코 단순하지 않습니다. 복잡하고도 중층적입니다. 여기에서는 파농의 탈식민지 담론의 핵심에

8 앞에서 언급한 것처럼 파농의 부인은 남편 사후에 『대지의 저주받은 자들』을 출간하면서 사르트르의 서문을 제해 줄 것을 요청했다. 사르트르가 이스라엘과 중동의 여러 나라와의 전쟁에서 이스라엘 편을 들었다는 것이 그 이유였다. 하지만 사르트르는 이 전쟁에서 양쪽 모두를 비판한 것으로 알려져 있다.

해당하는 폭력이라는 똬리를 해부하는 한편, 그 과정에서 이 담론에 섞여 있는 사르트르의 폭력에 대한 사유를 서문을 통해 확인함으로써, 폭력을 둘러싼 두 사람 사이의 선택적 친화력을 살펴보게 될 것입니다.

식민지 상황에 대한 파농의 참담한 인식의 기저에 놓여 있는 폭력이라는 똬리의 복잡성과 중층성은 크게 다음 세 요소에서 기인한다고 할 수 있습니다. 첫 번째 요소는 피식민자들les colonisés을 괴롭히는 기존폭력입니다. 두 번째 요소는 이 기존폭력을 분쇄하기 위해 동원되는 다른 폭력, 곧 대항폭력 —뒤에서 보듯이 새로운 세계의 도래를 가능케 해 준다는 의미에서 초석적 폭력이라고 할 수 있습니다— 입니다. 세 번째 요소는 대항폭력을 통해 획득한 탈식민화라는 긍정적인 결과를 유지하기 위해 자행되는 방어적 기능을 지닌 또 다른 폭력입니다. 이 세 요소를 차례로 살펴보겠습니다.

먼저 기존폭력을 보겠습니다. 파농은 『대지의 저주받은 자들』에서 식민지 상황을 기존폭력이 횡행하는 비극적이고도 처참한 상황으로 파악합니다.

> 식민지 세계의 질서를 지배해 온 폭력, 지치지 않고 토착 사회의 형태를 파괴해 온 폭력, 경제의 준거 체계와 외관과 옷을 입는 방식까지 완전히 무너뜨려 온 폭력….[9]

> 분할되어 있는 세계, 정태적인 세계, 마니교[10]의 세계, 정복을 했던 장군

---

9 Franz Fanon, *Les Damnés de la terre*, Maspero, 1961, p. 33.(이하 DT로 약기.)

10 마니교는 선하고 영적인 빛의 세계와 악하고 물질적인 어둠의 세계 간의 투쟁을 근간

의 조각상, 다리를 건설했던 토목 기사의 조각상이 포함된 조각상들의 세계, 그 자체로 존재하는 세계, 돌더미에 짓눌리고 매질로 살갗이 벗겨져 신음하는 세계, 이것이 바로 식민지 세계이다. (DT, p. 40)

파농의 이 같은 식민지에 대한 상황 파악은 정확히 사르트르가 서문에서 제시하고 있는 것과 일치합니다.

식민지에서의 폭력은 노예화된 사람들을 꼼짝 못 하게 하는 것은 물론이고 그들을 비인간화하려는 목적을 가지고 있다. … 군인들은 농민들에게 총을 겨누고, 민간인들은 농민들의 땅에 정착해서 그들에게 매질을 가해 자기들을 위해 땅을 경작하도록 강요한다. 만일 농민이 저항하면, 군인들은 그에게 총을 쏜다. 그렇게 되면 이 농부는 죽은 목숨이다…. (DT, Préface de Jean-Paul Sartre,[11] p. 15)

그런데 파농은 이처럼 식민지의 폭력적 상황의 기저에 똬리를 틀고 있는 이 기존폭력을 재차 세 가지 층위로 구분하고 있습니다. 사르트르 역시 서문에서 이런 파농의 주장에 전적으로 동의하고 있으며, 나아가 이

으로 하는 우주론 위에 정립된 종교이다. 여기에서는 식민지가 '악'의 세계로, 이 식민지를 지배하는 본국과 그 나라 주민들로 식민지에 거주하는 자들의 세계가 '선'으로 여겨지는 상황을 기술하기 위해 사용되었다. 실제로 파농은 『대지의 저주받은 자들』에서 식민자들은 피식민자들을 "악의 본질(quintessence du mal)"로 생각하며, 그런 만큼 피식민자들은 식민자들의 "가치의 적(ennemi des valeurs)" "가치의 부재(absence des valeurs)" "절대악(mal absolu)" "부패적 요소(élément corrosif)" 등으로 여겨진다고 주장하고 있다."(*Ibid.*, p. 33.)

11 이하 사르트르의 서문은 Pr로 약기.

주장에 정당성을 부여하고 있기도 합니다.

첫 번째 층위는 식민지를 개척한 나라 ―프랑스― 에서 기인하는 폭력의 층위입니다. 프랑스는 제국주의적 대외정책에 입각해 식민지를 개척해 필요한 자원을 조달, 약탈하고, 그 과정에서 피식민자들에게 '동물적'이고[12] 비인간적인 삶을 강요했습니다. 실제로 식민지 현지에서 이 같은 폭력이 피부로 느껴지지 않을 수도 있습니다. 다시 말해 이런 폭력은 마치 비가시적인 폭력처럼 여겨질 수도 있습니다. 그도 그럴 것이 이런 폭력 사용의 최후 결정자, 명령자는 프랑스 본국에 거주하고 있으며, 그런만큼 식민지 현지에서 너무 멀리 떨어져 있기 때문입니다. 하지만 피식민자들이 겪는 폭력을 극복하기 위해서는 이 첫 번째 층위의 폭력이 근본적으로 그리고 철저하게 근절되어야만 한다고 보았습니다.

두 번째 층위는 식민지에 거주하는 프랑스를 대표하는 지도부, 군대, 경찰, 상공업단商工業團 등에 속하는 이 나라 국민들, 이른바 식민자들les colons 내지 이주자移住者들에 의해 자행되는 폭력의 층위입니다. 피식민자들은 이들 식민자에 의한 폭력을 가장 가까운 폭력으로 느끼며, 그런 만큼 이 폭력을 가시적인 폭력으로 여길 수 있습니다.

탈식민화 과정에서 이 두 번째 층위의 폭력이 피식민자들의 직접적인 투쟁과 저항의 대상이 되기 십상입니다. 그도 그럴 것이 피식민자들의 시각에서 자신들이 영위하는 삶이 동물적이고 비인간적이라는 사실에 대한 인식은, 대부분 식민지에 거주하는 식민자들이 영위하는 삶과의 비

12 cf. DT, p. 34: "마니교는 종종 그 논리의 끝까지 나아가 원주민을 비인간화한다. 정확하게 말해 원주민을 짐승으로 만드는 것이다. 사실 식민자가 원주민에게 말할 때 사용하는 용어는 동물학적 용어이다."

교에서 비롯되기 때문입니다. 식민자들이 거주하는 잘 정돈된 구역, 그들의 화려한 삶, 그들이 향유하는 의식주 하나하나에 대한 피식민자들의 동경憧憬과 시기猜忌 및 거기에 비례해 커져 가는 반항과 저항은 탈식민 담론에서는 항상 빠지지 않고 등장하는 요소들입니다.

> 피식민자의 도시, 혹은 적어도 원주민의 도시, 흑인의 마을, 메디나, 보호구역은 악명 높은 장소, 악명 높은 사람들이 사는 곳이다. … 그곳은 간격이 없는 세계이다. 사람들은 그곳에서 서로 포개져서 살아가고 서로 포개져 있다. 피식민자의 도시는 굶주림의 도시다. 빵, 고기, 신발, 석탄, 빛이 부족한 도시다. 피식민자의 도시는 웅크린 촌락, 무릎을 꿇은 마을, 시궁창에 빠진 도시다. 이 도시는 흑인들과 더러운 아랍인들의 도시다. 식민자의 도시를 바라보는 피식민자의 시선은 동경과 질시의 시선이다. (DT, p. 32)

세 번째 층위는 피식민자 중에서 식민자들과 이해관계를 같이하는 자들이 동족同族인 다른 피식민자들에게 가하는 폭력의 층위입니다. 흔히 협력자 또는 배신자라고 불리는 자들이 그 장본인들입니다. 피식민자들의 입장에서는 동족을 배반한 피식민자들로부터 오는 폭력이 가장 견디기 힘든 것일 수 있습니다. 신체적 고통의 강도 면에서가 아니라 심리적 고통이라는 면에서 그러합니다. 공동의 이해관계, 공동의 목표를 가지고 행동한다고 굳게 믿었던 동족들에 의해 배반을 당할 경우, 배반을 당한 다른 피식민자들이 느끼는 참담함과 처참함은 필설로 형용하기 힘들다는 것은 잘 알려진 사실입니다.

> 피식민자는 자신의 근육에 감춰진 이 공격성을 우선 자기 동포에게 드러

낸다. 이럴 때 흑인들 사이에서 싸움이 일어난다. … 온갖 수단을 동원해 식민화된 대중을 멀리하는 이 적대적이고 거추장스러우며 공격적인 세계는 원주민에게 있어 가능하면 빨리 멀어지고 싶은 지옥을 보여 주는 것이 아니라 오히려 무서운 경비견들이 지키는 아주 가까이 있는 천국을 보여 준다. (DT, pp. 40-41)

『대지의 저주받은 자들』에서 파농은 기존폭력을 구성하는 이 세 가지 층위를 통해 식민지의 폭력적 상황을 상세하게 기술하고 난 뒤, 이 상황을 타파하기 위한 방법을 모색하고 있습니다. 실제로 파농은 폭력을 가장 효율적인 방법으로 제시합니다. 이런 폭력은 기존폭력에 맞선다는 의미에서 대항폭력이라고 할 수 있습니다. 이처럼 파농에게서 폭력, 즉 대항폭력 없이 탈식민화를 생각하는 것 자체가 불가능합니다.

피착취자는 자신의 해방을 위해 모든 수단, 그중에서도 먼저 폭력의 사용이 전제된다는 사실을 알아차린다. … 식민주의는 칼을 목에 들이대야만 느슨해진다고 말한 바 있는데, … 식민주의는 생각하는 기계도 아니고 이성을 지닌 신체도 아닌 자연상태의 폭력이어서 더 큰 폭력 앞에서만 항복할 뿐이다. (DT, p. 47)

우리가 본 것처럼 식민화된 대중의 해방은 오로지 무력을 통해서만 이루어져야만 하고 또 이루어질 수 있을 뿐이라는 것이 그들의 직관이다. (DT, p. 55)

민족의 해방, 민족의 부흥, 인민에의 국가 반환, 연방 등등 어떤 이름을 사용하든, 아니면 새로운 표현을 도입하든, 탈식민화는 항상 폭력적 현상

이다. (DT, p. 29)

파농은 탈식민화 과정에서 이 같은 대항폭력을 통한 기존폭력의 제압이라는 전략을 끝까지 신뢰하고 고수하는 것으로 보입니다. 하지만 이 전략은 이미 그 내부에 비극성을 내포하고 있습니다. 우선, 대항폭력이 작동하는 과정에서 필연적으로 수많은 인적 피해와 막대한 물적 피해가 발생하게 됩니다. 그다음으로, 대항폭력에의 호소는 자칫 폭력의 악순환으로 빠져들 수 있습니다.[13]

프랑스 본국의 식민지 개척자들을 위시해 식민지에서 살고 있는 식민자들은 자신들의 기득권을 쉽게 포기하려 들지 않을 것입니다. 거기다 대항폭력의 사용으로 탈식민화의 가능성과 희망을 엿본 피식민자들도 자신들의 무장봉기, 무장투쟁, 무장저항을 결코 멈추려 들지 않을 것입니다.

하지만 피식민자들의 수많은 희생과 값비싼 대가에도 불구하고 탈식민화는 반드시 이루어져야만 하는 역사적 당위성을 띠고 있다는 것이 파농의 주장입니다. 그러니까 파농에 의하면 탈식민화 과정에서 발생하는 인적, 물적 희생과 피해가 아무리 막대하다 하더라도, 식민지 지배에 의해 발생하는 그것보다는 덜하다는 것입니다.

식민지의 폭력적 상황을 타파하기 위해 파농이 제시한 대항폭력을 전면에 내세운 전략은 사르트르에게서 그대로 가져온 것입니다. 가령, 사

13 cf. "테러, 대항테러, 폭력, 대항폭력… 관찰자들이 알제리에서 너무 분명하고 좀처럼 사라지지 않는 이런 증오의 악순환을 기술할 때, 그들의 쓰라림 속에 기입되는 것이 바로 이것이다." (*Ibid.*, p. 67.)

르트르는 『변증법적 이성비판』에서 지배계급에 속하는 자들의 폭력과 억압 때문에 피지배계급에 속하는 자들이, 삶을 영위하는 것이 더 이상 불가능한 상황, 즉 그들의 삶과 죽음이 문제가 되는 상황에서 최종적으로 폭력, 곧 대항폭력에 호소하기에 이른다는 주장을 펴고 있습니다. 그런데 앞에서 말씀드렸다시피 사르트르의 이 같은 주장이 『대지의 저주받은 자들』의 서문에서 그대로 반복되고 있습니다. 물론 그 목적이 식민지 상황의 타파라는 차이가 있기는 하지만 말입니다.

> 우리는 치유될 것인가? 그렇다. 폭력은 아킬레우스의 창처럼 폭력으로 인한 상처를 치유할 수 있다. (DT, Pr, p. 26)

> … 어떤 부드러움으로도 폭력의 흔적을 지워 버릴 수는 없다. 오직 폭력만이 폭력을 부술 수 있을 뿐이다. (DT, Pr, p. 20)

> 그 후에 사람들은 그들[원주민들]을 키우고, 그들에게 수치와 굶주림과 고통을 가르쳐 줄 것이다. 그렇게 해서 사람들은 그들의 몸속에서 활화산과 같은 분노만이 솟구치게 할 것이다. 그 분노의 힘은 그들을 억압한 힘과 동일하다. 당신들은 그들이 폭력밖에 모른다고 했던가? 물론이다. 처음에는 식민자만이 폭력을 행사하지만 곧 그들도 자신의 폭력을 행사하게 된다…. (DT, Pr, p. 16)

> 농민들이 총을 쥐면 낡은 신화는 희미해지고, 금지된 것은 하나씩 전복된다. 투사의 무기는 그의 인간성이다. 왜냐하면 반란의 초기에 그가 사람을 죽여야 하기 때문이다. 한 명의 유럽인을 쏘아 죽이는 것은 일석이조의

행위이다. 한 명의 억압자를 없애는 동시에 한 명의 피억압자를 없애는 것이기 때문이다. (DT, Pr, p. 20)

그런데 이 단계에서 한 가지 의문이 제기됩니다. 파농은 과연 대항폭력에 의해 이루어질 탈식민화된 세계를 어떤 모습으로 그리고 있을까 하는 것입니다. 이와 관련해 다음과 같은 세 가지 사실을 지적하겠습니다. 첫 번째 사실은 『대지의 저주받은 자들』에서 파농에 의해 제시되고 있는 탈식민화된 세계는 피식민자들 전체가 단결되고 화합하여 '하나'가 되는 그런 세계라는 것입니다.

하지만 식민화된 민중에게는 폭력만이 유일하게 가능한 일이기 때문에 이 폭력이 긍정적이고 창조적인 성격을 띠게 된다. 이 과격한 실천은 전체적이다. 왜냐하면 각자가 이런 실천을 통해 거대한 사슬에서 하나의 고리가 되고, 식민자가 행한 첫 번째 폭력에 대한 대응으로서 발생하는 이 거대하고 과격한 유기체에서 하나의 고리가 되기 때문이다. 집단들은 서로를 인정하게 되고, 미래의 통합된 민족은 벌써 분리 불가능이다. 무장투쟁은 민중을 동원시킨다. 다시 말해 무장투쟁은 민중을 하나의 유일한 방향으로 나아가도록 몰아간다. (DT, p. 69)

두 번째 사실은 이 같은 탈식민화된 세계는 "새로운 언어"와 "새로운 체제"가 사용되고 세워지는 세계, 요컨대 "새로운 '종種'의 인간"이 탄생하게 되는 그런 세계라는 것입니다. 물론 이런 세계의 도래가 가능하기 위해서는 폭력, 곧 대항폭력 이외에 다른 수단이 없다는 것이 파농의 변함없는 주장이라는 점은 잊지 말아야 할 것입니다. 세 번째로 탈식민화된 세계는 "꼴찌가 첫째가 되고"[14]라는 『성서』의 한 구절이 실현되는, 아니 실현될 수밖에 없는 그런 세계라는 것입니다. 다만 하나의 조건이 따릅니다. 식민지 사회가 그 뿌리에서부터 근본적으로, 통째로 변화해야 한다는 조건이 그것입니다.

> … 탈식민화란 아주 단순하게 말해 어떤 '종種'의 인간을 다른 '종'의 인간으로 대체하는 것이다. (DT, p. 29)

> 탈식민화는 결코 눈에 띄지 않고 넘어가지 않는다. 왜냐하면 탈식민화는 존재에 작용하고, 존재를 근본적으로 변화시키고, 비본질성에 짓눌린 보잘것없던 배우들을 찬란한 역사의 조명을 받는 특권적인 배우들로 변화시키기 때문이다. 탈식민화는 또한 존재에 새로운 인간들이 가져온 자연스러운 리듬, 새로운 언어와 새로운 인간성을 부여한다. 탈식민화는 진정으로 새로운 인간의 창조이다. (DT, p. 30)

> 따라서 탈식민화에는 식민지 상황에 대한 종합적인 재검토에 대한 요구가 있다. 탈식민화의 정의는 그것을 정확하게 기술하고자 한다면 잘 알려진 다음 문장에서 찾을 수 있다. "꼴찌가 첫째가 될 것이다"라는 문장이 그것이다. 탈식민화는 바로 이 문장에 대한 확인이다. (DT, p. 30)

파농이 『대지의 저주받은 자들』에서 예견하고 기대하고 있는 이 같은

14 신약성서 「마태복음」 20장 16절에 나오는 구절이다. 16절 전문(全文)은 다음과 같다. "이처럼 꼴찌가 첫째가 되고 첫째가 꼴찌가 될 것이다."

탈식민화된 새로운 세계와 관련해 한 가지 흥미로운 점은, 이 세계가 사르트르의 『변증법적 이성비판』에서 기술되고 있는 융화집단의 모습과 거의 일치한다는 점입니다. 여기에서 이 집단이 형성되는 전 과정을 다 살펴볼 수는 없습니다. 지난 시간에 했던 강의를 기억해 주시기 바랍니다. 다만, 지옥과도 같은 집렬체를 극복한 결과인 이 융화집단에서는 그 구성원들 모두가 서로 적이 아닌 동지로 변한다는 사실, 그 결과 이들 모두 하나가 되어 우리를 형성한다는 사실만을 지적하고자 합니다. 실제로 사르트르는 『대지의 저주받은 자들』의 서문에서 탈식민화에 성공한 피식민지인들을 "폭력의 아이(들)"이자 "형제(들)"이라고 부르고 있습니다.

> 조국은 전진한다. 각각의 형제에게 있어서는 다른 형제들이 싸우는 모든 곳에 조국이 있다. 그들의 형제적 사랑은 식민자들이 그들에게 가져다준 증오의 정반대이다. 그들 각자가 적을 죽였고, 또 언제든 다시 적을 죽일 수 있다는 점에서 그들은 모두 형제다. (DT, Pr, p. 20)

> 폭력의 아이, 그는 매 순간 폭력에서 자신의 인간성을 길어 낸다. 우리는 그의 희생 덕분에 인간이 되었고, 그는 우리를 보고 스스로 인간이 되었다. 한 명의 다른 인간, 즉 더 고결한 인간이 되었다. (DT, Pr, p. 21)

이처럼 파농이 『대지의 저주받은 자들』에서 예견하고 기대하고 있는 탈식민화된 세계의 모습은 피식민자들이 자신들의 목숨을 내걸고 추구하기에 충분할 정도로 매혹적입니다. 하지만 정작 식민자들과 그들에게 동조하는 피식민자 중 일부는 결코 피식민자들이 화합해 하나로 뭉치는 것을 좌시하지 않을 것입니다. 그보다는 오히려 식민자들은 채찍과 당근으로 피식민자들의 분열을 획책하려고 할 것입니다. 그런 획책은 피식민자들이 단결하여 하나가 된 이후에도 계속될 것입니다.[15]

> 앞에서 우리가 지적한 것처럼 피식민자의 폭력은 민중을 단결시킨다. 사실, 식민주의는 그 구조로 보아 분리주의적이고 지역주의적이다. 식민지주의는 여러 부족의 존재를 단언하는 것으로 만족하지 못하며, 오히려 부족들을 강화하고 차별화시킨다. (DT, p. 70)

따라서 문제는 단결한 피식민자들로 이루어진 집단 —융화집단— 내부에서 이 같은 분열이 일어나지 않게끔 하는 수단이 있는지를 알아보는 일일 것입니다. 실제로 사르트르는 이 문제와 관련해 『변증법적 이성비판』에서 서약이라는 조치를 통해 융화집단을 형성한 이후, 집단 내부에서 발생하는 구성원들 사이의 분열을 방지하고 있습니다(이 점에 대해서는 지난 시간에 살펴보았습니다). 그런데 이들 상호 간에 이루어지는 서약이 단지 구두로 이루어지는 단순한 약속이 아니며, 이 약속을 위반한 자들의 목숨을 담보로 하는 또 하나의 폭력 사용과 무관하지 않다는 점을 지적해야 할 것입니다. 이른바 더 큰 폭력 —식민지 지배라는 폭력— 을 미연에 방지하기 위해 사용되는 작은 폭력[16] —융화집단의 안위를 해치지 않겠다는 서약을 위반한 자에 대한 처형으로, 사르트르는 이런 폭력을 동지애-공포라고 칭합니다— 의 사용이 그것입니다.

15 이 같은 분열의 획책에 대해서는 사르트르도 동의한다. cf. "이렇듯 유럽은 분파와 반대파를 양산했고, 여러 계층과 때로는 인종차별주의도 만들어 냈으며, 온갖 수단을 동원해 식민지화된 사회의 계층 분화를 야기하고 또 심화시켰다."(*Ibid.*, Pr, pp. 11-12.)

16 방어적 폭력이라고도 한다.

하지만 파농은 탈식민화된 세계의 내부에서 발생하는 분열 방지에 대해서는 뚜렷한 해결책을 제시하고 있지 않습니다. 파농은 '폭력에 대하여'에 이어지는 다른 장章들에서 식민지 지배하 피식민자들이 겪는 정체성, 언어 등의 문제를 정신분석학적 시각에서 주로 다루면서 오히려 그들의 정신적인 치유 쪽에 더 큰 중요성을 부여하고 있는 듯합니다.

지금까지 살펴본 것처럼 파농과 사르트르 사이에는 식민지의 폭력 상황에 대한 참담한 인식, 이 상황의 극복을 위한 대항폭력에의 호소, 그리고 이 같은 폭력 사용에 의한 탈식민화된 세계에 대한 묘사와 예견이 있었다는 면에서 선택적 친화력이 분명 존재합니다. 하지만 폭력에 대한 두 사람의 사유 사이에 차이점이 전혀 없는 것은 아닙니다.

우선 『대지의 저주받은 자들』의 서문에서 볼 수 있는 사르트르의 폭력에 대한 사유는 대부분의 경우 『변증법적 이성비판』에서 다루어진 것으로, 원래 마르크스주의에서 제시되는 계급투쟁의 논리와 밀접하게 연결된 것입니다. 그러니까 피지배계급(프롤레타리아트)에 대한 지배계급(부르주아지)의 억압이 너무 과도해 이 피지배계급에 속하는 자들이 단결해(곧 융화집단을 형성하여) 삶을 영위하는 것이 더 이상 불가능한 상황, 곧 그들의 삶과 죽음이 문제가 되는 상황을 타파하고자 하는 계급투쟁의 논리와 맞닿아 있습니다. 하지만 파농이 『대지의 저주받은 자들』에서 제시하고 있는 폭력은 탈식민지화를 그 일차적인 목표로 하고 있습니다.

그다음으로 파농은 『대지의 저주받은 자들』에서 피식민자들의 고통이 육체적 차원에서 점차 정신적 차원의 폭력으로 옮겨 가고 있는 것으로 보았습니다. 또 다른 저서인 『검은 피부, 하얀 가면』에서 볼 수 있는 것처럼 식민자들의 억압하에서 피식민자들이 겪는 정체성의 혼란, 『대지의 저주받은 자들』의 뒷부분에서 볼 수 있는 언어 사용에서의 어려움, 그리고 특히 피식민자들의 무의식을 지배하고 있는 식민자들의 타자로서 부정적이고 억압적인 역할 등이 그것입니다. 이런 측면을 고려해 최근 파농에 대한 연구에서 프로이트, 라캉 등의 정신분석학적 성과가 반영되고 있다는 사실은 아주 흥미롭다 하겠습니다.

마지막으로 사르트르는 『변증법적 이성비판』과 그 이후의 지적 여정에서, 폭력 사용을 통한 폭력 상황의 극복이라는 주장으로부터 어느 정도 뒷걸음치는 입장을 취한 것으로 보입니다. 그렇다고 해서 사르트르가 파농처럼 피식민자들의 언어, 정체성의 문제, 그리고 이들의 무의식적 차원에서 제기되는 문제를 직접 관심 있게 다루고 있지는 않습니다. 이와는 달리 사르트르는 오히려 '상상적 차원dimension imaginaire'을 강조하는 문학과 예술을 통한 저항을 고수한 것으로 보입니다. 바로 거기에 폭력을 둘러싼 파농과 사르트르의 무시할 수 없는 차이점이 자리 잡고 있다 하겠습니다. 물론 이런 차이점이 있다고 해서 폭력을 통한 식민지 해방을 위한 노력에서 발견되는 파농과 사르트르 사이의 선택적 친화력이 그 의미를 상실하는 것은 결코 아니라고 할 수 있습니다.

3.5.
보론

파농의 『대지의 저주받은 자들』에 대해서는 다음과 같은 비판이 있습니다.

첫째, 파농의 담론의 성격과 수준(정치, 문화, 심리분석)에는 일관성이 결여되어 있다는 비판입니다. 둘째, 정신적 차원의 소외에 관심을 표명한 정신과 의사로서 파농의 경험 사례들이 정치 영역에 적합하지 않다는 비판도 있습니다. 셋째, 파농의 문체가 감상적이고 예언적이라는 비판(시간의 부족과 구술)입니다. 넷째, 가장 두드러진 비판으로 파농이 폭력을 두둔했다는 비판입니다.

이 같은 비판에도 불구하고 식민지의 정치, 경제 현실에 대한 분석과 그 현실을 터전으로 생활하는 개인들의 실존적, 정신분석적 차원에서 이루어진 분석의 통합을 보여 주었다는 평가가 대부분입니다.

그렇다면 파농과 우리는 어떤 관계에 있을까요? 보다 구체적으로 이 질문은 이렇게 제기될 수도 있을 것 같습니다. 아프리카, 그것도 벌써 50여 년 전의 아프리카 상황에 대한 파농의 분석과 진단에서 우리는 무엇을 생각할 수 있고 또 무엇을 얻을 수 있을까요?

우리가 주목해야 할 것은 파농의 죽음 이후 그가 예견한 문제들이 상당 부분 아프리카에서 그대로 발생했다는 사실입니다. 예컨대 식민지 지배세력의 퇴출과 더불어 진정한 민족주의자들에 의한 민족문화가 정립된 것이 아니라 주체를 달리하여 지배세력이 등장하게 되는 악순환이 발생했고(군부독재), 지금도 그렇습니다.

주지의 사실이지만, 현재에도 자원을 둘러싼 제1세계와 제3세계의 투쟁은 변함없이 전개되고 있으며, 특히 중국의 가세로 상황은 한층 더 복잡해지고 있습니다. 또한 기독교와 이슬람의 대립은 과거에 비해 더욱 악화되었습니다. 특히 세계화라는 화두와 관련지어 새로운 시각으로 '대지의 저주받은 자들'을 생각해 볼 수는 없을까요? 만약 이 물음에 대해 그 대답이 긍정적이라면, 파농의 사상이 갖는 현재성을 인정할 수 있을 것입니다.

파농과 거의 비슷한 경험을 한 바 있는 우리는 식민지 지배와 그 뒤에 있은 분단, 독재, 세계화의 흐름으로 인해 야기된 문제점 및 모순들을 슬기롭고 효과적인 방법으로 극복했을까요? 특히 언어 문제, 그러니까 '불어 vs. 마르티니크 지역어, 토착어'의 문제와 '영어 vs. 한국어'의 문제 등을 비교하여 생각해 볼 수 있을 것입니다. 가령, 들뢰즈, 과타리가 주창한 '소수문학littérature mineure'에서 언어의 탈영토화déterritorialisation에 관련된 문제의식은 여기에 중요한 시사점을 제공해 줄 수 있을 것입니다.

제4강

아렌트의 폭력론:

『전체주의의 기원』과 『폭력론』을 중심으로

4.1.
시작하며

오늘 강의에서는 한나 아렌트Hannah Arendt의 폭력론 강의의 예비적 고찰로 데뷔작인 『전체주의의 기원*The Origins of Totalitarism*』(1951)에 대해 간략하게 살펴보고자 합니다.[1] 구체적으로는 아렌트가 제시한 전체주의를 '잉여존재superflousness'[2]와 '폭민mob'[3] 개념을 통해 이해해 보고자 합니다. 그 내용과 구성이 방대하면서도 체계적이지 않은 데다, 심지어 복잡하고 난삽하기까지 하여 아주 난해한 『전체주의의 기원』에 접근하는 길은 여럿일 것입니다. 여기에서는 잉여존재와 폭민 등과 같은 개념을 중심으로 『전체주의의 기원』의 이해를 도모하고, 이를 통해 아렌트의 폭력에 대한 생각의 일단에 주목해 보고자 합니다.

아렌트에게서 잉여존재와 폭민은 '운동mouvement'으로 이해되는 전체주의의 비옥한 토양에 해당됩니다. 뒤에서 거론하겠지만 전체주의는 대중

1 아렌트의 폭력론은 다음과 같은 두 가지 방향으로 전개된다. 하나는 인간들의 복수성을 말살함으로써 정치 행위를 불가능하게 만드는 전체주의 국가의 지배이다. 다른 하나는 정치 행위를 위한 공적 영역을 형성하기에는 정치적 역량이 빈약한 공동체의 좌절감과 연결된 폭력이다. 아렌트는 첫 번째 방향의 폭력을 『전체주의의 기원』에서 다루고 있으며, 두 번째 방향의 폭력은 1960년대와 1970년대에 집필된 『공화국의 위기』, 『폭력론』에서 다루고 있다. 다음 강의에서는 두 번째 방향의 폭력을 다루고자 한다.

2 아렌트는 '잉여성(superfluity)' '잉여의(superflous)' 등과 같은 단어도 사용한다. '쓸모없는 존재' '남아도는 존재' 등과 같은 용어도 사용된다.

3 뒤에서 다시 보겠지만 이 개념은 "조직되지 않았지만 폭력적이 되는 대규모 군중"을 가리킨다.

mass, 그중에서도 폭민의 지지支持가 있는 경우에만 그 존재이유를 가질 뿐입니다. 그런데 폭민은 한 사회, 한 국가에서 고립되고 원자화되어 자신을 잉여존재로 여기는 개인들로 구성됩니다. 그런 만큼 잉여존재로서의 개인들이 언제, 어떻게 출현했고 무슨 특징을 가지고 있으며, 또 어떤 과정을 거쳐 폭민이 되는가를 살펴보는 것은 전체주의를 이해하는 데 긴요한 작업이라 할 수 있습니다.

이런 문제의식을 가지고 『전체주의의 기원』에 접근하면서 20세기 프랑스를 대표하는 작가, 철학자, 지식인으로 잘 알려진 사르트르를 잠깐 소환하고자 합니다. 이렇게 하는 것은 특히 잉여존재가 아렌트보다는 사르트르에게 훨씬 더 친숙한 개념이기 때문입니다. 이 개념은 사르트르에 의해 창안되었으니 그의 전유물이라고 해도 과언이 아닙니다. 아렌트는 1941년에 미국으로 가기 전에 파리에 잠깐 머물렀습니다. 그때 아렌트는 사르트르와 카뮈의 저작을 접했고,[4] 그 후에 이 개념을 가져와 전체주의를 설명하는 주요 개념으로 이용하고 있습니다.

폭민 개념에 대해서도 거의 같은 지적을 할 수 있습니다. 이전 강의에서 말씀드렸듯 사르트르는 그의 후기 사상이 집대성된 『변증법적 이성 비판』에서 인간들의 군집 중 하나로 집렬체를 제시합니다. 이 군집의 특징 중 하나가 구성원들 사이의 상호 교환 가능성, 상호 대체 가능성입니다. 그런데 이런 가능성은 아렌트의 폭민 개념에서도 나타납니다.

4 아렌트는 『이해의 에세이(*Essays in Understanding, 1930-1954*)』(1994) 등에서 초기의 사르트르, 즉 소설 『구토』(1938)의 저자 사르트르를 높이 평가하고 있다. 하지만 그녀는 『혁명론(*On Révolution*)』(1963), 『폭력론(*On Violence*)』(1969) 등에서는 폭력 사용을 정당화하고 있는 사르트르에 대해서 가차 없는 비판을 가하고 있다. 폭력의 순기능을 인정하는 소렐, 파농 등에 대해서도 강한 비판을 하고 있다. 반면, 카뮈에 대해서만큼은 줄곧 우호적인 태도를 보이고 있다.

물론 아렌트가 사르트르의 『변증법적 이성비판』을 읽고 『전체주의의 기원』을 쓴 것은 아닙니다. 이는 물리적으로 불가능한 일입니다. 『전체주의의 기원』은 1951년에, 『변증법적 이성비판』은 1960년에 출간되었기 때문입니다. 이런 시차에도 불구하고 상호 교환 가능성, 상호 대체 가능성 등의 의미로 미루어 보면, 폭민과 집렬체 개념은 서로 무관하지 않아 보입니다.

아렌트의 전체주의를 이해하는 데 사르트르와의 비교를 통해 접근하는 것은 이번 강의가 처음이 아닌가 합니다. 이런 시도는 국내외를 막론하고 지금까지 행해진 적이 없을 겁니다. 그런 만큼 오늘 강의는 실험적이고 도전적일 수밖에 없습니다. 바람직한 공동체의 건설이라는 주제를 염두에 두고 우리는 긴장감과 부담감이 반반 섞인 모험을 즐거운 마음으로 감행해 보려 합니다. 이를 위해 아렌트의 생애와 저작들, 『전체주의의 기원』이 집필되었던 상황 등을 먼저 살펴보고자 합니다. 이어서 잉여존재와 폭민의 개념, 그리고 이런 개념들과 더불어 전체주의의 중핵에 해당되는 '이데올로기' '테러' '선전' 등과 같은 개념 이해도 도모하고자 합니다.

4.2.
『전체주의의 기원』의 주변

1) 아렌트 열풍

최근 국내외에서 아렌트에 대한 관심이 높습니다. 해외에서 이런 현상은 1995년까지로 소급됩니다. 아렌트의 사후 20주년을 기념하면서 '아렌트의 날'이 제정되었고, 하이데거와의 연애담이 포함된 아렌트의 전기轉記가 출판되었으며, 국제 심포지엄 같은 행사 등이 개최되었습니다.[5] 아렌트에 대한 관심의 고조는 냉전시대 이후 동서 양 진영의 대립 극복의 모색과 무관하지 않습니다. 투쟁과 혁명을 내세웠던 마르크스의 주장이 실효를 거두지 못하고 유령[6]처럼 떠도는 상황에서 '행위action',[7] 특히 '정치 행위political action' '자유liberty' '자발성spontaneity' '탄생성natality' '복수성plurality' '공화정res republica'등을 내세우는 아렌트의 사유가 각광받고 있는 실정입니다.

국내 사정도 비슷합니다. 아렌트의 거의 모든 저작이 번역되었고, 연구서도 빈번하게 출간되고 있습니다. 2006년에 아렌트학회가 결성되어 활동 중입니다. 20여 명의 연구자들이 참여하고 있습니다. 정치철학, 사회철학 분야 관련자들이 대다수이나 교육학, 역사학, 문학, 예술 분야 관련자들도 없지 않습니다. 아렌트와 하이데거, 아렌트와 야스퍼스의 관계로 인해 하이데거, 야스퍼스 전공자들도 없지 않습니다. 그런데 국내에서 아렌트에 대한 관심이 이처럼 고조된 것은 '촛불혁명' 이후로 보입니다. 새로운 정부를 탄생시킨 이 혁명의 의의를 가늠하기 위한 이론적 도구로서 아렌트의 '정치' 개념인 '공적 영역public realm' '공화정치' 개념 등이 주로 원용되고 있는 실정입니다.

5 "구미 사상계 '아렌트 열풍'", 『동아일보』, 1995년 12월 8일, 22면.

6 데리다의 『마르크스의 유령(*Spectres de Marx*)』을 염두에 두고 있다.

7 아렌트에 의해 『인간의 조건(*The Human Condition*)』에서 제시되고 있는 '노동(labour)' '작업(work)'과 짝을 이루는 개념으로서의 '행위(action)'를 가리킨다.

2) 아렌트의 생애와 저작

'어두운 시대'[8]로 규정되는 20세기에 대한 이해와 21세기의 비전 제시에서 이처럼 적잖은 역할을 맡고 있는 아렌트는 누구일까요?[9] 아렌트는 1906년 독일 하노버에서 태어나 1975년 미국에서 영면한 유대계 정치사상가입니다. 아렌트는 '정치철학자'라는 칭호를 거부했습니다. '정치철학'이라는 단어가 형용모순[10]이라는 것입니다. '철학'은 '진리'를 겨냥하는데, 이 진리는 '하나'이고, 또한 이 진리는 그 자체 이외에 다른 것은 인정하지 않는 것으로 이해됩니다. 반면 '정치'는 복수의 인간들의 존재와 거기에서 기인하는 '차이'와 '다양성'의 인정을 겨냥한다는 것이 그녀의 주장입니다. 어쨌든 아렌트는 독일 시민사회에 동화된 유대계 집안 출신이라는 태생적 특징을 지니고 있습니다.

아렌트의 젊은 시절과 관련해 특기할 만한 점은, 그녀가 마르부르크대학에서 하이데거의 수업을 들은 제자이자 애인이었다는 점입니다. 두 사람의 사랑은 불발로 끝났지만, 하이데거의 사상이 아렌트에게 미친 영향은 적지 않습니다.[11] 또한 야스퍼스의 이름을 거명해야 할 것입니다. 아렌트는 하이델베르크대학으로 옮겨 가 야스퍼스 밑에서 「아우구스티누

8 아렌트가 브레히트의 시(「후손들에게」)에서 빌려 온 표현이다. 그녀는 『어두운 시대의 사람들(*Men in Dark Times*)』(1968)이라는 제목의 저서를 집필하기도 했다.

9 아렌트의 생애에 대해서는 엘리자베스 영-브륄의 『한나 아렌트 전기: 세계 사랑을 위하여』(인간사랑, 홍원표 옮김, 2007)를 보라.

10 'oxymoron'의 번역어로 상반된 어휘를 결합시키는 수사법을 가리킨다. 'oxymoron'에서 'oxy-'는 '날카로운(sharp)' '예리한(keen)' 등을 의미하며, 'moron'은 '저능아(fool)'를 의미한다. '얼음의 도가니' 같은 표현이 그 예이다.

11 cf. 다나 R. 빌라, 『아렌트와 하이데거』, 서유경 옮김, 교보문고, 2000.

스의 사랑 개념」으로 1928년에 철학 박사학위를 받았습니다.[12] 하지만 1933년 나치가 정권을 잡자 아렌트는 교수자격 취득을 금지당했으며, 독일에서 강의도 할 수 없었습니다.

이런 상황에서 아렌트는 파리로 갔고, 그곳에서 벤야민과 만났으며, 시온주의자[13]로서 유대인들을 도왔습니다. 1940년에 시인이자 철학자인 하인리히 블뤼허와 결혼합니다. 하지만 유대인 체포령이 내려지자 이를 피해 아렌트는 이듬해 미국으로 갑니다. 아렌트는 나치에 의해 국적이 박탈된 1937년부터 미국 국적을 획득한 1951년까지 '무국적자(파리아: Pariah)'[14]로 지냅니다. 미국에서 유대인 학살이라는 비보를 접하고 아렌트는 『전체주의의 기원』을 집필하고 1951년에 출간합니다.

그 이후, 정치사상가로 활동하면서 1959년에는 여성으로서는 최초로 프린스턴대학에 교수로 임용되고, 1963-1967년 시카고대학 교수로 재직하게 됩니다. 아렌트의 이름이 전 세계에 알려진 것은 아마 유대인 학살의 죄목으로 1960년 5월에 아르헨티나에서 체포되고, 1961년 4월부터 12월까지 계속된 아이히만 재판에 대한 보고서 『예루살렘의 아이히만

12 아렌트의 박사학위 논문은 『사랑 개념과 성 아우구스티누스』(서유경 옮김, 필로소픽, 2022)라는 제목으로 번역되어 있다.

13 '시온주의(Zionism)'는 고대 유대국가가 있던 팔레스타인에 자신들의 국가를 세우고자 하는 유대인들의 민족주의 운동을 가리킨다. 시온(Zion)은 예루살렘에 있는 한 언덕의 이름이며, 『성서』에 나오는 유대인들의 고향 예루살렘 혹은 고대 이스라엘을 상징한다.

14 'Pariah'는 원래 '북치는 사람'이라는 의미를 가진 타밀어 'Paraiyar'에서 유래한 단어로, 인도 카스트의 최하층민을 가리킨다. '불가촉민(untouchable)'이라는 뜻을 가진 '달리트(Dalit)'라는 단어가 사용되기도 한다. '달리트'는 힌두교의 카스트의 모든 계급보다 아래에 위치한 하층민들을 뜻하는 말로, '억압받는 자' '억눌린 자' 등을 의미한다. 여기서 아렌트와 관련된 '파리아'라는 용어는, 그녀가 미국으로 건너가 오랫동안 '무국적자'로 지낸 상황을 보여 주기 위함이다.

Eichmann in Jerusalem』이 출간된 1963년 이후일 것입니다. 그 유명한 '악의 평범성Banality of Evil'을 내세워 유대인 사회로부터 거의 파문에 가까운 격렬한 공격과 비판을 받았던 아렌트는 역설적으로 전 세계적인 명성을 얻게 됩니다.

아렌트의 주요 저서로는 그녀의 정치사상의 주요 개념들을 망라하고 있는 『인간의 조건』을 위시해, 『과거와 미래의 사이*Between Past and Future*』(1961), 『혁명론』, 『어두운 시대의 사람들』, 『폭력론』, 『공화국의 위기*Crises of the Republic*』(1972), 유고집으로 출간된 『정신의 삶*The Life of the Mind*』(1978)과 『칸트 정치철학 강의*Lectures on Kant's political philosophy*』(1982), 『책임과 판단*Responsability and Judgement*』(2003), 『정치의 약속*The Promise of Politics*』(2005) 등이 있습니다.

3) 『전체주의의 기원』의 구성과 기술의 특징

1951년에 출간된 아렌트의 처녀작이자 기념비적인 저서 『전체주의의 기원』은 크게 3부로 구성되어 있습니다. 제1부 '반유대주의', 제2부 '제국주의', 제3부 '전체주의'가 그것입니다. 제1부에서는 유대인 문제가 집중적으로 다뤄지고 있습니다. 제2부에서는 유대인 문제보다는 더 보편적인 문제로서의 인종주의가 제국주의라는 거대한 맥락 안에서 민족국가, 민족주의, 소수민족, 나라 없는 민족 등의 주제들과 연계되어 탐구되고 있습니다. 제3부에서는 정치적 운동으로서의 전체주의, 권력을 장악한 전체주의 정부의 성격과 특징 등이 논의되고 있습니다.

이런 내용을 담고 있는 『전체주의의 기원』은 기술記述 면에서도 주목을 끕니다. '이야기하기(스토리텔링)' 방법 때문입니다.[15] 이 저서는 정치

사상서로 분류됩니다. 하지만 한 권의 역사서로 여겨질 수도 있습니다. 물론 그 주제는 앞에서 언급한 반유대주의, 제국주의, 전체주의입니다. 반유대주의와 제국주의에 대해서도 마찬가지이지만, 특히 전체주의와 관련해서는 이 주의의 기원, 출현, 발전 과정, 종말 등이 충실히 기술되고 있어 한 권의 역사서로 여겨질 만한 조건을 두루 갖춘 것으로 보입니다.

그런데 『전체주의의 기원』에서는 일반적인 역사서에서 볼 수 있는 기술 방법이 거의 드러나지 않습니다. 이 저서의 기술 방법의 특징은 '이야기하기' 방식을 통해 전체주의를 와해瓦解시키는 것입니다. 보통 역사서에서는 한 사건을 결정하는 여러 요소 사이의 연계성, 논리성 등을 통해 그 총체적 모습을 재현, 해석하는 것이 중요시됩니다. 그런데 아렌트는 이런 방법 자체를 전체주의적으로 여깁니다. 그런 만큼 아렌트는 한 사건을 결정하는 여러 요소의 논리적 필연성보다는 오히려 이 사건의 '결정화crystallization' 과정을 드러내고자 합니다. 이런 방법은 전통적인 역사 기술에 대한 도전이자 해체라고도 할 수 있습니다. 이런 이유로 『전체주의의 기원』은 쉽게 읽히지 않으며, 앞에서 언급한 것처럼 내용 면에서의 방대함과 더불어 난해함이 배가되고 있는 것으로 보입니다.

15 cf. 사이먼 스위프트, 『스토리텔링 한나 아렌트』, 이부순 옮김, 앨피, 2011, 149쪽.

4.3.
전체주의의 장치들

1) 총체적 지배

전체주의를 한마디로 정의하는 것은 거의 불가능합니다. 전체주의를 관통하는 가장 중요한 특징을 제시하는 것이 오히려 이것을 이해하는 첩경이 될 수도 있습니다. 아렌트에 의해 제시된 전체주의의 가장 중요한 특징은 '총체적 지배total domination' —그 이면은 "총체적 충성total loyalty"[16] 입니다—, 그 폭압성과 잔인성의 규모와 정도 그리고 그 방식에서 찾아볼 수 있을 것입니다. 아렌트는 전체주의를 지금까지 인류가 전혀 경험해 보지 못한 새로운 정치체제로 여깁니다(OT, p. 460). 참주제, 전제제 등과 같은 독재 체제도 있었습니다. 하지만 전체주의는 특히 이런 독재 체제와는 근본적으로 다르다는 것이 아렌트의 주장입니다.[17]

전체주의 정권에 의해 자행되는 총체적 지배에서 나타나는 폭압성과 잔인성의 규모와 정도는 그 유래를 찾아볼 수 없습니다.[18] 나치즘과

---

16 Hannah Arendt, *The Origins of Totalitarianism*, The Harvest Book, 1968(1951), p. 323.(이하 이 책은 OT로 약기.)

17 한나 아렌트, 『이해의 에세이, 1930-1954』, 홍원표 외 옮김, 텍스트, 2012, 491-492쪽.

18 이런 이유로 아렌트는 전체주의를 '근본악' 또는 '절대악'으로 규정한다. 물론 후일 아이히만의 재판 보고서에서 악의 평범성을 주장하면서 『전체주의의 기원』의 입장에서 멀어진 것이 아닌가 하는 논란도 없지 않다. 하지만 무사유성, 타인의 고통에 대한 무공감성 등을 특징으로 하는 평범한 악과 절대악, 근본악은 표리 관계에 있는 것으로 보인다.

스탈린주의에 의해 자행된 통제와 억압은 참주제, 전제제 등의 그것과는 도저히 비교가 안 됩니다. 나치Nazi[19]는 섬뜩하게도 '최종 해결책Final Solution'[20]이라는 명목하에 600만 명 이상의 유대인을 학살했습니다.[21] 그것도 필설로는 도저히 묘사가 불가능한[22] 방법으로 말입니다. 홀로코스트 또는 쇼아[23]로 지칭되는 학살이 그것입니다. 스탈린은 정권을 장악한 후에 '강제노동수용소Gulag'[24]를 운영하면서 반대파를 체포, 구금, 투옥하는 정책을 펼쳤습니다. 솔제니친은 1973년에 출간된 『수용소 군도』에서 강제노동수용소 내의 비참하고 혹독한 상황을 사실적으로 묘사하고 있습니다. 1934년부터 1953년까지 약 600만 명에서 1500만 명에 이르는

19 공식 명칭은 '국가사회주의 독일노동자당(Nationalsozialistische Deutsche Arbeiterpartei)'이며, 'NSDAP'로 약기된다. '나치'는 밑줄 친 부분을 결합시킨 것이다.

20 "유대인 문제의 궁극적 해결(Final Solution to the Jewish Question)"이라고도 한다. 단순히 "궁극적 해결"이라는 표현을 사용하기도 한다.

21 그 당시 유럽에는 900만 명 정도의 유대인이 있었는데, 그중 3분의 2가 학살당했다. 어린이가 100만여 명, 여자가 200만여 명, 남자가 300만여 명 살해된 것으로 추정된다.

22 cf. 이상빈, 『아우슈비츠 이후 예술은 어디로 가야 하나』, 책세상, 2001. 프랑크푸르트학파의 일원인 아도르노는 나치를 경험한 후, "아우슈비츠 이후 시란 불가능하다" "문화와 예술은 쓰레기다"라고까지 극단적으로 주장한다. 이와 관련해 특히 문학 분야에서는 '오토픽션(autofiction)' 개념에 대한 관심이 커지고 있다. 영어권에서는 '팩션(faction)'이라는 개념이 사용되기도 한다. '오토픽션'은 1970년대 초에 문학사에 처음 등장한 장르로, 정신분석학의 주요 연구 대상인 무의식, 유대인 학살과 같은 도저히 상상할 수 없는 사건을 문학적으로 형상화하기 위해 '자전적(auto) 요소'(또는 '사실적 요소')와 '픽션적(fiction) 요소'(또는 '허구적 요소')를 결합시켜 '재현 불가능한 지점'에 유연하고 탄력 있게 접근하는 것을 모토로 삼고 있다.

23 'Holocaust'는 그리스어 'holókauston'에서 유래한 단어로, 고대 그리스에서 "신에게 동물을 태워서 제물로 바치는 행위"를 의미한다. 'Shoah'는 히브리어로 '재앙'을 의미한다.

24 '굴라크'는 구(舊)소련에서 노동수용소를 담당하던 정부기관을 가리킨다. 원래는 "국가보안국 교정노동수용소의 주 관리기관"이라는 긴 이름이었으나, 점차 강제노동수용소의 대명사로 사용되었다.

사람들이 강제노동수용소에서 처형되었거나 죽은 것으로 알려져 있습니다.

그렇다면 전체주의가 피지배자들을 이처럼 폭압적이고 잔인하게 통제, 지배, 억압하는 방식은 무엇일까요? 대체 어떤 방식을 통해 전체주의는 총체적 지배를 할까요? 이 물음에 답을 하기 위해서는 이데올로기, 선전, 테러, 감시 및 통제 장치로서의 비밀경찰 등과 같은 조직을 상세히 살펴보아야 할 것입니다. 여기서는 먼저 인간의 인격 말살과 새로운 시작, 곧 탄생성을 가능케 해 주는 자발성 및 자유의 완전한 파괴 —결국 인간성의 파괴— 에 주목하고자 합니다. 아렌트에 의하면 총체적 지배는 세 단계로 이루어집니다.

그 첫 번째 단계는 개인의 '법적 인격juridical person' 말살입니다(OT, p. 447). 인간은 누구나 인격을 가지고 있습니다. 각자는 인간이라는 사실만으로도 고유성을 지닙니다. 자연법상의 인격입니다. 인간은 또한 한 사회, 국가의 구성원으로서 자신의 행위에 대해 법적 책임을 질 수 있는 존재이기도 합니다. 이것이 법적 인격입니다. 그런데 아렌트에 의하면 전체주의는 제일 먼저 개인의 법적 인격을 살해합니다.

가령, 범법자가 재판에서 유죄 판결을 받는다고 하더라도 그의 법적 인격은 유지됩니다. 물론 구금되거나 감옥에 갇혀 있는 동안 권리를 마음대로 행사할 수 없고 행동에도 제약이 따릅니다. 그럼에도 그는 여전히 법적 인격을 지닙니다. 이와는 달리 전체주의에서는 특정 사람들에게서 국적을 박탈하거나 그들을 한 집단으로부터 추방함으로써 법적 보호에서 배제시킵니다. 히틀러에 의해 자행된 유대인 배제와 스탈린에 의해 자행된 정치범 배제가 그 좋은 예입니다. 이들은 각각 열등 민족, 사상범 등으로 낙인 찍혀 자기가 속한 나라에서 법률의 보호를 받지 못하는 상태에 처하게 되었습니다.

두 번째 단계는 '도덕적 인격moral person'의 살해입니다(OT, p. 451). 도덕적 인격이란 옳고 그름과 선악을 판단하고, 자유로운 의지를 바탕으로 결정하고 행동하는 주체로서의 인간을 가리킵니다. 이것은 인간이 그 자체로 절대적 가치를 지녔다는 것을 보여 줍니다. 그런데 전체주의는 한 국가나 집단 구성원들의 도덕적 인격을 완전히 말살시킵니다. 나치즘이나 스탈린주의가 악용했던 포로수용소, 강제노동수용소 내의 상황이 이를 극명하게 보여줍니다.

수용소에 감금된 자들은 스스로 인간이기를 포기합니다. 그들에게 가해진 폭압과 통제에 대한 저항은 불가능합니다. 모든 것이 투명하게 드러난 생활을 하며, 비록 가족이라 할지라도 서로를 의심하고 감시합니다. 그들은 극한 상황을 체험하면서 자기 내부에 존재하는 인간적 요소의 마지막 찌꺼기까지 내버릴 수밖에 없습니다. 거기에는 죽을 권리도 포함됩니다. 그들은 인간 존엄성의 마지막 보증이라고 할 수 있는 죽음조차 마음대로 결정할 수 없습니다. 감금자 중 누가 죽었는지도 모릅니다. 자기가 언제 죽을지도 알 수 없습니다. 각자도생各自圖生! 그렇습니다. 각자는 살아남기 위해 무슨 일이든 해야 합니다. 거기에는 자신의 가족을 죽여야 하는 극단적인 선택도 포함됩니다. 수용소에서는 인간의 삶이 죽음이라는 극단의 고유성 안에서 완성될 기회조차 주어지지 않습니다. 죽음조차 익명anonymous이었던 것입니다(OT, p. 452)! 지금까지 이런 비극은 없었습니다.

세 번째 단계는 개인들의 '자발성 파괴'입니다(OT, pp. 455-456). 아렌트에게서 인간은 행위의 주체이고, 이 행위는 각자의 자유와 자발성 위에서 행해집니다. 그런 만큼 각자의 행위는 예측불허입니다.[25] 어떻게, 어디에서 시작할지, 또 어떤 결과를 가져올지 모릅니다. 하지만 전체주의 정권하에서는 모든 개인이 '한 몸One Body'이 되어 움직입니다. 따라서 모든 사람의 행위의 시작과 끝, 결과가 이미 정해져 있습니다. 일사불란一絲不亂! 그렇습니다. 기계적인 정확성과 한 치의 오차도 허용되지 않는 질서 속에는 자유와 우연성이 들어설 자리가 없습니다.

전체주의는 각자의 개성과 자발성이 발휘되는 것을 용납하지 못합니다. 그것들이 기능하게 되면 새로운 시작 —새로운 행위, 새로운 인격, 새로운 삶, 새로운 인간관계, 새로운 가치, 새로운 제도 등등— 이 가능할 수 있습니다. 그도 그럴 것이 각자의 개성과 자발성에 기초한 행위는 그 결과를 예측할 수 없고, 따라서 전체주의 체제를 위협할 수 있기 때문입니다. 이런 이유로 전체주의는 각자의 개성을 완전히 분쇄하고자 합니다. 전체주의는 자발성을 발휘하는 개인보다는 기계처럼 움직이는 마리오네트를 원합니다. 아니, 전체주의 체제는 그 지배하에 있는 모든 사람이 자유, 상상력, 창의성을 아예 발휘할 수 없게 하는 일사불란한 '체계system'를 갖추고자 합니다. 아렌트는, "총체적 지배"는 "무한히 많고 다른 인간들을 마치 모든 인간이 하나의 개인인 것처럼 조직하고자 한다"고 말합니다(OT, p. 438).

2) 잉여존재

이처럼 인간에 대한 총체적 지배를 겨냥하는 전체주의는 무엇보다도

25 Hannah Arendt, *The Human Condition*, The University of Chicago Press, 1998(1958), pp. 243-244.(이하 HC로 약기.)

운동으로 규정됩니다. 전체주의는 '운동 중'에 있을 때만 그 존재권리를 갖습니다(OT, p. 306). 여기에서 한 가지 물음이 제기됩니다. 전체주의의 운동을 계속 유지하는 원동력은 어디에서 오는 것일까요? 다양한 답이 가능할 것입니다. 지도자의 범상치 않은 카리스마, 총체적 지배를 가능케 하는 확고한 체계, 통제나 감시의 임무를 수행하는 비밀 조직 등이 그것입니다. 여기에 이데올로기, 선전, 테러 —곧 살펴볼 것입니다— 등을 더해야 할 것입니다. 하지만 위의 물음에 대한 가장 확실한 답은 전체주의 정권의 지도자에게 우상숭배에 가깝게 무조건적으로 복종하는 개인들의 존재가 아닐까요?

전체주의 정권을 정당화해 주는 이데올로기, 선전, 테러 등이 완벽하다 할지라도, 이 정권의 지도자의 카리스마가 아주 강력하다고 해도, 이 정권의 출현과 존속을 결정짓는 가장 중요한 요소는 피지배자들인 것으로 보입니다. 그들이 없는 전체주의를 상상할 수 있을까요? 아렌트에 의하면 서구에서 20세기 초에 나치즘과 스탈린주의와 같은 전체주의 정권의 출현, 존속을 가능케 해 준 가장 중요한 원동력은 잉여존재로서의 개인들이었습니다. 특히 19세기 중반에 있었던 급격한 인구 증가, 산업혁명 등으로 도시로 대거 이주한 노동자들이 자신들을 잉여존재, 곧 남아도는 존재로 여기게 된 것입니다. 그렇다면 그들은 어떤 과정을 거쳐, 왜 잉여존재, 곧 전체주의 운동의 불쏘시개가 되었을까요?

이 물음에 답을 하기 위해 우선 잉여존재의 의미가 무엇인지를 보겠습니다. 이 단계에서 사르트르를 잠시 소환하고자 합니다. 그에 따르면 잉여존재란 조물주와의 탯줄이 끊긴 이 세계의 모든 존재를 가리킵니다. 사르트르는 무신론적 실존주의를 주장하기 때문에, 이 세계의 모든 존재는 내던져진 존재로 규정됩니다. 그리고 이 존재들은 조물주의 대大지적

계획Grand Intellectual Design에서 벗어나 있어 필연성nécessité이 아니라 우연성contingence의 지배를 받는 것으로 이해됩니다. 이처럼 조물주와의 탯줄이 끊어지고, 따라서 존재이유를 갖지 못한 채 세계에 떠도는 존재를 사르트르는 잉여존재로 규정합니다.

『전체주의의 기원』에서 아렌트는 이런 잉여존재 개념에 주목합니다. 그녀에 의하면 전체주의 운동의 불쏘시개가 되는 잉여존재로서의 개인들이 대거 출현한 시기는 대략 인구가 급증하고, 산업혁명이 발생했던 19세기 중반입니다. 산업혁명의 핵심은 물품의 대량생산, 그것도 효율적인 대량생산입니다. 이를 위해서는 기계의 발명이 요구되고, 이는 자연스럽게 농촌에서 도시로 이주한 노동자들의 대량 해고로 이어지게 됩니다. 그 결과 그들은 삶의 터전을 잃어버렸다는 느낌, 고향을 잃어버렸다는 느낌을 강하게 갖게 됩니다. 이런 느낌이 바로 그들이 자신을 이 세상에서 살아가는 이유를 상실한 자들, 발 디딜 공간을 가지지 못한 자들, 뿌리 뽑힌 자들 등으로 여기게 되는 강력한 징후인 것입니다.

이와 관련해 아렌트가 『인간의 조건』에서 제시하고 있는 인간 활동의 세 영역은 흥미로운 전거典據를 제공해 줍니다. 앞의 각주에서 잠깐 언급한 것처럼 아렌트는 인간의 활동을 '행위' '작업' '노동'으로 구분합니다. 우선, 행위는 자유로운 주체들이 공적 영역에서 서로 의견을 교환하면서 각자의 능력을 드러내고 소통하는 것을 목적으로 삼습니다. 따라서 행위는 복수의 인간들의 소통을 전제하면서 독단과 허위를 견제하게 됩니다. 한편 세계에 있는 물질을 가지고 뭔가를 만들어 내는 것을 목적으로 삼는 '작업'에는 폐쇄된 공간이 필요합니다. 그런 만큼 작업을 하는 자(공작인: *Homo faber*)는 자칫 다른 사람들과의 관계에서 고립되고 소외되기 쉽습니다. 하지만 그는 사물 세계와의 관계는 계속 유지할 수 있습니다.

문제는 노동입니다. 노동하는 인간은 다른 인간들과는 물론, 사물과의 관계 정립에서도 배제되고 소외됩니다. 가령, 영화 「모던 타임즈Modern Times」에서 주인공으로 나오는 채플린이 그 좋은 예입니다. 이 영화에서 볼 수 있는 것처럼 노동하는 인간은 컨베이어 벨트의 리듬에 맞춰 자동적으로, 기계적으로 움직일 뿐입니다. 이런 과정을 거치면서 노동하는 자는 고립되고 폐쇄된 세계에 갇히게 됩니다. 그 결과 소외감, 무력감을 느끼게 되고, 자신의 존재이유를 찾지 못한 채 떠돌게 됩니다. 그러면서 이런 상태에 처하게 된 모든 원인을 자기 외부에서 찾게 되고, 세계에 대한 객관적인 판단을 할 수 있는 능력을 상실하게 됩니다. 곧 노동하는 인간은 '노동하는 동물*animal laborans*'이 되는 것입니다.

이런 상태에 처한 자들이 바로 아렌트가 제시하는 잉여존재의 전형적인 모습입니다. 그들은 삶의 의의를 느끼지 못하면서 환멸에 빠져듭니다. 삶의 목적, 존재이유를 상실한 채 뿌리 뽑힌 삶에 점차 익숙해집니다. 자신을 쓸모없는 존재로 인식한 그들은 허무주의에 빠질 수도 있습니다. 이런 상황에서 그들은 무엇을 할 수 있을까요? 어쩌면 자신도 역사를 형성하는 당당한 주체라는 허위의식을, 이런 허위의식을 통해 미래를 희망으로 물들이자는 주장과 논리를, 나아가 이런 주장과 논리로 무장한 자를 기다리게 되지 않을까요?

그들은 그런 자, 곧 지도자에게 마음의 문을 열어 줄 만반의 준비가 되어 있는 것입니다. 아렌트는, 1차 세계대전으로 인한 전쟁 보상금이 지나치다고 주장하고, 아리안족의 우수성을 내세운 히틀러에게 그 당시 수많은 독일 국민이 열광했던 이유를 거기에서 찾습니다. 스탈린 역시 계급투쟁과 혁명의 완수 이후에 도래한 유토피아를 내세워 미래의 청사진을 제시함으로써 그 당시 프롤레타리아계급의 절대적 지지를 끌어낸 것입니다.

3) 폭민

이렇듯 서구에서는 산업혁명, 1차 세계대전, 1929년의 경제공황 등과 같은 사건들을 겪으면서 수많은 노동자가 출현하게 되었고, 그들은 점차 고립되고 원자화되면서 쓸모없는 존재, 뿌리 뽑힌 존재, 곧 잉여존재들이 되어 갔습니다. 그중 일부는 이른바 계급의 이름으로 집단화, 조직화되기도 했습니다. 프롤레타리아계급이 그 예입니다.

하지만 아렌트는 이 계급에 의해서조차 자신의 주장과 이익이 대변對辯되지 못한 자들의 존재에 주목합니다. '대중'이 그것입니다. 『전체주의의 기원』의 제3부에 해당하는 '전체주의'의 첫 부분이 바로 '계급 없는 사회'입니다. 아렌트는 계급 없는 사회에 대한 논의를 통해 어떤 집단(가령, 정당에도 속하지 않고, 그 어떤 집단적 이익에도 얽매이지 않는 대중의 존재)을 다루고 있습니다.

그런데 그런 대중의 특징은, 그 구성원 대부분이 잉여존재이기 때문에 잉여존재로서의 특징을 고스란히 가지고 있다는 데 있습니다. 앞에서 보았던 국가, 집단으로부터의 소외, 배제, 고향 상실, 뿌리 뽑힘, 정체성의 부재 등과 같은 특징이 그것입니다. 이런 특징을 가진 대중에게 가장 필요한 것은 어쩌면 그들의 잉여 상태를 불식시켜 줄 만한 사람, 집단, 국가의 출현일 것입니다.

그렇지 않을까요? 잉여 상태에 있으며 소외를 느끼고 있던 사람들에게 자신이 속해 있는 집단 내지 국가로부터 소속감과 자부심을 부여받을 수 있다면, 그것보다 더 강력하게 대중을 유혹할 수 있는 무기는 없을 것입니다. 피폐한 삶으로 정신적인 측면에서 허탈함과 절망, 나아가서는 증오심 등을 느끼는 자들에게 그만한 치료제는 없을 것입니다.

아렌트에 의하면 대중이 폭민으로 변하는 지점이 바로 여기입니다. 대중 속에서 자신이 품은 불만을 현재 상태에서 해소할 수 없는 자들은 절망과 증오를 품고 미래에서나마 자신의 문제를 해결할 수 있기를 학수고대합니다. 이런 기대감을 한층 증폭시키게 종용하고 또 그 불만 해소의 실현 가능성을 내세우면서 이를 대대적으로 선전하는 지도자에게 그들이 복종하고, 또 그 지도자가 이끄는 집단과 내세우는 주의, 주장을 대중으로서 추종하려는 심리와 태도는 어쩌면 자연스럽다고까지 할 수 있습니다.

한마디로 지도자는 구세주로 나타납니다. 그리고 대중으로서 그들은 그런 지도자로 대표되는 집단이나 조직을 위해서라면 자신의 목숨을 희생하는 것을 포함해 무슨 일이든지 감행하는 자들로 돌변할 수도 있습니다. 그도 그럴 것이 그들은 그런 흐름, 추세, 물줄기, 곧 운동에서 배제되는 것을 그 어떤 것보다 두려워하기 때문입니다.

아렌트는 대중 속에서 그런 유의 심리, 행동을 가진 자들로 돌변하는 부류의 사람들을 폭민으로 규정합니다. 그녀는 그런 폭민의 존재를 전체주의 발생의 필수조건으로 봅니다. 이런 의미에서 전체주의는 폭민의 운동, 조직, 정권입니다. 그렇다면 그런 폭민의 특징은 무엇일까요?

첫 번째 특징은 부화뇌동입니다. 그들은 지도자에 의해 구현된 주장이나 사상을 무조건 따르고 숭배한다는 면에서 하나의 몸이라고 할 수 있습니다. 따라서 그들 모두는 같은 생각, 같은 행동을 추구하고 실행합니다. 그들에게 차이라는 말은 의미가 없습니다.

두 번째 특징은 그들의 관계가 상호 교환 가능하고 상호 대체 가능하다는 점입니다. 그들 각자는 비슷한 아픔을 겪고 비슷한 삶을 살아가고 있습니다. 또한 방금 언급한 것처럼 자신들을 한 몸으로 여기면서 일사분란하게 움직입니다. 따라서 어떤 한 개인이 자신이 맡은 임무를 제대로 수행하지 못하는 경우, 다른 개인으로 곧바로 교환되고 대체될 수 있습니다. 이는 각자가 지닌 고유성, 개별성, 유일무이성이 아무런 의미를 갖지 못한다는 것을 의미합니다.

이렇듯 폭민에게서는 모든 것이 동일하고, 따라서 그들 모두의 사고와 행동은 획일적이며, 따라서 한 사람이 다른 사람으로 교환되고 대체되어도 아무런 차이가 없습니다. 마치 기계의 한 부품을 다른 부품으로 갈아끼우는 것과 같은 이치입니다.

이와 관련해 영화 「프라하의 봄」의 원작 소설 작가 쿤데라M. Kundera의 소설 『참을 수 없는 존재의 가벼움』의 세계는 흥미롭습니다.[26] 이 소설의 주요 주제 중 하나는 존재의 무거움과 가벼움의 대조입니다. 인간 존재의 무거움은 그의 고유성, 개별성, 유일무이성에서 찾아볼 수 있습니다. 그의 정체성은 그만의 고유한 생각, 기억, 체험 등을 토대로 정립됩니다. 따라서 다른 어떤 사람에 의해서도 교환되거나 대체될 수 없습니다. 그런 만큼 그의 존재는 무겁습니다.

하지만 시가행진을 하는 부대에 속한 군인 한 명의 경우에는 사정이 다릅니다. 이 부대가 500명으로 구성되어 있다면, 그는 500분의 1의 가

26 쿤데라는 『소설의 기술』에서 애매성, 다양성, 혼종성, 복잡함의 정신 위에 구축되는 소설의 세계는 획일화를 거부하는 정신이며, 따라서 소설을 전체주의와는 양립할 수 없는 장르로 여기고 있다. 독단과 확신의 눈멂의 세계에 소설의 자리가 있을 수 없다는 등의 주장에서 이를 확인할 수 있다.

치밖에 지나지 못하게 됩니다. 또한 행진하는 동안 그는 마음대로 행동할 수 없습니다. 특히 한 명의 군인이 행진을 못하게 되는 경우, 그는 즉시 다른 군인으로 교체될 수 있습니다.

전체주의는 잉여존재들의 무리인 대중 속에서 이런 특징을 갖는 폭민을 그 운동의 불쏘시개로 삼습니다. 나치즘의 경우, 히틀러는 1차 세계대전의 결과로서 패전국 독일에게 부과된 엄청난 전쟁배상금, 이에 대한 독일 국민의 모욕감과 분노, 경제공황과 대규모 실업으로 인한 불안과 절망 그리고 독일이 세계를 다시 지배하고 정복할 수 있다는 미래의 청사진 등을 내세워 정권을 장악했습니다. 히틀러라는 지도자를 따르고 그의 주장에 동조하면서 나치에 가담한 독일 국민 중 일부는 과거의 쓸모없는 존재, 열등한 존재, 곧 잉여존재의 상태를 극복하고 자신들도 역사의 흐름을 주도할 수 있다는 환상에 사로잡히게 된 것입니다.

이 모든 것은 스탈린주의에도 그대로 적용됩니다. 일국사회주의론으로 정적政敵 트로츠키를 제거하고 정권을 장악한 스탈린은 점차 세계를 프롤레타리아트의 지배하에 두겠다는 허무맹랑한 공약으로 소련 국민 중 일부를 매혹시켰던 것입니다. 이처럼 나치즘과 스탈린주의는 독일과 소련으로부터 각각 배제된 잉여존재들, 곧 쓰레기들을 동원하여 생각하고 판단할 능력을 상실한 하나의 덩어리로 묶어 내는 작업을 진행했습니다.

4) 이데올로기, 선전 및 테러

이렇게 해서 대부분이 잉여존재인 개인들로 구성된 대중, 그중에서도 폭민이 어떻게 전체주의 운동의 불쏘시개가 되었는지를 간략하게 보았습니다. 그 과정에서 여러 차례 이데올로기를 언급했음에도 이에 대해서는 자세히 살펴보지는 않았습니다. 이제부터는 전체주의가 그 자체의 운동을 지속시키는 장치들을 보겠습니다. 이 문제는 사실 전체주의가 대중, 폭민을 어떻게 한 몸으로 조직하고 만들어 가는가의 문제와 다름없습니다.

우리는 영화라든가 자료 화면을 통해 히틀러가 등장하고 연설할 때 수많은 사람이 열광적으로 환호하는 장면을 보면서 온몸에 전율을 느끼곤 합니다. 대체 그런 현상이 어떻게 가능할까요? 이 질문에 미리 답을 하자면 이는 이데올로기라는 허위의식을 내세우고, 이를 대대적인 선전을 통해 주입시켜 대중을 현혹, 마비시키고, 그들을 무자비한 테러로 위협함으로써 공포를 조장하는 방식을 통했기 때문이라고 할 수 있습니다. 이제부터 차례대로 보겠습니다.

먼저 이데올로기를 보겠습니다. '이데올로기idéologie'는 원래 프랑스 정치철학자 데스튀트 드트라시Antoine Destutt de Tracy(1754-1836)가 1801년에 『이데올로기 요론』[*Eléments d'idéologie*]에서 처음 사용한 개념으로,[27] 정치적인 뜻이 거의 없이 그저 '이념의 학science des idées' 정도의 의미로 사용되었습니다. 거칠게 요약하자면 세계를 이해하는 방식 또는 해석, 신념 체계 정도의 의미를 지닌 이 개념은 긍정과 부정의 의미를 모두 가지고 있습니다.

이데올로기는 한 사회의 통합을 위한 긍정적 원동력이 될 수도 있습니다. 반면, 이데올로기에는 진리와 대립되는 개념으로서 거짓 신념 체계,

27 이 단어가 데스튀트 드트라시에 의해 1796년에 출간된 『사유 능력에 대한 회상』[*Mémoire sur la faculté de penser*]에서 처음 등장했다는 주장도 있다.

허위의식 등과 같은 부정적인 측면도 없지 않습니다. 예컨대 마르크스와 엥겔스는 『독일 이데올로기』에서 독일 관념철학을 비판하기 위해 망막 위에 전도된 영상의 비유를 들면서 이데올로기를 허위의식으로 규정하고 있습니다.

아렌트에 의하면 이데올로기는, 세계와 삶의 방향성을 상실한 잉여존재로서의 개인들의 군집인 대중을, 전체주의를 떠받치는 폭민으로 이끄는 가장 중요한 요소로 여겨집니다. 전체주의는 세계와 삶에 대한 모든 신비를 해명하는 만능열쇠를 발견했다고 자처하는 '주의-ism'입니다. 그러니까 모든 것이 가능하다는 것을 내세우는 주의인 것입니다.

예컨대 히틀러는 아리안족의 우월성이라는 만능열쇠를 제시했습니다. 나치즘은 이 열쇠를 손에 쥐고 유럽은 물론 세계를 정복하는 것이 가능하다는 허위의식을 조장하면서 민족주의 운동을 주도했습니다. 스탈린주의는 프롤레타리아 혁명이라는 만능열쇠를 제시하면서 혁명의 성공과 그 세계적인 전파라는 허위의식과 아울러 스탈린에 대한 우상숭배에까지 도달한 운동이었습니다.

아렌트는 이런 전체주의 이데올로기의 특징을 다음 세 가지로 요약하고 있습니다. 첫째, 눈앞의 현실보다는 항상 미래의 현실을 겨냥한다는 점입니다(OT, p. 470). 나치즘은 사회의 암적인 존재로 여겨지는 유대인이 없는 사회에 대한 청사진을 제시함으로써 유대인에 대한 인종 청소를 당연한 것으로 만들어 버렸습니다. 스탈린주의는 미래에 건설될 유토피아를 전제로 현재의 프롤레타리아 혁명을 정당화했습니다. 둘째, 현실 경험을 통해 전체주의 이데올로기를 비판, 수정하려는 시도는 실패로 끝나며, 그런 만큼 이 이데올로기는 모든 경험 밖에 위치한다는 점입니다(OT, p. 470). 셋째, 전체주의 이데올로기는 현실을 변화시키는 데 무력하기 때문에 항상 논리만을 강조한다는 점입니다(OT, p. 471). 이런 이데올로기가 겨냥하는 것은 피지배자들의 정신 개조, 곧 뇌를 세뇌시키는 것이라고 할 수 있습니다.

전체주의 이데올로기의 위력이 아무리 강하다고 해도 피지배자들의 정신을 일거에 개조시키지는 못할 것입니다. 그들의 뇌를 세뇌시키기 위해 동원되는 수단이 프로파간다propaganda, 곧 선전입니다. 우리가 살고 있는 사회에서 계속해서 흘러나오는 광고를 상상해 보시기 바랍니다. 이와 마찬가지로 전체주의는 그 체제 유지를 위해 대중을 폭민으로 만들어 자신의 계획에 동원하는 과정에서 끊임없이 선전에 호소합니다. 그런데 이런 호소가 반복적이고, 강요적이고, 허위적이라는 의미에서 선전은 폭력적이라고 할 수 있습니다.

그렇다면 전체주의 이데올로기가 내세우는 주의, 주장, 이론이 허위라는 것을 알면서도 대중은 왜 폭민이 되면서까지 이것에 속고, 결국 이것을 믿게 되는 걸까요? 거기에는 다음과 같은 전체주의의 고도의 전략이 놓여 있습니다.

첫째, 전체주의는 과학성 및 법칙에 근거해 이데올로기를 선전합니다. 과학성이나 법칙만큼 사람들에게 객관성과 보편성을 보장해 주는 것은 없습니다. 나치즘은 아리안족의 우월성을 입증하기 위해 우생학이나 골상학 등을 동원했습니다. 스탈린주의에서는 모든 것이 역사의 법칙에 따라 이루어진다고 역설했습니다. 스탈린주의에 가담하지 않는 자들은 역사의 법칙에서 제외된다는 생각을 강제적으로 주입한 것입니다.

둘째, 전체주의는 이데올로기를 '예언prophecy' 형태로 제시합니다(OT, p. 349). 따라서 피지배자들은 이 이데올로기를 진리로 믿고 거의 신앙적인 믿음으로 찬양하게 됩니다. 특히 그 과정에서 지도자의 신비한 능력이 빛을 발합니다. 히틀러의 "얼음처럼 차가운 추리력ice cold reasoning", 스탈린의 "저항할 수 없는 논리의 힘irresistible force of logic"(OT, p. 472) 등이 그것입니다.

셋째, 전체주의 이데올로기는 오류나 실수를 허용하지 않습니다. 이른바 '오류 불가능성infallibility'이 그것입니다(OT, p. 349). 예컨대 히틀러나 스탈린의 의도는 "최상의 법supreme law"(OT, p. 365)이고, 그들의 말은 그 자체로 진리이며, 그런 만큼 그것을 실천에 옮기고 따르는 것은 당연시 됩니다.

하지만 인간은 의심하는 존재, 회의懷疑의 주체입니다. 전체주의의 이데올로기 선전이 아무리 효율적이라고 해도 그것을 의심하는 자들이 있기 마련입니다. 전체주의는 그런 자들을 색출하고 분쇄하기 위해 테러라는 폭력적 수단에 호소합니다. 선전에 의해 전체주의 이데올로기를 거의 맹목적으로 믿게 된 상태 역시 폭력적입니다. 피지배자들은 테러의 공격을 받기도 전에 이미 선전에 의해 개조되고 세뇌되어 자발성과 자유를 거의 잃어버린 상태에 있게 됩니다. 하지만 전체주의는 체제의 강화와 존속을 위해 이런 상태를 더욱 공고히 하려 듭니다. 아렌트에 의하면 테러는 전체주의의 본질로 여겨집니다.

> 테러는 모든 반대와 무관해질 때 전체주의적이 된다. 그 누구의 방해도 받지 않을 때 테러는 가장 위에 군림하며 통치하게 된다. 합법성이 비독재 정부의 본질이고, 무법이 독재의 본질이라면, 테러는 전체주의적 지배의 본질이다. (OT, p. 464)

전체주의 체제가 동원하는 테러의 특징은 무엇일까요? 전체주의 체제의 테러와 일반 독재 체제의 테러 사이에는 차이가 있습니다. 일반 독재에서는 반대파를 제거하기 위해 테러가 사용됩니다. 반대파가 제거되면 테러를 더 이상 감행할 이유가 없어집니다. 이와는 달리 전체주의에서는 반대세력이 제거된 경우에도 피지배자들을 더욱 효율적으로 감시, 통제, 지배하기 위해 테러가 사용됩니다. 물론 전체주의가 정권을 장악하는 과정에서도 테러를 동원할 수 있습니다. 하지만 전체주의 체제가 완전히 정립된 후에도 여전히 테러는 자행됩니다.[28] 그것도 무자비하게 말입니다.

전체주의 체제가 테러를 자행하는 방식은 크게 다음 세 가지입니다. 일상화, 불특정 다수의 겨냥, 조직적이고 은밀한 자행이 그것입니다. 이 세 방식은 서로 긴밀하게 엮여 있습니다. 우선 전체주의의 테러는 일상화된 채로 자행됩니다. 테러가 언제, 어디에서 자행될지 알 수가 없습니다. 예측이 불가능합니다. 그런 만큼 전체주의 체제하에서 살고 있는 모든 개인은 서로가 서로를 의심하고, 감시하고, 경계하게 됩니다. 그 결과 나타나는 것은 다른 아닌 총체적 공포입니다.

그다음으로 전체주의 체제에서 테러는 특정인이 아니라 불특정 다수를 겨냥합니다. 일반 독재 체제에서도 테러가 자행됩니다. 하지만 이 경

28 앞에서 살펴본 것처럼 지라르와 사르트르는 폭력을 두 종류로 구분한다. 하나는 기존폭력이 난무하는 상황에 종지부를 찍기 위해 동원되는 폭력과 그 이후에 사용되는 폭력이 그것이다. 전자는 초석적 폭력으로, 후자는 방어적 폭력으로 지칭된다. 특히 후자의 폭력은 작은 폭력으로 큰 폭력을 사전에 예방한다는 의미를 가지고 있다. 사르트르도 전자의 폭력을 대항폭력으로 규정하고 후자의 폭력은 동지애-공포(형제애-공포)로 규정한다는 것을 앞에서 지적한 바 있다. 또한 동지애-공포의 기능은 지라르에게서와 마찬가지로 방어적일 수도 있다. 이와 관련해 사르트르는 동지애-공포를 서약과 연계해 논의하고 있다는 사실을 상기하자.

우에는 테러가 특정인, 특정 세력을 겨냥하는 것이 보통입니다. 예컨대 일반 독재자가 자신의 정적이나 반대세력의 제거를 위해 테러를 사용하는 것입니다. 이 경우에는 그래도 약간의 숨을 쉴 수 있는 여지가 있습니다. 독재자의 정적이나 반대세력에 속하지 않은 경우에는 직접적인 테러의 피해자가 될 공산이 낮기 때문입니다. 하지만 전체주의의 테러는 불특정 다수를 겨냥합니다. 누가 테러의 희생양이 될지 알 수가 없습니다. 이렇게 해서 전체주의는 테러라는 "강철 끈"(OT, p. 466)으로 사람들을 묶어 획일화시키고 통제, 감시, 지배를 수월하게 만듭니다.

또한 전체주의 체제에서는 테러가 조직적으로, 은밀하게 이루어집니다. 전체주의 체제의 최전방에서 체제의 강화와 지속을 위해 노력하는 자들은 게슈타포Gestapo, 국가보안위원회KGB: Komitet Gosudarstvennoy Bezopasnosti 등과 같은 조직일 것입니다. 전체주의 체제의 지도자는 이 체제의 운동을 계속 유지하기 위해 양파처럼 여러 겹의 비밀조직을 동원하여, 한편으로는 권력을 분산시켜 담당자들을 서로 견제, 감시하게 하고, 다른 한편으로는 피지배자들을 감시하게 합니다.[29]

특히 피지배자들의 동향을 감시함으로써 그들 각자가 언제라도 발휘할 수 있는 개성, 자발성에 기초한 체제에 대한 의심, 위협을 사전에 봉쇄하고자 합니다. 다시 말해 그들이 무엇인가를 새로 이룩할 수 있는 능력, 즉 탄생성의 싹이 애초에 돋아나지 못하게 하기 위해 테러를 끊임없이 자행해야 하는 것입니다.

이렇듯 아렌트가 『전체주의의 기원』에서 표명한 관심사는 크게 세 가

29 '나치돌격대(SA: Sturmabteilung)' '나치친위대(SS: Schutzstaffel)' '비밀국가경찰(Gestapo: Geheime Staatspolizei)' 등이 그 좋은 예이다.

지로 보입니다. 하나는 과거에 인류가 나치즘과 스탈린주의로 직접 경험했던 전체주의의 기원 및 정립 과정, 그 폭압성과 잔인성, 그 특징 등에 대한 이해입니다. 다른 하나는 아렌트가 살던 동시대에서 과연 전체주의의 출현의 징후를 찾아볼 수 있는가 하는 것입니다. 마지막 하나는 전체주의의 근절을 위해서는 과연 무엇을 어떻게 해야 하는가입니다.

첫 번째 관심사에 대해서는 지금까지의 설명을 통해 전체주의의 윤곽이 희미하게나마 드러났다고 생각합니다. 문제는 오히려 두 번째, 세 번째 관심사라고 할 수 있습니다. 과연 아렌트는 『전체주의의 기원』를 집필하던 시기에 중국, 인도 등에서 전체주의가 발호跋扈할 만한 여건이 두루 갖춰져 있다고 보았습니다(OT, p. 311). 그리고 앞으로도 전체주의에 대한 유혹은 사라지지 않고 우리 인류 곁에 남아 있을 것이라는 암울한 예측을 하고 있습니다.

> 전체주의 해결책은 강한 유혹의 형태로 전체주의 정권이 몰락한 후에도 생존할 것이다. 즉 인간다운 방식으로는 정치적, 사회적 또는 경제적 고통을 완화할 수 없는 것처럼 보일 때면 언제나 강한 유혹의 형태로 생존할 것이다. (OT, p. 459)

그렇다면 아렌트는 이런 전체주의의 유혹에서 벗어날 수 있는 길을 제시하고 있을까요? 위에서 언급한 세 번째 관심사이기도 한 이 질문에 답을 하기 위해서는 『인간의 조건』에 주목할 필요가 있습니다. 아렌트의 정치사상의 마르지 않는 샘으로 여겨지는 이 저서 중에서도 특히 행위에 주목해야 합니다. 전체주의 체제 역시 이 체제의 지배하에 있는 개인들의 존재를 전제로 한다면, 결국 그들 각자의 인간 조건, 가령 복수성, 세계성, '사이-존재'로서의 모습을 하나씩 각성해 나가는 사소한 말, 사소한 동작, 사소한 이의제기 등이 모여서 결국 전체주의의 운동을 잠재울 거대한 운동으로 분출될 수 있을 것입니다.

요컨대 『전체주의의 기원』의 결론 부분에서 아렌트가 제시하고 있는 인간의 자유, 새로운 시작, 탄생성 등은 모두 그 같은 반反전체주의 운동을 예비할 필수불가결한 요소들이라고 할 수 있습니다.

> 하지만 역사에서 모든 종말에는 반드시 새로운 시작이 포함되어 있다는 진리도 그대로 유효하다. 이 시작은 약속이며, 종말이 만들어 낼 수 있는 유일한 '메시지'이다. 시작은, 그것이 역사적 사건이 되기 전에, 인간이 가진 최상의 능력이다. 정치적으로 시작은 인간의 자유와 같은 것이다. "시작이 있기 위해 인간이 창조되었다*Initium ut esset homo creatus est*"고 아우구스티누스는 말했다. 새로운 탄생이 이 시작을 보증한다. 실제로 각각의 인간이 시작이다. (OT, pp. 478-479)

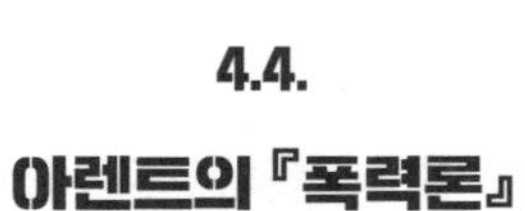

4.4.
아렌트의 『폭력론』

1) 『폭력론』의 주변

이 강의를 시작하면서 다음과 같은 사실을 지적한 바 있습니다. 즉 폭력을 가리키는 단어인 'violence'의 어원이 '삶'을 가리키는 'vie'의 어원과 같다는 사실이 그것입니다. 그렇기 때문에 폭력은 우리의 삶과 떼려야 뗄 수 없는 관계에 있다고 했습니다. 또한 우리의 삶이 다양하고 복잡해지는 것에 비례해 폭력 역시 더 교묘해지고, 다양해지고 있으며, 그 결과 폭력은 항상 가까이에서 우리를 위협하고 있다고도 했습니다. 그런데 폭력이 우리의 삶에 가장 깊이 침투해 있는 영역은 정치, 경제, 법의 영역일 것입니다. 문화 영역도 예외가 아닐 것입니다.

아렌트는 이 영역 중에서 폭력과 가장 밀접한 관계를 맺고 있는 영역을 정치 영역으로 봅니다. 단순하게 말해 '정치'란 '권력power'를 획득해서 공동체의 구성원들을 통치하는 것이라고 할 수 있을 것입니다. 물론 가장 이상적인 경우는 폭력에 의존하지 않고 권력을 획득하는 것입니다. 하지만 현실 정치는 그런 이상과는 멀리 떨어져 있습니다. 정치적 의식이 성숙하지 못한 곳에서는 폭력이 오히려 정치의 변수變數가 아니라 상수常數일 수도 있습니다. 또한 폭력으로 권력을 장악한 세력은 그 권력을 유지하고 또 확장하기 위해 또 다른 폭력적 정치 행위에 의존하는 경우가 비일비재합니다.

아렌트는 그 누구보다도 이 같은 폭력적 정치 행위의 과정과 폐해에 많이 노출되어 왔었다고 할 수 있을 것입니다. 방금 개괄한 『전체주의의 기원』에서도 그런 경험이 온전히 반영되어 있습니다. 또한 아렌트는 미국에서 학생운동으로 인한 폭력과 베트남전쟁을 반대하는 운동을 목도했습니다. 아렌트는 그 시기에 『폭력론』(1970)을 출간했습니다. 아렌트는 20세기를 전쟁과 혁명, 즉 폭력의 세기로 규정하고 있습니다. "20세기는 레닌이 예견한 것처럼 실로 전쟁과 혁명의 세기이고, 따라서 현재 이들의 공통분모로 여겨지는 폭력의 세기가 되었다."[30]

하지만 아렌트는 폭력이 "인간사에서 엄청난 역할을 해 왔다는 사실을 인정하지 않을 수" 없음에도, 폭력이 "특별한 고찰의 대상으로 선택된 바가 없었다는 점"(OV, p. 8)에 대해 놀라움을 드러내고 있습니다. 아렌트는 이처럼 그녀 자신이 직접 겪은 경험들에 대한 관찰과 성찰을 바탕으로 지금까지 그 중요성에 비해 "주변적 현상marginal phenomenon"(OV, p. 8)으로 여겨져 왔던 폭력 현상을 『폭력론』에서 본격적으로 다루고 있습니다.

아렌트가 지향하는 지점은 폭력이 없는 정치의 가능성 모색입니다. 하지만 과연 그런 정치가 가능할까요? 그것이 가능하다면 그 조건은 무엇일까요? 이런 문제에 답을 구하기 위한 노력의 과정이 아렌트의 지적 여정이 아닌가 합니다. 그 여정에서 아렌트는 폭력의 문제를 중요한 테제로 설정하고 있습니다. 아렌트는 특히 '권력'과의 관계 속에서 '폭력'을 이해하고자 합니다. '권력과 폭력은 어떤 관계에 있을까요?' '폭력은 선험적으로 악이고, 따라서 단죄되어야만 할까요?' '폭력은 정당화될 수 없을까요?' '있다면, 어떤 조건에서일까요?' 등이 아렌트가 제기하고 있는 폭력에 대한 세부적인 문제입니다.

이런 세부적인 문제에 답을 하는 과정에서 아렌트는 소렐, 사르트르, 파농, 마오쩌둥 등이 폭력을 찬미 또는 지지epousal(OV, p. 90)했다고 주장하면서 그들을 비판하고 있습니다. 소렐의 폭력론에 대해서는 다음 시간에 살펴보겠지만, 우리는 이미 사르트르와 파농의 폭력론을 보았습니다. 그들이 삶을 영위하는 것이 더 이상 불가능한 상황, 즉 삶과 죽음이 문제시되는 극단적인 상황에서 어쩔 수 없이 폭력에 호소하는 것을 정당화한다는 사실을 보았습니다.

30 Hannah Arendt, *On Violence*, Harcourt, Brace & World, 1970, p. 3.(이하 OV로 약기.)

또한 그렇게 해서 얻은 삶의 기회를 지키기 위해 또 다른 폭력에 호소하는 것도 정당화한다는 사실을 보았습니다. 이른바 목적-수단의 문제에서 목적이 정당하다는 이유로 그들이 모든 수단을 정당화하고 있다는 사실을 보았습니다. 하지만 아렌트는 이런 주장을 서슴지 않는 그들의 사유에 통렬한 비판을 가하고 있습니다. 오늘은 아렌트의 정치사상에서 폭력이 차지하는 비중을 가늠하는 한편, 사르트르와 파농 등의 폭력론에 대한 그녀의 비판을 간략하게 살펴보고자 합니다.

2) 권력의 대립항으로서의 폭력

권력의 기원

정치사상 분야에서 전통적으로 정치와 폭력은 밀접한 관계에 있는 것으로 여겨졌습니다. 아니, 그 관계는 종종 협력 관계로 간주되어 왔습니다. 정치의 본질이라고 할 수 있는 권력은 일반적으로 사람이 사람을 지배하는 힘의 총체를 의미하고, 폭력은 그런 지배를 가능케 하는 수단을 의미한다고 볼 수 있습니다. 이런 관점에서 우리는 다음과 같은 여러 학자의 주장을 이해할 수 있습니다. "모든 정치는 권력투쟁이다. 권력의 본원적 성질은 폭력이다."(찰스 라이트 밀스), 국가는 "적법한 폭력, 즉 적법한 것으로 추정되는 폭력 수단에 기초한, 인간에 대한 인간의 지배"이다(막스 베버), 전쟁은 "다른 수단을 통한 정치의 연속"(클라우제비츠)이라는 주장 등이 그것입니다(OV, pp. 8-9, 35). 요컨대 권력과 폭력은 밀접한 관계에 있다는 것입니다.

그런데 아렌트에게서 권력은 폭력과 정면으로 배치되는 개념으로 이해됩니다. 이것이 아렌트 폭력론의 가장 두드러진 특징이라고 할 수 있습니다. 아렌트에 의하면 권력은 한 공동체의 구성원들이 '제휴해서 하는 행위action in connect를 하는 데서 발원합니다. 또한 권력은 법의 토대를 이루며, 통치기관인 국가와 여러 정부 조직의 적법성을 보장해 준다는 것이 아렌트의 주장입니다. 국가의 구성원들이 법을 준수하고 또 국가의 명령에 따르는 것은, 그 법이 그 자신들의 합의와 동의에 바탕을 두고 있기 때문이며, 국가의 명령은 법에 대한 합의와 동의의 연장이기 때문입니다.

방금 우리는 아렌트에게서 권력은 한 공동체 구성원들의 공동 행위에서 발원한다고 했습니다. "권력은 총구에서 나온다."(OV, p. 11) 이는 마오쩌둥의 말입니다. 우리는 이 상반된 주장을 통해서도 권력에 대한 아렌트의 사유가 폭력 개념과 어느 정도 거리에 있는지를 간단하게 가늠해 볼 수 있습니다. 위 아렌트의 주장에서 중요한 개념이 다름 아닌 행위 개념입니다. 이 개념을 이해하기 위해서는 『인간의 조건』을 참고해야 합니다. 아렌트는 『인간의 조건』에서 '정치적인 것the political'에 합당한 자리를 부여하기 위해 사적 영역, 공적 영역, 사회적인 것the social(사회 영역)과 관련해 인간의 활동*vita activa*(행동적인 삶)을 행위, 작업, 노동으로 세분화해서 설명하고 있습니다.

아렌트는 정치적인 것을 사적 영역이 아닌 공적 영역에 귀속시키고 있습니다. 그렇다면 사적 영역은 어떤 영역이고, 이 영역과 대립되는 공적 영역은 어떤 영역일까요? 또한 사회적인 것, 즉 사회 영역이 의미하는 것은 무엇일까요? 우리는 이런 질문과 더불어 아렌트의 정치사상의 한복판으로 뛰어들게 됩니다.

아렌트에 의하면 사적 영역은 인간의 생명 유지, 생리 등을 위해 필요한 것들이 행해지는 영역입니다. 먹기, 성행위 등과 같은 활동이 그것입니다. 본능에 따라 이루어지는 활동, 곧 동물적인 삶, 즉 '조에'가 이루어지는 영역입니다. 이 영역의 가장 대표적인 예는 가정입니다. 가정은 생명과 관계되는 일차적인 활동이 벌어지는 장소입니다. 이 영역에서는 가부장의 힘이 가장 중요합니다. 그도 그럴 것이 그의 활동에 가족 전체의 삶이 달려 있기 때문입니다. 이런 이유로 가부장이 행사하는 폭력이 정당화됩니다. 지나가면서 덧붙이자면 '가정家庭'을 의미하는 그리스어 단어 '오이코스oikos'는 가정에서 일어나는 일차적인 경제활동을 의미하는데, 그로부터 '경제economy'라는 단어가 생겨났다는 사실을 지적하겠습니다.

반면, 공적 영역은 정치의 영역과 동일시됩니다. 가령, 그리스에서 복수의 인간들이 폴리스polis, 즉 공적 장소에 모여 말과 행위를 통해 각자의 견해를 공개적으로 내보이면서 공화적인 합의를 도출하게 됩니다. 이는 마치 무대에서 배우들 한 명 한 명이 자유롭게 연기를 하고, 그것을 그들이 서로 관객이 되어 보아주는 것과 같은 것입니다. 그런 만큼 이 공적 영역에서 중요한 것은 이런 무대, 곧 공동의 세계가 계속 유지되도록 노력하는 것입니다. 이것이 바로 정치의 알파이자 오메가라고 할 수 있을 것입니다.

하지만 근대로 접어들면서 사적 영역에 머물러 있던 경제가 점차 영역을 확장하면서 공적 영역을 침범하게 되고, 그 결과 이른바 사회 영역, 즉 사회적인 것이 출현하게 됩니다. 그리고 이 사회적인 것에서는 경제가 단연 큰 비중을 차지하게 됩니다. '사회society'라는 말의 어원은 특정한 목적을 위해 형성된 결사체라는 의미를 가진 라틴어 '*societas*'입니다. 이런 사회에서는 그 구성원들이 일정한 기준이나 척도에 의해 평가되는 위험성에 노출되기 쉽습니다.

가령, 현대사회에서는 돈을 기준으로 모든 것이 평가되고, 그로 인해 평균화, 획일화 현상이 발생하게 됩니다. 사적 영역과 공적 영역의 혼합으로 이루어진 사회 영역에 의해 공적 영역의 파괴가 초래될 수 있습니다. 그도 그럴 것이 평균화, 획일화는 복수성의 희생이라는 대가를 치르고서만 나타날 수 있기 때문입니다. 평균화, 획일화의 극단적인 형태가 바로 전체주의가 아닐까 합니다.

실제로 사적 영역 또는 특히 사회 영역은 생명 유지에 필요한 요소들과 직접적으로 연결되어 있기 때문에, 그 구성원들을 끌어당기는 특별한 매력을 지닙니다. 그리고 이 매력으로 인해 공적 영역의 핵심에 해당하는 그들의 자유를 제한하거나 억압하는 사태가 벌어질 수도 있습니다. 인류는 역사적으로 자유의 문제보다 빵의 문제로 인해 수많은 사건을 경험했다는 사실을 생각해 보시기 바랍니다.

이렇게 제시된 사적 영역, 공적 영역, 사회 영역과 관련해 아렌트는 인간의 활동을 세 범주로 구분하고 있습니다. 말씀드렸던 노동, 작업, 행위가 그것입니다(HC, p. 7). 노동과 작업은 사회 영역, 사적 영역과 긴밀한 관계를 맺고 있는 반면, 정치는 행위와 밀접하게 관련이 되어 있습니다.

아렌트에 의하면 노동은 인간의 생명 유지와 직결되는 활동으로 규정됩니다. 가령, 인간이 삶을 영위하는 가운데 반드시 필요한 것을 조달하기 위한 활동입니다. 노동의 결과물은 즉각적인 소비의 대상이 됩니다. 게다가 오래 보관될 수 없기 때문에 비지속성의 특징을 갖습니다. 그렇기 때문에 노동은 반복적으로 이루어져야만 합니다. 그리스 사회에서는 노동이 노예의 몫이었습니다. 노동에 종사하는 삶은 필연성에 복종하는 삶이기 때문에, 결국 이런 삶은 생명 유지에 국한된 삶, 곧 조에적인 삶이라고 할 수 있습니다.

작업은 노동과 비슷하고, 따라서 노동과 혼동될 우려가 있습니다. 하지만 작업은 노동과 구분됩니다. 작업의 결과물은 노동의 그것과는 달리 어느 정도 지속성을 가집니다. 예컨대 집, 가구, 기계 등과 마찬가지로 작업의 결과물은 우리가 오래 사용할 수 있는 것들입니다. 그리고 이런 지속성 덕분에 작업의 결과물은 공적 세계의 물질적 토대가 됩니다. 노동은 자연의 순환적 질서에 따라 이루어지는 반면, 작업은 자연에 대해 폭력적인 태도를 취하게 됩니다. 작업의 대상을 얻기 위해 자연을 닦달해야 하기 때문입니다. 그로 인해 자연 파괴, 환경 파괴 등의 문제가 발생하기도 합니다. 어쨌든 작업의 결과물은 그 내구성, 지속성으로 인해 인간들이 삶을 영위하는 세계the world의 물질적 토대를 형성해 줍니다.

여기에서 중요한 것은 노동과 작업이 모두 경제와 관련된다는 사실입니다. 또한 그런 이유로 우리는 이 두 개념과 관련해 제일 먼저 마르크스를 떠올리게 됩니다. 실제로 『전체주의의 기원』 이후에 아렌트는 플라톤에서 마르크스에 이르는 정치사상적 전통을 연구했습니다. 특히 마르크스에 대해 아렌트는 정치적 전통과의 단절을 모색한 사상가로 높이 평가하면서 그의 사유를 분석하고자 했습니다. 『전체주의의 기원』 이후의 아렌트는 "마르크스주의에서의 전체주의적 요소들Totalitarian Elements in Marxism"을 분석하고자 하는 계획을 세웠습니다. 하지만 이 계획을 추진하는 과정에서 아렌트는 마르크스에 대해 비판적인 태도로 선회하게 됩니다.

아렌트에 의하면 마르크스주의는 정치 행위를 역사의 제작으로 왜곡 또는 오해함으로써 전체주의 이데올로기로 변질되었다고 보고 있습니다. 다시 말해 마르크스는 과거의 정치사상가들과 마찬가지로 정치적 '행위'의 고유한 의미를 제대로 파악하지 못하고, 특히 인간의 다른 활동인 노동을 중심으로 이해했다는 것입니다.

하지만 그 당시 미국에서는 매카시즘에 입각한 반공산주의가 대유행하고 있었는데, 아렌트는 사회주의 또는 공산주의 노선을 걷고 있던 동료 유대인 학자들의 입장을 고려해 마르크스주의에 대한 비판을 뒤로 미루게 됩니다. 그리고 보다 광범위한 차원에서 마르크스주의의 본질에 해당하는 '노동' 개념을 이해하고자 한 것이 바로 『인간의 조건』으로 나타나게 된 것입니다. 그리고 마르크스주의에 대해 집필하지 못하고 계획 상태로 남겨 둔 생각의 일부가 후일 『정치의 약속』이라는 제목으로 2005년에 빛을 보게 됩니다.

어쨌든 인간이 동물적인 삶, 곧 조에적인 삶이 아니라 '인간다운 삶' —이런 삶은 비오스적인 삶으로 규정됩니다— 을 영위하게 되는 것은 작업의 결과물들이 축적된 공적 영역에서입니다. 아렌트에 의하면 인간은 자기를 타인들 앞에 드러내고, 그들이 그것을 기억하게 하고, 그렇게 하면서 서로의 존재를 확인하고 인정하는 과정 가운데 공동체를 형성하게 됩니다.

그런데 인간은 이 모든 것을 말과 행위를 통해 수행한다는 것이 아렌트의 주장입니다. '인간은 그가 말하는 것으로 존재한다' '인간은 그가 행하는 것으로 존재한다'는 말에 담긴 의미가 그것입니다. 인간은 이렇듯 자신의 인격, 즉 개성, 고유성, 유일무이성 등을 말과 행위를 통해 드러내게 됩니다. 거기에서 중요한 것 중 하나가 바로 고유명사의 형태로 나타나는 자신의 이름입니다. 이것은 전체주의 지배하의 익명성, 상호 교환 가능성과는 근본적으로 대립되는 것입니다. 우리는 아렌트를 따라 말과 행위의 의미에 대해 궁극적으로 이렇게 말할 수 있을 것입니다. 행위와 말이 없는 삶은 그대로 세계에 대해 죽어 있는 삶이며, 그런 삶은 인간적인 삶이 아니라고 말입니다.

아렌트는 이처럼 말과 행위를 통해 서로의 인격을 드러내고, 확인하고, 인정할 수 있는 공간이 필요하다고 봅니다. 그 공간이 바로 공적 영역입니다. 그리스의 폴리스와 같은 공간이 그 대표적인 예가 될 것입니다. 우리는 "인간은 정치적 동물zoon politikon"이라는 아리스토텔레스의 말을 알고 있습니다. 아렌트의 시각에서 보면 이 말의 의미는 다음과 같을 것입니다. 즉, 인간은 폴리스라는 정치 공동체를 통해서만 온전한 인간이 될 수 있으며, 거기에 참여하지 못하는 인간은 온전한 인간이 될 수 없다는 것이 그것입니다.[31] '폴리스에 산다'는 '자유롭다'와 동의어이며, 자유롭다는 것은 삶의 필요성으로부터 벗어나 있다는 것을 의미합니다.

> '인간은 정치적 동물'이라는 아리스토텔레스의 정의는 가정의 삶에서 경험하는 자연적 결사와 무관할 뿐만 아니라 심지어 대립되기도 한다. 인간은 '말을 사용하는 동물zoon logon ekhon'이라는 그의 유명한 두 번째 정의를 더할 경우에만 정치적 동물의 의미는 온전히 이해될 수 있다. (HC, p. 27)

그런데 아렌트에 의하면 이처럼 말과 행위에 의해 공적 영역에서 이루어지는 모든 활동, 그것도 자유를 바탕으로 이루어지는 모든 활동이 바

31 이런 이유로 아렌트는 플라톤의 정치사상을 진리의 폭정(the tyranny of truth)이라는 이름으로 비판한다. 이른바 세계에 대한 진리의 담지자인 철인(哲人)에 의한 통치는 폭력적이라는 것이 아렌트의 주장이다. 앞에서 언급한대로 아렌트 자신이 '정치철학자'라는 칭호를 거부했다는 사실을 상기하자. 그러니까 진리, 그것도 하나의 진리를 추구하는 철학과 복수의 인간의 존재와 거기에서 기인하는 차이를 인정하는 정치는 어울리지 않는다는 것이다.

로 정치에 해당합니다. 이런 의미에서 아렌트에게서 정치적 행위의 본질은 자유라고 할 수 있습니다. 그리고 이 정치의 근본적인 핵심에 해당하는 권력은 이런 정치가 행해지는 장소인 공적 영역에서 생겨난다는 것이 또한 아렌트의 주장입니다.

> 우리가 알고 있든 그렇지 않든, 심지어 오늘날에조차 우리가 자유의 문제를 언급할 때면 정치의 문제, 그리고 인간이 행위 능력을 부여받은 존재라는 사실이 항상 우리의 생각 속에 있다. 그것은 인간의 삶에 내재하는 모든 능력과 잠재력 가운데 오직 정치와 행위만이 자유가 실존한다는 가정 없이는 인식조차 할 수 없는 것이기 때문이며, 암묵적으로든 명시적으로든 인간의 [방임적] 자유라는 문제를 언급하지 않고는 단 하나의 정치적 논점도 다룰 수 없기 때문이다. (…) 자유가 존재하지 않는다면 정치적 삶 자체가 무의미할 것이다. 정치의 존재 이유는 자유이며 그것이 경험되는 장은 행위이다.[32]

권력과 폭력의 대립

방금 우리는 아렌트에게서 권력은 공적 영역, 곧 인간의 복수성이 인정되고, 또 이런 인정을 전제로 자유롭게 이루어지는 말과 행위를 바탕으로 정치적 행위가 이루어지는 곳에서 발원한다는 사실을 보았습니다. 이런 의미에서 권력은 정치의 핵심에 해당한다는 사실도 보았습니다. 하지만 권력은 흔히 폭력과 혼동되기 쉽습니다. 정치가 단순히 지배와 피

32 한나 아렌트, 『과거와 미래 사이: 정치사상에 관한 여덟 가지 철학연습』, 서유경 옮김, 푸른숲, 2005, 199쪽.

지배관계로 이해될 때 특히 그러합니다. 서구의 정치사상적 전통에서 정치는 통치와 지배를 위한 권력의 장악으로 이해되었고, 폭력은 그런 권력 장악의 수단으로 이해되어 왔습니다. 요컨대 정치와 폭력, 권력과 폭력은 서로 협력적인 관계에 있다고 여겨져 왔습니다.

하지만 아렌트는 이 같은 전통적인 견해를 비판하며, 권력과 폭력을 구분하는 것을 넘어, 이 두 개념을 상호 대립적인 것으로 이해하고 있습니다.

> 요약하자. 정치학적으로 말해 권력과 폭력이 동일하다고 말하는 것으로는 불충분하다. 권력과 폭력은 반대의 것이다. 하나가 절대적으로 지배하는 곳에 다른 하나는 없다. 권력이 위험에 빠진 곳에서 폭력은 나타나지만, 그대로 내버려 둔다면 그것은 권력의 소멸로 끝난다. 여기에는 폭력의 대립물을 비폭력으로 생각하는 것이 옳지 않다는 사실이 함축되어 있다.[33] 비폭력적 권력을 말하는 것은 실제로 동어반복이다. (OV, p. 56)

그렇다면 아렌트에게서 권력과 폭력은 어떤 면에서 구별되고 또 대립될까요?[34] 우선, 아렌트에 의하면 권력의 창출에서 필수적인 요소는 자유

33 아렌트에 의하면 폭력은 비폭력 개념의 반대 개념이 아니다. 비폭력적 저항 또는 시민불복종 등은 폭력이라는 수단에 의존하지 않은 채 권력을 창출할 수 있다. 가령, 간디에 의해 대표되는 비폭력주의자들은 영국의 식민지 지배를 위한 탄압에 맞서기 위해 모였기 때문에 새로운 권력을 창출할 수 있다. 하지만 비폭력주의자들을 탄압하고 진압하는 세력은 폭력을 도구 삼아 그들을 해산하고 사태를 원상태로 되돌릴 수 있을 것이다.

34 아렌트는 '권력(power)'을 '강성(strength)' '강제력(force)' '권위(authority)' '폭력'과 구별하고 있다. '강성'은 "어떤 사물이나 사람에 내재하는 속성으로, 다른 사물이나 사람들과의 관계에서 자신을 입증해 줄 수 있는 성격에 속하며", '강제력'은 "우리가 일상에서 종종 폭력과

로운 복수의 인간들의 공존입니다. 하지만 폭력은 도구에 의존합니다. 이 점에서 권력과 폭력은 뚜렷이 대조됩니다. 앞에서 언급했던 것처럼 "권력은 총구로부터 나온다"는 마오쩌둥의 말은 폭력과 권력이 동일하다는 것을 보여줍니다. 하지만 아렌트는 이 같은 주장을 정면으로 부정합니다. 그녀에 의하면 권력은 자유로운 인간들 이외에 다른 물질적 토대를 요구하지 않습니다. 요컨대 권력은 인간들의 복수성, 나아가 그들 사이의 '우정'을 전제합니다. 그 반면에 폭력은 한 사람 또는 소수의 사람들에 의해 행사되기 쉽고, 또 도구에 의존합니다.

> 사실상 권력과 폭력의 가장 확실한 구분법 중 하나는 권력이 항상 수적인 우세를 요구하지만, 폭력은 도구에 의존하기 때문에 수적인 우세 없이도 이루어질 수 있다는 것이다. … 극단적인 형태의 권력은 모두All가 한 사람One에게 맞서는 것이며, 극단적인 형태의 폭력은 한 사람이 모두에게 맞서는 것이다. 그리고 후자는 도구 없이는 결코 가능하지 않다. (OV, pp. 41-42)

> 이미 지적했듯이 끝으로 폭력은 그 도구적 특성에 의해 구별된다. 현상학적으로 폭력은 강성에 가깝다. 왜냐하면 폭력의 도구는 다른 모든 도구처럼 자연적 강성을 증폭시키려는 목적으로 설계되고 사용되며, 그 마지막 발전 단계에서는 도구가 자연적 강성을 대체할 수 있기 때문이다. (OV, p. 46)

동의어처럼 사용하는 말"로, "'자연의 강제'나 '상황의 강제'에서, 즉 물리적 혹은 사회적 운동에서 발산되는 에너지"를 가리키며, '권위'는 개인의 인격이나 집단, 특히 종교적 집단이나 직위 등에 귀속되며, 그 특징은 "복종하도록 되어 있는 사람들이 의문시하지 않는 인정"으로 여겨진다.(OV, pp. 43-46)

폭력은 사람들의 수나 의견에 의존하는 것이 아니라 도구에 의존한다는 것을 기억해야 한다. 앞에서 언급한 것처럼 폭력의 도구는 다른 모든 도구와 마찬가지로 인간의 강성을 증가시키고 증폭시킨다. … 폭력은 항상 권력을 파괴할 수 있다. 총구로부터 가장 효율적인 명령이 나와 가장 즉각적이고 완전한 복종을 낳을 수 있다. 총구로부터 결코 나올 수 없는 것, 그것이 바로 권력이다. (OV, p. 53)

그다음으로 아렌트는 권력과 폭력 개념을 구별하면서 언어 행위의 수반 여부를 중요하게 생각합니다. 앞에서도 반복해서 지적했듯이 권력이 발원하는 장소는 공적 영역이며, 이 영역에서 이루어지는 정치 행위는 복수의 인간들이 평등과 자유에서 출발해서 자신의 말과 행위를 통해 공동으로 행동한다는 것과 동의어입니다. 그러니까 그들은 각자 자신의 의견을 제시하고, 서로가 가진 차이와 다양성을 인정하면서 합의를 도출하고자 합니다. 그 과정에서 말하는 행위가 방해받거나 중단되는 경우에 바로 폭력이 개입하게 됩니다.

권력은 말과 행위가 분리되지 않은 곳, 말이 공허하지 않고 행위가 야만적이지 않은 곳, 말의 의도를 은폐하는 것이 아니라 실재를 드러내기 위해 이용되는 곳, 관계를 위반하거나 파괴하는 것이 아니라 그것을 정립하고 새로운 실재를 창조하기 위해 행위가 사용되는 곳에서만 실재화된다. (HC, p. 200)

전체주의 정권의 집단 수용소에서 발생한 사례에 비추어 보더라도 폭력이 절대적으로 지배하는 곳에서는, 법뿐만 아니라 —프랑스 대혁명에서 나타난 바와 같이, 법은 침묵을 지킨다— 모든 사람들과 모든 것들이 침묵을 지켜야 한다. 폭력은 이런 침묵 때문에 정치 영역에서 예외적인 현상이다. 인간이 정치적 존재인 한, 그는 언어 능력을 부여받았기 때문이다. … 여기서 문제의 핵심은 폭력 자체가 말을 할 수 없다는 것이지 언어가 폭력에 직면했을 때 무기력한 것만은 아니다.[35]

아렌트는 또한 권력과 폭력 개념의 대립적인 요소를 권력에 의한 폭력의 제압 가능성에서 찾고 있습니다. 폭력은 일시적으로 한 사람이나 소수의 사람의 권력 장악을 가능케 해 주고 또 다른 사람들을 지배하게 할 수는 있습니다. 하지만 거기에는 항상 비싼 대가가 따르고, 또 그런 지배는 오래 지속될 수 없습니다. 그도 그럴 것이 권력의 발원을 가능케 하는 복수의 사람들의 행위는 항상 예측 불가능하며, 항상 새로운 시작을 지향하기 때문입니다. 다시 말해 그들의 행위는 탄생성과 동의어이기 때문입니다. 그렇기 때문에 권력은 항상 폭력 사용을 무기력하게 만들 수 있습니다. 아렌트는 이 같은 관계를 노자老子의 물과 돌의 관계에 비교하면서 제시하고 있습니다. "흐르는 부드러운 물은 시간이 지나면 힘 있는 돌을 이기오. 그대는 단단한 것이 굴복한다는 뜻을 아시겠소."

아렌트에 의하면 권력은 폭력과는 달리 일시적으로 존재하며, 비가시적인 실체로 존재한다는 특징을 갖습니다. 이 점이 권력과 폭력의 또 하나의 차이점이기도 합니다. 앞에서 권력은 복수의 사람들이 공동으로 행위를 할 때만 발원한다는 사실을 지적한 바 있습니다. 이렇듯 복수의 사

35 한나 아렌트, 『혁명론』, 홍원표 옮김, 한길사, 2004, 83쪽.

람들이 공적 영역에서 모이고 결속하고 있는 중에 그들 '사이에서' 권력은 발생합니다. 그리고 그들이 흩어지면 권력은 사라지게 됩니다. 그런 만큼 이렇게 형성된 권력은 지속되어야 할 필요가 있습니다. 이를 가능케 하는 장치들이 바로 그들 사이의 약속, 서약, 상호적·호혜적 맹세일 것입니다.

> '권력'은 그저 행위하는 것이 아니라 협력해서in concert 행위할 수 있는 인간의 능력에 상응한다. 권력은 결코 한 개인의 속성이 아니다. 권력은 집단에 속하며, 이 집단이 함께 유지되는 한에서만 유지된다. 우리가 어떤 사람에 대해 '권력 가운데'에 있다고 말할 때, 우리는 실제로 일군의 사람이 자신의 이름으로 행동하면서 그에게 힘을 실어 준다는 것을 의미한다. 처음에 권력을 함께 시작한 그 집단이 사라지는 순간(권력은 인민에게*potestas in populo* 있고, 민족이나 집단 없이는 권력이 없다) '그의 권력' 또한 소멸한다. (OV, p. 44)

> 권력은 공적 영역, 즉 행동하고 말하는 사람들 사이에 존재하는 잠재적 현상 공간을 존재하게 하는 것이다. 이 용어 자체는 그리스어 '가능태dynamis', … 라틴어 '포텐치아*potentia*' 또는 독일어 '마흐트Macht'('만든다machen'가 아니라, '할 수 있다'나 '원하다'의 'mögen'의 파생어)와 유사하며, … 권력은 항상 잠재적 권력이다. … 권력은 함께 행위하는 사람들 사이에서 생겨나서 그들이 흩어지는 순간 사라진다. (HC, p. 200)

> 미국 혁명 참가자들은 권력이 정치 이전에 존재하는 자연적 폭력과 대립된다고 생각했다. 그들이 생각하기에, 인민의 약속, 서약, 상호 맹세를 통

해 함께 모이고 서로 결속할 때, 그것에만 권력이 존재한다. 호혜성과 상호성에 기반을 두고 있는 권력만이 실질적이고 정당한 권력이다.[36]

마지막으로 아렌트에 의하면 권력과 폭력의 대립점은 '정당성legimacy'과 '정당화justification'의 구별에 있는 것으로 이해됩니다. 방금 인용한 대목에서 "호혜성과 상호성에 기반을 두고 있는 권력만이 실질적이고 정당한 권력이다"라는 부분에 주목할 필요가 있습니다. 아렌트에 의하면 한 공동체에서 발원한 권력은 그 정당성을 이미 확보하고 있는 것으로 여겨집니다. 그도 그럴 것이 권력의 발원 조건 자체에 그 정당성이 함축되어 있기 때문입니다. 다시 말해 권력의 정당성은 그 뿌리를 과거에 두고 있습니다. 이렇듯 복수의 사람들의 존재와 그들의 자유로운 말과 행위에서 발원되고 또 그들의 상호적 약속, 맹세 등에 의해 가시적인 실체를 갖추게 된 권력은 이미 정당성을 가질 수밖에 없습니다.

그 반면에 아렌트는, 폭력의 정당화는 미래에 그것이 추구하는 목적과 그 결과와의 관계에서 검토되어야 한다고 주장합니다. 물론 겨냥했던 목적이 폭력에 의해 실현되었을 경우에 그 폭력이 정당화될 수 있는 가능성이 전혀 없는 것은 아닐 겁니다. 특히 폭력이 복수의 인간들의 자유와 새로운 시작을 가능케 해 준다는 목적을 겨냥하고 있고, 이를 실현했을 경우에 한해서는 폭력이 정당화될 수 있다는 것이 아렌트의 주장입니다. 이런 시각에서 보면 권력과 폭력은 대립되면서도 서로 연계되어 있다고 할 수 있습니다. 다시 말해 폭력이 정치 영역의 일부라는 것을 부인할 수 없습니다. 그로 인해 아렌트 사유의 애매성이 지적되기도 합니다.

36 같은 책, 296쪽.

권력은 정치 공동체의 존재 자체에 내재해 있기 때문에 정당화를 필요로 하지 않는다. 권력이 필요로 하는 것은 정당성이다. … 권력은 언제든지 사람들이 모여 공동으로 행위하는 곳이라면 어디에서나 생겨난다. 하지만 권력의 정당성은 최초의 모임에서 나오는 것이지 거기에 이어지는 어떤 행위에서 도출되는 것이 아니다. 정당성이 도전받을 때는 과거에 호소함으로써 그 기초를 세우는 반면, 정당화는 미래 속에 놓인 목적과 관계된다. 폭력은 정당화할 수 있지만 결코 정당성을 가질 수 없다. (OV, p. 52)

권력이 참으로 모든 정부에 본질적인 반면, 폭력은 그렇지 않다. 폭력은 본성상 도구적이다. 모든 수단과 마찬가지로 폭력은 항상 그것이 추구하는 목적을 통한 인도와 정당화를 필요로 한다. (OV, p. 51)

혁명에 대한 이런 견해와 관련해 아렌트가 프랑스 혁명보다는 미국 혁명에 더 큰 의미를 부여하고 있다는 사실은 흥미롭다고 하겠습니다. 아렌트에 의하면 프랑스 혁명은 그 과정에서 처음의 목적과는 달리 공포정치로 변질되면서 그 정신이 퇴조했다고 보고 있습니다. 그 반면에 미국 혁명은 새로운 공화정을 정립하기에 이르렀으며, 이런 면에서 프랑스 혁명과 차별화되며 정당화될 수 있다고 보고 있습니다.

로베스피에르는 위선과의 전쟁을 위해 독재를 공포정치로 바꿨다. 이 시기의 두드러진 특징은 통치자들의 자기숙청이었다. 청렴한 사람들이 일으켰던 테러가 바스티유의 함락과 여성들의 베르사유 행진으로 시작되고 3년 후 9월 대학살로 막을 내린 인민 봉기의 결과, 즉 대공포 —프랑스에서는 테러와 공포를 모두 'terreur'라고 한다— 로 잘못 간주되어서는 안 된다.[37]

폭력 예찬론자들에 대한 아렌트의 비판

방금 아렌트가 권력과 폭력 사이의 대립점을 제시하고 있음과 동시에 그 연계 가능성도 열어 두고 있었음을 보았습니다. 그로 인해 아렌트의 폭력에 대한 성찰에서 혼란이 비롯된다고도 했습니다. 그럼에도 아렌트는 폭력의 사용을 정당화하면서 그것에 정당성을 부여하고자 노력했던 일군의 사상가들을 비판한 바 있습니다.

아렌트가 폭력을 선험적으로 악으로 규정하고 단죄하는 것으로 보이지는 않습니다. 또한 아렌트는 폭력의 정당화 가능성을 열어 두고 있습니다. 다만 거기에는 엄격한 조건이 부과됩니다. 바로 폭력 사용의 목적과 그 결과가, 복수의 인간들의 자유로운 행위가 방해받는 기존의 질서를 파괴함으로써 그들에게 자유를 되돌려줌과 동시에 그들의 새로운 시작을 가능케 해야 한다는 조건이 그것입니다.[38] 폭력을 통해 새로운 권력의 창출을 가능케 하는 혁명이 그 조건에 부합할 수 있을 것입니다.

> 새로운 시작이라는 의미에서 변동이 발생하는 곳, 완전히 다른 정부 형태를 구성하기 위해 폭력을 사용하는 곳, 즉 새로운 정치체제를 형성하

37 같은 책, 185-186쪽.

38 행위하는 것과 새로 시작하는 것과의 관계에 대해 아렌트는 이렇게 말하고 있다. "인간을 정치 존재로 만들어 주는 것은 그 행위의 기능이다. 그것이 인간으로 하여금 자신의 동료들과 함께 어울리고, 공동으로 행위할 수 있게 하며, 또한 그가 이런 선물 —새로운 것을 시작할 수 있는 능력— 을 부여받지 않았더라면 마음속으로 욕망할 수 없었을 뿐만 아니라 결코 생각조차 할 수 없었을 목표와 기획을 이루기 위해 다른 사람들과 접촉할 수 있게 한다. 철학적으로 말하면 행위한다는 것은 탄생성의 조건에 대한 인간적 응답이다. 우리 모두가 탄생을 통해 세계로 들어오기 때문에, 우리는 신참자와 초심자로서 어떤 새로운 것을 시작할 수 있다. … 행위하는 것과 시작하는 것이 동일하지는 않지만 그것들은 밀접하게 상호 결합되어 있다."(OV, p. 82)

고자 폭력을 사용하는 곳, 억압으로부터 해방되는 궁극적인 목적을 적어도 자유의 확립으로 상정하는 곳에서만, 우리는 비로소 혁명을 언급할 수 있다.[39]

그렇지만 아렌트는, 애초에 정당성을 부여받은 권력과는 달리 폭력은 정당성을 갖지 못한다는 사실을 강조하고 있습니다. 물론 아렌트가 폭력 사용의 정당성을 완전히 부정하는 것은 아닙니다. 이미 살펴본 바와 같이 아렌트는 다음의 두 경우에 폭력 사용의 정당성을 얘기합니다. 첫 번째 경우는 가정家庭과 같은 사적 영역에서 가부장이 행사하는 폭력에 해당됩니다. 사적 영역이 주로 인간의 삶을 영위하는 데 필수적인 활동들, 가령 음식을 먹는 활동이나 생식 활동 같은 것이 이루어지는 영역이기 때문에, 그런 활동을 보장하고 책임지는 가장家長이 행사하는 폭력은 정당성을 지닐 수 있다는 것입니다.

다른 하나는 작업의 경우입니다. 앞에서 살펴본 것처럼 작업은 인간이 자연을 대상으로 하는데, 이때 인간은 무엇인가를 제조하기 위해 자연에 폭력을 가하게 됩니다. 이 경우에 폭력은 정당성을 확보하게 됩니다. 물론 이 경우에도 자연을 무조건적으로 훼손해서는 안 된다는 제약 조건이 따르기는 할 것입니다.

침해와 폭력이라는 이 요소는 모든 제작에 현전하며, 인공물의 창조자인 공작인은 항상 자연 파괴자였다. (HC, p. 139)

39 한나 아렌트, 『혁명론』, 앞의 책, 104쪽.

하지만 앞에서 지적한 것처럼 아렌트는 인간들 사이에서 발생하는 폭력의 경우에 예외적으로만 정당성에 대한 가능성을 인정했을 뿐, 결코 정당성을 인정하지는 않았습니다. 그렇기 때문에 아렌트는 정치사상적 전통에서 폭력의 정당화는 물론 그것의 정당성을 인정하고자 하면서 폭력을 예찬했던 사상가들을 비판하고 있습니다. 소렐, 파농, 사르트르, 마오쩌둥 등이 그들입니다. 아렌트의 비판을 보겠습니다.

> 20세기 초에 마르크스주의를 베르그송의 생철학 —그 결과는 비록 이론화에서는 훨씬 수준이 낮기는 하지만 사르트르가 현재 시도하는 실존주의와 마르크스주의와의 결합과 이상하게도 유사하다— 과 결합하려고 노력한 조르주 소렐은 군대 용어를 사용해 계급투쟁을 사유했다. 하지만 소렐은 그 유명한 총파업 신화보다 더 과격하지는 않은 폭력을 제안하는 것으로 사유를 끝맺는데, 이것은 오히려 비폭력적 정치의 목록에 속하는 것으로 생각할 수 있는 행위의 형태이다. 50년 전에는 레닌과 러시아 혁명에 대한 열광적인 옹호에도 불구하고 이 같은 아주 온건한 제안으로 인해 그에게는 파시스트라는 평판이 주어졌다. 소렐의 유명한 『폭력에 대한 성찰』에서보다 파농의 『대지의 저주받은 자들』에 쓴 자신의 서문에서 폭력에 대한 찬미로 더 멀리 나아간 사르트르 —그는 자신의 결론으로 파농의 논지를 도입했는데, 그 파농보다도 사르트르는 더 멀리 나아갔다— 도 여전히 "소렐의 파시스트적 언급"이라는 표현을 사용하고 있다. (OV, p. 12)

> 파농은 이런 종류의 투쟁에서 민중이 '삶은 무한한 저항이라는 점', 즉 폭력은 삶의 한 요소라는 점을 깨닫는다는 것을 지적함으로써 폭력의 실천에 대한 자신의 찬양이라는 결론을 내린다. … 따라서 삶에 대한 찬양은 폭

력에 대한 찬양과 같지 않은가? 하여튼 소렐은 60년 전에 이런 구절들을 따라 사유했다. … 부르주아가 계급투쟁에서 그 역할을 할 '에너지'를 상실했다고 소렐은 주장했다. 계급 구분을 재확인하고 부르주아의 투쟁 정신을 일깨우기 위해 프롤레타리아를 설득해 폭력을 사용하게 하는 경우에만 유럽이 구원받을 수 있다는 것이다. … 폭력은 삶의 강제력, 그리고 특히 그것의 창조력의 발현으로 찬양받았다. 베르그송의 생명의 도약élan vital 개념으로부터 영감을 받은 소렐은 '생산자들'을 위해 설계되고, 소비사회와 이 사회의 지식인들에 맞서도록 논쟁적으로 지향된 창조성의 철학을 겨냥했다. (OV, pp. 69-70)

아렌트가 파농, 소렐, 사르트르에게 가하고 있는 비판의 요체는 다음과 같습니다. 즉 그들이 예외 없이 인간과 생명, 생산, 창조성 등을 연결시키면서 생물학적 시각에서 폭력에 대한 정당화를 꾀하고 있다는 것입니다. 다시 말해 폭력을 삶의 한 구성요소로 여기면서 삶에 대한 찬양과 폭력에 대한 찬양을 동일한 것으로 여겼다는 겁니다. 또한 그들 모두 그런 폭력에 의해 새로운 것이 시작될 수 있다고 생각한다는 것입니다. 그들은 새로운 인간과 평등한 인간의 전형으로 형제애를 나눠 가지는 인간들의 탄생에 대하여 희망을 품고 있습니다. 하지만 아렌트는 다음과 같은 이유로 이런 주장들을 비판합니다.

우선, 삶에 대한 새로운 찬양자임을 자처하는 파농, 소렐, 사르트르 등의 주장이 전혀 새로운 주장이 아니라는 사실입니다. 아렌트에 의하면 이런 주장은 베르그송과 니체에게서도 찾아볼 수 있으며, 마르크스에게서도 이미 비슷한 생각을 발견할 수 있습니다.

> 그렇다고 해도 이런 맥락에서 우리는 주로 베르그송과 니체의 생철학이 소렐적인 형태로 이상하게 부활하는 데 관심을 갖는다. 폭력, 삶, 창조성의 이런 낡은 결합이 어느 정도로 현재 세대의 저항 정신의 상태 속에 나타나는가를 우리 모두 알고 있다. 생활의 순전한 사실성에 대한, 따라서 삶이 가장 영광스럽게 드러나는 것인 사랑하기에 대한 강조는, 최후의 날을 가져올 기계를 건설하고 지구 위의 모든 생명을 파괴할 수 있는 실질적인 가능성에 대한 응답이라는 사실에는 의심의 여지가 없다. 하지만 삶의 새로운 찬양자들이 스스로를 이해하는 범주는 새로운 것이 아니다. 생명의 '창조성'의 이미지에서 사회의 생산성을 이해하는 것은 적어도 마르크스만큼 오래된 것이며, 생을 촉진하는 힘으로 폭력을 신뢰하는 것은 적어도 니체만큼 오래된 것이며, 또 창조성을 인간의 최고선으로 생각하는 것은 적어도 베르그송만큼 오래된 것이다. (OV, pp. 73-74)

그다음으로 파농, 소렐, 사르트르 등이 주장하고 있는 폭력에 대한 생물학적 정당화의 시도는 모두 정치사상의 전통 중 가장 해로운 요소와 밀접하게 연결되어 있다는 것입니다. 그렇다면 그 가장 해로운 요소란 무엇일까요? 아렌트에 의하면 그것은 권력과 폭력을 동일시하는 전통 속에서는 폭력이 본성상 팽창주의적인 특징을 가진 권력에 도움이 된다는 것입니다(OV, p. 74). 다시 말해 폭력은 권력에 새로운 활기와 균형을 주고, 따라서 권력의 확장을 방해해 왔던 장애물을 넘어뜨린다는 것입니다.[40] 이런 의미에서 아렌트는 파농이 주장한, 폭력에 존재하는 "창조적 광기creative madness"를 비난하고 있습니다. (OV, p. 75)

40 같은 책, 208쪽.

요컨대 아렌트는 폭력을 생물학적 용어로 해석하는 유기체적 사상 전통을 비난하고 있는 것입니다. 다시 말해 사회를 하나의 유기체로 보고, 어떤 중병에 걸려 성장과 발전, 생성과 창조가 더디고 방해받는 "병든 사회"를 구하기 위해서는 "약물요법"보다는 규모가 큰 "외과수술"을 시도해야만 한다는 주장을 정당화하는 논리에 대한 비난이 그것입니다.

> 이렇게 해서 '법과 질서'를 회복하기 위해 폭력적 수단을 제안하는 사람들과 비폭력적인 개혁을 제안하는 사람들 사이의 논쟁은 자신의 환자에게 약물요법을 쓰자는 의사와 외과수술의 상대적 장점을 논하는 외과의사 사이의 토론처럼 불길하게 들리기 시작한다. 환자가 아프면 아플수록 의사가 최후의 말을 하게 될 가능성이 더 크다. 게다가 우리가 비정치적인 생물학 용어로 논의하는 한, 폭력의 찬미자들은 자연이라는 가정에서는 파괴와 창조가 자연 과정의 양면일 뿐이라는 부정할 수 없는 사실에 호소할 수 있다. 따라서 마치 동물 왕국에서 지속적인 삶을 위해서는 생존 투쟁과 폭력적 죽음이 자연스러운 전제 조건인 것처럼 집단적인 폭력 행위가 그 내적인 매력과는 완전히 별개로 전체적인 삶을 위한 자연적 전제 조건으로 보인다. (OV, p. 75)

그리고 아렌트는 폭력, 그중에서도 죽음을 담보로 한 공동체 구성원들 사이의 형제애의 구현 시도에 따르는 위험성에 대해서도 비판하고 있습니다. 인간은 반드시 죽어야 하는 절멸성mortality의 존재입니다. 그런데 존립의 위기 상황에서 공동체의 구성원들이 자신의 죽음을 그들이 속한 공동체의 잠재적 불멸성immortality에 투사하는 경우도 없지 않습니다 (OV, p. 68). 그러면서 각자는 집단의 이름으로부터 오는 폭력을 감내하게 되는 것입니다. 이른바 "종種의 불멸적 삶이 그 개별 구성원의 영원히 이어지는 죽음을 통해 자양분을 얻고 폭력의 실천 속에서 '높이 상승하며' 현실화된다는 것"입니다(OV, p. 68).

그러니까 구성원들 각자의 평등과 함께, 공동체의 불멸성을 통한 그들 각자의 불멸성의 획득이라는 요소가 결합되어, 이른바 형제애에 바탕을 둔 새로운 인간들로 이루어질 공동체의 건설이라는 희망을 갖는 경우도 있다는 것입니다. 하지만 이런 희망은 일시적인 것이며, 그런 만큼 "환상"에 불과하다는 것이 아렌트의 주장입니다. 이것이 특히 파농과 사르트르를 비판하는 내용 중 하나입니다.

> 여하튼 내가 알고 있는 그 어떤 정치제도도 죽음 앞에서 평등에, 또 폭력 속에서 이루어지는 평등의 현실화 앞에서 평등에 기초한 적이 없다. 이 원리에 입각해 실제로 조직되어 자신을 종종 '형제'라고 불렀던, 역사상의 자살 부대들은 정치조직으로 간주되기 어렵다. 하지만 집단적 폭력이 낳은 강한 형제적 감정은 수많은 선한 사람으로 하여금 거기서 '새로운 인간'이 함께하는 새로운 공동체가 세워질 것이라는 잘못된 희망을 품게 만들었다. 이런 희망은 환상이다. 그 어떤 인간관계도 이런 형제적 관계보다 더 일시적인 것은 없다는 단순한 이유에서 그렇다. 이런 형제적 관계는 생명과 신체에 대한 즉각적인 조치가 필요한 위험 조건하에서만 실현될 수 있을 뿐이다. (OV, pp. 68-69)

폭력 사용의 억제 필요성

방금 아렌트에게서는 복수의 인간들의 자유와 새로운 시작을 가능케 하는 혁명의 경우에만 폭력이 정당화될 수 있다는 사실을 지적했습니다.

이 때문에 아렌트가 폭력을 예찬했을 것이라는 인상을 받을 수 있습니다. 하지만 아렌트는 현대에 일어나는 전쟁에 대해서는 특히 엄격한 억제를 요구하고 있습니다. 그도 그럴 것이 현대의 전쟁은 과거와 달리 인류 전체의 생존을 위협하기 때문입니다. 그런데도 전쟁이 시대를 불문하고 정치적 관계의 산물이라는 점은 분명합니다.

가령 앞에서 언급한 것처럼 클라우제비츠는 전쟁을 다른 수단을 통한 정치의 연속으로 규정합니다. 아렌트는 이런 클라우제비츠의 주장에 일부 동의합니다. 하지만 섬멸전과 관련해서는 이런 주장에 한계를 설정하고자 합니다.

> 전쟁이 협상의 최후 수단이라면 전쟁의 목표는 협상이 중단된 지점에서 결정되고, 보장된 모든 군사행동은 사실 다른 수단을 사용해 정치를 연장하는 것일 뿐이다. 말할 것도 없이 이제 중요한 것은 협상의 문제가 결코 되지 않았던 것, 즉 한 국가와 그 민족의 존재 자체다. 전쟁이 적대적 상대편을 주어진 것으로 간주하여 그와 공존하려 하지 않고, 또 강제력으로 그들 사이의 갈등을 종식시키는 것만을 추구하지 않을 때, 바로 이 지점에서 전쟁이 처음 진정으로 정치 수단이 되기를 중단하고 정치가 규정한 한계를 넘어서 정치 자체를 섬멸하기 시작한다.[41]

현대 전쟁의 대명사라고 할 수 있는 전면전total war이 발발하는 경우, 중요 군사 목표의 파괴만이 그 주된 목적이 아닙니다. 가령, 핵전쟁은 인간의 조건인 지구뿐만 아니라 공적 영역인 정치적 공간 역시 근본적으

41 한나 아렌트, 『정치의 약속』, 김선욱 옮김, 푸른숲, 2007, 201쪽.

로 파괴할 것입니다. 이런 전쟁의 경우에는 그 어떤 이유, 목적에 비추어 보아도 결코 정당화될 수 없습니다. 승자도 패자도 없고, 세계를 "모두의 종말"(OV, p. 3)의 장소, 곧 "사막"으로 만들어 버리게 될 현대전은 그 어떤 경우에도 정당화되어서는 안 된다는 것이 아렌트의 주장입니다.

20세기에 전쟁은 정치적 기운을 제거하는 '철의 폭풍'(윙거)도 아니고, '다른 수단을 이용한 정치의 연장'(클라우제비치)도 아니다. 전쟁은 세계를 사막으로 만들고 지구를 생명이 존재하지 않는 물질로 만드는 괴물 같은 파국이다.[42]

이런 관점에서 우리는 전쟁(현대전)과 평화를 대립시키고 있는 아렌트의 다음의 태도를 이해할 수 있을 것입니다.

전쟁의 목적 —이중적인 의미로 사용된 목적— 은 평화이거나 승리이다. 하지만 평화에 목적이 있는가라는 질문에는 답이 없다. 비록 유사 이래로 거의 언제나 전쟁 기간이 평화 기간보다 더 길었으나, 평화는 절대이다. 권력은 동일한 범주에 속한다. 그것은 흔히 말하는 것처럼 "그 자체가 목적이다."(OV, p. 51)

전쟁과 폭력은 특정한 목적을 실현하는 수단입니다. 폭력에서는 모든 것이 목적-수단의 관계를 중심으로 이해됩니다. 그에 반해 평화는 절대이자 목적이기 때문에 그 자체로 정당합니다. 아렌트는 전쟁과 평화의

42 같은 책, 236-237쪽.

관계가 권력과 폭력의 관계처럼 대립되면서도 연계되어 있다고 봅니다. 하지만 현대전과 같은 절멸전, 총체전은 그 어떤 상황에서도 평화를 구실로 정당화될 수 없을 것으로 보입니다.

여기에서 한 가지 의문이 듭니다. 과연 아렌트는 이처럼 한 집단 내 폭력의 폐해, 위험, 그리고 국가 간의 전쟁으로 인한 섬멸전 내지 총체전의 가능성으로 인한 인류 공멸의 가능성이 항존하는 상황에서, 단지 평화가 절대이고 목적이라는 사실만을 강조하는 이론만을 운위했을까요? 아니면, 그런 평화를 정립하기 위한 실천적인 노력도 했을까요? 이것은 평화를 위해 무엇을 어떻게 할 것인가의 문제, 곧 행위의 문제입니다.

칸트와는 달리 아렌트는 범세계적 연방 구조federated structure를 구성하는 것을 제안하지 않습니다. 또한 그런 구조가 세계 평화로 이어진다고 보고 있지도 않습니다. 그보다는 오히려 인류의 인간적 공존을 가능케 하는 조건인 복수성의 지구적 확장을 주장한 것으로 보입니다. 따라서 보편적 상호 합의 틀에 기초한 범세계적 연방 구조는 범세계적 공화정이 아니라 공화정들 사이의 자발적인 결사입니다.

요컨대 아렌트는, 정치 행위가 국내적 차원에서 인간들의 복수성을 보장하듯이, 국제적 차원에서는 국가와 민족의 복수성을 보장하는 데 이바지해야 한다고 주장하고 있습니다. 아렌트는 이론적으로나마 세계 평화를 보장해 줄 수 있는 "최고의 통제행위자로서 국제적 권위를 생각할 수 있도록 도와줄 모델"을 "평의회 체제the council system"에서 발견하고 있습니다. 아렌트의 말을 들어 보겠습니다.

> 하지만 오늘날 강대국들끼리의 전쟁은 —모든 평화주의적인 고려와는 사뭇 별개로— 폭력의 수단이 무시무시하게 발전한 덕에 불가능한 일이 돼

버렸어요. 따라서 이런 의문이 제기되죠. '이 최후 방책의 자리를 무엇이 대신하는가?' (…)

이 새 정부 형태란 알다시피 모든 시대와 장소에서 소멸된, 민족국가의 관료제나 정당의 지배세력이 직접 파괴한 평의회council 시스템이에요. 이 시스템이 순수한 유토피아인지 아닌지 나는 말할 수 없어요 ―어쨌든 그건 국민들의 유토피아이지 이론가와 이데올로기의 유토피아는 아닐 거예요. 하지만 내 눈에 그건 역사상 등장했던, 줄곧 되풀이해서 등장했던 유일한 대안으로 보여요. 평의회 시스템의 자발적인 조직은 모든 혁명에서, 그러니까 프랑스 혁명에서, 제퍼슨에 의해 미국 독립 혁명에서, 파리 코뮌에서, 러시아 혁명에서, 제1차 세계대전 말에 독일과 오스트리아에서 일어난 혁명들에 뒤이어서, 마지막으로 헝가리 혁명에서 생겨났어요. 게다가 그것들은 의식적인 혁명 전통이나 이론에 따른 결과물로 탄생한 적이 결코 없어요. 전적으로 자연발생적으로 생겨났죠. 매번 예전에는 그런 종류의 시스템이 결코 존재한 적이 없었다는 식으로요. 따라서 평의회 시스템은 정치적 행위라는 바로 그 경험과 관련이 있고, 그 경험에서 생겨난 것처럼 보여요.[43]

아렌트의 폭력론에 대한 하나의 비판

앞에서 지적했듯이 아렌트는 『폭력론』에서 파농, 소렐, 사르트르의 폭력론을 강하게 비판하고 있습니다. 사르트르에 대한 비판의 타당성 여부를 검토하기 위해서는 또 다른 본격적인 연구가 필요할 것입니다.[44] 그도

43 한나 아렌트, 『한나 아렌트의 말: 정치적인 것에 대한 마지막 인터뷰』, 윤철희 옮김, 마음산책, 2016, 154-156쪽.

그럴 것이 폭력이라는 주제만 문제 삼을 경우에도 아렌트에게서는 『전체주의의 기원』, 『인간의 조건』, 『공화국의 위기』(『폭력론』 포함[45]), 『혁명론』 등에서 개진된 폭력론을, 사르트르에게서는 『존재와 무』, 『변증법적 이성비판』을 비롯한 그의 여러 소설과 극작품 등을 함께 고려해야 하기 때문입니다. 여기에서는 아렌트가 『폭력론』에서 사르트르에게 가하는 비판의 내용 중 다음의 사실들에 대해 문제를 제기하는 선에서 논의를 그치고자 합니다.

첫째, 사르트르에 대한 아렌트의 비판이 충분한 연구 및 성찰에 근거하지 않은 것으로 여겨진다는 사실입니다. 실제로 한 사르트르 연구자는 아렌트의 비판이 "피상적superficiel"이며, 거기에서 "오류"도 발견된다고 비판하고 있습니다.[46] 그 이유는 이렇습니다. 여러 정황으로 보아 아렌트가 사르트르의 폭력론을 비판하면서 주요 논거로 삼고 있는 『변증법적 이성비판』을 꼼꼼히 읽지 않았을 가능성을 배제할 수 없다는 것입니다.

물론 아렌트의 『폭력론』에는 『변증법적 이성비판』과 이 저서의 서문 격인 「방법의 문제Questions de méthode」의 몇 구절이 직접 인용되고 있기

44 사르트르와 아렌트의 관계는 그리 단순하지 않다. 사르트르의 저작에서 아렌트가 거명된 적이 없다. 반면 아렌트의 저작에서 사르트르는 여러 차례 거명된다.(cf. 한나 아렌트, 『이해의 에세이 1930-1954』, 앞의 책, 321-329쪽; 657-685쪽.) 아렌트는 『구토』의 작가로서 사르트르에 대해서는 일정 부분 찬사를 보내고 있기는 하다.(cf. 한나 아렌트, 『어두운 시대의 사람들』, 인간사랑, 홍원표 옮김, 2010, 9쪽.) 하지만 그녀는 사르트르에 대해 우호적이지 않으며, 특히 그런 태도가 『폭력론』에서 잘 드러나고 있다.(cf. 엘리자베스 영-브륄, 『한나 아렌트 전기: 세계 사랑을 위하여』, 앞의 책, 467-468쪽.)

45 우리나라에서는 『폭력론』이 『공화국의 위기』에 포함되어 번역되었다.

46 Rivca Gordon, "A Response to Hannah Arendt's Critique of Sartre's Views on Violence", *Sartre Studies International*, vol. 7, Issue 1, 2001.

는 합니다(OV, p. 90). 하지만 아렌트는 이 저서에 대한 입문적 소책자라고 할 수 있는 한 권의 저서에 상당 부분 의지하고 있는 것으로 보입니다. 각각 스코틀랜드와 남아프리카공화국 출신 반정신의학 운동가인 랭Ronald D. Laing과 쿠퍼David G. Cooper의 공저共著인 『이성과 폭력*Reason and Violence*』[47]이 그것입니다.

실제로 사르트르는 이 소책자의 저자들에게 '편지-서문Lettre-Préface'을 보냈는데,[48] 아렌트는 이 편지 중 일부를 인용하면서 사르트르가 이들 두 명이 쓴 저서의 내용을 전적으로 지지한다는 부분을 인용하고 있습니다. "당신들이 내게 의뢰한 책을 주의 깊게 읽어 보고, 그 안에 아주 명확하면서도 내 생각과 부합하는 내용의 글을 발견하게 되어 무척 기뻤습니다."(OV, p. 91) 그러면서 아렌트는 이 소책자가 『변증법적 이성비판』, 그 중에서도 사르트르의 폭력론을 잘 요약하고 있다고 판단한 것 같습니다. 하지만 이 소책자는 『변증법적 이성비판』의 7분의 1 정도의 분량으로[49] 『변증법적 이성비판』의 내용을 그다지 잘 요약하고 있지 않다는 것이 일반적인 평가입니다. 짐작컨대 사르트르가 이 소책자에 우호적인 서문을 써 준 것은 공저자들의 수고에 대한 감사의 마음 때문인 것으로 보이며, 기서奇書로 알려진 『변증법적 이성비판』이 영어권에서 많이 보급되길 바라는 마음에서였을 수도 있습니다.

47 cf. 1964년에 R. D. Laing & D. G. Cooper의 공저로 출간된 *Reason and Violence: A Decade of Sartre's Philosophy, 1950-1960*(Tavistock Publications, 1964)를 가리킨다. 이 저서는 *Raison et violence: Dix ans de la philosophie de Sartre 1950-1960*이라는 제목으로 불어로 번역되었다.

48 1963년 11월 9일 자 편지이다.

49 그 당시에는 미간이었던 『변증법적 이성비판』 제2권까지 계산하면 그 분량은 10분의 1 정도이다.

둘째, 사르트르가 이른바 기존폭력을 분쇄할 목적으로 대항폭력의 사용을 정당화하고 있는 상황과 관련해서입니다. 사르트르는 『변증법적 이성비판』의 집렬체에서 융화집단으로의 이행에서 다음과 같은 상황을 전제하고 있습니다. 즉, 기존폭력으로 인해 집렬체의 구성원들이 자신의 삶을 영위하는 것이 더 이상 불가능한 상태, 곧 삶과 죽음이 문제시되는 극한 상황에 대한 전제가 그것입니다.

쉽게 말하자면 스프링이 눌려 더 이상 압축이 불가능한 상황에서 그것이 가장 높이 튀어 오르는 것처럼, 그런 극한 상황에서 집렬체는 융화집단으로 이행한다는 것입니다. 파농 역시 『대지의 저주받은 자들』에서 이 같은 주장을 펴고 있습니다. 하지만 사르트르(그리고 파농)에 대한 아렌트의 비판에는 이런 사실이 고려되지 않고 있는 것으로 보입니다.[50]

앞에서 우리는 아렌트 역시 폭력의 정당성을 부인하지만, 그것이 정당화될 수 있는 가능성을 제시하고 있다는 사실, 그리고 혁명에 제한적으로나마 찬성한다는 사실을 지적한 바 있습니다. 복수의 인간들이 자유를 되찾고, 이를 바탕으로 새로운 시작이 가능해야 한다는 게 목적이라는

50 아렌트의 행위에 대한 논의에서 그리스의 폴리스가 중요한 의미를 지닌다는 것은 잘 알려져 있다. 자유를 가진 자들의 말과 행위를 통해 이루어지는 정치와 밀접하게 연결되어 있는 폴리스가 거의 이상적인 공동체로 여겨진다는 것은 부인할 수 없다. 하지만 문제는, 이 같은 폴리스가 이미 노예를 전제로 하고 있다는 점이 아닐까? 폭력의 기원과 극복 문제를 다루는 사르트르의 관점에서 보면, 노예와 자유인의 구별이 어떤 과정을 거쳐서 이루어졌는지와 이런 구별을 어떻게 극복 할 수 있는지가 폭력의 극복의 관건일 것이다. 상식적인 의미에서 정치는 오히려 인간다운 삶을 영위하지 못하는 노예들이 인간다운 삶을 영위할 수 있게끔 해 주는 데에 그 의의가 있는 것이 아닐까? 이런 목표가 자유인들과의 '함께'를 통해 이루어진다면 더 바랄 나위 없을 것이다. 하지만 이런 '함께'가 가능할까? 그리고 자유로운 사람들의 말과 행위 역시 노예들의 해방을 주된 내용과 목표로 삼아야 했던 것이 아닐까?

조건 말입니다. 사르트르와 파농이 제시한 폭력에 대한 호소 역시 같은 맥락에서 이해되어야 할 것으로 보입니다.

셋째, 아렌트의 다음과 같은 주장에 관해서입니다.

> 미국 혁명 참가자들은 권력이 정치 이전에 존재하는 자연적 폭력과 대립된다고 생각했다. 그들이 생각하기에, 인민의 약속, 서약, 상호 맹세를 통해 함께 모이고 서로 결속할 때, 그것에만 권력이 존재한다. 호혜성과 상호성에 기반을 두고 있는 권력만이 실질적이고 정당한 권력이다.

아렌트는 이 부분에서 권력이 일시적이며, 그것이 유지되기 위해서는 "인민의 약속. 서약, 상호 맹세"등이 필요하다고 말하고 있습니다. 이것은 권력의 발원에 참여한 사람들이 이 권력을 유지하기 위해 노력해야 한다는 것을 의미합니다. 그리고 "약속은 지켜져야 한다*Pacta sunt servanda*"라는 말과 같이 약속, 서약, 상호 맹세 등은 지켜져야만 할 것입니다. 그래야만 권력이 유지될 것이기 때문입니다. 그런데 문제는 이런 약속, 서약, 상호 맹세가 지켜지지 않을 때 발생합니다. 그것을 지키지 않은 자들에 대한 제재나 조치가 없다면 약속, 서약, 상호 맹세는 그 의미를 상실할 것입니다. 이에 대해 아렌트는 아무런 의견도 제시하고 있지 않습니다.

이와 관련해 사르트르의 서약에 대한 의견은 눈여겨볼 만합니다. 사르트르는 『변증법적 이성비판』에서 집렬체에서 융화집단으로 이행된 뒤에,[51] 이 융화집단은 그 상태를 유지하기 위해 서약을 통해 서약집단으로

51 아렌트에게서 권력이란 사람들이 모인 공적 영역에서 잠재태로, 순간적으로 나타나는 것

이행한다고 보고 있습니다.[52] 그리고 이 서약집단을 있게끔 하는 서약은 단순한 언어로서의 다짐 그 이상의 의미를 가지고 있습니다. 사르트르는 서약을, 집단의 이익을 위해 구성원들이 각자의 자유를 포기하는 동시에 서약을 위반할 경우에 각자의 생명을 앗아갈 권리를 인정하는 조치로 이해합니다.

바꿔 말해 작은 폭력으로 큰 폭력을 미연에 막는다는 것입니다. 이런 의미에서 서약은 방어적 폭력으로 이해됩니다. 그리고 이 폭력은 구성원들을 형제로 만들기 위한 공포로 여겨집니다. 따라서 서약은 형제애-공포입니다.[53] 이렇듯 사르트르는 서약 위반자를 처벌할 수 있는 강제력의

으로 이해된다. 그런데 이런 시각은, 사르트르에게서 융화집단이 혁명 발발의 순간에 형성된다는 점과 유사한 것으로 보인다. 다만, 그 이후에 사르트르는 융화집단의 존속 문제를 제기하면서 이 집단이 서약을 통해 서약집단이 되고, 이 서약을 통해 이른바 강제력, 곧 권력이 출현한다는 사실을 밝힌다. 사르트르의 이런 논의와 권력이 여러 사람 사이에서 구체적으로 어떤 과정을 통해서 형성되는지에 대한 아렌트의 논의 간의 비교는 폭력 연구에서 풍성한 결과를 낳을 수 있을 것으로 보인다.

52 아렌트가 제시하는, 말과 행위의 제휴가 이루어지는 공적 영역에 가장 가까운 개념을 사르트르에게서 찾는다면 바로 '우리'로 상징되는 융화집단이 아닐까 한다. 문제는 『변증법적 이성비판』에서는 이런 융화집단이 (대항)폭력을 통해서만 형성되는 것으로 이해된다는 점이다. 정확히 거기에 사르트르에 대한 아렌트의 비판의 핵심이 자리한다. 하지만 사르트르의 전체 사유 체계를 고려하자면, 반드시 폭력을 통해서만 융화집단이 형성된다고 보지는 않았다는 점을 잊어서는 안 될 것이다. 가령, 사르트르는 문학, 예술 등을 통한 가능성도 제시하고 있다. 엄밀하게 말하자면 폭력과 비폭력의 경쟁적 협력을 통한 융화집단의 형성을 추구했다고 할 수 있다. 이 점에서도 아렌트와 사르트르는 생각을 달리한다. 아렌트에게서 문학과 예술은 작업에 속하기 때문이다.

53 이 점에서도 아렌트와 사르트르의 차이가 두드러진다. 아렌트에게서는, 공적 영역에서 만나는 인간들은 '형제'로 여겨지며, 그런 만큼 폭력에 호소함이 없이 '우정의 정치'가 이루어질 수 있는 가능성이 있는 반면, 사르트르에게서(특히 『변증법적 이성비판』의 차원에서) 형제, 우정, 동지의 개념은 폭력, 더 정확하게는 융화집단을 가능케 하는 '대항폭력과 서약에 바탕을 둔 작은 폭력을 전제로 한다.(물론, 사르트르 폭력론의 전체 체계를 고려하자면, 형

필요성을 인정하고 있습니다. 하지만 아렌트에게서는 사르트르에게서와 달리 약속, 맹세, 상호 서약이 지켜지지 않을 때의 상황에 대한 논의는 없는 것으로 보입니다.

요약하자면, 아렌트는 『폭력론』에서 사르트르와 파농의 폭력에 대한 찬미를 비판하고 있는데, 그 근거가 대항폭력에 의한 기존폭력의 극복입니다. 아렌트가 파농의 『대지의 저주받은 자들』에서 인용하고 있는 "폭력은 아킬레우스의 창처럼 폭력으로 인한 상처를 치유할 수 있다"는 문장의 의미가 그것입니다. 하지만 이는 사르트르와 파농이 극한의 상황을 염두에 두었기 때문이라는 사실을 거듭 지적하겠습니다.

이와 관련해 대항폭력은 새로운 시작, 새로운 탄생을 가능케 하는 하나의 행위, 그것도 정치적 행위로 여겨질 수 있지 않을까요? 여기에 더해 폭력(더 정확하게는 대항폭력)을 하나의 언어로 보는 연구자들도 없지 않습니다. 기존폭력으로 인해 인간다운 삶을 살 권리, 말할 권리 등을 포함해 권리 자체를 가질 권리를 모조리 박탈당한 자들이 자신이 살아 있다는 것을 증명해 보이기 위해 마지막으로 행하는 호소의 수단으로서의 폭력이 그것입니다.

제애가 비폭력적 수단에 의해서도 이루어질 수 있다는 사실을 거듭 지적하자.) 아렌트가 프랑스 혁명을 비판하면서 그 근거로 제시하고 있는 것 중의 하나가 바로 로베스피에르에 의해 자행된 형제애 또는 동지애를 빙자한 공포, 곧 폭력의 사용이다. 하지만 사르트르는 융화집단을 통해 이루어진 우리를 지키기 위해서는 이 방법밖에 없다는 사실을 강조하고 있다.

제5강

소렐의 폭력론:

『폭력에 대한 성찰』을 중심으로

"인간이든 권력이든 그저 양보만 한다면
결국 자기 존재를 부정하는 셈이 될 것이다.
사는 자는 저항한다.
저항하지 않는 자는 산산이 깨질 것이다."

(클레망소, 『여명』, 1905년 8월 15일)

"폭력은 새로운 한 사회를 잉태하고 있는
모든 낡은 사회에서 그 산파 역할을 한다."

(마르크스, 『자본론』)

5.1.
시작하며

조르주 소렐Georges Sorel(1847-1922)은 조금 생소한 이름입니다. 이번 강의를 위해 선정한 학자 중에서 가장 생소한 인물일 수 있습니다. 하지만 폭력 문제에 관심을 갖는 사람들에게는 사정이 조금 다릅니다. 왜냐하면 정치사상사, 그중에서도 폭력과 관련된 분야에서 소렐은 꽤 비중 있게 다뤄지는 인물이기 때문입니다.

소렐의 폭력론은 주로 벤야민, 사르트르, 파농 등의 폭력론과 같이 거론됩니다. 지난 시간에 살펴본 것처럼 아렌트도 소렐을 사르트르와 파농 등과 함께 폭력 예찬자의 부류에 포함시키면서 비판하고 있습니다. 우리나라에서는 소렐의 두 권의 저서가 번역되어 출간되었을 뿐입니다. 『진보의 환상*Les Illusions du progrès*』(정현주 옮김, 간디서원, 2020)이 그중 하나입니다. 다른 하나는 『폭력에 대한 성찰*Réflexions sur la violence*』(이재용 옮김, 나남, 2007)입니다. 이 책은 프랑스에서 1908년에 출간되었고, 출간 100주년이 되던 해에 우리말로 번역되어 출간되었습니다.

『폭력에 대한 성찰』의 번역, 출간을 계기로 소렐과 이 책의 실체가 국내에서 어느 정도 드러나게 되었지만, 그 이전까지만 하더라도 거의 베일에 가려져 있었습니다. 이 책은 거의 2차 문헌으로 인용되었을 뿐이고, 소렐은 폭력 예찬자를 넘어서 폭력 지상주의자로 알려졌습니다. 그런 만큼 소렐은 위험인물로, 그의 저서 『폭력에 대한 성찰』은 아주 위험한 책이자 읽어서는 안 될, 이른바 불온서적으로 간주되어 왔습니다.

원래 이번 "폭력에 대한 인문학적 성찰(I-II)" 강의를 기획하면서 소렐의 폭력론에 대해 첫 번째로 다루려고 생각했었습니다. 다음과 같은 두 가지 이유에서였습니다. 하나는 이번 강의에서 다루고자 하는 학자들 가운데 소렐이 시대적으로 가장 앞선 사상가이기 때문입니다. 다른 하나는 소렐의 폭력론이 그 뒤에 오는 여러 폭력론에 상당한 영향을 주었기 때문입니다. 벤야민도 그로부터 큰 영향을 받았다고 합니다. 사르트르와 파농 또한 직간접적인 영향을 받았습니다. 하지만 소렐은 폭력의 기원 문제에서 특별한 이론을 제시하지 않았기 때문에 욕망을 폭력의 출발점으로 제시한 지라르로부터 강의를 시작했던 것입니다.

그리고 지난 시간에 아렌트의 폭력론을 강의하면서 소렐에 대한 아렌트의 비판을 간략하게 언급했는데, 이는 자연스럽지 못한 진행이었다고 생각합니다. 사르트르, 파농, 소렐의 폭력론을 먼저 소개하고, 그다음에 아렌트의 비판을 소개했으면 좋았을 것이라는 생각이 듭니다. 하지만 이다음에 다룰 벤야민이 「폭력비판을 위하여」에서 소렐로부터 받은 영향을 고려하면 소렐의 폭력론이 벤야민의 폭력론 바로 앞에 나오는 것이 더 자연스럽겠다는 생각을 해 봅니다. 어쨌든 오늘 강의에서는 소렐의 폭력론을 『폭력에 대한 성찰』을 중심으로 살펴보겠습니다.

5.2. 소렐의 생애와 사상, 저작

'폭력의 설교자' '이념의 계도자' '사회사상의 카멜레온' '파시즘의 선구자' 등과 같이 그리 달갑지 않은 호칭으로 알려진 조르주 소렐은 1847년 프랑스의 셰르부르에서 태어나 1922년에 파리에서 세상을 떠난 철학자이자 사회학자입니다. 소렐은 특히 '혁명적 생디칼리슴syndicalisme révolutionnaire'으로 유명하며, 마르크스주의를 독특하게 해석하여 프랑스에 수용한 초기 인물 중 한 명으로 여겨집니다.

소렐과 동시대를 살았던 지식인들 대부분이 상층 부르주아 출신이었던 것과 달리 그는 몰락한 부르주아 집안 출신이었습니다. 그는 대학을 졸업한 후에 약 20여 년 동안 토목기사로 일했습니다. 그러던 중 1875년에 노동자계급 출신의 여성 마리 다비드Marie David를 만나 사회문제에 눈뜨기 시작합니다.[1] 노동자이자 거의 문맹에 가까웠던 그녀를 통해 소렐은 노동자들의 세계에 관심을 갖게 됩니다. 소렐은 그의 어머니의 반대로 다비드와 결혼하지 못했습니다. 하지만 소렐은 『폭력에 대한 성찰』을 1897년에 세상을 떠난 다비드에게 헌정합니다. "나의 젊은 날의 동반자에게, 그녀의 정신에서 모든 영감을 받은 이 책을 바친다."[2]

45세 때 소렐은 토목기사직을 떠나 사상가의 길로 들어섭니다. 그는 거의 독학으로 공부했습니다. 아리스토텔레스, 이폴리트 텐Hippolyte Taine, 에르네스트 르낭Ernest Renan, 니체, 마르크스, 프루동, 토크빌, 베르그송 등 여러 사상가로부터 영향을 받은 소렐은 1880년 후반기부터 다양한 분야(기상학, 수리학, 물리학, 역사, 정치사, 종교사, 철학)에서 글을 활발하게 발표하기 시작합니다.

소렐의 사상은 흔히 다섯 단계로 구분됩니다.[3] 제1기(1893-1897)에 그는 마르크스주의를 지지하면서 사회주의 지식인들과 교류합니다. 그의 사회철학은 프루동, 마르크스, 비코 등의 사상 위에 정립되는데, 그 시기에 콜레주 드 프랑스Collège de France에서 베르그송의 강의를 듣습니다. 이런 이유로 소렐의 사상에서 베르그송의 생철학적 요소가 중요한 역할을 하게 됩니다.

소렐은 프랑스 제3공화정의 부패에 분노하면서 부르주아 공화파의 비

1 Michel Charzat, *Georges Sorel et la Révolution au XXe siècle*, Hachette, coll. Essais, 1977, p. 25.

2 Georges Sorel, *Réflexions sur la violence*, Librairie Marcel Rivière et Cie, coll. Etudes sur le Devenir Social, 1946, p. 3.(이하 RV로 약기.) 소렐은 또한 『폭력에 대한 성찰』의 마지막 부분의 한 주(註)에서 동일 인물에게 다음과 같은 헌사를 되풀이하고 있다. "『폭력에 대한 성찰』을 끝맺으면서 이 책을 헌정한 그녀를 추모하는 마지막 헌사를 바친다. '헌신적이고, 활동적이며, 자신의 사랑에 대해 자부심을 지녀 왔던 아내를 만난 사내는 행복하도다. 그녀는 사랑으로 항상 배우자의 젊음을 지켜 주고, 그의 영혼이 만족하지 않도록 해 주었으며, 줄곧 맡은 바 의무를 다하도록 북돋았고, 때로는 그의 재능까지 일깨워 주었으니.'"(*Ibid.*, p. 454.)

3 조르주 소렐, 『폭력에 대한 성찰』, 이용재 옮김, 나남, 2007, 403-407쪽.(옮긴이 해제.)

판자를 자처합니다. 과학적 마르크스주의, 과학적 사회주의에 많은 것을 기대했던 소렐은 제2기(1898-1902)에 독일 사회민주당 지도자 에두아르트 베른슈타인Edouard Bernstein의 개량적 사회주의에 경도됩니다. 또한 소렐은 이탈리아 철학자 크로체와 사회학자 파레토와 많은 편지를 교환하면서 자신의 사상을 심화시켜 나갔습니다. 그리고 이 시기에 프랑스 전체를 뒤흔든 드레퓌스 사건Affaire Dreyfus이 발생했는데, 이 사건에서 소렐은 유대인 드레퓌스의 무죄를 주장한 공화주의자와 사회주의자의 연합 진영에 가담합니다.

1902년에 친드레퓌스 진영이 총선에서 대승을 거둬 부르주아 급진파 정부가 들어서게 되고, 이 정부를 주도한 의회사회주의자들이 부르주아 계급과 타협하면서 퇴행을 보이자 소렐은 극좌 사회주의에 경도됩니다. 그해에 시작된 제3기는 1908년까지 이어집니다. 앞에서 지적했던 것처럼 이 시기에 속하는 1908년에 그는 혁명적 생디칼리슴의 대변인을 자처하게 되고, 『폭력에 대한 성찰』을 출간합니다. '생디카syndicat'가 중심이 되어 '직접 행동action directe', 곧 '총파업grève générale'으로 지배 체제를 전복하고 프롤레타리아계급의 사회주의 세상을 건설하자는 것이 이 책의 주된 내용이자 혁명적 생디칼리슴의 주된 이념입니다. 극좌로 기울었던 이 시기에 소렐의 독특한 사상이 꽃을 피우게 됩니다.

그 이후에 소렐은 노동 운동 진영과 거리를 두었고, 이번에는 우파 쪽에 경도됩니다. 제4기(1909-1913)에 해당하는 이 시기에 그는 극우 왕정주의 당파와 교류하고, 또 군주제 민족주의를 표방한 샤를 모라스Charles Mauras로 대표되는 세력과도 교류합니다. 또한 극우 진영의 기관지 『악시옹 프랑세즈*Action française*』에 글을 기고하는 한편, 한때 친드레퓌스파였던 소렐은 반유대주의 성향의 글을 발표합니다.

제5기(1915-1921)에 해당하는 시기에 1차 세계대전을 비난했던 소렐은 1917년에 러시아 혁명이 발발하자 다시 좌파에 경도되어 레닌에게서 희망을 찾고자 합니다. 『폭력에 대한 성찰』에서의 주장처럼 소렐은 부르주아계급의 제도와 습속을 완전히 타파한 후에 그 폐허 위에 우뚝 선 혁명적 프롤레타리아계급의 지도자를 레닌에게서 발견한 것입니다. 『폭력에 대한 성찰』의 1919년판에 포함된 「레닌을 위하여」라는 제목의 글에서 소렐은 레닌을 "마르크스 이후 사회주의가 낳은 가장 위대한 이론가le plus grand théoricien que le socialisme ait eu depuis Marx"(RV, 442)로 높게 평가하고 있습니다.

하지만 그 후에 소렐은 무솔리니의 파시즘 운동을 부르주아 정치인들의 야합과는 전혀 다른 새로운 모험이라고 찬양합니다. 1922년에 이탈리아에서 권력을 장악한 무솔리니는 자기가 가장 큰 빚을 진 사람이 바로 소렐이라고 말했다고 합니다. 또한 프랑스 파시스트당의 창립자인 조르주 발루아Georges Valois는 소렐을 파시즘의 정신적 시조로 간주했다고 하는데, 이로 인해 소렐은 파시즘의 선구자로 불리기도 합니다.

1922년에 파리에서 세상을 떠난 소렐의 저작은 다음과 같습니다.

『성서에 대한 세속적 연구 시론』[*Contribution à l'étude profane de la Bible*](1889)

『소크라테스의 소송』[*Le Procès de Socrate, examen critique des thèses socratiques*](1889)

『프루동 철학 시론』[*Essai sur la philosophie de Proudhon*](1892)

『아리스토텔레스에서 마르크스까지』[*D'Aristote à Marx*](1894)

『비코 연구와 다른 글들』[*Etude sur Vico et autres écrits*](1896)

『생디카의 사회주의적 미래』[*L'Avenir socialiste des syndicats*](1898)

『고대 세계의 멸망. 역사에 대한 유물론적 개념』[*La Ruine du monde antique. Conception matérialiste de l'histoire*](1902)

『현대경제 입문』[*Introduction à l'économie moderne*](1903)

『마르크스주의에 대한 비판』[*Essais de critique du marxisme*](1903)

『르낭의 역사적 체계』[*Le Système historique de Renan*](1906)

『폭력에 대한 성찰』(1908)

『진보의 환상』(1908)

『마르크스주의의 해체』[*La Décomposition du marxisme*](1908)

『드레퓌스 혁명』[*La Révolution dreyfusienne*](1909)

『프롤레타리아트 이론의 자료들』[*Matériaux d'une théorie du prolétariat*](1919)

『실용주의의 유용성에 대하여』[*De l'utilité du pragmatisme*](1921) 등등.

5.3.
『폭력에 대한 성찰』의 주변

1) 집필 배경

『폭력에 대한 성찰』은 당시의 여러 구체적인 사회 상황에 대해 소렐이 관찰, 분석, 개입하는 와중에 이탈리아와 프랑스의 노동자들을 위해 잡지에 기고했던 글들을 모아 펴낸 책입니다. 일종의 정치평론서인 셈입니다. 그렇기 때문에 이 책의 내용을 잘 이해하기 위해서는 그 당시, 특히 그가 퇴직을 하고 사회문제에 본격적으로 관심을 가졌던 1892년부터 이 책이 출간된 1908년까지 프랑스의 사회 상황[4]에 주목해 볼 필요가 있습니다. 또한 이 책에서 개진되고 있는 혁명적 생디칼리슴의 의의를 가늠하고자 한다면 그의 전체 사유에서 주된 관심사였던 새로운 사회와 새로운 인간의 창조 의지에도 주목해야 할 것으로 보입니다.

방금 주목을 강조한 시기, 즉 1892년부터 1908년까지의 시기는 프랑스 역사상 가장 안정적인 체제라고 할 수 있는 제3공화정(1870-1940)에 해당합니다. 물론 가장 안정적이라는 표현은 상대적인 것입니다. 그도 그럴 것이 제3공화정에 들어서기 전까지 프랑스는 혼돈 그 자체였기 때문입니다. 1789년 프랑스 혁명, 제1공화정(1792-1804), 1815년 왕정복고, 1830년 7월 혁명(입헌군주정), 1848년 2월 혁명(제2공화정), 1870년 보불전쟁 등등…. 이 과정에서 프랑스는 혁명 이후로 70년간 세 번의 입헌군주정, 두 번의 짧은 공화정(각각 4년과 12년), 두 번의 제정 등, 총 일곱 번의 정치체제를 겪었습니다. 물론 제3공화정이 존속하던 때도 그 이전 시기에 못지않게 혼돈의 연속이었습니다. 1871년 파리 코뮌Paris Commune, 1894년 드레퓌스 사건, 1914년 1차 세계대전 등등….

어쨌든 프랑스 혁명 이후 계속된 이런 혼돈의 시기는 대략 다음과 같은 요소들에 의해 특징지어집니다. 부르주아계급의 타락,[5] 신생 피지배

4 물론 이 시기의 국제 정세 역시 중요하다. 1914년에 발발한 1차 세계대전을 예비하고 있는 19세기 말에 세계를 분할 점령 하고자 한 제국주의, 경쟁적인 식민지 다툼 등을 제시할 수 있다.

5 부르주아계급의 타락은 황금만능주의에 무릎을 꿇은 휴머니즘, 도덕적 토대였던 기독교의 쇠퇴, 계몽주의 철학의 토대였던 합리주의의 쇠퇴와 그 맥을 같이한다. 소렐은 이런 현

계급인 프롤레타리아계급의 등장 및 세력 확장 같은 요소들이 그것입니다. 부르주아계급은 프랑스 혁명으로 구제도Ancien régime를 타파하고 새로운 사회의 건설을 내세웠습니다. 이 과정에서 옛 귀족계급과 종교세력을 해체·흡수하는 한편, 신생계급인 프롤레타리아계급을 효율적으로 지배해야 하는 임무에 직면하게 됩니다. 이런 임무를 수행하는 과정에서 부르주아계급은 정권을 장악하고 지배를 공고히 하게 됩니다. 하지만 이 과정에서 부르주아계급은 점차 프랑스 사회를 갱신할 수 있는 에너지를 잃고 이른바 데카당스décadence 국면으로 빠져들게 됩니다. 이런 현상의 종합적인 결말이 바로 1870년 보불전쟁에서 프랑스의 패배로 나타났다고 할 수 있을 것입니다.

보불전쟁 직후인 1871년 3월 18일부터 5월 28일까지 존속한 파리 코뮌은 부르주아계급과 프롤레타리아계급 사이의 투쟁, 곧 프랑스 및 세계 사회주의 운동사에서 적잖은 의미를 지닌다고 할 수 있습니다. 파리 코뮌은 2개월밖에 존속하지 못했습니다. 하지만 파리 코뮌은 노동자들에 의해 건립된 세계 최초의 민주적이고 혁명적인 자치 정부라는 평가와 더불어 역사상 처음으로 사회주의 정책을 대거 실행에 옮겼다는 평가를 받고 있습니다.

파리 코뮌은 부르주아계급의 지배하에서 신음하며 와신상담하고 있던 프롤레타리아계급이 프랑스 사회에서 실질적인 정치세력으로 부상했다는 것을 보여 주는 뚜렷한 증거였습니다. 하지만 보불전쟁 이후에 정권을 장악한 제3공화정의 지도세력이 '피의 일주일'(5월 21일-28일) 동안 파

상을 한마디로 "고정점(le point de fixe)"의 사라짐으로 표현한다.(Michel Charzat, *Georges Sorel et la Révolution au XXe siècle*, *op. cit.*, p. 29.)

리 시민들에게 보여 준 잔혹한 진압은 충격적이었습니다. 이로 인해 프롤레타리아계급과 부르주아계급의 대립이 더욱 격렬해지게 됩니다.

또한 프랑스의 데카당스 현상은 19세기 말엽에 이른바 세기말fin de siècle 현상과 겹치게 되고, 1894년에 발생한 드레퓌스 사건에 의해 가속화되었다고 할 수 있습니다. 무고한 유대인 드레퓌스 대위가 국가주의étatisme와 군국주의militarisme의 이름으로 단죄된 사건은 19세기를 걸쳐 지배세력으로 군림했던 부르주아계급의 진짜 모습을 백일하에 드러낸 사건이었습니다. 간첩 누명을 쓰고 종신형을 선고받은 드레퓌스는 그 이듬해에 프랑스령 기아나에 있는 악마의 섬Île du Diable으로 유배됩니다. 범행의 증거, 동기, 방법 등이 분명치 않음에도 중죄가 선고된 것입니다.

그 배경에는, 보불전쟁(1870-1871)에서 처참하게 패배한 후에 프랑스 지배계급의 거의 강박에 가까운 애국주의, 군국주의, 반유대주의가 있었습니다. 특히 드레퓌스 사건 후에 정권을 장악한 이른바 의회사회주의자들, 이를테면 그중 한 명인 장 조레스Jean Jaurès의 타락은 프롤레타리아계급이 정치와 결별하고 독립적인 사회주의 운동, 즉 이들이 파업 중심의 생디칼리슴 운동을 모색하는 중요한 계기가 됩니다.

이렇듯 소렐이 토목기사직을 떠나 독학으로 프랑스의 사회 상황을 관찰, 분석, 개입했던 시기의 분위기는 부르주아계급의 퇴락과 프롤레타리아계급의 세력 확장으로 요약될 수 있을 것 같습니다. 이와 관련해 소렐의 사상을 관통하는 핵심 주제가 낡은 사회의 타파와 새로운 사회의 건설, 낡은 인간에서 새로운 인간으로의 재창조로 여겨진다는 사실은 흥미롭습니다.

우리를 옥죄는 역사적 틀을 깨부수고 우리 안에 새로운 인간을 창조해 내기 위해 노력할 때, 우리가 특히 이런 자유를 향유하고 있다는 사실은 아주 분명합니다. (RV, p. 42)

소렐은 그 당시에 직접 경험했던 낡은 사회와 낡은 인간의 일소一掃를 비관주의pessimisme라는 단어를 빌려 기술합니다. 소렐에 의하면 인간은 어쩔 수 없이 나태, 쾌락주의, 이기주의로 흐르는 경향이 있습니다. 그런 인간들이 모여 형성하는 사회 역시 마찬가지입니다. 하지만 소렐은 비관주의를 단지 염세적이고 혐오스러운 "세상에 대한 이론이라기보다는 차라리 습속의 형이상학"이라고 봅니다(RV, p. 17). 그러면서 이 비관주의를 "해방으로의 행진marche vers délivrance"(RV, p. 17)과 연결 짓습니다.[6] 이렇듯 인간과 사회를 타락과 부패에서 구제할 수 있다는 희망을 가지고 세상에 맞서 투쟁해야만 한다는 것이 소렐의 주된 문제의식이라고 할 수 있습니다.

또한 소렐은 1892-1908년 사이에 해방으로의 행진을 가능케 해 줄 자신의 이론과 방법을 '사회주의socialisme'로 규정합니다. 그에 의하면 사회주의는 "현대[7] 제도들에 대한 역사철학"입니다(RV, p. 61). 그리고 이 역사철학의 토대를 처음에는 마르크스주의에서 찾습니다. 그것도 과학적 마르크스주의, 즉 역사적 유물론과 변증법적 유물론에 의해 법칙화된 이론에서 말입니다. 하지만 소렐은 곧이어 이 같은 마르크스주의, 또 그 위에

6 소렐은 프루동이 1860년에 미슐레에게 쓴 편지의 한 구절을 인용한다. "사람들이 거기에서 벗어날 수 있는 것은 오직 이념과 심정에서의 통합 혁명(révolution intégrale)에 의해서일 뿐입니다."(Michel Charzat, *Georges Sorel et la Révolution au XXe siècle*, *op. cit.*, p. 29에서 재인용.)

7 소렐이 살았던 시대를 의미한다.

구축된 과학적 사회주의에서 멀어집니다. 그 까닭은 복잡한 사회 현상이 이 같은 과학적이고 실증적인 이론, 가령 경제결정론을 통해 충분히 설명될 수 없다는 것입니다. 그러면서도 마르크스주의가 내세우는 사회 변혁과 이를 위한 계급투쟁의 필요성은 그대로 받아들입니다.

과학적 마르크스주의와 과학적 사회주의에서 멀어진 소렐은 독일 사회민주당 당원이었던 베른슈타인이 내세운 이른바 개량주의적 마르크스주의에 동조합니다. 베른슈타인은 과학적 마르크스주의를 관통하는 필연적인 혁명의 발발과 그로 인한 자본주의의 자동 붕괴, 계급투쟁을 통한 사회주의의 필연적인 도래를 믿지 않았습니다. 베른슈타인은 그보다 현재의 체제를 개혁하기 위해 노동자들이 힘을 합쳐 노력해야 한다고 주장했습니다. 소렐은 이 같은 베른슈타인의 사상을 대부분 수용합니다. 하지만 궁극적으로 베른슈타인보다 더 급진적인 사회주의 운동을 내세우게 됩니다.

베른슈타인의 개량적 사회주의를 수용했던 소렐은 이른바 '신학파 nouvelle école'[8]를 내세우면서 점차 혁명적 생디칼리슴으로 기웁니다. 생디칼리슴은 1890년대 프랑스에서 시작된 일종의 자율적이고 투쟁적인 노동자들의 결사체인 생디카의 활동을 강조하는 운동입니다. 생디칼리슴은 생산수단에 대한 모든 통제력을 국가가 아니라 생디카에게 일임하려 합니다.[9]

8 소렐이 사용한 용어로, 과학적 마르크스주의를 재해석하면서 마르크스가 제시한 원칙, 특히 계급투쟁에서 영감을 얻어 혁명적 생디칼리슴으로 나아간 사회주의 사상의 흐름을 지칭한다.

9 *Les Objectifs de nos luttes de classe*, 1910, Brochure de Griffuelhes et Niel, Publication sociale, p 14.(cf. Michel Charzat, *Georges Sorel et la Révolution au XXe siècle*, *op. cit.*, p. 35.)

생디칼리스트들은 국가와 재산을 공격한 프루동으로부터 강한 영향을 받았으며, 자신들의 활동을 자유롭게 하기 위해 정치를 거부하고 국가를 파괴하고자 합니다. 그들은 파업을 계급투쟁의 진정한 수단으로 보고 있습니다. 그리고 그들의 파업의 기저에 놓여 있는 것이 바로 폭력, 특히 '생디칼리슴적 폭력violence syndicaliste'입니다. 이런 폭력 사용을 옹호하게 되면서 소렐은 궁극적으로 혁명적 생디칼리슴으로 나아갑니다. 그 과정에서 소렐은 이런 폭력 사용에 대해 윤리적 정당성을 부여합니다.

2) 구성과 의도

이런 배경하에서 집필된 소렐의 『폭력에 대한 성찰』은 총 7장으로 구성되어 있습니다. 그리고 그 앞에 '머리말'(다니엘 알레비[10]에게 보내는 서한), '초판 머리말'이 있으며, 그 뒤에 있는 '부록'에는 「통일성과 다양성」, 「폭력의 옹호」, 「레닌을 위하여」라는 제목이 붙은 세 편의 글이 있습니다.

각 장의 제목은 다음과 같습니다. '계급투쟁과 폭력'(제1장) '부르주아지의 쇠퇴와 폭력'(제2장) '폭력에 대한 편견들'(제3장) '프롤레타리아의 파업'(제4장) '정치적 총파업'(제5장) '폭력의 윤리성'(제6장) '생산자의 윤리'(제7장)가 그것입니다.

얼핏 제목만 보면 폭력에 대한 체계적이고 일관적인 내용이 담겨 있을 것이라고 예상하기 쉽습니다. 하지만 이런 예상은 책을 펴자마자 깨지고

10 Daniel Halévy(1872-1962)는 프랑스의 역사학자로, 소렐과 가까운 관계였으며 『폭력에 대한 성찰』을 단행본으로 출간할 것을 권유한 장본인이다. 정치적 성향은 공화파였다가 나중에는 극우파 진영에서 활동했다. 극우 민족주의자였던 모라스 진영을 위해 글을 쓰기도 했다.

맙니다. 더군다나 이 책의 내용은 난삽할 뿐만 아니라 잘 읽히지 않을뿐더러 쉽게 이해되지도 않습니다. 소렐 자신이 이런 점을 지적하고 있기도 합니다. "우리의 모든 동시대인이 따르는 문장 규칙을 존중하지 않고, 또 설명을 무질서하게 늘어놓아 독자들을 당황하게 만든다"는 비판을 받기도 했다고 말입니다(RV, p. 6).

앞에서 언급한 것처럼 이 책은, 소렐이 퇴직한 이후, 사회문제에 관심을 가지면서 관련 내용을 독학으로 공부하고, 이를 바탕으로 필요에 따라 이탈리아와 프랑스의 노동자 잡지에 실었던 글들을 모아 놓은 것입니다. 처음에는 이 글들을 한 권의 단행본으로 출간할 생각을 하지 않았다고 합니다. 또한 폭력에 대한 체계적 이론을 구성하고자 하는 의도를 품지도 않았습니다. 나아가 이 책에 실린 글들 모두 그저 생각이 떠오른 대로 죽 써 내려간 끝에 나온 것들이지 애당초 "전체적인 계획"하에 쓰인 것은 아니었다는 사실을 밝히고 있습니다.

> 여기에서 나는 폭력에 대해 말해야 할 모든 것을 다 제시한다든가, 또 폭력에 대한 하나의 체계적 이론을 정립하고자 한다는 의도를 가지고 있지 않다. 나는 단지 이탈리아 잡지 『사회의 변혁*Il Divenire sociale*』에 실렸던 일련의 글을 모아 수정을 했을 뿐이다. 그런데 이 잡지는 알프스산맥 너머에서 인민의 순진성을 악이용하는 자들에 맞서 멋진 투쟁을 벌이고 있다. 이 글들은 전체적인 계획 없이 쓰여진 것들이다. 하지만 나는 그것들을 다시 고쳐 쓰려 하지는 않았다…. (RV, pp. 68-69)

그렇다면 그 글들을 단행본으로 출간하고자 한 의도는 무엇이었을까요? 소렐은 초판 머리말에서 자신의 의도를 밝히고 있습니다. 소렐의 말을 빌리자면 이 책은 생디칼리슴을 옹호하는 노동자들의 직접 행동과 총파업에서 발생할 수밖에 없는 폭력 행위들을 관찰하고, “현대 사회주의에서 노동자 대중의 폭력이 맡은 역할이 무엇인가를 규명”(RV, p. 64)하는 것을 겨냥하고 있습니다. 또한 소렐은 폭력을 “그것이 가져올 수 있는 직접적인 결과에 의해서가 아니라, 그 먼 훗날의 결과를 감안하여 평가”하고 “현재의 폭력이 미래의 사회혁명과 어떤 관계를 맺고 있는가”(RV, p. 65) 하는 문제의식 속에서 다루고자 합니다.

5.4.
소렐의 폭력론

1) 폭력의 의미

이 같은 소렐의 집필 의도와 『폭력에 대한 성찰』의 내용을 더 잘 이해하기 위해서는 이 책에서 제시된 폭력 개념을 우선적으로 이해할 필요가 있습니다. 우리는 보통 폭력을 선험적 악으로 규정하고 단죄하는 경향이 있는데, 그도 그럴 것이 일반적으로 폭력이란 타인에게 해를 가하기 위해 과도한 힘을 사용하는 것으로 정의되기 때문입니다. 이렇듯 폭력은 자칫 법에 저촉되고 윤리에도 저촉된다는 비판에 노출되기 쉽습니다.

하지만 폭력은 본질상 애매합니다. 그 기능이 선험적으로 결정되지 않았기 때문입니다. 폭력의 기능은 시대, 환경 등에 따라 달라질 수 있습니다. 소렐은 이렇게 말합니다. “하지만 우리가 지금 범죄로 간주하는 행위들이 옛날에는 도덕적인 행위들로 여겨졌다."(RV, p. 26) 어떤 사회에서든지 기득권을 가진 기성 지배 체제가 휘두르는 강압이나 소수에 대한 다수의 강압이나 약자에 대한 강자의 물리적, 정신적 강제와 같은 억압적 폭력이 있습니다. 다른 한편으로 이 같은 지배 체제에서 벗어나기 위한 대항폭력적 저항이나 생존의 위협을 미리 제거하고 방비하기 위한 방어적 폭력이 있습니다.

소렐은 이런 생각을 염두에 두고 폭력 개념을 규정합니다. 『폭력에 대한 성찰』의 제3장('폭력에 대한 편견들')과 제5장('정치적 총파업')에서입니다. 소렐은 20세기를 전후한 유럽에서, 정부나 프롤레타리아계급(또는 민중)의 격렬한 저항을 지칭한답시고 무력과 폭력을 혼용하던 것을 목격하면서 그 구분의 필요성을 제시합니다.

> '무력'과 '폭력'이란 용어는 관헌 당국의 행위에 대해 말할 때든 폭동 행위에 대해 말할 때든 두루 사용된다. 하지만 이 두 경우에 전혀 다른 결과가 발생한다는 사실은 분명하다. 나는 어떤 모호함도 낳지 않는 용어를 사용하는 것이 더 바람직하며, '폭력'이라는 용어는 두 번째 경우에 할애되어야 한다고 생각한다. 따라서 무력의 목적이 소수에 의해 통치되는 사회질서의 수립을 부과하는 것인 반면, 폭력은 이 사회질서의 파괴를 지향하는 것이라고 우리는 말할 수 있다. 부르주아지는 근대사회의 초기 이래로 무력을 사용해 왔던 데 반해, 프롤레타리아트는 오늘날 부르주아지와 국가에 폭력으로 맞서 오고 있다. (RV, pp. 256-257)

소렐이 프롤레타리아계급의 투쟁을 지칭하는 데 있어 폭력이라는 부정적인 뉘앙스의 단어를 어떤 이유에서 선택했는지는 분명하지 않습니다. 하지만 결코 폭력 개념에 부정적이고 비합법적이고 비윤리적인 의미를 부여한 것은 아닙니다. 그보다는 오히려 역사적으로, 또 윤리적으로(제6장 '폭력의 윤리성') 폭력의 사용을 정당화하고 있습니다. 그에게서 폭력이란 이미 억압세력인 기존의 사회질서 —정권을 장악한 부르주아계급이 운영하고 있는 국가에 의해 대표된다— 에 맞서고, 또 그것을 타파하는 것을 목적으로 하는 대항폭력의 의미를 띠고 있고, 나아가 그 정당성은 이미 마련되어 있다고 할 수 있습니다.

2) 혁명적 생디칼리슴 또는 총파업의 신화

이렇듯 소렐에게서 폭력 개념은 단순히 부르주아계급에 의해 통치되는 기존의 사회질서에 대한 증오나 복수심의 표현이 아닙니다. 그것은 오히려 이런 사회질서 속에서 프롤레타리아계급에 의해 영웅적으로 표출된 "계급투쟁 감정의 순수하고 단순한 형태"로 이해됩니다(RV, p. 130). 소렐은 프롤레타리아계급의 폭력을 "세계를 야만에서 구원해 낼 수" 있는 "영웅적인" 것으로 묘사합니다(RV, p. 130). 하지만 소렐은 프랑스 혁명 이후에 이루어진 부르주아계급의 쇠퇴에 주목하는 한편(제2장 '부르주아지의 쇠퇴와 폭력'),[11] 파리 코뮌, 드레퓌스 사건, 제3공화정 정치인들 및 정

---

11 소렐은 프랑스 혁명 정신의 변질을 신랄하게 비판하고 있다. 그가 보기에 로베스피에르로 대표되는 부르주아계급의 공포정치는 근본적으로 구체제의 군주정과 종교재판소로부터 충실하게 전수받은 것에 불과했다. 다시 말해 프랑스 혁명이 타파하고자 했던 구제도의 잔재를 일정 부분 물려받고 있다는 것이다. "우리는 그 유명한 공포정치의 법에서 국가 이론의 가장 강한 표현을 본다. … 종교 재판소에서 군주정의 정치 법정에 이르기까지, 또 군주정의 정치 법정에서 혁명재판소에 이르기까지 법규의 자의적 집행, 권력과 권

치에 대한 불신 등을 몸소 겪으면서 사회 개혁의 알파와 오메가인 프롤레타리아계급의 투쟁과 폭력이 그 활력을 잃어버렸다고 진단하고 있습니다.

소렐은 특히 드레퓌스 사건 이후에 정권을 장악한 이른바 급진 공화파에 속한 의회사회주의자들의 비겁하고도 기만적인 태도를 '정치적 총파업'으로 규정하면서 통렬하게 비판하고 있습니다(제3장 '폭력에 대한 편견들'). 소렐에 의하면 조레스로 대표되는 의회사회주의자들은 계급투쟁에 입각한 저항, 봉기, 혁명을 염두에 두지 않았으며, 부르주아계급의 방식으로 ―마치 로베스피에르 등이 구제도를 완전히 일소하지 못하고 그 통치 방식의 일부를 유산으로 물려받아 타락을 되풀이했던 것과 마찬가지로― 권력을 획득하고 이용하려 들었다는 것입니다. 다시 말해 의회사회주의자들은 단순히 정권의 계승자에 불과했다는 것입니다. 부르주아계급에서 의회사회주의자들로의 권력 이양만 있었을 뿐이라는 겁니다. 소렐은 또한 친드레퓌스파에 속했던 의회사회주의자들이 국가의 이름으로 그들을 지지해 주었던 프롤레타리아계급을 배신하고 속이면서 반항과 저항을 잠재우려 했다고 비난하고 있습니다(제5장 '정치적 총파업'). 다시 말해 의회사회주의자들은 그들로 하여금 권력을 잡게 해 주었던 노동자들의 혁명적 감수성을 망각하고 배신했다는 것입니다.

이런 상황을 목도하면서 소렐은 프롤레타리아계급 해방으로의 행진을 위한 구상으로서 무엇보다도 국가의 파괴와 탈정치의 필요성을 강조합니다. 그다음으로 이런 결별을 통해 얻어지게 되는 자율성을 바탕으로

위의 확장의 방향으로의 계속되는 진전이 있었다. … 하지만 프랑스 대혁명은 국가를 미신적으로 숭배하는 부끄러운 모습을 백일하에 드러냈다."(RV, pp. 149-151)

프롤레타리아계급은 계급투쟁의 활력을 되찾아야 한다고 주장하고 있습니다. 이런 구상이 바로 생디카 중심의 생디칼리슴으로 나타나게 됩니다. 생디카는 프랑스 노동 운동에서 노동조합의 일종이면서 노동조합과 구별되는 조직입니다. 또한 같은 직종의 사람들이 모여 형성된 이른바 동업조합corporation[12]과도 구별됩니다. 프랑스에서 생디칼리슴은 생디카와 지역별 '노동회관Bourse du Travail' —'노동 거래소'라고도 합니다— 을 중심으로 발전했습니다.

소렐을 포함해 생디칼리슴을 옹호하는 사회주의자들은 이 조직을 현재의 투쟁 기구이자, 미래의 혁명 이후 새로운 사회를 건설하는 기반으로 간주했습니다. 그러면서 그들은 노동 현장, 즉 생산 현장을 중심으로 노동자들의 직접 행동에 호소하면서 단결해 지금까지 궤도에 오르지 못했던 계급투쟁에 활력을 불어넣고자 했습니다. 이 같은 목적을 달성하기 위한 수단이 바로 총파업이며, 이 총파업의 기저에 놓여 있는 것이 다름 아닌 폭력 —생디칼리슴적 폭력(RV, p. 165)— 개념이라는 것이 소렐의 주장입니다. 이렇게 해서 소렐은 궁극적으로 혁명적 생디칼리슴으로 나아갑니다.

12 소렐과 거의 같은 시대를 살았던 뒤르켐은 사회주의 건설의 일환으로 '동업조합', 즉 '전문적 직업집단(groupe professionnel)'을 제시한다. 이 조직은 한 사회의 구성원들을 결속시키는 과정에서 과거의 국가와 종교집단보다는 강제력이 조금 약한, 하지만 과거의 가정과 같은 소규모 조직보다는 강제력이 조금 강한 조직의 한 예이다. 뒤르켐은 이처럼 국가의 통합을 깨뜨리지 않으면서 공동생활의 중심을 다양화할 수 있는 조직, 구성원들의 소속감을 극대화할 수 있는 조직을 바탕으로 이루어지는 이른바 '직업적 분권화(décentralisation professionnelle)'에 큰 기대를 걸고 있다. 소렐은 뒤르켐의 사회사상에 대해 찬사와 비난을 동시에 하고 있는 반면, 뒤르켐은 소렐의 사회사상에 대해서는 별다른 언급을 하고 있지 않다.

소렐은 총파업을 일종의 대규모의 전쟁으로 이해합니다. "오늘날 충동이 일어날 때마다 파업 노동자들은 '나폴레옹 전투bataille napoléonienne'(패자를 완전히 섬멸하는 전투)가 시작되는 것을 보길 바란다."(RV, 96) 마치 소규모의 전투가 대규모의 전쟁으로 이어지고, 그것을 통해 적을 섬멸해 가면서 완전한 승리를 거둘 수 있는 것처럼, 각개의 파업을 계기로 촉발되는 '총파업'을 통해 기존의 사회를 무너뜨리고 새로운 사회를 건설하는 것이 가능하다고 주장합니다. 물론 이 같은 총파업은 프롤레타리아계급이 호소하는 폭력에 의해 이루어집니다. 이 단계에서 소렐은 이 같은 총파업과 관련해 하나의 흥미로운 개념을 제시합니다. '신화mythe' 개념이 그것입니다.

실제로 소렐은 총파업을 수행하는 프롤레타리아계급의 운동을 고무시킬 수 있는 원동력에 주목합니다. 다시 말해 이 계급이 동원하는 폭력을 강화할 방안을 강구합니다. 물론 부르주아계급의 억압과 폭력이 있어야 하고, 그것도 프롤레타리아계급이 견딜 수 없는 아주 강한 억압과 폭력이 있어야만 할 것입니다. 그래야만 프롤레타리아계급의 분노, 저항, 반항이 최고조에 달할 수 있기 때문입니다. 하지만 소렐이 살았던 시기에 부르주아계급은 점차 쇠락의 길을 걷고 있었으며, 프롤레타리아계급은 부르주아계급이 베푸는 박애주의적인 시혜와 유혹에 빠져 타협하면서 투쟁 의지, 저항 의지, 곧 폭력 의지를 최대로 끌어 올리지 못하고 있는 상태였습니다(제5장 '정치적 총파업').

하지만 소렐에 의하면 프롤레타리아계급은 그런 의지를 최대로 끌어올려야만 한다고 주장합니다. 바꿔 말해 프롤레타리아계급은 폭력을 통해 부르주아계급에게 겁을 주면서 위협하고, 그렇게 함으로써 계급 감정을 일깨우고, 나아가 그것을 강화할 수 있다는 것입니다. 실제로 프롤레타리아계급은 이런 과정에서 부르주아계급과 더 뚜렷이 구분될 수 있고, 나아가 계급투쟁의 필요성을 되찾게 된다는 것이 소렐의 주장입니다. 이런 의미에서 소렐은 프롤레타리아계급의 폭력을 "혁명적 프롤레타리아의 영혼"(RV, p. 388)으로 규정합니다.

소렐은 이런 영혼을 신화 개념으로 이해합니다. 소렐은 프롤레타리아계급에 속하는 자들이 계급투쟁을 승리로 이끌기 위해 감행하는 그들 자신의 "전투의 이미지를 마음속에" 그려 본다고 주장하며, 또 이렇게 해서 그들의 "마음속에 자리 잡은 구성물"을 신화로 규정합니다(RV, p. 32). 이렇듯 소렐은 신화를 프롤레타리아계급이 계급투쟁에서 궁극적으로 완전한 승리를 거두고자 하는 일종의 "집단적 신념 체계와 같은 것"으로 보며, 또 이 신념을 "운동의 언어로 표현"한 것이라고 봅니다(RV, p. 47). 요컨대 소렐에게서 신화는 "결정적 투쟁을 맞이할 준비를 하는 인민 대중의 행동, 감정, 관념 등을 이해할 수 있게 해 주는" 근본적인 요소임과 동시에 그들의 투쟁, 저항, 폭력에 대한 "의지의 표현"(RV, 46)이라고 할 수 있습니다. 이런 이유로 소렐의 신화 개념은 "주지주의적 궤변sophisme intellectualiste"이라는 비난을 받기도 합니다(RV, p. 35).

그런데 소렐이 이 같은 신화의 가장 핵심적인 이미지로 제시하는 것이 바로 총파업입니다. 프롤레타리아계급이 단번에 계급투쟁에 참여해 부르주아계급을 물리치고, 부르주아계급이 세운 체제를 완전히 타파하는 것이 바로 총파업입니다.

> 총파업이란 그 안에 사회주의의 모든 것이 담겨 있는 '신화', 다시 말해 사회주의가 현대사회에 대항해 벌이는 전쟁의 다양한 표현에 해당하는 모든 감정을 본능적으로 떠올릴 수 있는 이미지들의 집합이다. … 개별 투쟁들의

쓰디쓴 기억에 호소하면서 총파업은 의식에 주어진 모든 투쟁의 상세한 요소들을 강력한 생명력으로 물들인다. 이렇게 해서 우리는 언어로는 완전히 명확하게 전달할 수 없는 사회주의에 대한 직관을 얻게 된다. 그러니까 우리는 순간적으로 포착된 전체 속에서 직관을 얻는 것이다. (RV, p. 182)

소렐에 의하면 총파업을 통해 낡은 사회가 완전히 파국을 맞이하고, 이어서 미래에 새로운 세계의 건설이 실현 가능한가를 묻는 것은 중요하지 않습니다. 또한 총파업이 어떤 방식으로 조직되어야 하는지, 나아가 총파업을 통해 건설될 미래 사회가 어떤 모습일지에 대해서도 큰 중요성을 부여하지 않고 있습니다. 그보다는 오히려 프롤레타리아계급의 계급투쟁의 의지가 계속적으로 고취되어 총파업에 돌입하는 것 자체가 중요합니다. 다시 말해 소렐에게 중요한 것은 프롤레타리아계급의 영웅적 행동을 촉발시킬 수 있는 계급투쟁에서 최종적이고 완전한 승리를 위해 모든 역량을 동원하게 할 수 있는 "전체로서의 신화 그 자체"입니다(RV, p. 180).

소렐은 파업을 기독교의 순교에 비교합니다. 순교자의 희생은 작은 사건에 불과하지만, 그로 인해 촉발된 신화를 통해 현실 세계에서 기독교도들이 온갖 박해를 견뎌 내고 마침내 승리를 거둘 수 있는 총체적인 힘으로 작용했다는 것입니다. 그와 유사하게 소렐에게서 파업은 분리된 개별적 사건이지만, 그럼에도 그런 파업들이 이어지면서 프롤레타리아계급이 부르주아계급과의 대전투에 돌입하기 위한 노동자들의 감정이 총파업 속에서 하나로 결집되게 됩니다. 소렐은 이런 힘을 바탕으로 부르주아계급과 전면전에 돌입하는 프롤레타리아계급의 임무를 "중요하고 엄청나며 숭고한 과업"이라고 지적하고 있습니다(RV, p. 202).

게다가 소렐에 따르면 총파업의 신화는 단지 경제적 차원에만 국한되지 않습니다. 이 신화는 프롤레타리아계급의 직접 행동을 통해 인간의 완전한 해방이라는 윤리적 차원도 겨냥하고 있습니다(제6-7장). 이렇듯 소렐은 프롤레타리아계급의 가장 강력한 투쟁 수단인 총파업을 궁극적으로 마르크스주의의 본질로 규정하는 데다 계급의식을 고취시킬 신화로도 규정하고 있습니다. 이것은 소렐이 마르크스주의를 과학적 진리인 것처럼 받아들이는 대신에 그것을 새로운 인간상을 추구하는 운동의 신화적 표현, 즉 일종의 무훈시로 간주하고 있다는 것을 의미합니다.

요컨대 사회주의 사상사에서 소렐의 독창적인 모습은, 그가 혁명적 생디칼리슴의 가장 강력한 무기인 총파업의 신화를 통해 마르크스주의를 단지 과학적 이론으로 해석할 것이 아니라, 오히려 그것을 폭력에 호소하는 프롤레타리아계급의 계급투쟁을 촉구하는 신화적 이론으로 해석해야 한다는 주장에서 찾아볼 수 있는 것으로 보입니다.

『폭력에 대한 성찰』의 옮긴이는 '옮긴이 해제'에서 다음과 같은 흥미로운 일화를 들려주고 있습니다.

> 1930년대 초 어느 해, 주불 러시아 대사와 이탈리아 대사가 거의 동시에 사후 10여 년 동안 거의 방치되어 있던 조르주 소렐의 묘에 기념비를 세울 것을 프랑스 정부에 제의했다. 20세기가 낳은 두 적대적 이데올로기인 공산주의와 파시즘의 공식 대표가 자기 나라 정치체제의 이념적 선구자로 소렐을 추모하고자 한 것이다. 이 기묘한 일화는 그 진위 여부에 관계없이 소렐이 끼친 사상적 유산의 복합성과 상충된 영향력을 잘 보여 준다. 말하자면 소렐의 사상은 폭력과 전쟁 그리고 이념 대립으로 물든 극단의 20세기를 수놓은 새로운 정치 이념들이 통과한 십자로와 같은 것이었다.[13]

앞에서 살펴본 것처럼 폭력의 찬미자, 폭력을 미화한 자 등과 같이 달갑지 않은 수식어가 따라붙곤 하는 소렐의 유일한 관심사는 모든 인간의 자유가 보장되고, 모든 인간이 인간다운 삶을 영위할 수 있는 사회의 정립 가능성에 대한 모색이었다고 할 수 있습니다. 소렐이 정통 마르크스주의, 개량적 마르크스주의, 혁명적 생디칼리슴, 극우파에 대한 동조, 반유대주의, 러시아 혁명에 대한 동조, 파시즘에 대한 동조 등 여러 국면을 거친 것은 사실입니다. 그로 인해 '수수께끼 같은 인물' '사상의 카멜레온' 등과 같은 칭호로 불리고 있기는 합니다.

그렇다고 해서 소렐을 학문적, 사상적 변덕쟁이로만 단정해서는 안 될 것입니다. 또한 독학을 했다는 이유로 비체계적이고 비논리적인 사상가로 규정해서도 안 될 것입니다. 소렐이 자신의 지적 이력에서 이런 지그재그 형태의 노선을 취했던 것은, 오히려 그가 처한 구체적인 현실에서 자신이 품었던 원대한 꿈, 즉 해방으로의 전진, 인간 및 사회의 해방에 조금이라도 도움이 될 만한 사상과 체제를 이해하고 정립해 추종하기 위함이었다고 할 수 있을 것입니다. 달리 말하자면 정답을 알고 있는 상태에서 정답에 이르는 여러 가지 풀이 방법을 고민했다는 것입니다. 물론 『폭력에 대한 성찰』에는 프롤레타리아계급의 폭력을 통한 계급투쟁과 이 투쟁의 역량을 강화하기 위해 도입된 총파업의 신화 개념에 대한 예찬이 대거 포함되어 있었습니다. 그 때문에 소렐이 많은 찬사와 비난을 한 몸에 받았던 것입니다.

이 책이 출간된 1908년으로부터 한참이 지난 현재, 이 책에서 개진되고 있었던 소렐의 폭력 예찬, 프롤레타리아계급의 계급투쟁, 총파업의

13 조르주 소렐, 『폭력에 대한 성찰』, 앞의 책, p. 401.(옮긴이 해제.)

신화 개념 등은 그 유효성을 상당 부분 상실했다고 해도 과언이 아닐 것입니다. 그럼에도 인간과 사회의 해방, 즉 우리 사회가 나아가는 방향에 대해 윤리적 성찰이 필요하다는 측면에서는 여전히 많은 생각거리를 주고 있는 듯합니다.

물론 소렐이 살았던 시대와 지금 우리가 사는 시대의 환경은 많이 다릅니다. 하지만 소렐이 '무력'으로 규정한 힘은 어떤 형태로든 여전히 존재하고 있습니다. 그리고 그 힘은 더 교묘하게, 더 은밀하게, 더 강하게 우리 주위에서 작동하고 있습니다. 이런 힘에 의해 이루어진 체제에 대해 우리는 과연 어떤 저항 및 투쟁을 생각하고 있고, 또 감행하고 있는가 하는 것은 여전히 우리를 불편하게 만드는 문제임에 틀림없습니다.

제6강

벤야민의 폭력론:

「폭력비판을 위하여」를 중심으로

6.1.
시작하며

지난 시간에 조르주 소렐의 『폭력에 대한 성찰』을 중심으로 그의 폭력론을 살펴보았습니다. 그 과정에서 벤야민이 소렐의 폭력론으로부터 적잖은 영향을 받았다는 사실을 언급한 바 있습니다. 실제로 벤야민은 「폭력비판을 위하여Zur Kritik der Gewalt」에서 소렐의 이름과 그의 저서를 언급하고 있고, 특히 프롤레타리아계급의 총파업에 대해 비중 있게 다루고 있습니다. 지난 시간에 살펴보았던 소렐의 폭력론을 떠올리면서 오늘은 벤야민의 폭력론을 살펴보고자 합니다.

주로 참고할 텍스트는 1921년에 발표된 벤야민의 「폭력비판을 위하여」입니다. 이 글에서 벤야민은 폭력의 본질과 실체를 법과 정의와의 관계 속에서 파악하고자 합니다. 이 글은 후일 데리다, 버틀러, 아감벤, 지젝 등의 폭력론에 영향을 미치기도 합니다. 벤야민의 여느 저작들과 마찬가지로 거의 비의적ésotérque이라고 할 수 있는 이 글을 따라가면서 그의 폭력에 대한 사유를 이해해 보고자 합니다. 그에 앞서 벤야민의 생애와 저작을 간단하게 요약하고자 합니다.

6.2.
벤야민의 생애와 저작

독일의 유대계 지식인 발터 벤야민Walter Benjamin(1892-1940)은 철학자, 문예평론가, 미학자로 유대 메시아주의와 유물론을 결합했다는 평가를 받고 있습니다. 벤야민이 지향하는 지점은 잊혀 가는 과거를 재구성하고, 그 과거에 어떤 희망이 있었는가를 탐구해 미래의 새로운 사회상을 구현하는 데 있다고 할 수 있습니다. 벤야민의 사상은 현대 철학의 여러 분야에 지대한 영향을 끼치고 있습니다.

벤야민은 1940년에 나치즘을 피해 미국으로 가려다 스페인 국경에서 자살합니다. 그로부터 20년 후인 1960년대부터 독일과 전 세계에서 이른바 벤야민 르네상스 현상이 일어납니다. 아도르노에 의해 편찬된 벤야민 전집의 출간도 그 계기 중 하나입니다. 하버마스는, 벤야민에 대해 찬성하는가 또는 반대하는가가 한 사람을 판단하는 하나의 기준이 된다고까지 말한 바 있습니다. 우리나라에서도 벤야민의 수용은 다양한 방면에서 활발하게 이루어지고 있습니다. 벤야민 선집이 '도서출판 길'에서 번역되어 있습니다.

벤야민은 1892년에 독일 베를린에서 태어났습니다. 전형적인 유대계 부르주아계급에 속했기 때문에 그의 집 형편은 여유가 있었습니다. 1차 세계대전을 피해 1917년에 스위스로 갔던 벤야민은 베른대학에서 1919년에 독일 낭만주의를 주제로 박사 학위를 받습니다. 벤야민은 베를린에서 알고 지내던 저널리스트 도라 조피 켈너Dora Sophie Kellner(1890-1964)와 결혼합니다. 벤야민이 경제적으로 여유가 없었기 때문에 도라가 생활비를 담당해야 했습니다. 두 사람은 그런저런 이유로 1930년에 이혼하게 됩니다. 그럼에도 도라는 나치의 등장으로 위기에 처한 벤야민을 구하기 위해 많은 노력을 했습니다.

1920년에 베를린으로 돌아온 벤야민은 학자의 길을 선택하고자 합니다. 하지만 1925년부터 준비한 교수자격 취득 논문 심사에서 탈락하게 됩니다. 이 논문이 후일 『독일 비애극의 원천』으로 출간됩니다. 그 이후에 벤야민은 어쩔 수 없이 문필가의 길로 접어들게 됩니다. 문필가로서 여러 매체에 글을 쓰면서 벤야민은 많은 사람들과 친분을 쌓게 됩니다. 블로흐나 브레히트, 아도르노 등이 그들입니다.

문필가로 생활하면서 벤야민은 프랑스, 이탈리아, 소련 등을 여행하며 식견을 넓힙니다. 파리 체류 중에는 프루스트의 『잃어버린 시간을 찾아서』를 독일어로 번역하기도 합니다. 이탈리아에서 파시즘의 등장을 목격하게 되는데, 특히 소련에서 체류하는 중에는 『모스크바 일기』를 작성하면서 마르크스 사상에 관심을 갖게 됩니다. 이는 벤야민의 사유에 유물론이 더해지는 계기가 되었다고 할 수 있습니다.

1932년에 히틀러가 수상이 되자 벤야민은 파리로 갑니다. 하지만 조국을 떠나 망명생활을 하는 것은 쉽지 않았습니다. 이때가 벤야민이 삶에서 가장 힘들었던 시기라고 할 수 있겠습니다. 1939년 2차 세계대전의 발발과 프랑스의 패배에 이어 나치가 계속해서 세력을 확장하던 1940년에 벤야민은 미국으로 가기 위해 스페인 국경을 넘고 있었습니다. 하지만 거기에서 끝내 붙잡히게 되고, 마지막 탈출의 희망을 잃은 벤야민은 자살을 택하게 됩니다.

벤야민의 저작 중 크게 관심을 끌 만한 것들은 다음과 같습니다.

「언어 일반과 인간의 언어에 대하여Über Sprache überhaupt und über die Sprache des Menschen」(1916)

「폭력비판을 위하여Zur Kritik der Gewalt」(1921)

『독일 비애극의 원천*Ursprung des deutschen Trauerspiels*』(1928)

「기술복제시대의 예술 작품Das Kunstwerk im Zeitalter seiner technischen Reproduzierbarkeit」(1935)

「역사의 개념에 대하여Über den Begriff der Geschichte」(1940)

『아케이드 프로젝트*Arcades Project*』(1982) 등등.

앞에서 언급한 대로 벤야민의 선집이 도서출판 길에서 10권으로 번역, 출간되어 국내 벤야민 연구에 많은 도움을 주고 있습니다.

6.3.
벤야민의 폭력론

1) 「폭력비판을 위하여」: 예비적 고찰

벤야민의 「폭력비판을 위하여」는 1921년에 발표된 글입니다. 이 시기는 벤야민이 베른대학에서 박사학위를 받은 지 2년, 도라와 결혼한 지 4년이 지났을 때입니다. 이 시기 이전에 벤야민은 주로 정치보다는 종교, 문학, 예술 등에 큰 관심을 가지고 있었습니다. 하지만 1차 세계대전을 전후해 시대 상황의 영향으로 정치에 대해 관심을 갖게 됩니다.

1차 세계대전, 1917년 러시아 혁명, 1918년 독일 혁명, 이 혁명에 뒤이은 빌헬름 2세의 네덜란드로의 망명, 1919년 바이마르에서 국민의회에 의한 새로운 헌법의 제정과 바이마르공화국 건립, 그 뒤로 이어진 극심한 독일 사회의 혼란 등 많은 사건이 1914년과 1919년 사이에 있었습니다. 이 시기를 관통하는 핵심어는 단연 폭력이라고 할 수 있을 것입니다. 전쟁, 제국주의, 식민지 개척, 군국주의, 혁명, 비밀경찰, 독점자본주의하에서의 소외 등등….

이런 상황에서 벤야민의 관심이 새로운 질서의 구상 쪽으로 기운 것은 당연하다고 할 수 있을 것입니다. 어쨌든 그는 이런 구상을 바탕으로 정치에 대한 몇 편의 글을 쓸 계획을 세웠고, 또 실천에 옮겼다고 합니다. 첫 번째 글이 바로 「폭력비판을 위하여」입니다. 두 번째 글의 제목은 「'삶과 폭력'에 대한 짤막하면서 매우 시의성이 있는 노트」로 알려져 있고, 총 2부로 구성된 세 번째 글은 1부에서 '진정한 정치가'의 문제를, 2부에서는 '진정한 정치'의 문제를 다룬 것으로 알려져 있습니다. 하지만 두 세 번째 글은 실종되었습니다. 「폭력비판을 위하여」는 1921년 8월에 『사회과학 잡지*Archiv für Sozialwissenschaften und Sozialpolitik*』(t. 47, 1920-1921, no 3, pp. 809-832)에 게재되었습니다.[1]

또한 「폭력비판을 위하여」와 관련해서 으레 다음과 같은 두 가지 사실이 먼저 지적되곤 합니다. 바로 이 글의 제목에서 사용되고 있는 '폭력'과

1 cf. 발터 벤야민, 「폭력비판을 위하여」, in 『〈역사의 개념에 대하여〉, 〈폭력비판을 위하여〉, 〈초현실주의〉 외』, 최성만 옮김, 도서출판 길, 2008, 79쪽, 주 1 참조.(이하 이 글은 「폭비」로 약기.)

'비판'이라는 용어의 의미가 그것입니다. 먼저 폭력으로 번역된 'Gewalt'의 의미를 보겠습니다.

앞에서 언급한 것처럼 독일어에서 이 단어는 여러 가지 의미로 사용됩니다. (공적)힘, 정당한 권력, 지배, 권위, 권능 등의 의미가 그것입니다. 어원적으로 보면 'violence'나 'Gewalt' 모두 '권능'이라는 뜻을 지닌 인도게르만어의 'val', '남자, 남편, 용사, 병사'를 의미하는 라틴어 '*vir*'나 '힘, 무력'을 의미하는 라틴어 '*vis*'와 무관하지 않습니다. 또한 'Gewalt'는 '지배하다, 관리·감독하다'의 의미를 지닌 'walten'에서 파생되었으며, 원래 '법'과는 무관하게 '힘' '능력' '권력'(라틴어 '*potestas*') 등의 의미를 띠고 있기도 합니다. 그런 흔적은 '삼권분립Gewaltenteilung' '국가 권력Staatsgewalt' 등과 같은 용어에서 볼 수 있습니다. 이때 'Gewalt'는 '권력' '권위' 등의 의미로 사용됩니다. 하지만 맥락에 따라 'Gewalt'는 '강제력'이라는 의미로도 사용됩니다. 어떤 연구자는 이 단어를 폭력보다는 중립적인 의미를 지닌 강제력으로 번역하고 있기도 합니다.[2] 여기에서는 폭력이라는 번역어를 사용하도록 하겠습니다.

그다음으로 '비판Kritik'이라는 용어입니다. 이 단어에는 우리가 일상어에서 사용하는 비판, 즉 누군가 또는 무엇인가를 부정적으로 비난하거나 평가하는 등의 그런 의미가 전혀 없습니다. 따라서 폭력비판은 부당한 폭력에 대한 비난이나 평가를 의미하지 않습니다. 이 단어는 칸트의 『순수이성비판』 등에서 사용된 비판의 의미와 같은 차원에서 이해되어야 합니다. 법의 본질에 해당하는 폭력의 실체와 그 행사, 적용 기준 및 영역에 대한 분석·고찰, 아울러 그 가치를 평가하기 위한 시도인 것입

2 cf. 문광훈, 『가면들의 병기창: 발터 벤야민의 문제의식』, 한길사, 2014, 375쪽, 주 1 참조.

니다. 다만 이런 시도에서 주목할 점은 벤야민이 폭력에 대해 줄곧 역사철학적 관점을 유지하고 있다는 것입니다. 다시 말해 벤야민은 법과 폭력에 대해 외부적인 시각, 즉 초월적인 관점을 요청하고 있습니다.[3] 이런 외부적인 시각을 요청하면서 폭력을 다루는 척도와 기준이 목적과 수단의 도식을 바탕으로 하는 법질서 속에 갇혀 있다는 점을 드러내고자 한 것입니다. 요컨대 법이 있는 한, 법이 지배하는 한 폭력은 제거될 수 없다는 것입니다. 뒤에서 보겠지만 법과 폭력의 내재적 고리를 끊기 위해 벤야민은 법 외부에 존재하는 순수한 폭력, 곧 '신적 폭력' 개념을 도입하고 있습니다.

2) 「폭력비판을 위하여」의 과제

> 폭력비판이라는 과제는 그 폭력이 법과 정의와 맺는 관계들을 서술하는 작업으로서 돌려서 말할 수 있다. 왜냐하면 어떤 원인이 어떻게 작용하든 간명한 의미에서의 폭력이 되는 것은 그 원인이 윤리적 상황에 개입할 때에야 비로소 가능하기 때문이다. 이 관계들의 영역은 법과 정의의 개념으로 지칭된다. (「폭비」, 80쪽)

이 부분은 「폭력비판을 위하여」의 도입부입니다. 이 부분에서 벤야민은 이 글을 쓴 의도를 밝히고 있습니다. 벤야민은 폭력을 그 자체로 고찰하고자 하는 것이 아니라 '관계' 속에서 이해하고자 합니다. 왜냐하면 어떤 행동이 폭력이 되기 위해서는 그것이 "윤리적 상황"에 개입해야 하기

3 이런 시각은 데리다에 의해 비판되고 있다. 이 점에 대해서는 다음 시간에 살펴볼 것이다.

때문입니다. 그 관계가 정립되는 곳이 바로 '법'과 '정의'의 영역입니다. 그러니까 벤야민은 법과 정의의 차원에서 폭력을 어떻게 볼 것인가, 법이 갖는 강제력이 폭력의 성격을 가질 경우 그 강제력은 어디에서 근거를 확보하는가 등을 묻고자 한 것입니다. 한마디로 법의 정당성 문제에 대한 탐구라고 할 수 있습니다.

위의 도입부에서 한 가지 짚고 넘어가야 할 부분이 바로 윤리적 상황입니다. 여기에서 윤리적 상황이란 칸트적인 의미에서의 '도덕성Moralität', 즉 추상적·형식적·보편적 도덕보다는 오히려 헤겔의 '윤리적 삶ethical life', 즉 가족·시민사회·국가에서 이루어지는 인륜성Sittlichkeit과 관련이 있다고 할 수 있습니다.[4] 이렇게 해서 벤야민의 폭력비판은 공동체에서 이 폭력이 법과 정의와 맺는 관계 속에서 이루어집니다. 다시 말해 벤야민은 자연의 힘이나 자연의 폭력이 아니라 사회, 궁극적으로는 국가의 차원에서 발생하는 폭력에만 관심을 갖게 됩니다.

그런데 법질서의 가장 원초적인 관계는 "목적과 수단의 관계"이고, 또 "폭력은 목적의 영역이 아니라 우선 수단의 영역에서" 찾을 수 있습니다(「폭비」, 80쪽). 이처럼 폭력이 수단이라면, 거기에서 다음과 같은 문제가 나타나게 됩니다. 즉 이런 폭력이 정당한 목적을 위한 수단이냐, 아니면 부당한 목적을 위한 수단이냐 하는 문제가 그것입니다. 이 경우에 목적을 판단하는 기준이나 척도가 있다면 문제는 쉽게 해결될 것입니다. 하지만 벤야민은 목적과 수단의 체계에서도 그 기준이나 척도는 없으며,

4 법철학에서는, 칸트가 순수한 내적 도덕 감정이 법 논리에 앞선다는 견해를 가지고 그것이 법의 근원이 된다고 보고 있는 데 반해, 헤겔은 현실의 인간과 사회 공동체 속에서 움직이는 이성이 자체 발전을 이루어 실정화됨으로써 법적인 존재 형식을 가지고 효력을 발휘한다고 보고 있다.

오직 폭력이 사용된 예들에 대한 기준만이 있을 뿐이라고 말합니다. 그런 만큼 "폭력이 일반 원칙으로서, 심지어 스스로 정당한 목적들을 위한 수단으로서, 윤리적이냐는 물음은 여전히 열린 채로 있는 셈"(「폭비」, 80쪽)입니다.

이 문제를 해결하기 위해 벤야민은 폭력에 대한 두 가지의 법철학적 입장을 제시합니다. '자연법'과 '실정법'이 그것입니다. 우선 자연법에서는 정당한 목적을 위해 폭력적 수단을 사용하는 데 전혀 문제가 발생하지 않습니다. 자연법론에서 폭력은 자연적으로 주어진 것, 곧 "자연적 소산으로 말하자면 원료와 같은 것"이며, "그것을 사용하는 사람들이 폭력을 부당한 목적을 위해 남용하지 않는 한 문제될 것"이 없습니다(「폭비」, 81쪽). 요컨대 자연법론에서는 모든 수단이 정당화될 수 있습니다.

벤야민은 자연법론적 관점에서 폭력의 정당화의 예로 프랑스 혁명에서 자행된 테러리즘을 들고 있습니다. 프랑스 혁명 당시 국민공회를 주도한 자코뱅파와 그 지도자 로베스피에르가 주도한 공포정치가 그 자체로는 자유와 평등 그리고 박애라는 혁명의 이념을 실현하기 위해 행해졌습니다. 자유, 평등, 박애의 구현이라는 정당한 목적을 위해 급진적인 혁명 지도자들은 수많은 반혁명 분자들과 혁명 동지들까지 단두대의 이슬로 사라지게 만드는 끔직한 폭력을 사용했습니다. 그런데 자연법적 관점에서는 이런 폭력도 정당화됩니다.[5] 이렇듯 자연법론은 모든 현존하

5 벤야민은 자연법의 관점에서 행해지는 정당한 폭력의 또 다른 예를 들고 있다. 가령, 스피노자가 『신학정치론』에서 자연법에 따라 "개인은 스스로, 그리고 이성에 맞는 계약을 체결하기 전에, 그 자신이 사실적으로 지닌 모든 임의의 폭력을 법적으로도 행사한다"고 한 주장과, "자연선택 이외에 폭력만 자연의 원초적인 수단, 자연의 모든 생명체와 관련된 목적들에 유일하게 적합한 수단"으로 간주한 다윈의 생물학에서의 주장을 사례로 든다.(「폭

는 법을 그것의 목적에 대한 비판을 통해 판단할 수 있을 따름입니다(「폭비」, 80쪽).

그다음으로 실정법(법실증주의)의 입장입니다. 실정법론은 폭력을 역사적 산물로 여깁니다. 그러면서 모든 생성하는 법을 오직 그것의 수단에 대한 비판을 통해서 판단합니다(「폭비」, 82쪽). 실정법은 정의와 같은 추상적인 개념이 법질서의 근거로 사용될 수 없다고 봅니다. 그렇다고 실정법이 정의를 무시하는 것은 아닙니다. 다만 그 정의를 구현하는 폭력이 적법한가를 묻습니다. 자연법에서와는 달리 폭력이 정당한 목적에 사용되는가 하는 것이 중요하지 않습니다. 실정법에서 중요한 것은 오히려 폭력이라는 수단이 법의 범주 안에서 행사되는가 하는 점입니다. 벤야민은 이렇게 말하고 있습니다. "정의가 목적들의 기준이라면 적법성이 수단들의 기준이다."(「폭비」, 82쪽)

벤야민은 이처럼 자연법과 실정법의 입장을 제시한 후에, 이 두 입장이 대립됨에도 불구하고 "공통된 도그마"에 "수렴"된다고 보고 있습니다.

> 그러나 이러한 대립에도 불구하고 두 학파는 공통된 기본 도그마에서 수렴하는데, 즉 정당한 목적들은 정당화된 수단들을 통해 달성할 수 있고, 정당화된 수단들은 정당한 목적들에 사용될 수 있다는 것이 그것이다. 자연법론은 목적의 정의(정당성)를 통해 수단을 '정당화'하려고 노력하며, 실정법은 수단의 정당화함으로써 목적의 정당성을 '보증하려고' 노력한다. (「폭비」, 82쪽)

비」, 81-82쪽.)

하지만 벤야민은 자연법론과 실정법론 사이의 이 같은 공통된 도그마에도 불구하고, 두 법질서 사이에 "이율배반"[6]이 발생할 수 있다고 봅니다(「폭비」, 82쪽). 즉 정당한 목적과 정당한 수단이 서로 부합하지 않을 때 이율배반이 발생합니다. 벤야민은 목적과 수단에서 각각의 독립적인 기준이 마련되지 않는 한, 이 문제를 해결할 방법이 없다고 주장합니다. 그러고 나서 벤야민은 목적의 영역과 정의의 기준에 대한 물음은 연구에서 배제하고, 폭력을 이루는 일정한 수단들의 정당화에 대한 물음만을 주요 연구 과제로 삼고 있습니다(「폭비」, 82-83쪽). 그 까닭은 "실정법이 목적의 무조건성에 대해 맹목적이라면, 자연법은 수단의 조건성에 대해 맹목적이기 때문"입니다(「폭비」, 83쪽).

3) 폭력의 구분

인정된 폭력과 인정받지 못한 폭력

이처럼 폭력의 정당성 문제를 다루기 위한 정지整地 작업을 한 후에, 벤야민은 실정법론을 폭력비판의 출발점에서 가설적인 토대로 수용하면서 폭력을 구분합니다(「폭비」, 83쪽). 그 첫 번째는 역사적으로 인정된 폭력과 역사적으로 인정받지 못한 폭력의 구분입니다. 벤야민에게서 전자는 "승인된 폭력"이고, 후자는 "승인되지 않는 폭력"입니다(「폭비」, 83쪽). 어떤 폭력이 역사적으로 인정받았다는 것은 곧 실정법 차원에서 그 폭력

6 '이율배반'은 논리적으로도 사실적(事實的)으로도 동등한 근거가 성립하지만 양립할 수 없는 모순된 두 명제의 관계를 뜻한다. 이율배반을 정밀하게 검토해 보면, 두 명제 각각 일면에서만 옳은 경우가 많으며, 드물게는 두 명제 모두 그릇된 경우도 있다.

이 적법성을 보증받았다는 것을 의미합니다. 따라서 이 구분은 적법한 폭력과 적법하지 않은 폭력의 구분으로 이해될 수 있습니다. 이를 달리 표현하자면 합법적 폭력과 불법적 폭력의 구분이라고 할 수 있을 것입니다.

이 단계에서 두 가지 질문이 제기됩니다. 어떤 폭력이 적법하고 승인된 합법적 폭력이고, 어떤 폭력이 그렇지 못한 폭력인가의 질문이 그것입니다. 또한 이런 구분이 폭력의 본질에 어떤 결과를 가져오는가 하는 것입니다. 자연법론적인 논리, 즉 정당한 목적을 위한 폭력이 전자에 속하고, 부당한 목적의 폭력이 후자에 속한다는 단순한 논리는 이 문제에 대한 충분한 답이 되지 못합니다. 모든 폭력에 대해 실정법론은 그 역사적 기원에 대한 증명을 요구하며, 또 그 증명이 일정한 조건하에서만 폭력의 적법성과 승인을 획득한다는 것이 벤야민의 주장입니다(「폭비」, 84쪽). 그런 만큼 폭력에 대해 사람들이 근본적으로 그 목적에 저항 없이 순응하는지의 여부, 즉 폭력을 사용하는 목적에 대해 어떤 일반적인 역사적 인정이 있었는지의 여부가 위의 두 폭력을 가르는 기준이 될 것입니다(「폭비」, 84쪽). 이런 의미에서 벤야민은 법에 대한 역사적 고찰만이 폭력의 적법성 여부를 가늠할 기준을 제시해 줄 수 있다고 봅니다. 그렇기 때문에 "폭력에 대한 비판은 폭력의 역사에 대한 철학"이라는 벤야민의 주장이 성립합니다(「폭비」, 115쪽).

이렇게 해서 벤야민은 실정법을 토대로 이루어진, 폭력의 종류에 대한 논의를 그 당시 유럽의 구체적인 상황을 고찰하면서 심화시키고자 합니다. 유럽에서 실정법은 개인의 폭력을 금지시키고 있습니다. 다시 말해 법은 되도록 폭력을 자기 수중에 두고자 합니다. 그러니까 폭력을 독점하고자 했던 것입니다. 벤야민이 살던 시대에서 볼 수 있었던 "유럽의 입법 상황의 일반적 준칙"이란 "개인의 모든 자연적 목적들은 그것이 다소 큰 폭력을 가지고 추구된다면 법적 목적들과 충돌을 피할 수 없다는 점"이었습니다(「폭비」, 85쪽). 이런 충돌을 피하기 위해 실정법은 자연적 목적들이 지나친 폭력성을 통해 추구되자마자 법적 목적들을 통해 그것을 제한하고자 합니다(「폭비」, 85쪽).

가령, "교육적 처벌권의 한계에 대한 법"이 좋은 예입니다(「폭비」, 85). 한 인간의 성장 과정에서 교육이 담당하는 역할을 고려해 보면, 교육의 목적은 자연적 목적에 가까울 것입니다. 그런 만큼 법은 일정 정도의 폭력(피교육자에 대한 교육자의 약한 처벌 등)을 허용할 수 있을 것입니다. 이런 폭력은 법에 의해 승인된 합법적인 폭력입니다. 하지만 피교육자에 대한 지나친 구타 등과 같은 폭력(승인받지 못한 폭력, 적법하지 못한 폭력)은 법에 의해 제한되고 있습니다. 왜냐하면 이런 폭력의 사용은 피교육자의 정신과 신체를 훼손해서는 안 된다는 법적 목적에 위배될 수 있기 때문입니다. 또한 가벼운 처벌을 인정하는 교육자의 처벌권을 규정한 법을 무너뜨릴 수 있을 것입니다. 따라서 교육자의 처벌권에 한계를 규정한 법은 교육자 개개인의 수중에 놓여 있는 폭력(즉, 법 외부에 있는 폭력이자 인정받지 못한 폭력)을 법(즉, 교육자의 처벌 한계법)으로 제한하는 것입니다. 이것은 교육자의 처벌권에 한계를 규정한 법이, 과도한 폭력을 행사하는 교육자가 스스로 이 법을 무효화하고 새로운 법정립 주체가 되는 것을 막는 데 의미가 있다고 할 수 있습니다.

방금 지적한 교육자의 처벌 한계법의 예에서는 이 교육자의 과도한 구타(법 외부에 존재하는 폭력) 등으로 인해 이 법을 정립한 주체, 즉 국가가 위험에 빠질 우려는 거의 없다고 할 수 있습니다. 다시 말해 그 우려가 개인적인 차원에 머문다고 할 수 있습니다. 하지만 국가가 인정하고 승인한 폭력으로 인해 이 국가 자체가 위험에 직면할 수 있는, 아니 국가 스스로 그렇다고 판단하는 경우가 있을 수 있습니다. 다시 말해 법적 상황의 객관적인 모순(「폭비」, 88쪽)이 표출될 수 있습니다. 이 경우에 국가는 법정립 주체로서만이 아니라 정립된 법을 관리, 감독, 보존하는 주체로서의 역할을 담당할 수도 있을 것입니다. 실제로 벤야민의 논의에서 인정된 폭력과 인정받지 못한 폭력의 구분은 다음에 살펴볼 '법정립적 폭력'과 '법보존적 폭력'의 구분과 밀접하게 연결되어 있습니다.

법정립적 폭력과 법보존적 폭력

벤야민은 인정된 폭력과 인정받지 못한 폭력의 구분을 위해 교육자의 처벌 한계법에 이어 '대大범죄자' '파업권' '전쟁법' 등을 예로 들면서 법정립적 폭력과 법보존적 폭력의 구분에 대한 논의로 넘어갑니다. 그 과정에서 법은 폭력과 분리될 수 없음을 드러내고 있습니다. 그리고 이 두 폭력의 구분을 끝까지 유지하려 하지만, 결국 이 두 폭력의 착종錯綜이 드러나게 됩니다. 다음 시간에 살펴보겠지만 데리다는 이 점을 날카롭게 지적하면서 비판하고 있습니다.

먼저 대범죄자의 예를 보겠습니다. 벤야민은 극악무도한 죄(승인받지 않는 폭력, 불법적 폭력)를 저지른 대범죄자가 종종 민중에게 "은밀한 경탄"을 불러일으키는 경우가 있다고 봅니다(「폭비」, 86쪽).[7] 이 대범죄자를 처형하는 법은 폭력에 기초합니다. 이것이 바로 승인된 폭력, 합법적 폭력

---

7 이런 예로 우리는 장길산, 홍길동 등을 제시할 수 있을 것 같다. 실제로 그들은 법을 어기고 있는 상황이지만, 많은 사람이 그들을 '의적(義賊)'이라는 미명하에 흠모하고 따르기도 한다는 것을 생각해 보자.

입니다. 이 폭력은 당연히 법정립적 성격과 무관하지 않습니다. 그도 그럴 것이 이런 법이 애초에 정립되지 않았다면 이 대범죄자를 처벌할 수 없었을 것이기 때문입니다.

또한 이 대범죄자를 처벌하는 법은 법보존적 성격도 갖습니다. 왜냐하면 대범죄자의 폭력은 기존의 법을 위협할 수 있고, 또 그 법에 두려움을 줄 수도 있기 때문입니다. 다시 말해 이 대범죄자의 폭력이 기존의 법을 파괴하고 새로운 법의 정립 주체가 될 수도 있기 때문입니다. 하지만 여기에서는 다음과 같은 점에 주목해야 할 필요가 있습니다. 즉, 기존의 법이 대범죄자를 처벌해 그로 인해 생길 수 있는 두려움을 완전히 제거하는 것은 정의 수호라는 법적 목적 때문이 아니라 오히려 법 자체를 보존하고 지키기 위함이라는 사실이 그것입니다(「폭비」, 86쪽).

벤야민에 의하면 이처럼 법 자체를 보존하려는 특징은 노동자들에게 보장된 파업권의 형태로 계급투쟁에서도 여실히 드러납니다. 하지만 이 경우에는 법적 상황의 객관적인 모순 속에서 나타납니다. 다시 말해 법으로 인정된 폭력이 역으로 이 법을 위협하는 요소가 되는 경우가 발생할 수 있습니다. 벤야민은 "조직된 노동자계급"이 "오늘날 국가 이외에 폭력에 대한 권리를 인정받고 있는 유일한 법적 주체"라고 봅니다(「폭비」, 86쪽). 국가는 노동자들에게 파업권, 곧 그들이 일정한 목적을 관철하기 위해 폭력을 사용할 권리를 부여합니다(「폭비」, 86쪽). 이것은 국가가 그들에게 인정해 준 적법한 폭력입니다. 하지만 국가의 이해관계와 노동자들의 이해관계가 정면으로 충돌할 수 있습니다.

노동자들이 벌이는 "혁명적인 총파업"이 그 좋은 예입니다(「폭비」, 86쪽). 노동자들의 파업권은 어떤 법을 수행하면서 그들이 취하는 태도 역시 특정한 조건에서는 폭력으로 불릴 수 있다는 것을 보여 줍니다(「폭비」,

88쪽). 노동자들은 파업권을 행사하면서, 즉 승인된 폭력을 통해 자신들의 이익을 최대한 도모할 것입니다. 하지만 문제는 노동자들이 일체 단결해서 국가를 위험에 빠뜨릴 상황에 이르게 할 수도 있다는 데 있습니다. 아니, 국가가 그렇다고 판단할 수도 있습니다. 이때 국가는 과격해진 노동자들의 총파업을 불법적인 폭력이나 위협적인 폭력으로 선언할 수 있습니다. 만일 노동자들이 이런 폭력에 입각해 기존의 법질서를 파괴한다면, 그들은 새로운 법질서를 세울 수도 있을 것입니다. 다시 말해 그들이 법정립적 폭력의 주체가 될 수 있는 것입니다.

하지만 기존의 법은 노동자들의 수중에 있는, 이 같은 새로운 법정립을 가능케 하는 폭력을 법질서 외부에 두지 않고 흡수하려고 할 것입니다. 그러면서 기존의 법을 강화시키고 또 현재의 법질서를 유지하려고 할 것입니다. 이처럼 노동자들의 파업권을 보장해 주는 동시에 그들의 총파업을 통해 드러나는 폭력을 불법적 폭력으로 판단하고 그것을 제한하고자 하는 법은, 기존의 법질서를 보존하고 유지하는 성격, 곧 법보존적 성격을 가지고 있습니다.

벤야민은 파업권에 이어 전쟁권(전쟁법)에서도 이런 법정립적 폭력과 법보존적 폭력의 모습이 드러난다고 말하고 있습니다(「폭비」, 89쪽). 전쟁을 치르는 국가는 영토, 재산, 국민을 지키고 승리를 거두기 위해 모든 노력을 경주해야 합니다. 그런 만큼 이 국가의 법적 주체들은 폭력을 승인하게 되고, 승인하는 법적 주체들에게는 그 폭력의 목적이 자연적 목적으로 남아 있으며, 그렇기 때문에 법적 주체 자신의 법적 목적이나 자연적 목적과는 심각한 경우 갈등관계를 빚을 수 있습니다(「폭비」, 89쪽). 예컨대 전쟁 중에 사람들이 자신들의 의사와는 상관없이 강제로 동원되어야 하는 경우가 거기에 해당합니다.

이렇듯 전쟁 당사국은 비싼 대가를 지불해야 하기 때문에 승리했을 경우에 패전국에게 이 승리에 대한 승인을 요구하게 되고, 또 언제나 관례적으로 평화를 요구합니다(「폭비」, 90쪽). 가령, 승전국이 패전국에 부과하는 전쟁 배상금 등을 생각해 보시기 바랍니다. 벤야민에 의하면 이때 승리에 대한 패전국의 승인은 승전국에 의해 새로운 법이 정립되었음을 의미합니다. 이처럼 전쟁에서의 승리에 이어지는 폭력의 사용에는 법정립적 성격이 내재되어 있습니다(「폭비」, 90쪽).

하지만 전쟁에서 동원되는 폭력에는 단지 법정립적 성격만 함축되어 있는 것이 아닙니다. 벤야민에 의하면 거기에는 오히려 법보존적이라고 부를 수 있는 성격도 함축되어 있습니다. 이런 사실을 증명하기 위해 벤야민은 "군국주의"를 예로 듭니다(「폭비」, 91쪽). 벤야민에 의하면 군국주의란 국가의 목적을 위한 수단으로 폭력을 보편적으로 사용하게끔 하는 강요입니다(「폭비」, 91쪽). 이런 강박은 단순히 전쟁에서 승리한다는 자연적 목적을 위해 사용되는 폭력에서 보는 것과는 전혀 다른 기능, 즉 법적 목적을 위한 수단으로 폭력을 사용합니다(「폭비」, 91쪽).

전쟁을 치르거나 또는 전쟁을 준비하면서, 군국주의를 표방하는 나라에서 권력의 담지자들은 국민들로부터 모든 것을 강제로 동원하고 탈취하고자 할 것입니다. 즉 국민들을 국가의 이익이라는 명목으로 희생시키고자 합니다. 이를 위해 이 나라에서는 전쟁법을 새로이 정립하거나(법정립), 또는 그것을 강화하여 유지하고자 할 것(법보존)입니다. 이 나라 국민 중 일부, 가령 평화주의자들이 이런 법과 현실을 막무가내로 무시하면서 무정부주의적 태도로 비판해 보았자 아무런 소용이 없을 것입니다(「폭비, 92쪽). 인간을 수단이 아니라 목적으로 대해야 한다는 정언명령에 기초한 도덕 준칙을 내세운다고 해도 말입니다. 이 나라에서는, 전쟁의 빌미로 제정된 법은 어떤 운명적 질서를 재현하고 또 그것을 보존한다고 주장할 것입니다(「폭비」, 93쪽). 이렇듯 전쟁법, 특히 군국주의를 표방하는 나라의 전쟁법은 법정립적 폭력과 법보존적 폭력의 성격을 동시에 지니고 있습니다.

어쨌든 벤야민은 가능하면 법정립적 폭력과 법보존적 폭력을 엄격하게 구분하고자 합니다. 하지만 위의 예에서 보듯이 이 두 종류의 폭력은 서로 밀접하게 연결되어 있어 구분이 잘 안 됩니다. 벤야민은 이 같은 착종 현상을 형법(사형제도), 근대사회의 경찰제도 등과 같은 국가적 폭력과 폭력 기구들을 통해 더 자세하게 검토하고 있습니다. 그에 의하면 사형은 그 의미가 범법 행위를 처벌하는 데 있는 것이 아니라 새로운 법을 정립하는 데 있기 때문에 법보존적인 동시에 법정립적이라는 성격을 지닙니다. 또한 경찰제도도, 이 같은 두 종류의 폭력이 사형제도에서보다 훨씬 더 뒤틀린 결합 속에서, 마치 유령 같은 혼합 속에서 현대 국가의 제도 속에 나타나는(「폭비」, 95쪽) 또 다른 권력기구라고 할 수 있습니다.[8]

벤야민은 이런 논의 끝에 폭력의 본질과 관련해 다음과 같이 주장합니다. "모든 폭력은 수단으로서 법정립적이거나 법보존적이다"(「폭비」, 96쪽)라는 주장이 그것입니다. 이것은 법의 근원에 폭력이 있다는 견해, 다시 말해 법과 폭력의 동근원성을 확인하는 것입니다. 이렇듯 벤야민은 폭력

8 차를 훔쳐 과속으로 달아나는 차를 잡기 위해서 규정 속도를 염두에 두지 않고 더 과속으로 추격하는 경찰의 예가 거기에 해당한다고 할 수 있다. 또한 경찰은 그 존재를 포착할 수 없으면서도 곳곳에 퍼져 있는 유령으로 출현하는 것과 마찬가지로 무형적인 권력을 행사한다. 치안 유지, 정보 수집 등의 이유로 사찰, 불법 도청, 불심검문 등을 감행하는 경찰을 생각해 보자. 이렇듯 경찰은 입법가는 아닐지라도 입법가로 자처한다. 다시 말해 경찰이 존재하는 곳에는 법정립적 폭력과 법보존적 폭력이 혼재해 있다.

을 법으로부터 분리하는 것은 불가능하다고 봅니다. 법은 폭력이고, 폭력은 법의 다른 얼굴입니다. 법은 폭력을 정당화합니다. 그렇기 때문에 어떤 법적 기관에서 폭력의 잠재적 현존에 대한 의식이 사라지면, 그 기관은 몰락한다는 벤야민의 주장이 도출되게 됩니다(「폭비」, 97쪽).

벤야민은 「폭력비판을 위하여」에서 폭력의 마지막 구분, 즉 '신화적 폭력'과 '신적 폭력'의 구분에 대해 설명하기에 앞서 다음과 같은 질문을 던지고 있습니다. 즉 인간들 사이에서 발생하는 갈등을 비폭력적인 방법으로 화해시키는 것이 가능한가에 대한 질문이 그것입니다. 벤야민은 이 질문에 대해 가능하다는 답을 하고 있습니다. 하지만 이 가능성은 개인 차원에 국한되어 있고, 또 국가가 행사하는 권력이나 폭력의 차원에서는 가능하지 않은 것으로 보입니다(물론 벤야민은 노동자들의 총파업을 신적 폭력의 일종으로 제시합니다. 또한 이런 수단이 모두 순수한 수단이라고 규정하고 있습니다만, 이 점에 대해서는 다른 의견도 가능할 것 같습니다). 개인 차원에서 제시된 벤야민의 답은 두 가지입니다. 하나는 개인들 사이의 관계가 사물을 통해 간접적으로 이루어진다는 것이고, 다른 하나는 의사소통, 즉 '언어'입니다(「폭비」, 99쪽). 두 번째 답에는 조건이 붙습니다. 진심에서 우러나오는 예의, 애정, 평화에 대한 사랑, 신뢰 등에 입각해서 의사소통이 이루어져야 한다는 조건이 그것입니다(「폭비」, 99쪽).

신화적 폭력과 신적 폭력

방금 벤야민에게서 법과 폭력은 분리될 수 없다는 사실을 지적했습니다. 법과 폭력은 법의 정립 단계, 법의 유지와 보존 단계에서 서로 착종되어 있으며, 이 착종된 내재적 고리는 결코 끊어질 수가 없습니다. 다시 말해 법이 존재하는 한 폭력은 제거될 수 없습니다. 이런 상황에서 벤야민은 이제 폭력에 대한 근본적인 해결책을 제시하기 위해 법과 폭력과의 착종을 분쇄할 방법을 모색합니다. 그리고 이 방법을 그리스 신화에서 신들의 세계를 참조한 신화적 폭력과 유대인의 신에게 영감받은 신적 폭력을 구분하는 데서 찾고 있습니다. 더 정확하게 말하자면 신적 폭력에 의한 신화적 폭력의 무효화에서입니다.

벤야민은 먼저 신화적 폭력을 니오베Niobe 신화를 통해 보여 주고 있습니다. 신화의 내용은 이렇습니다. 니오베는 테베의 여왕입니다. 니오베는 슬하에 14명의 자식(아들 7명, 딸 7명)을 두었습니다. 하지만 니오베는 겸손하지 못하고 매사를 뽐내고 다녔다고 합니다. 니오베는 제우스와의 사이에서 자식 2명만을 둔 여신 레토보다 자신이 더 훌륭하다고 거만을 떨었다고 합니다. 이에 화가 난 레토는 자기 아들과 딸인 아폴론과 아르테미스를 시켜 니오베에게 벌을 내리게 됩니다. 아폴론과 아르테미스는 니오베의 자식 14명을 모두 죽이게 됩니다. 니오베는 슬픔에 흐느끼다 바위로 변해 버렸다고 합니다.

벤야민은 이 신화에 주목했는데, 니오베의 자식들을 죽인 폭력을 신화적 폭력으로 규정하면서, 이것을 법정립적 폭력 또는 법질서 창설적 폭력으로 이해합니다. 벤야민은 이 신화적 폭력을 신들의 존재의 발현으로 이해합니다. 그리고 신들은 자신의 존재를 드러내고 과시하면서 그들과 인간 사이에 '경계'를 세웁니다(「폭비」, 109쪽). 이처럼 신들이 그들 자신과 인간 사이에 경계를 세운다는 것은 곧 그들의 법을 정립한다는 것이며, 또한 이것은 그들의 권력을 정립하는 것입니다.

니오베의 신화에서 핵심은 레토가 니오베를 살려 둔다는 데 있습니다. 그러니까 레토의 폭력은 니오베를 종속시키기 위한 위협으로서의 폭력임과 동시에 신들과 인간 사이의 경계 확정적 폭력, 권력 정립적 폭력인 것입니다. 이런 폭력은 법정립적 폭력의 성격을 띠게 됩니다. 또한 이런 세계에서 신들이 행사하는 직접적인 폭력은 인간에게 운명처럼 주어지게 됩니다. 그리고 이런 운명에 대한 인간의 도전은 허용되지 않습니다. 이것이 바로 신화적 폭력의 모습입니다.

그런데 벤야민은 이 같은 신화적 폭력에 신적 폭력을 맞세우고 있습니다. 방금 신화적 폭력이 신들의 법과 권력을 정립하는 원동력이라는 것을 보았습니다. 벤야민은 정확히 이런 법과 권력의 정립을 가능케 하고, 또 나아가 그것들을 보존케 해 주는 신화적 폭력은 배척되어야 마땅하다고 주장합니다. 물론 그 이유는 신들과 인간의 관계 가운데 발견될 것입니다. 그도 그럴 것이 이 같은 신들의 직접적 힘, 폭력에 의해 정립되고 보존되는 법에 의해 희생당하는 자들은 당연히 인간들일 것이기 때문입니다.

> 그러나 모든 신화적 폭력, 개입하여 통제하는 폭력이라고 불러도 좋을 법정립적 폭력은 배척해야 마땅하다. 그 폭력에 봉사하는 관리된 폭력이라고 할 수 있는 법보존적 폭력 역시 배척해야 마땅하다. (「폭비」, 116쪽)

하지만 이 같은 신화적 폭력을 배척해야 한다는 것은 당위적 차원에 그칠 공산이 큽니다. 실제로 인간이 신들과의 싸움 —이 싸움은 강자와 약자, 지배자 피지배자, 부르주아지와 프롤레타리아트, 다수와 소수 사이에 벌어지는 싸움에 대한 은유입니다— 에서 승리를 거둔다는 것을 상상하기 어려울 것이기 때문입니다. 이런 사실을 감안해서 벤야민은 법정립적 폭력과 법보존적 폭력 사이의 변증법적 부침浮沈, 즉 순환적 고리를 끊어 내는 모종의 장치를 구상하기에 이릅니다.

벤야민은 이것을 "국가 권력(폭력)"의 "탈정립"이라고 표현하고 있습니다(「폭비」, 116쪽). 다시 말해 '법'과 '폭력 및 권력' 사이의 분리 불가능한 순환 고리를 끊어 버릴 수 있는 장치의 고안을 염두에 두고 있는 것입니다. 요컨대 벤야민은 법과 폭력 및 권력의 문제는 법내재적 차원에서는 해결될 수 없고, 이 문제에 대한 근본적이고 초월적인 성찰, 즉 법 외부적 차원에서의 성찰의 필요성이 대두된다는 것을 제시하고 있는 것입니다.

이 수준에서 다음과 같은 질문이 자연스럽게 제기됩니다. 폭력과는 아무런 관계 없이 이런 법적 폭력, 곧 신화적 폭력을 넘어설 수 있는 순수한 영역을 보여 주는 장치가 가능한가, 가능하다면 그것은 무엇인가 하는 질문이 그것입니다. 이 질문에 대한 답이 바로 신적 폭력입니다. 벤야민에 의하면 신적 폭력은 신화적 폭력에 '중단'을 명할 수 있는 순수한 폭력으로 이해됩니다(「폭비」, 110쪽). 다시 말해 신적 폭력은 법과의 연관을 끊어 버린, 목적에 의한 정당화가 필요하지 않는 순수한 수단으로 이해됩니다.

> 모든 영역에서 신화에 대해 신이 맞서듯이 신화적 폭력에도 신적 폭력이 맞선다. 신화적 폭력이 법정립적이며 경계를 설정하고 죄를 부과하면서 동시에 속죄를 시킨다면, 신적 폭력은 법파괴적이고 경계가 없으며 죄를 면해 준다. 신화적 폭력이 위협적이고 피를 흘리게 한다면, 신적 폭력은 내리치는 폭력이고 피를 흘리지 않은 채 죽음을 가져온다. 신화적 폭력은 희생을 요구하고 신적 폭력은 그 희생을 받아들인다. (「폭비」, 111쪽)

이렇듯 벤야민에게서 신적 폭력은 법정립적 폭력과 법보존적 폭력 사이의 변증법적 부침, 즉 그것들의 순환적 고리를 끊어내는 장치에 해당합니다. 다시 말해 신적 폭력은 국가 권력(폭력)을 탈정립할 수 있는 순수한 폭력의 최고 표현이자 참다운 의미에서 모든 것을 전복하는 혁명적 폭력이라고 할 수 있을 것입니다(「폭비」, 116쪽). 신화적 폭력은 인간을 법으로, 다시 말해 폭력으로 통제하고, 협박하고, 또 인간에게 죄를 부과하면서 그로 하여금 피를 흘리도록 하는 잔인한 수단적 폭력입니다. 바꿔 말해 신화적 폭력은 법과 폭력이 결합하여 탄생시킨 위협적인 폭력입니다. 하지만 그와 반대로 신적 폭력은 신화적 폭력 위에 정립된 법을 파괴해서 인간의 죄를 용서해 주고, 죽음이 필요한 경우 피를 흘리지 않게 해 주며, 궁극적으로는 인간을 구원에 이르게 해 줄 수 있는 최고의 정의와 정당성을 부여받은 합목적적 폭력입니다.

벤야민은 이런 신적 폭력을 『성서』「민수기」에 나오는 고라의 일화를 들어 설명하고 있습니다. 벤야민은 「민수기」 16장에서 신 야훼가 고라의 무리를 심판하는 것을 대표적인 신적 폭력의 예라고 주장합니다. 고라는 모세의 사촌이었는데, 무리를 지어 모세의 지도력에 반기를 들었습니다. 고라는 모세에게 모든 영광이 돌아가는 것을 질투했던 것입니다. 그런데 모세에 대한 반기는 곧 그에게 권위를 준 야훼에 대한 반역입니다. 모세가 야훼의 공정한 심판을 요청하게 됩니다. 그러자 땅이 갈라지고 불길이 솟아 고라의 일당이 한꺼번에 말살당하게 됩니다. 이것이 바로 신적 폭력입니다. 여기에서 중요한 것은 목숨을 구한 니오베와는 달리 고라는 땅의 갈라진 틈에 빠지고 그의 가족과 그가 속한 무리는 거기에 묻혀 버렸다는 점입니다.

신적 폭력은 벤야민의 폭력에 대한 사유에서 핵심적인 개념이라고 할 수 있습니다. 이 신적 폭력 개념에는 벤야민의 메시아주의적 사유가 함축되어 있다고 할 수 있습니다. 하지만 이 개념은 아주 모호합니다. 그로 인해 후일 데리다, 아감벤, 지젝 등에 의해 이 개념이 다양하게 해석되기도 합니다. 우리는 앞으로 이어지는 강의에서 데리다, 아감벤, 지젝 등의 해석을 차례로 살펴볼 예정입니다.

하지만 문제는 과연 이 같은 신적 폭력이 현실에서도 가능한가의 문제일 것입니다. 벤야민은 소렐의 『폭력에 대한 성찰』에서 제시된 프롤레타리아계급의 총파업을 신적 폭력의 하나로 보고 있는 듯합니다. 이런 이유로 벤야민은 소렐의 이 저서를 꽤 비중 있게 다루고 있습니다. 소렐은 『폭력에 대한 성찰』에서 정치적 총파업과 프롤레타리아계급의 총파업을 대립시키고 있습니다.[9] 정치적 총파업은 국가 권력 자체나 자본주의적 법질서를 건드리지 않으면서 몇몇 노동조건을 변화시키려는 것입니다. 하지만 그것은 국가의 한 질서에서 다른 한 질서로의 이행에 불과합니다. 벤야민은 이 같은 정치적 총파업에 관련된 폭력을 신화적 폭력과 같은 것으로 이해합니다.

9 벤야민이 소렐의 뒤를 이어 이 두 종류의 총파업을 대립시키는 것은 그 당시의 시대적 배경 때문인 것으로 보인다. 1917년에 러시아 혁명이 발발하자 그 여파로 1918년에 독일 혁명이 일어난다. 1차 세계대전에서 돌아온 병사들과 노동자들이 함께 소비에트를 만들고 봉기를 일으킨 것이다. 하지만 그때 다수파였던 사회민주주의자들은 권력을 장악하자(바이마르공화국 수립) 혁명을 더욱 밀고 나가 그것을 공산주의적 혁명으로 만들려고 했던 공산주의자들, 가령 룩셈부르크와 리프크네히트의 지도하에 있던 스파르타쿠스단을 무자비하게 진압한다. 룩셈부르크와 리프크네히트는 총살되고 그 시신은 강물에 던져진다. 공산주의자들은 이런 태도를 보인 사회민주주의자들에 대해 분노, 배신, 증오심을 품게 된다. 이것은 소렐이 『폭력에 대한 성찰』에서 드레퓌스 사건 이후에 정권을 장악한 의회사회주의자들이 프롤레타리아트를 배반한 것과 같은 맥락이다. 그로 인해 소렐은 블럼과 같은 정치인들을 사이비 정치인이라고 비난하고 있다. 벤야민 역시 소렐과 마찬가지로 노동의 외적 조건을 바꾸려는 정치적 총파업을 강하게 비난하면서 '국가 권력' 자체를 폐기하고자 하는 무정부주의적 총파업으로서의 프롤레타리아 총파업을 주장하고 있다.

그와 달리 프롤레타리아계급의 총파업은 국가 권력의 타도라는 유일한 과제를 맡게 됩니다(「폭비」, 102쪽). 벤야민은 소렐의 다음과 같은 주장, 즉 이 총파업은 모든 가능한 사회 정책이 낳을 모든 이데올로기적 결과들을 배제한다는 주장에 동의합니다(「폭비」, 102쪽). 또한 스스로 국가를 지양하고자 한다는 것을 선언함으로써 정복을 통해 얻을 물질적 이득에는 전혀 관심이 없다는 점을 아주 분명하게 드러냅니다(「폭비」, 101-102쪽).

이런 사실들은 그대로 프롤레타리아계급의 총파업이 순수한 수단이라는 것을 보여 줍니다. 이때 '순수한'이라는 형용사는 이 총파업이 물질적 이득을 배제함과 동시에 국가 권력의 파괴라는 유일의 목적을 겨냥하지만, 이 권력을 담지하고 유지하고자 하는 국가와 이 국가에 의해 시도된 법정립과 법보존과는 아무런 관련이 없다는 것을 의미합니다. 이런 의미에서 이 총파업은 무정부주의적이라고 할 수 있으며, 법파괴적이라고도 할 수 있을 것입니다. 아니, 더 근본적으로 모든 법의 외부에 있기 때문에 결코 법에 의해 포섭되지 않는다는 면에서는 비폭력적이라고도 할 수 있을 것입니다.

그럼에도 다음과 같은 사실에 주목해야 합니다. 설사 벤야민이 소렐의 총파업, 보다 구체적으로는 프롤레타리아계급의 총파업에 대해 동의한다고 해도, 그가 신적 폭력을 집중적으로 다루는 부분에서는 이 총파업에 대해 아무런 언급도 하지 않았다는 것입니다. 실제로 벤야민은 특정한 경우에 순수한 폭력이 언제 실제적으로 행해졌는지를 결정하는 것은 모든 사람에게 똑같이 가능하지도 않고 똑같이 시급하지도 않다고 주장합니다(「폭비」, 116쪽).

이것은 신적 폭력을, 그 당시에는 무어라 분명하게 말할 수 없는 폭력, 즉 폭력이 행해지는 그 순간에는 도무지 알 수 없는 폭력이라고 생각했다는 것을 의미한다고 할 수 있습니다. 이렇듯 신적 폭력은 인간에게 인식되는 것이 가능하지 않고, 인간에 의해 계획될 수도 없으며, 정해진 예정에 맞춰 인간에게 알려지지 않는다는 것을 의미한다고 볼 수 있습니다. 더군다나 벤야민은 프롤레타리아계급의 총파업에 의해 건설될 미래의 사회, 즉 국가 없는 사회의 모습을 구체적으로 제시하고 있지 않습니다. 다만 신적 폭력으로 국가 권력 및 국가 폭력을 내리치고, 그것들을 무효화시키며 탈정립시킴으로써 "새로운 역사시대의 토대"가 마련된다는 것을 강조하고 있을 뿐입니다.

지금까지 1921년에 발표된 「폭력비판을 위하여」를 중심으로 벤야민의 폭력론을 살펴보았습니다. 아주 난해하고 난삽하며, 거의 신비주의적이라고도 할 수 있는 그의 폭력론은 두 가지 점에서 그 의의를 찾아볼 수 있겠습니다.

우선 벤야민은 이 글에서 법이 정의를 구현하기 위한 수단이 아니라 그 자체가 하나의 폭력이라는 주장과 함께, 진정한 정의가 실현되기 위해서는 법과 무관한, 법을 넘어서는 또 다른 종류의 폭력, 즉 혁명적 폭력 또는 신적 폭력이 필요하다는 주장을 내세우고 있다는 사실입니다. 그리고 이런 주장을 통해 신화적 폭력, 곧 법정립적 성격과 법보존적 성격의 폭력을 폭발시킬 수 있으리라는 가능성이 제시되고 있습니다.

원래 벤야민의 사상은 형이상학적, 유대메시아주의적 사유, 곧 신학적 사유를 추구했던 초기 사유와 마르크스주의적 유물론에 입각한 후기 사유 사이의 단절과 지속으로 특징지어집니다. 그런데 우리가 살펴본 「폭력비판을 위하여」가 정치를 중개로 앞서의 두 단계가 연속성이 있음을 보여 주는 중요한 전거가 된다는 사실입니다. 어쩌면 벤야민의 전체 사유에서 정치가 역사에 우선한다는 주장을 증명해 주는 것이 바로 이 글이라고 할 수 있을 것으로 보입니다. 이 글은 얼핏 법의 근원에 놓여 있는 것이 폭력이라는 사실을 대전제로 하여, 제기되는 여러 법철학의 문제를 다루고 있는 것으로 보입니다. 물론 이런 문제가 이 글의 핵심 주제이기는 합니다. 하지만 이 글에서는 벤야민의 사상의 중요한 요소들, 가령 법, 정의, 언어, 신화, 운명, 종교 등과 같은 주제들이 응축되어 나타나 있습니다. 이런 의미에서 이 글은 벤야민의 초기, 후기 사유를 중개하고 있는 글이라고 할 수 있을 것입니다.

제7강

데리다의 폭력론:

『법의 힘』을 중심으로

7.1.
시작하며

오늘 강의에서는 해체철학자로 널리 알려진 데리다의 폭력론을 살펴보고자 합니다. 조금 더 구체적으로는, 데리다가 「폭력비판을 위하여」에 대해 쓴 글인 「벤야민의 이름Prénom de Benjamin」에서 행해지고 있는, 벤야민의 폭력론 해체의 주요 쟁점을 살펴보고자 합니다. 오늘 강의가 데리다의 폭력론 전체를 망라하는 것은 아니라는 사실을 먼저 말씀드리고자 합니다.

데리다는 서구 형이상학 전체가 '폭력'의 역사라고 보고 있습니다. '일자l'un'가 '타자들les autres'에게 가한 억압의 역사라는 것입니다. 데리다의 전체 사유에서 폭력론을 말할 수 있다면 바로 이런 역사와 밀접하게 관련이 있을 것입니다. 어쨌든 데리다는 '해체déconstruction'라는 방법적 도구를 통해 서구 형이상학에 대해 강력하게 이의제기를 하고 있습니다. 오늘 강의는 데리다 사유 전체에서 볼 수 있는 이런 폭력론과 밀접한 관계가 있습니다.

1921년에 발표된 벤야민의 「폭력비판을 위하여」는 처음에 벤야민 연구자들 사이에서 그다지 큰 주목을 받지 못했습니다. 지난 강의에서도 간단하게 말씀드렸지만, 벤야민의 초기 사유가 주로 문학, 미학, 철학, 종교 분야에 걸쳐 형성되다가 법, 정치 분야로 옮겨 가면서 일종의 단절의 느낌이 없지 않았기 때문입니다. 게다가 1차 세계대전 직후의 혼란한 독일, 사회 개혁에 대한 필요성이 급격히 대두되던 시점에서 명료하지 않고 낯선 개념들이 담긴 「폭력비판을 위하여」는 단연코 발표 당시에 큰 관심을 끌 수 없었습니다. 하지만 데리다가 벤야민의 「폭력비판을 위하여」에 주목하면서 연구 분위기가 크게 바뀌었고, 이 글에 대한 관심이 급증했다고 볼 수 있습니다.

벤야민의 「폭력비판을 위하여」에 대해서는 지난 시간에 개략적으로 살펴보았기 때문에, 오늘 강의에서는 이 글에 대한 데리다의 해체적 독해를 따라가면서 그가 내세운 주장을 중점적으로 살펴보고자 합니다. 데리다의 독해에서도 지난 시간에 우리가 보았던 내용과 맞닿는 부분이 있습니다. 데리다 글의 이해를 위해 어쩔 수 없이 반복되는 부분이 있으리라는 점을 미리 말씀드리고자 합니다.

7.2.
데리다의 생애와 저작

2019년에 한 선생님과 함께 데리다 평전을 번역해서 출간한 적이 있습니다. 브누아 페터스Benoît Peeters의 『데리다, 해체의 철학자』(그린비)입니다. 지금까지 나와 있는 데리다 평전 중 세계에서 가장 훌륭하다는 평가를 받고 있는 책입니다. 그때 '옮긴이 후기'에 이런 말을 쓴 적이 있습니다. 이 평전을 번역하면서 데리다에게 감정이입이 되어 한동안 헤어나지 못했다고 말입니다. 그것은 데리다가 알제리 출신 유대인인 까닭에 프랑스 지성계에서 숱한 배제와 무시, 즉 폭력을 경험했다고 여겨졌기 때문이었습니다.

자크 데리다Jacques Derrida는 1930년에 알제리에서 태어나 2004년에 프랑스에서 췌장암으로 세상을 떠났습니다. 데리다는 알제리에서 고등학교를 졸업하고 고등사범학교에 진학하기 위해 파리로 향하게 됩니다. 고등사범학교 입학시험과 어렵기로 정평이 나 있는 교수자격시험(철학 분야)에서 여러 차례 낙방하고 나서야 겨우 합격하지만 데리다는 프랑스대학 정교수 자리에 임명되지 못했습니다.

프랑스 지성계가 데리다를 극구 배척했다고 할 수 있습니다. 거기에는 여러 가지 이유가 있을 것입니다. 하지만 데리다가 알제리 출신 유대인이고, 또 너무 똑똑하다는 것이 큰 이유가 아니었나 싶습니다. 거의 같은 시기에 활동했던 푸코, 들뢰즈 등이 파리 지성계에서 융숭한 대접을 받았던 것과는 달리 데리다는 거의 배척을 당했다고 해도 과언이 아닙니다. 데리다가 파리의 성골聖骨들에 비해 이질적 존재 또는 이방인으로 여겨졌을 수도 있습니다.

이렇듯 데리다의 삶에는 이미 해체적인 요소들이 잉태되어 있었다고 할 수 있을 것 같습니다. 데리다의 삶의 변곡점은 단연 1966년에 미국 존스홉킨스대학에서 개최되었던 "비평의 언어와 인간과학"이라는 주제로 개최되었던 국제학술대회입니다. 지라르 등의 도움으로 성사된 이 학술대회에는 이폴리트, 라캉, 베르낭, 바르트, 골드만 등도 참여했습니다. 그 당시 프랑스에서 대유행이었던 구조주의를 미국에 알리기 위함이었습니다. 이 학술대회를 통해 가장 큰 수혜를 받은 자는 데리다였습니다.

그때 데리다는 「인문과학 담론에서의 구조, 기호 및 유희」라는 제목의 발표를 통해 해체 개념에 대한 프로그램을 제시해 일약 유명해지게 됩니다. 그 이후로 데리다는 프랑스와 미국을 오가며 강의를 합니다. 데리다는 미국에서 안락한 교수 생활을 할 수 있었습니다. 하지만 데리다는 그것을 거절했습니다. 그 주된 이유는 프랑스 철학과 교육에 대한 자존심이 아니었던가 합니다.

주지하다시피 데리다가 내세우는 해체철학의 쟁점은 서구의 형이상학을 관통하는 '로고스중심주의logocentrisme'의 내적 모순을 밝혀내는 것입니다. 이를 위해 데리다는 『그라마톨로지*De la Grammatologie*』(1967), 『목소리와 현상*La Voix et le phénomène*』(1967), 『철학의 여백들*Marges de la philosophie*』(1972) 같은 초기 저작들에서 플라톤, 루소, 소쉬르, 후설, 레비스트로스 등과 같은 서양의 주요 철학자들의 사유를 해체하고 있습니다. 데리다는 또한 생의 후반부에 '윤리적 전회'의 변곡점을 갖습니다. 『마르크스의 유령들*Spectres de Marx*』(1993), 『불량배*Voyous*』(2003) 같은 저작들을 중심으로 법, 환대, 용서, 이주자, 소수자 문제 등과 같은 현실적 문제들을 중심으로 새로운 윤리의 정립, 새로운 정의론을 주창하고 있습니다.

우리말로 번역된 데리다의 주요 저작은 다음과 같습니다.

『기하학의 기원*Introduction (et traduction) à L'origine de la géométrie de E. Husserl*』(1962)

『그라마톨로지』(1967)

『글쓰기와 차이*L'Écriture et la différence*』(1967)

『입장들*Positions*』(1972)

『에쁘롱 — 니체의 문체들*Eperons. Les Styles de Nietzsche*』(1972)

『시선의 권리*Droit de regards*』(2010)

『시네퐁주*Signéponge*』(1988)

『정신에 대해서*De l'esprit*』(1990)

『다른 곶*L'Autre cap*』(1991)

『마르크스의 유령들』(1993)

『법의 힘*Force de loi*』(1994)

『에코그라피*Echographies*』(1996)

『환대에 대하여*De l'Hospitalité*』(1997)

『불량배』(2003) 등등.

7.3.
『법의 힘』: 예비적 고찰

1) 구성

2004년에 우리나라에서 번역, 출간된 『법의 힘』(진태원 옮김, 문학과지성사)의 원본은 1994년에 프랑스 갈릴레Galilée 출판사에서 출간된 *Force de loi: Le "Fondement mystique de l'autorité"*입니다. 원본은 다음과 같은 내용으로 구성되어 있습니다.

Avertissement(일러두기)

I. Du droit à la justice(법에서 정의로)

II. Prénom de Benjamin(벤야민의 이름)

Post-scriptum(후기)

그리고 『법의 힘』의 우리말 번역본에 실린, 다음의 내용으로 구성된 '부록'은 옮긴이가 임의로 추가한 것입니다.

부록

폭력의 비판을 위하여(발터 벤야민)

독립선언들(자크 데리다)

용어해설

2) 서지사항

데리다 자신의 설명에 따르면 『법의 힘』을 구성하고 있는 부분의 서지사항은 다음과 같습니다. 조금 길지만 그대로 인용해 보겠습니다.

이 글의 1부인 「법에서 정의로」는 1989년 10월 카도조 법학대학원에서 '해체와 정의의 가능성Deconstruction and the Possibility of Justice'이라는 제목하에 드루실라 코넬Drucilla Cornell이 주최하고 철학자들, 문학이론가들, 법학자들(특히 미국에서 '비판법학Critical Legal Studies'으로 불리는 운동의 대표자들)이 참석한 컬로퀴엄의 개막 강연으로 읽었던 것이다. 2부인 「벤야민의 이름」은 거기에서 발표하지 못했지만, 텍스트는 참석자들에게 배포되었다.

이 강연 원고의 두 번째 부분은 이듬해 봄인 1990년 4월 26일, 로스엔젤레스 소재 캘리포니아대학교에서 사울 프리드랜더Saul Freidlander가 "나치즘과 '궁극적 해결책': 표상의 한계들에 대한 검토Nazism and the 'Final Solution': Probing the Limits of Representation"라는 제목으로 주최한 또 다른 컬로퀴엄의 개막 강연으로 읽었던 것이다. 이 두 번째 부분에는 '서문'과 '후기'가 추가되었는데, 이는 이 책에 포함되어 있다. 이 책에는 논문이나 책의 형태로 이전에 다른 나라 말로 출간된 글[1]에 몇몇 부연 사항과 각주가 추가되었다. (FL, pp. 9-10)

3) 배경

앞에서 보았듯이 『법의 힘』에 포함된 두 편의 발표문이 쓰인 시기는 1989-1990년입니다. 그런데 이 시기는 징후적이라고 할 수 있습니다. 1989년은 프랑스 혁명 200주년이 되는 해였습니다. 이때 프랑스는 이 혁명에서 기인한 긍정적 결과들을 높이 평가하면서 기념하는 분위기였습니다. 하지만 이해에 베를린 장벽이 무너졌습니다. 이는 20세기 내내 지속되었던 자유주의와 사회주의의 대립이 사회주의 진영의 몰락으로 끝났다는 것을 보여 주는 상징적인 사건입니다. 그런데 사회주의는 프랑스 혁명의 산물이라고 할 수 있습니다. 그로 인해 1989년은 법과 정치 등에 대한 기존 사고들의 검토와 새로운 문제 설정의 모색이 절실히 요구되는 시기였다고 할 수 있습니다.

거기에 더해 1989년을 전후해 하이데거의 나치즘 연루에 대한 논쟁이

---

1 처음에는 *Deconstruction and the Possibility of Justice*(Mary Quaintance tr., *Cardozo Law Review*, New York, vol. no 5-6, juillet-août, 1990)에 수록되고, 이후에는 *Desconstruction and the Possibility of Justice*(D. Cornell, M. Rosenfeld, D.C. Carson eds., Routledge, New York, London, 1992)에 수록되었으며, 마지막으로는 다음의 단행본 저서의 형태로 출간되었다. *Gesetzeskraft: Der "mystische Grund der Autorität"*, Alexander García Düttmann tr., Surkhamp, 1991.[Jacques Derrida, *La Force de loi: Le "Fondement mystique de l'autorité"*, Gallilée, coll. La philosophie en effet, 1994-2005, p. 10, note 1.(이하 이 책은 FL로 약기.)]

격렬하게 벌어지고 있었습니다. 데리다는 1960년대부터 하이데거에 대해 괄목할 만한 연구를 하면서 하이데거 철학에 큰 중요성을 부여하고 있었습니다. 결과적으로 데리다는 그 논쟁에 연루될 수밖에 없었습니다. 이런 상황에서 어떤 식으로든 자신의 정치적 입장을 제시해야 할 입장에 처하게 됩니다. 뒤에서 보겠지만 어쩌면 이런 이유로 데리다가 벤야민의 「폭력비판을 위하여」에서 제시된 신적 폭력 개념을 나치의 최종해결과 연결 짓게 되었을 수도 있습니다.

또한 데리다는 해체철학의 맹점으로 비난받아 온 윤리적 차원의 사유 결여에 대해 응수해야 하는 입장에 있기도 했습니다. 데리다는 해체철학으로 유명해졌습니다. 하지만 그의 해체론적 사유는 실천적이고, 정치적이고, 윤리적인 진지함은 없는 그저 니힐리즘적인 언어유희에 불과하다는 비난에 직면해 있었습니다.

이런 상황에서 데리다는 이른바 '윤리적, 정치적 전회conversion éthique, politique; ethical, political turn'를 통해 정치, 법, 폭력 등으로 관심을 돌렸고, 나아가 정의, 환대, 용서 등과 같이 해체가 불가능하다고 여겨지는 개념들에 대해 해체를 시도하면서 자기에게 가해진 비판을 불식시키고자 했습니다(FL, p. 14). 그런 시도 중 하나가 바로 『법의 힘』이라고 할 수 있으며, 이런 의미에서 이 책은 그의 지적 여정에서 하나의 변곡점에 해당한다고 할 수 있을 것입니다.

7.4.
벤야민의 「폭력비판을 위하여」에 대한 데리다의 해체적 독해

1) 이중의 어려움

데리다는 『법의 힘』에 실린 「벤야민의 이름」을 통해 벤야민의 「폭력비판을 위하여」에 대한 이른바 해체적 독해를 시도하고 있습니다. 그런 만큼 「벤야민의 이름」을 이해하는 것은 이중의 어려움을 동반합니다. 우선은 벤야민의 「폭력비판을 위하여」 자체에서 기인하는 어려움입니다. 우리는 지난 시간에 벤야민의 글이 지닌 비의적인 성향,[2] 즉 그 난해함을 직접 경험한 바 있습니다.

하지만 데리다 역시 난해함, 비의성, 현학성에서는 벤야민에 결코 뒤지지 않습니다. 철학과 문학을 오가는 자유분방한 문체, 언어유희, 수사법 등의 활용은 데리다의 저작을 직접 읽고자 하는 자들에게 절망을 안겨 주곤 합니다. 데리다는 현대판 소피스트로 여겨지기도 합니다. 「벤야민의 이름」도 예외는 아닙니다. 이 글의 난해성, 비의성, 현학성 역시 상당합니다. 여기에서는 이 글을 완전히 이해하려고 하기보다는 다음과 같은 핵심적인 내용만을 살펴보고자 합니다.

첫째, 벤야민이 법정립적 폭력과 법보존적 폭력을 구분하고 있음에도

2 데리다 역시 벤야민의 글을 "불안스럽고 수수께끼 투성이고 극히 다의적인(texte inquiet, énigmatique, terriblement équivoque) 텍스트"라고 본다.(cf. *Ibid.*, p. 67.)

불구하고, 이런 구분 자체가 모종의 '아포리아aporie', 즉 논리적 궁지에 빠져 있다는 점입니다. 둘째, 데리다가 벤야민의 신적 폭력에 의한 신화적 폭력의 무효화에서 나치의 최종 해결책을 떠올리고 있다는 사실입니다. 첫 번째 사실에 대해서는 연구자들 사이에서 별다른 이의가 없습니다. 하지만 두 번째 사실에 대해서 데리다는 아감벤 같은 학자들로부터 거센 비판의 대상이 되고 있기도 합니다.

방금 「벤야민의 이름」에서 데리다가 벤야민의 「폭력비판을 위하여」에 대한 해체적 독해를 하고 있다고 했습니다. 이 글의 내용을 잘 이해하기 위해서는 우선 해체라는 개념을 이해해야 합니다. 그다음에 이를 바탕으로 이루어진 이 글의 의의를 가늠할 수 있을 것입니다.

2) 해체와 정의正義

앞에서 데리다가 내세우는 해체철학의 쟁점은 서구의 형이상학을 관통하는 로고스중심주의의 내적 모순을 밝혀내는 것이라는 점을 언급했습니다. 또한 이를 위해 데리다는 초기에 플라톤, 루소, 소쉬르, 후설, 레비스트로스 같은 서양의 주요 철학자들의 사유에 대한 해체를 시도했고, 후기에는 법, 환대, 용서 등과 같은 개념들에 대한 해체를 시도했다고 언급했습니다. 이렇듯 해체는 데리다의 사유에서 가장 중요한 개념입니다. 물론 이 개념과의 연관 속에서 그 유명한 '차연différance'과 '산종dissémination' 등의 개념도 자리매김하게 됩니다.

그렇다면 해체는 어떤 개념일까요? 이 개념을 제대로 이해하려면 또 다른 강의가 필요할 것입니다. 여기에서는 간략하게 그 핵심만을 제시하는 것으로 그치도록 하겠습니다. 데리다의 문제의식은 '경계frontière'에 대한 불신으로부터 출발한다고 말씀드릴 수 있을 것 같습니다. 지난 시간에 벤야민의 신화적 폭력을 설명하면서 신과 인간 사이의 경계를 설정하는 데 대한 의미를 언급한 바 있습니다. 이처럼 세계에 어떤 경계를 설정하기 위해서는 당연히 어떤 기준과 척도가 요청됩니다. 그렇게 되면 이 세계의 내부에는 '구별distinction'이 발생하게 됩니다.

그러니까 세계에 일종의 분할선이 그어지며, 그 결과 전체적인 '질서ordre'나 '체계système'가 나타나게 됩니다. 대부분의 경우에 이 질서와 체계는 일사분란하고 균질하게homogène 보입니다. 하지만 실상은 그렇지 않다는 것이 데리다의 입장입니다. 여기에는 이질적인hétérogène 요소들이 섞여 있고, 그런 만큼 동질적인 요소들과 이질적인 요소들 사이에 '위계hiérarchie'가 발생하게 됩니다. 다시 말해 체계와 체계의 구성요소들 사이에서 '차이différence'가 나타나게 되는 것입니다.

이때 다음과 같은 두 가지 문제가 제기됩니다. 하나는 경계를 설정하는 기준, 척도의 기원, 곧 권위의 원천이 필연적이 아니라 우연적이고 자의적이라는 것입니다. 경계란 역사적, 조건적으로 설정됩니다. 그런 만큼 이 경계 설정의 효과, 즉 질서와 위계 역시 필연적이 아닙니다. 다른 하나는 체계 내에서의 차이가 은폐된다는 점입니다. 왜냐하면 차이가 드러나게 되면 체계의 정합성, 공고함, 곧 그런 전체성totalité의 성격이 와해되기 때문입니다.

따라서 이런 질서와 체계에서 차이는 차이로 존중받지 못하며, 오히려 차별discrimination, 곧 폭력의 구실이 됩니다. 그러니까 중심부를 차지하는 요소들과 주변부로 밀려나는 요소들이 나타나게 됩니다. 중심부에 위치하는 것은 일자의 범주에, 주변부에 몰리는 것은 타자의 범주에 속하게 됩니다. 그리하여 이 두 범주에 속하는 요소들 사이에는 배제, 격리, 축출, 억압 등과 같은 현상이 발생하게 됩니다. 그런데 이런 현상들이 체계와 질서를 위해 은폐됨에 따라 이 체계와 질서는 자연스럽고 아무런 문제가 없는 것처럼 보이기 쉽습니다.

데리다는 해체를 내세워 이렇게 자연스럽고 당연하다고 생각되는 질서와 체계를 허물고, 나아가 차이를 은폐하면서 그것들의 정합성, 절대성, 전체성을 주장하는 모든 경계가 자의적이고 임의적인 재단裁斷의 결과일 뿐이라는 사실을 보여 줍니다. 다시 말해 데리다의 해체란 하나의 질서, 체계는 늘 이중적이고 양면적이라는 사실을 드러내는 작업인 것입니다.

이렇듯 이 작업은 어떤 질서 및 체계에서 동질적, 균질적이라고 여겨지는 구성요소 중에서 이질적이라고 여겨지는 구성요소들을 파헤쳐 질서 및 체계의 균열, 맹점, 틈새, 모순, 불연속의 지점을 드러냅니다. 다시 말해 이항대립binarité'[3]을 드러내어 그것을 무효화시키는 것입니다. 요컨대 해체는 일자적 범주에 속하는 요소들이 타자적 범주에 속하는 요소들에 가한 폭력을 드러내고 고발합니다. 물론 그렇다고 해서 해체가 단순한 파괴인 것은 아닙니다. 그보다는 오히려 해체는 어떤 체계나 질서를 끊임없이 재편성, 재구축하는 것이라고 할 수 있습니다.

이런 의미에서 데리다에 의하면 해체는 '정의justice'와 무관하지 않으며, 정치적이고 윤리적이라는 의미를 갖게 됩니다. 이런 주장은 특히 『법의 힘』에 실려 있는 「법에서 정의로」에 잘 나타나 있습니다. 데리다는 레비나스의 『전체성과 무한*Totalité et Infini*』을 참고하면서 '정의'가 곧 '해체'라

3 기표와 기의, 목소리와 문자, 기원과 비기원, 순수와 비순수 등을 예로 들 수 있으며, 결국 이런 구분이 허구라는 것이다.

고 주장합니다. 레비나스는 이렇게 말합니다. " … 타인과의 관계, 곧 정의", 또는 정의를 "얼굴에 대한 영접acceuil의 올바름"이라고 말입니다(FL, p. 49).

주지하다시피 레비나스에게서 '타인' 또는 '타인의 얼굴'은 비대칭성, 익명성, 무한성, 절대성, 신성성 등으로 특징지어집니다. 즉 나에 의해 포획되지 않는 존재, 나의 인식의 영역 밖에 있는 존재, 즉 나의 전체성의 횡포에 의해 제압당하지 않는 무한으로 여겨집니다. 어린아이, 고아, 과부 등의 얼굴을 생각해 보시기 바랍니다. 요컨대 레비나스에게서 타인의 얼굴은 곧 신의 얼굴이라고도 할 수 있습니다.

데리다는 이 같은 레비나스의 타인의 모습을 단지 나와 구별되는 인간으로서의 타인에게 국한시키지 않습니다. 그보다는 오히려 일자에 의해 억눌린 범주로서의 타자적 요소들로 확대합니다. 방금 위에서 어떤 기준이나 척도에 의해 이루어진 경계 내부에서의 이항대립적 요소들, 이중적 요소들, 곧 차이의 은폐에 데리다는 주목한다고 했습니다. 바로 여기에서 은폐되고 있는 것들이 바로 타자적 요소들에 해당합니다.

그리고 이런 타자적 요소들에 대한 개방성이 곧 정의라는 것이 데리다의 주장입니다. 그러니까 데리다는 정의를 완전한 균형이나 평등으로 보지 않습니다. 그보다는 오히려 "무한하고, 계산 불가능하며, 규칙에 반항적이고, 대칭성에 외재적이고, 이질적이며, 이질성 지향적hétérotrope"이라는 것이 데리다의 생각입니다(FL, p. 48).

데리다에게서 정의는 이처럼 자기와는 다른 것을 지향합니다. 타자에 대한 지향성, 개방성으로서의 정의는 시간적으로 보아 항상 아직 발생하지 않은 사건의 차원에 속합니다(FL, pp. 60-61). 정의는 과거나 현재에 속한 것이 아니라 '미래'에 속한 것입니다. 이런 점에서 '아마도' '어쩌면' 등과 같은 단어가 정의를 지칭하는 올바른 단어인 것입니다(FL, 61). 그도 그럴 것이 타자적 요소들에 대한 개방성으로서의 정의는 항상 주어진 질서, 체계, 규칙을 넘어서는 것, 즉 잉여적 요소를 가리키고 또 그것의 '도래à-venir'를 요청하기 때문입니다(FL, p. 60).

이런 의미에서 데리다에게서 정의는 아직 실현되지 않은 약속의 미래적인 형태에 가깝습니다. 앞에서 우리는 레비나스에게서 타자가 신을 의미할 수도 있다는 점을 언급했습니다. 이와 마찬가지로 데리다에게서의 정의 역시 신의 모습과 닮았다고 말할 수 있을 것입니다. '주어진 진리' '기존의 권위에 맞서는 새로운 진리' '새로운 권위' '즉 아직 실현되지 않았지만 무한히 이루어지는 해체의 과정을 통해 약속으로만 주어지는 새로운 진리' '새로운 권위의 가능성'에 대해 우리는 항상 준비를 해야 하고, 열린 자세로 그것을 받아들여야 하고, 또 그것들을 존중하고, 나아가 그것들에 대해 책임지는 태도를 견지해야 할 것입니다. 요컨대 정의가 정의로울 수 있는 조건은 이 같은 타자에 대한 개방성, 미래에 대한 개방성으로부터 옵니다. 결국 타자에 대한 개방성이 정의를 정의롭게 만드는 것입니다.

이런 의미에서 데리다는, 정의는 해체 불가능하다고 주장합니다. 다시 말해 딱딱하게 굳은 모든 것이 해체될 수 있다고 해도 해체의 과정 그 자체는 해체될 수 없기 때문입니다. 또한 이런 관점에서 데리다는 정의로서의 해체에 저항적이고, 윤리적이며, 정치적인 의미를 부여하고 있습니다. 게다가 이 같은 정의로서의 해체는 정치, 텍스트 해석, 윤리 등 모든 영역에서도 유효합니다.

가령, 텍스트 해석에서 하나의 유일한 해석은 없습니다. 만일 유일한 해석이 존재한다면, 그것으로 인해 아직 실현되지 않는 해석, 즉 이미 이루어진 유일한 해석에 대해 타자적 해석으로 남아 있는 해석들의 가능성이 사라지기 때문입니다. 이렇듯 텍스트 해석은 무한히 개방되어 있고, 무한히 개방되어 있는 해석의 가능성이 곧 텍스트의 정의인 셈입니다.

3) 데리다의 벤야민 비판

방금 정의로서의 해체가 인간의 삶의 여러 분야에 적용된다는 사실을 보았습니다. 법의 영역도 예외가 아닙니다. 아니, 법의 영역이 이 같은 정의 문제가 논의되기에 가장 적합한 영역일 것입니다. 그도 그럴 것이 법은 정의의 구현을 목표로 내세우기 때문입니다. 방금 살펴본 정의 개념에 입각해 이제부터 데리다가 벤야민의 「폭력비판을 위하여」에 대해 수행한 해체적 독해, 그중에서도 데리다의 벤야민에 대한 비판을 살펴보겠습니다.

지난 시간에 본 것처럼 벤야민은 「폭력비판을 위하여」에서 법은 정의를 실현시키기 위한 수단이라기보다는 국가의 질서와 안위를 지키고 보호하기 위한 수단이라고 봅니다. 아니, 법은 법의 목적을 보호하기보다는 오히려 법 자체를 보호하고자 한다는 것이 벤야민의 주장이었습니다. 이를 위해 법은 모든 폭력을 사용하고 또 독점하고자 합니다. 그러면서 법은 그 자체에 도전하는 모든 것을 제압하고자 합니다. 교육자의 처벌 한계법, 파업권 등을 생각해 주시기 바랍니다. 그러면서 법은 스스로 정당하다고 자처합니다. 데리다가 벤야민의 글에서 문제를 제기하는 지점이 바로 거기입니다. 벤야민에게서 법의 근원에는 폭력이 '기입inscription' 되어 있음에도 불구하고, 이 법은 스스로를 정당하다고 자처하는데, 이 법이 내세우는 정당성이 과연 정당한가의 문제가 그것입니다.

데리다는 『법의 힘』의 1부인 「법에서 정의로」에서 파스칼과 몽테뉴를 거론하면서 다음과 같은 두 가지 사실을 지적하고 있습니다. 하나는 정의는 말로 이루어지는 것이 아니기 때문에 힘이 동반되어야 한다는 사실입니다. 다른 하나는 법과 정의는 구분되어야 한다는 사실입니다. 그러고 나서 데리다는 법의 토대를 이루는 힘, 곧 강제력의 근거가 그다지 분명하지 않다고 봅니다.

법을 정립하거나 정당화하는 모든 조치는 그 자체로 정의롭지도, 정의롭지 않은 것도 아닙니다. 그 이유는 법이 내세우는 정당성에 비해 법 자체의 정당성의 근거는 어디에도 없기 때문입니다. 법의 정당성은 법 조항이나 판례, 판사나 법원 등에 속한 것이 아닙니다. 법이 정당하다고 하면, 이 정당함은 판결을 가능케 해 주는 법 자체에 있지 그 이외의 다른 것에 있는 것이 아닙니다. 데리다는 몽테뉴의 말에 동의합니다. "법률들은 그 자체로 정당한 것이 아니라, 오직 법이기 때문에 정당하다."(FL, p. 29)

이렇게 해서 데리다는 법이 가진 "권위의 신비한 토대"[4](FL, p. 29)를 언급합니다. 이것은 법의 정당성의 근거가 불분명하다는 것을 의미합니다. 또한 데리다는 이것을 법 역시 "적법한 허구를 갖고 있으며, 그것은 이 허구 위에 그 자체의 정의의 진리를 정초한다"는 것과 동의어로 생각합니다(FL, p. 30). 데리다는 그로부터 출발해서 법이 여러 가지 점에서 새롭게 재구성될 수 있다고 말합니다.

'법이 재구성될 수 있다?' 이 말의 의미는 무엇일까요? 데리다에 의하면 법과 그 정당성이 절대적이지 않다는 것, 해체될 수 있다는 것을 의미합니다. 다시 말해 법이 자기 정당성의 근거로 삼고 있는 신비한 토대, 허

4 『법의 힘』의 부제이기도 하며, 데리다는 이 표현을 파스칼에게서 가져왔다.

구를 까발린다는 것을 의미합니다. 그런데 법의 토대에 폭력이 놓여 있기 때문에, 법과 그 정당성을 해체한다는 것은 법과 폭력의 관계를 까발린다는 것과 동의어입니다.

데리다는 우선 벤야민이 「폭력을 위하여」에서 제시한 법정립적 폭력과 법보존적 폭력의 구분을 해체하고 있습니다. 지난 시간에 보았듯이 벤야민은 이 두 폭력뿐 아니라 신화적 폭력과 신적 폭력을 구분하고 있습니다. 그런데 데리다는 특히 이런 두 종류의 폭력의 구분, 특히 법정립적 폭력과 법보존적 폭력의 구분이 뚜렷하게 이루어지지 않는다는 사실을 보여 주고자 합니다. 데리다는 "법정초적이거나 '법정립적' 폭력 자체는 '법보존적' 폭력을 포함해야만 하며 결코 그것과 단절될 수 없다는 해석"을 제안합니다(FL, pp. 93-94). 이런 제안을 이해하기 위해 한 나라가 창건될 때의 기원적인 상황을 가정해 보겠습니다.

데리다에 의하면 법정초적 폭력 또는 법정립적 폭력은 분명 이 국가가 창건되는 최초의 순간에 존재합니다. 이는 부정할 수 없는 사실입니다. 그도 그럴 것이 그 최초의 순간에 폭력이 없다면 국가의 건립, 곧 법의 정립이 불가능할 것이기 때문입니다. 또한 그 최초의 순간에 나타나는 '기원적 폭력'은 '순수'할 것입니다. 왜냐하면 그 순간에 이 폭력은 합법적이지도 비합법적이지도 않고, 정당하지도 정당하지 않지도 않으며, 그 누구의 편, 가령 지배세력의 편도 들지 않는 중립적인 상태에 있을 것이기 때문입니다.

문제는 이 같은 법정립적 폭력은 국가가 유지되는 과정에서 계속 반복되어야 한다는 것입니다. 다시 말해 법이 법 자체를 지키고 보존하기 위해서는 기원적 폭력 위에 정초된 폭력을 계속 간직해야 합니다. 그래야만 정립된 법은 물론, 이 법에 바탕을 두고 창설된 국가도 존속할 수 있을 것입니다. 그러니까 법은 애당초 그 자체 내부에 이미 폭력을 안고 있으며, 또 이 폭력이 법의 구조적인 필연성으로 인해 반복되어야만 하는 것입니다.

이렇듯 데리다에게서 두 종류의 폭력을 연루시키는 근거는 "가장 파괴적인 정초의 순간 속에 보존의 약속을 기입"하고 "기원적인 것의 중심에 반복의 가능성을 기입"하는 "되풀이 가능성itérabilité"의 논리입니다(FL, p. 94). 그런데 여기에서 중요한 것은 이 되풀이 가능성이 실제로는 '되풀이 (불)가능성'이라는 것입니다. 그러니까 기원이 기원으로서의 가치를 지니기 위해서는 스스로를 반복해야 하지만(되풀이 가능성), 이 기원이 한 순간도 동일한 것으로 존재할 수 없는 시간과 공간 속에서 스스로를 반복하기 위해서는 스스로를 변경할 수밖에 없다는(되풀이 불가능성) 것입니다.

이렇게 차이가 반복을 통해, 반복이 차이를 통해 실현되는 되풀이 (불)가능성의 역설은 데리다의 핵심 개념인 차연, 즉 (의미를 만들어 내는) 차이의 무한한 지연과, 그 지연이 새로이 의미를 만들어 내는 역설의 다른 모습이기도 합니다. 그런데 이것은 벤야민이 구분했던 법정립적 폭력과 법보존적 폭력의 구분을 해체시키는 것입니다. 데리다에 의하면 이 두 폭력 사이에 존재하는 것은 오직 "차연적差延的 오염contamination différantielle"[5] 뿐입니다. 법의 "정립과 보존 사이에는 엄격한 대립이 존재하지 않으며" "둘 사이에는 내가 차연적 오염이라 부르게 될 것"만이 존재할 뿐이다(FL, p. 94). 이렇듯 데리다에게서는 이 두 폭력 사이에 단절이 없습니다.

5 바로 아래에서 보듯이 『법의 힘』을 우리말로 옮긴 진태원은 이것을 "차이적 오염"으로 번역하고 있다. 진태원은 '차연(差延)' 대신 '차이(差移)'라는 용어를 선호한다.

최초 순간의 법정립적 폭력은 반복되고, 법보존적 폭력 속에 그 '흔적 trace'을 남기면서, 즉 차이를 발생시키면서 존속하는 것입니다.

그렇다면 언제까지 존속할까요? 답은 정의가 완전히 실현될 때까지일 것입니다. 여기에서 흥미로운 것은 「폭력비판을 위하여」에서 이미 벤야민 자신도 이처럼 두 종류의 폭력 사이의 구분이 명쾌하지 않다는 사실을 알아차리고 있다는 점입니다. 지난 시간에 우리는 근대국가에서의 경찰제도를 잠깐 살펴본 적이 있습니다. 그때 우리는 이렇게 지적한 바 있습니다. "이 두 종류의 폭력이 사형제도에서보다 훨씬 더 뒤틀린 결합 속에서, 마치 유령 같은 혼합 속에서 현대 국가의 제도 속에 나타나는" 또 다른 권력기구가 바로 경찰제도라고 말입니다. 지난 강의에 경찰 안에서 법정립적 폭력과 법보존적 폭력이 착종되어 있다는 것을 지적한 바 있습니다.

데리다에 의하면 신화적 폭력을 무효화하는 신적 폭력의 발생에도 이 같은 차연적 오염이 적용될 수 있습니다. 신적 폭력은 순수한 수단으로서의 법파괴적 폭력 성격을 지니고 있으나, 이것 역시 시간과 더불어 지속되면서 법정립적 폭력과 법보존적 폭력의 성격을 띠는 신화적 폭력으로 변형될 수 있을 것입니다. 물론 신적 폭력을 인간 세계에 대한 메시아의 개입이라는 신학적 의미로 해석한다면, 이 같은 데리다의 해체의 적용은 가능하지 않을 것입니다. 하지만 프롤레타리아계급의 총파업과 같은 지상에서의 신적 폭력은 최초의 순간을 지나 그것이 유지되는 과정에서 언제라도 신화적 폭력으로 타락할 수 있을 것입니다.

이 같은 폭력 구분의 해체에 이어 데리다는 진정한 정의가 실현되기 위해서는 법과 무관한, 법의 외부에 있는, 법을 넘어서는 또 다른 종류의 폭력, 곧 신적 폭력을 요청해야 한다는 벤야민의 주장을 해체하고 있습니다. 데리다는, 정의가 법과 구분되며 "법은 정의가 아니"(FL, p. 38)라고 말합니다. 법이 정의 그 자체가 아니라 종종 정의에 대한 방해물이 될 수 있다는 점에 그는 동의합니다. 하지만 데리다는, 벤야민과는 달리 정의가 법을 넘어서 존재하는 것도 아니고, 또 법과는 다른 곳에서 추구되어야 하는 것도 아니라고 주장합니다.

데리다에 의하면 정의는 신적 폭력과 같이 '법의 외부에서' 오는 것이 아닙니다. 데리다에 따르면 정의는 '법의 내부에' 존재함과 동시에 법과는 구분되며, 그럼에도 이 법을 지속적으로 개선시킬 수 있는 동력으로서 존재해야 하는 것입니다. 다시 말해 정의는 기존의 법, 현재의 법에 의해 아직 실현되지 못한 미래의 법의 타자에 대해 개방되어 있어야 하는 것입니다. 요컨대 정의는 기존의 법에 대한 다른 법의 권리를 선언하는 것입니다.

이런 시각에서 데리다의 다음과 같은 주장을 이해할 수 있습니다. 첫째, 법은 해체 가능한 반면, 정의는 해체 불가능하다는 주장이 그것입니다. 정의가 해체 불가능하다는 것은 앞에서 데리다의 정의 개념을 살펴보면서 지적했습니다. 다시 말해 일단 세워진 법이 보존적 기능을 강화하고 모든 폭력을 독점하면서 스스로 자기 최면적인 정당성을 내세우는 것은 타자에 대한 개방성이라는 데리다의 정의正義 개념에서 벗어납니다. 따라서 법은 머지않아 다가올, 아직 도래하지 않은 정의를 위해 끊임없이 개선되어야 하고 진보해야 합니다. 다시 말해 정의는 기존의 법, 현재의 법과의 무한한 차이를 통해 그 도래가 계속해서 지연되는 방식, 곧 차연으로써만 우리에게 주어집니다. 그리고 이 같은 해체의 과정인 정의는 해체될 수 없습니다.

둘째, 예컨대 이런 이유로 법관이 법을 해석하고 적용하고 재판할 때,

법적 규칙에서 벗어나는 사건의 고유성을 무시하고 외면하면서 기계적이고 습관적으로 계산하고 행동해서는 안 되며, 그 각각의 사건에 맞는 법 자체를 정초하거나 기존의 법을 새로이 해석하고 적용함으로써 각 사건에 대해 책임을 져야 하는 것입니다.

셋째, 그렇다고 해서 정의를 위해 법을 포기한다거나 법적 영역을 넘어서는 정의를 추구해서는 안 된다는 사실입니다. 정의는 항상 법의 영역에 속해 있으며, 그 속에서 법을 개선하고 변혁할 수 있는 가능성을 끊임없이 추구해야 합니다. 데리다는 무한한 정의, 계산 불가능한 정의, 법 질서 외부에서 '선물don'로 주어질 수 있는 정의 —벤야민의 신적 폭력을 생각하시기 바랍니다— 라는 이념은 그것 자체로 고립될 경우에 악이나 심지어 최악에 더 가까운 것이 될 위험성이 있다고 봅니다. 그도 그럴 것이 그런 정의 이념은 자칫 누군가에 의해, 어떤 집단에 의해 가장 도착적인 방식과 계산에 의해 악용될 수 있기 때문입니다(FL, p. 61).

데리다는 벤야민의 「폭력비판을 위하여」를 읽으면서 신적 폭력에 내포되어 있을 수 있는 극단적인 비극을 조심스럽게 지적하고 있습니다. 이것이 데리다가 벤야민에게 가하는 마지막 비판입니다. 지난 시간에 살펴본 것처럼 신적 폭력은 피를 흘리지 않는 절멸로 이해되었습니다. 데리다는 벤야민의 이런 주장에서 비극적이고 불행하게도 나치의 유대인들에 대한 최종 해결을 연상합니다.[6]

끝으로 이 텍스트가 최악의 것과 맺고 있는 친화성('계몽'에 대한 비판, 퇴

6 데리다는 「벤야민의 이름」의 모두에서 벤야민의 「폭력비판을 위하여」가 "과격한 파괴, 총체적 무화라는 주제에 사로잡혀(hanté) 있다"고 생각한다.(FL, p. 67)

락 및 원초적 본래성의 이론, 원초적 언어와 타락한 언어 사이의 양극성, 대의제와 의회제 민주주의에 대한 비판 등)을 넘어 내가 이 텍스트에서 가장 가공할 만한 것, 게다가 가장 견디기 어려운 것으로 생각하는 것은, 결국 이 텍스트가 열어 보이고자 하는 … 유혹이다. 어떤 유혹인가? 홀로코스트를 신적 폭력의 해석 불가능한 발현으로 생각하려는 유혹이다. (FL, p. 145)

데리다는 이런 유혹의 결정적 증거로서 신적 폭력이 가하는 "내리치고 면죄시키는 비유혈적 심판"을 듭니다(FL, 145). 그러니까 이런 심판이 홀로코스트의 "가스실과 화장용 가마"(FL, p. 145)를 연상케 한다는 것입니다. 이런 불길한 연상의 배경에는 벤야민과 슈미트C. Schmitt 사이의 추문적이며 위험한 관계가 놓여 있습니다.[7]

복잡하고 난해하지요? 요약, 정리해 보겠습니다. 법은 정의의 구현을 내세웁니다. 법의 존재이유는 정의라고 할 수 있습니다. 하지만 법은 정의가 아닙니다. 법과 정의는 엄연히 구분됩니다. 벤야민과 데리다는 이 점에서는 일치합니다. 또한 데리다는 법의 기저에 폭력이 자리하고 있다는 사실, 즉 기입되어 있다는 사실 역시 받아들입니다. 문제는 벤야민의 경우에 정의는 법질서 내에서는 이루어질 수가 없다는 것입니다. 왜냐하면 법은 정의를 구현하기 위해 폭력에 호소하기 때문입니다. 다시 말해 법 안에 뭔가 썩은 것이 존재한다는 것입니다. 그렇기 때문에 벤야민은 법을 통한 정의의 실현은 불가능하다고 봅니다. 진정한 의미에서의 정의

7 이 같은 데리다의 해석에 대해서는 또 다른 논의가 필요할 것이다. 여기에서는 이같이 데리다가 벤야민에게 가한 비판에 대해 아감벤이 『호모 사케르』에서 강력한 비판을 하고 있다는 점, 벤야민을 향한 그 비판의 핵심은 데리다의 몰이해라는 점을 지적하는 것으로 그친다. 아감벤의 폭력론에 대해서는 다음 강의에서 살펴볼 예정이다.

는 법의 외부로부터 올 수밖에 없다고 보았습니다. 곧 정의는 법 외부에 놓여 있는 것입니다. 이것이 바로 신적 폭력입니다.

데리다는 이 같은 벤야민의 주장에 대해 문제를 제기합니다. 정의는 법의 외부에서 오는 신적 폭력에 의해서가 아니라 법 자체의 내부에서 이루어져야 한다는 것입니다. 다시 말해 정의는 법에 대해, 법에 의해 이루어져야 합니다. 하지만 법은 정의를 사칭하고 빙자하면서 항상 타락할 여지가 있습니다. 법은 항상 정립적 성격과 보존적 성격을 가질 수밖에 없습니다. 법은 폭력과 분리 불가능합니다. 법은 그 정립 당시, 즉 최초의 순수함을 상실할 수밖에 없습니다. 왜냐하면 법은 보존되면서 계속해서 폭력을 사용하고 끌어안아야 하기 때문입니다.

정확히 이런 이유에서 벤야민은 법의 외부를 겨냥합니다. 하지만 데리다는 정의 개념에 대한 일대 전환을 통해 벤야민과 다른 길을 제시합니다. 해체가 곧 정의이며, 정의는 타자에 대한 개방성이라는 주장을 통해서입니다. 실제로 법은 정의를 향해 꾸준히 법 안에서 법 자체를 안고 달려가게 됩니다. 그러면서 법은 정의를 향해 나아갑니다. 물론 그 끝이 확실하게 정해져 있지는 않지만, 그것은 당연히 정의일 것입니다. 하지만 이 정의는 언제까지고 아직 도래하지 않은 채로, 미래의 차원에 있을 것입니다.

벤야민에게서는 이런 정의의 실현이 신적 폭력에 의한 신화적 폭력의 타파로 가능한 것으로 제시되고 있습니다. 하지만 데리다는 이 같은 신적 폭력은 법질서 외부에서 오는 것이며, 설사 이 신적 폭력에 의해 신화적 폭력이 타파되는 순간이 오더라도, 이 순간 이후에 신적 폭력에 의해 파괴되고, 정립된 법은 다시 불순한 신화적 폭력으로 변질될 수밖에 없다고 봅니다. 벤야민이라면 이런 상태는 또 다시 타파되어야 할 상태일 것입니다. 하지만 데리다는 그런 상태를 법이 정의를 향해 개선되면서 나아가는 도정으로 보고 있는 것입니다. 벤야민의 사유가 기존 법질서의 탈정립이라면, 데리다의 사유는 기존 법질서의 재편성이라고 할 수 있을 것입니다.

제8강

아감벤의 폭력론:

『호모 사케르』와 『예외상태』를 중심으로

8.1.
시작하며

오늘 강의에서는 아감벤의 폭력론을 살펴보고자 합니다. 먼저 '아감벤의 폭력론'이라는 표현에 주의를 해야 할 것 같습니다. 아감벤에게도 자신만의 전체적인 폭력론이 존재합니다. 가령, '호모 사케르' —이 개념에 대해서는 뒤에서 살펴보겠습니다— 를 만들어 내는 '주권' 또는 '주권권력'의 폭력에 대한 이론이 그것입니다. 거칠게 말하자면 호모 사케르 시리즈의 일환으로 지금도 진행되고 있는 아감벤의 연구 전체가 그의 폭력론에 해당한다고 할 수 있을 것입니다.

하지만 이 같은 아감벰의 폭력론 전체의 윤곽을 그리는 작업은 저의 능력을 벗어나는 일입니다. 이 점을 고려하면서 오늘 강의는 『호모 사케르』(1995)와 『예외상태*Stato di eccezione*』(2003)를 중심으로 아감벤의 사유의 일부와 그의 폭력론의 일부를 살펴보는 것에서 그치고자 합니다.

보다 구체적으로 오늘 강의에서는, 데리다가 벤야민의 폭력론에 가한 비판에 유의하면서 아감벤의 해석을 살펴보고자 합니다. 지난 강의에서 『법의 힘』을 중심으로 벤야민의 「폭력비판을 위하여」에 대한 데리다의 해체적 독해의 내용을 살펴보았습니다. 특히 벤야민의 글에서 제시된 신적 폭력이 자칫 나치의 최후 해결책과 연결될 수 있다는 우려와 위험성을 지적한 바 있습니다.

그런데 아감벤은 『호모 사케르』에서 이 같은 우려와 위험성을 지적한 데리다가 오히려 벤야민의 글을 잘못 해석했다고 비판하고 있습니다. 그러면서 아감벤은 벤야민의 신적 폭력을 데리다와는 다르게 해석합니다. 오늘 강의에서는 이 점을 중점적으로 부각시키면서 살펴보고자 합니다. 그 과정에서 독일 법철학자 칼 슈미트의 주권과, 특히 『예외상태』에 대해서도 주목해 보고자 합니다.

아감벤은 특히 『예외상태』에서 벤야민의 폭력론과 슈미트의 주권론의 비교, 분석에 많은 지면을 할애하고 있습니다. 이 같은 비교, 분석이 여러 면에서 데리다가 벤야민의 「폭력비판을 위하여」에 대해 가했던 비판을 이해하는 데 도움을 줄 수 있을 것으로 보입니다. 다만 지난 시간에 보았던 데리다의 벤야민 독해의 내용이 어쩔 수 없이 반복될 수밖에 없음을 양해해 주시기 바랍니다.

8.2. 아감벤의 생애와 저작

조르조 아감벤Giorgio Agamben(1942-)은 이탈리아 로마에서 태어난 철학자입니다. 로마대학에서 법을 전공했고, 프랑스 철학자 시몬 베유Simone Weil(1909-1943)[1]의 정치철학에 대한 논문으로 박사학위를 받았습니다

1 가장 인간적인 문명은 육체노동을 최고의 가치로 삼는 문명이라는 주장으로 유명한 프랑스 여성 철학자이다. 일반적으로 한 공동체에서 최상위에 위치한 자들은 정신노동에, 그렇지 못한 자들은 육체노동에 종사한다. 하지만 인간적인 문명이 구현된다면, 인간 개체 한 명 한 명을 작은 수단으로 간주해 온 국가나 사회 같은 거대 체계들은 더 이상 존재할 수 없다는 것이 베유의 핵심 사상이다. 이런 사상 속에 아감벤의 정치철학이 녹아들어 있

(1965). 프랑스 파리의 국제철학학교(1986-1992), 마체라타대학, 베로나 대학을 거쳐 2003년부터 베네치아 건축대학 교수로 재직하고 있습니다. 그리고 하이데거, 벤야민, 푸코 등으로부터 큰 영향을 받았습니다. 아감벤은 벤야민의 이탈리어판 전집의 편집을 맡았습니다.

아감벤의 전체 사유를 한두 문장으로 요약하는 것은 불가능한 일이겠지만, 굳이 해 보자면 다음과 같이 말할 수 있을 것 같습니다. 즉 20세기를 보내고 새로운 밀레니엄으로 접어든 시기에 전 세계에서 나타나고 있는 민주주의와 전체주의의 기묘한 결합 현상, 전 지구적 자본주의의 전횡에 맞서 그런 결합을 분쇄할 수 있는 새로운 정치질서의 수립과 새로운 정치 이론의 정립 가능성에 대한 모색이라고 말입니다.[2]

방금 민주주의와 전체주의의 기묘한 결합, 전 지구적 자본주의의 전횡이라고 말했습니다. 아감벤은 이것을 "전 지구적 내전"[3]이라고 표현하고

는 것으로 보인다.

2 지젝은 『대의를 옹호하며』에서 전 지구적 자본주의 흐름에 저항하는 좌파의 몇몇 흐름을 제시하고 있다. 1) 앤서니 기든스(Anthony Giddens)의 '제3의 길'로, 사회민주주의와 자유민주주의의 틀 속에서 해방을 위한 점진적 투쟁을 벌인다는 주장. 2) 사이먼 크리츨리(Simon Critchley)가 내세운, 자유민주주의의 균열과 틈새로부터 시작해 지속적으로 저항한다는 입장. 3) 아감벤의 입장으로, 오늘날 자유민주주의 틀 자체가 상시적인 예외상태이기 때문에 투쟁은 무익하며, 단지 이런 예외상태의 작동 메커니즘을 정지시키는 노력을 강조하려는 입장. 4) 멕시코 좌파 운동인 사파티스모(Zapatistimo)로, 전 지구적 자본주의의 침식을 위해 이 자본주의를 직접 공격하는 것이 아니라 투쟁의 영역을 일상적인 실천 영역으로 옮김으로써 자본주의의 점진적 몰락을 겨냥한다는 입장. 5) 반자본주의 투쟁으로부터 정치적, 이데올로기적인 헤게모니 투쟁의 다중적 형태들로의 포스트모던적 이행으로, 가령 에르네스토 라클라우(Ernesto Laclau)의 '담론적 재정교화'가 그 좋은 예. 6) 안토니오 네그리(Antonio Negri)와 마이클 하트(Michael Hardt)의 입장으로, '일반지성'의 헤게모니적 역할 증대와 더불어 자본이 사회조직적 생산의 기능을 상실한 반면, '인지적 노동자 다중'에 의한 절대적 민주주의의 가능성 조건이 마련되었다는 주장.

있습니다. 세계화 시대의 테러, 세계의 패자로 자리를 굳힌 미국의 애국법, 관타나모만 수용소Guantanamo Bay Detention Camp, 난민 등이 그 예 —예외상태와 무관하지 않습니다. 이 개념에 대해서는 곧 살펴보도록 하겠습니다— 에 해당합니다. 요컨대 아감벤은 지구상의 모든 사람, 즉 전 인류를 이른바 '벌거벗은 생명vie nue, blosse Leben'(이 개념도 곧 살펴보겠습니다)으로 만들어 버리는 가공할 만한 전 지구적 통치 권력의 작동 메커니즘을 멈출 수 있게끔 하는 방법을 모색하고 있다고 할 수 있을 것입니다.

아감벤의 저작으로는 다음과 같은 것들이 있습니다.

『내용 없는 인간*L'uomo senza contenuto*』(1970)

『유아기와 역사*Infanzia e storia*』(1978)

『언어와 죽음』[*Il linguaggio e la morte*](1982)

『산문의 이데아』[*Idea della prosa*](1985)

『도래하는 공동체*La comunita che viene*』(1990)

『바틀비』[*Bartleby*](1993)

『목적 없는 수단*Mezzi senza fine*』(1995)

『호모 사케르』(1995)

『아우슈비츠의 남은 자들*Quel che resta di Auschwitz*』(1998)

『남겨진 시간*Il tempo che resta. Un commento alla lettera ai Romani*』(2000)

『예외상태』(2003)

『세속화 예찬*Profanazioni*』(2005)

『사고의 잠재력』[*La Potenza del pensiero*](2005)

3 조르조 아감벤, 『예외상태』, 김항 옮김, 새물결, 2009, p. 16.(이하 『예』로 약기.)

『왕국과 영광*Il Regno e La Gloria*』(2007)

『얼굴 없는 인간*A Che Punto Siamo*』(2021) 등등.

8.3.
벤야민의 「폭력비판을 위하여」에 대한 아감벤의 견해 또는 데리다와의 비교

1) 데리다: 법-폭력의 단절 불가능성 또는 법의 재정립

이전 강의에서 벤야민의 「폭력비판을 위하여」를 살펴보면서 다음과 같은 폭력의 구분을 보았습니다. 법정립적 폭력과 법보존적 폭력의 구분과 신화적 폭력과 신적 폭력의 구분이 그것입니다. 그런데 벤야민의 글에서 특히 주목의 대상이 되는 것은 두 번째 폭력의 구분이라고 할 수 있습니다. 이 구분에 대해 데리다는 "이 텍스트에서 가장 수수께끼 같고 가장 매혹적이며 가장 심오한 구절"[4]이라고 말했으며, 아감벤에 의하면 이것은 "모든 해석의 핵심 쟁점"[5]으로 여겨집니다. 문제가 되는 부분은 다음과 같습니다.

4 FL, p. 122.

5 조르조 아감벤, 『호모 사케르: 주권 권력과 벌거벗은 생명』, 박진우 옮김, 새물결, 2008, 146쪽.(이하 『호』로 약기.)

> 신화적 폭력이 법정립적이라면 신적 폭력은 법파괴적이고, 신화적 폭력이 경계를 설정한다면 신적 폭력은 경계가 없으며….[6]

신적 폭력이 "법파괴적"이라는 해석에서 데리다와 아감벤의 입장이 서로 다릅니다. 그것도 확연히 다릅니다. 데리다는 법파괴적이라는 대목을, 정의를 향해 나아가는 법의 점진적인 개선 또는 법의 재정립으로 해석하고 있습니다. 반면 아감벤은 이것을 법의 탈정립, 또는 법과 폭력과의 관계의 완전한 단절로 해석하고 있습니다. 그리고 이런 해석의 차이로 인해 아감벤은, 데리다가 벤야민의 신적 폭력 개념에서 나치의 홀로코스트라는 최종 해결책의 불길한 징후를 읽어 내는 오독誤讀을 했다고 비난하고 있습니다(『호』, 146쪽).

벤야민의 신적 폭력에 대한 데리다와 아감벤의 해석을 비교, 분석하기 위해 데리다의 해석을 먼저 살펴보고, 이어서 아감벤의 해석을 살펴보도록 하겠습니다. 다만 데리다는 지난 강의에서 다루었기 때문에 기억을 되살리는 차원에서 간략하게 제시하는 것으로 그치고자 합니다.

우리는 『법의 힘』에서 「폭력비판을 위하여」에 대한 데리다의 해체적 독해로 다음과 같은 세 가지가 제시되고 있음을 보았습니다. 첫째로 데리다가 해체와 정의를 같은 것으로 보고 있다는 사실입니다. 둘째로 데리다가 법과 폭력의 구분 불가능한 관계에 대해서는 인정했으면서도 벤야민의 글에 나타난 논리적 궁지를 드러냈다는 사실입니다. 마지막으로 앞에서도 잠시 언급한 것처럼, 벤야민이 제시한 신적 폭력이 자칫 나치의 최후 해결책과 연결될 수 있다는 사실입니다.

6 「폭비」, 111쪽.

우선 데리다가 해체와 정의를 같은 것으로 보고 있다는 사실부터 살펴보겠습니다. 데리다는 정의를 완전한 균형이나 공평함 등으로 보지 않습니다. 데리다는 오히려 정의를 타자에 대한 개방성으로 봅니다. 지난 강의에서 본 것처럼 데리다는 이를 위해 레비나스의 "… 타인과의 관계, 곧 정의"라는 정의와 "얼굴에 대한 영접의 올바름"이라는 주장을 차용합니다. 물론 레비나스에게서 '타자'는 '인간-타인'에 해당합니다. 특히 고아, 과부, 이방인 등과 같은 타인의 얼굴이 중요한 의미를 갖습니다.

하지만 데리다에게서 이 타자는 오히려 범주적 개념으로 이해해야 할 필요가 있습니다. 그러니까 하나의 체계에서 일자의 억압에 의해 주변부로 밀려난 타자들로 말입니다. 이런 타자들에 대한 개방성과 올바른 영접, 환대의 가능성이 곧 정의라는 것이 데리다의 주장입니다. 아울러 데리다는 정의를 "무한하고, 계산 불가능하며, 규칙에 반항적이고, 대칭성에 외재적이고, 이질적이며, 이질성 지향적"인 것으로 여긴다는 사실을 보았습니다. 데리다는 이렇듯 정의를 아직 일어나지 않은 사건의 차원에 자리매김하며, 그 결과 정의가 '아마도' '어쩌면'이라는 표현이 적합하다 싶은 도래할 사건, 즉 아직 실현되지 않은 약속의 미래적인 사건으로 간주된다는 것도 보았습니다.

이런 의미에서 데리다는 정의를 해체와 같은 것으로 보고 있음을 확인할 수 있었습니다. 그러니까 주어진 진리, 기존의 권위에 맞서는 새로운 진리, 새로운 권위, 즉 아직 실현되지 않았지만 무한히 이루어지는 해체의 과정을 통해 약속으로만 주어지는 새로운 진리, 새로운 권위 —이것들은 주어진 권리, 기존의 권위 등의 타자에 해당합니다— 의 가능성에 대한 개방적이고, 수용적인 태도가 그것입니다. 이렇듯 데리다에게서 정의가 정의로울 수 있는 조건에는 타자에 대한 이런 개방성이 있었습니다.

그다음으로 데리다는, 벤야민의 「폭력비판을 위하여」에서 법정립적 폭력과 법보존적 폭력, 신화적 폭력과 신적 폭력의 구분 불가능성을 지적했었습니다. 벤야민은 법과 폭력 사이의 관계에 주목합니다. 법과 폭력 사이의 분리 가능성을 탐색하기 위한 것입니다. 이를 위해 벤야민은 법정립적 폭력과 법보존적 폭력을 구분합니다. 하지만 이 두 종류의 폭력 사이에는 오직 차연적 오염만이 있을 뿐이라는 것이 데리다의 주장이었습니다.

데리다의 이런 주장은 벤야민의 폭력 구분을 무효화하는 것으로 이어졌습니다. 데리다는 국가가 창건되는 시초에 폭력(창설적 폭력 또는 기원적 폭력)이 있었다는 사실을 인정했습니다. 그렇지 않다면 국가, 권력, 법의 정립이 불가능했을 것이기 때문입니다. 그리고 이 폭력은 시초에는 중립적이었습니다. 그도 그럴 것이 이 폭력 위에 정립된 법이나 권력은 그 어떤 세력에게도 유리하거나 불리하지 않았을 것이기 때문입니다.

일단 법정립적 폭력 위에 정립된 법은 이 법을 정립한 세력을 위해서, 또는 법 그 자체를 위해 존속되어야 하는데, 이 과정에서 법은 그 자체의 바깥에 있는 폭력을 포섭해야 했습니다. 이런 점을 감안해 데리다는 법정초적이거나 법정립적 폭력 자체는 법보존적 폭력을 포함해야만 하며 결코 그것과 단절될 수 없다는 해석을 제안했습니다. 그러니까 법은 애당초 그 자체 내부에 이미 폭력을 안고 있고, 이 폭력이 법의 구조적 필연성으로 인해 되풀이되어야 한다는 것이었습니다. 물론 그 과정에서 국가 창건 시초의 법창설적 폭력이나 법정립적 폭력은 존속하면서 법보존적 폭력 속에 그 흔적을 남기게 되었습니다. 그러니까 차이를 발생시키면서 존속했습니다. 데리다에 의하면 이처럼 법정립적 폭력은 법보존적 폭력에서 되풀이되는 동시에 동일한 모습으로는 되풀이되지 않는다는 특성, 곧 되풀이 (불)가능성이라는 특성을 갖게 되었습니다.

이것이 바로 벤야민에 의해 구분된 두 종류의 폭력 사이에는 차연적 오염만이 존재한다는 말의 의미였습니다. 그러니까 데리다는 이 두 폭력을 구분하고자 했던 벤야민의 시도가 그 내부에서 무너진다고 보았던 것입니다. 이것이 바로 이 두 폭력 사이에 있는, "가장 파괴적인 정초의 순간 속에 보존의 약속을 기입하고 기원적인 것의 중심에 반복의 가능성을 기입"하는 "되풀이 (불)가능성"의 논리였습니다. 게다가 벤야민 자신이 「폭력비판을 위하여」에서 이 두 폭력이 지나치게 착종錯綜되어 구분이 안 되는 경우를 제시하고 있기도 합니다. 근대사회에서의 경찰제도가 그것이었습니다.

데리다는 벤야민의 「폭력비판을 위하여」에서 제시된 신적 폭력과 신화적 폭력의 구별을 해체했습니다. 더 정확하게 말하자면 데리다는 진정한 정의가 실현되기 위해서는 법과 무관한, 법의 외부에 있는, 법을 넘어서는 또 다른 종류의 폭력, 곧 신적 폭력이 필요하다는 벤야민의 주장을 해체했던 것입니다. 데리다는 정의가 법과 구분되며("법은 정의가 아니다"), 법이 정의 그 자체가 아니라 종종 정의에 대한 방해물이 될 수 있다는 벤야민의 사유에 동의했습니다. 벤야민과는 달리 정의가 법 외부에 존재하지는 않으며, 법과는 다른 곳에서 추구되어야 하는 것도 아니라고 주장했습니다.

데리다에 의하면 정의는 신적 폭력과 같이 법 외부에서 오는 것이 —또는 선물처럼 주어지는 것이— 아니었습니다. 데리다에 따르면 정의란 법 내부에 존재함과 동시에 이 법과는 구분되지만, 그럼에도 이를 지속적으로 개선할 수 있는 동력으로 존재해야 하는 것이었습니다. 다시 말해 정의는 현재의 법에 의해 아직 실현되지 못한 미래의 법(들), 곧 현재의 법의 타자(들)에 대해 개방되어 있어야 했습니다. 요컨대 정의는 현재의 법에 대한 다른 법(들)의 권리를 선언하는 것이었습니다. 그런 만큼 신적 폭력을 통해 신화적 폭력이 무너질 수는 있지만, 그 순간이 지나면 시간과 더불어 다시 신화적 폭력으로 타락할 수밖에 없게 되는 것이었습니다.

물론 신적 폭력을, 참다운 의미에서 메시아의 도래에 의한 세계의 구제救濟로 해석한다면 이 같은 신화적 폭력으로의 타락은 발생하지 않을 수도 있습니다. 하지만 프롤레타리아계급의 총파업과 같은 혁명적 폭력, 곧 지상에서 이루어지는 신적 폭력은, 그 최초의 순간을 지나 그것이 유지되는 과정에서 신화적 폭력으로 타락할 가능성은 언제라도 있다는 것입니다.

이렇듯 벤야민은 신화적 폭력과 신적 폭력을 구분하고자 했지만, 데리다에 의하면 이런 구분 역시 궁극적으로는 그 존재이유를 상실하고 마는 것이었습니다. 그리고 데리다는 나치에 의해 저질러진 홀로코스트라는 최종 해결에서 신적 폭력의 신화적 폭력으로의 타락의 가능성을 걱정스럽고 불안한 눈으로 바라보았던 것입니다.

2) 아감벤: 법과 폭력 관계의 단절 또는 법의 탈정립

슈미트와 벤야민: 주권권력과 신적 폭력

벤야민의 「폭력비판을 위하여」의 핵심에 대한 해석에서 아감벤은 데리다와 다른 입장을 취합니다. 아감벤은 신적 폭력에 의한 신화적 폭력의 파괴를 법과 폭력의 완전한 단절로 해석합니다. 바꿔 말해 아감벤은 데리다와는 달리 신적 폭력에 의한 신화적 폭력의 파괴를 정의를 향한 법의 점진적인 개선 또는 재정립이 아니라, 기존의 법을 탈정립하는 것으로 해석합니다. 그리고 이것을 새로운 역사 시대의 단초端初로 여깁니다. 이 같은 아감벤의 해석을 이해하기 위해서는 우회로가 필요합니다. 그것은 슈미트의 예외상태와 주권권력이라는 개념과 아리스토텔레스의 '현실성'과 '잠재성'이라는 개념입니다.

먼저 슈미트의 주권과 예외상태를 보겠습니다. 아감벤은 『예외상태』에서 벤야민과 슈미트를 비교, 분석하고 있습니다(『예』, 103-105쪽). 아감벤과 슈미트 사이에는 후일 데리다에 의해 추문화되는 관계가 있습니다. 실제로 데리다는 여기에 주목하면서 벤야민의 신적 폭력에서 나치의 최종 해결이라는 위험하고도 우려할 만한 징후를 포착했던 것입니다. 이런 추문화의 직접적인 배경은, 바로 슈미트가 후일 나치즘의 이데올로기를 대변하는 어용학자가 되었다는 데 있습니다. 어쨌든 슈미트는 1922년에 출간한 『정치신학』에서 다음과 같은 유명한 주장을 하고 있습니다. "주권자는 예외상태를 결정하는 자이다."[7] 여기에서 예외상태라 함은, 예컨대 한 국가가 내전, 전쟁 등의 위기 상황에 놓여 있을 때, 기존의 법 효력이 주권자에 의해 정지되는 상태를 가리킵니다.

그런데 이런 예외상태의 특징은 이것을 결정한 주권자가 법 외부에 있으면서 동시에 법 내부에 있다는 것입니다. 이것은 주권자가 국가의 존립을 위협하는 모든 폭력을 법질서에서 배제하는 동시에 그것을 법질서 안으로 포섭한다는 것을 의미합니다. 다시 말해 국가의 안위를 위협하는 혼란, 곧 아노미anomie 상태, 즉 국가의 법 외부에 있는 폭력의 존재를 인정하지 않고, 법 안으로 끌어들여 포섭하는 조치입니다. 이것이 바로 슈

7 칼 슈미트, 『정치신학: 주권론에 관한 네 개의 장』, 김항 옮김, 그린비, 2010, 16쪽.

미트의 입장입니다.

아감벤은 이 같은 슈미트의 입장을 벤야민의 신적 폭력과 비교하고 있습니다. 벤야민에 의하면 신적 폭력은 법질서 외부에 있는 순수한 폭력입니다. 여기에서 '순수한'이라는 형용사는 이 폭력이 그 어떤 목적도 상정하지 않는다는 의미입니다. 다시 말해 법질서를 새로 세운다거나, 세운 법질서를 보존하고 공고히 한다는 그런 목적을 상정하지 않는다는 것입니다. 다시 말해 벤야민의 신적 폭력은 기존의 법질서 외부에 있는 폭력으로 법의 정립이나 법의 보존과는 무관한 순수한 폭력입니다.

하지만 슈미트는 이 같은 법 외부에 있는 폭력을 인정하려 들지 않습니다. 슈미트는 예외상태를 법 외부의 폭력을 법 안으로 포획하려는 '장치dispostif'[8]로 여긴다는 것이 아감벤의 주장입니다. 이와 관련해 한 가지 흥미로운 점은, 아감벤이 약간의 시차時差에도 불구하고 슈미트의 『정치신학』을 벤야민의 「폭력비판을 위하여」에 대한 일종의 대답 내지는 응수로 여기고 있다는 사실입니다. 실제로 「폭력비판을 위하여」는 1921년 8월에 『사회과학과 사회 정책 논문집』에 실렸는데, 슈미트는 이 잡지의 정기 구독자였다고 합니다. 반면, 슈미트의 『정치신학』은 1922년에 출간되었습니다.

슈미트는 1921년에 『독재』를 출간했습니다. 그런데 슈미트는 이 책에서 '제헌권력'과 '헌법권력'을 구분하고 있습니다. 하지만 이 구분은 1년 후에 출간된 『정치신학』에서는 폐지되고 있습니다. 슈미트의 제헌권력

8 아감벤에 의하면 '장치'는 다음과 같이 정의된다. "푸코가 말하는 정치는 아주 넓은 부류인데 이것을 더 일반화해 나는 생명체들의 몸짓, 행동, 의견, 담론을 포획, 지도, 규정, 차단, 주조, 제어, 보장하는 능력을 지닌 모든 것을 문자 그대로 장치라고 부를 것이다."(조르조 아감벤, 『장치란 무엇인가: 장치학을 위한 서론』, 양창렬 옮김, 난장, 2010, 33쪽.)

과 헌법권력은 각각 벤야민의 법정립적 폭력과 법보존적 폭력에 해당한다고 할 수 있습니다. 문제는 벤야민의 신적 폭력입니다. 슈미트는 『정치신학』에서 주권권력 개념을 제시합니다. 이것은 법을 정립시키거나 법을 보존하는 것이 아니라 법의 효력을 정지시키는 권력입니다. 다시 말해 예외상태를 결정하는 권력인 것입니다.

아감벤에 따르면 슈미트는 이 같은 주권권력 개념을 통해 벤야민의 신적 폭력이라는 개념을 무효화시키고자 한 것입니다. 다시 말해 슈미트는 주권권력, 예외상태 등의 개념을 통해 법 외부에 놓여 있는 모든 폭력(여기에는 당연히 벤야민의 신적 폭력도 포함됩니다), 즉 기존 국가의 법을 위협하는 모든 폭력을 포획해야 한다는 논리를 전개하고 있는 것입니다. 물론 이런 논리는 히틀러와 같은 독재자가 모든 권한을 쥐고 법 외부에 있는 폭력을 제거한다는 구실, 즉 국가를 위기에서 구하고 국민들의 안위를 위한다는 구실로 예외상태를 선포하는 것을 정당화하는 논리입니다. 다시 말해 주권독재를 정당화하는 것입니다. 슈미트는 이런 논리를 제시하면서 나치의 어용학자가 됩니다. 슈미트가 내세운 '적-동지'의 구별, 그리고 적에 맞서 싸우는 것이 필연적이라는 논리 역시 그 연장선상에서 이해할 수 있습니다.

여기에서 한 가지 흥미로운 것은 「폭력비판을 위하여」에서 벤야민은 예외상태라는 개념을 사용하고 있지 않다는 점입니다. 벤야민이 예외상태라는 용어를 사용한 것은 그의 마지막 저작인 「역사 개념에 대하여」(1942)의 8번 테제에서입니다. 그 일부를 인용해 보겠습니다.

> 억압받는 자들의 전통은 우리가 그 속에서 살고 있는 '비상사태(예외상태)'가 상례임을 가르쳐 준다. 우리는 이에 상응하는 역사의 개념에 도달하

지 않으면 안 된다. 그렇게 되면 진정한 비상사태(예외상태)를 도래시키는 것이 우리의 과제로 떠오를 것이다.[9]

이 부분은 의미심장합니다. 그도 그럴 것이 한 공동체에서 살아가는 피억압자들의 입장에서 보면, 자신들이 삶과 죽음의 경계선상에서 살아가고 있다고 생각할 수 있기 때문입니다. 또한 그들은 억압자들에 의해 자행되는 억압적이고 폭력적인 행위를 제어해야 하는 모든 법이 제대로 작동하지 않는다고 생각할 수도 있습니다. 다시 말해 정상적으로 작동하면서 정의를 구현하는 것을 목적으로 내세우는 모든 법의 효력이 정지되었다고 생각할 것입니다. 결국 그들은 지배자들에 의해 선언된 예외상태 속에 머물고 있다고 여기게 됩니다.

게다가 이런 예외상태가 한시적이지 않고 계속된다면, 피억압자들은 그들의 일상생활이 예외상태와 구별되지 않는 상태, 곧 '상례常例'가 되었다고 생각할 수 있을 것입니다. 이런 점을 고려해서 벤야민은 이런 공동체가 보다 나은 공동체로 나아가기 위해서는 당연히 상례가 되어 버린 예외상태를 뒤엎을 만한 진정한 비상사태(예외상태)의 도래, 즉 기존의 지배세력, 억압자들의 지배를 가능케 해 주었던 법의 효력을 정지시킬 만한 혁명적인 상황의 창출이 반드시 요청된다고 보고 있는 것입니다. 물론 벤야민은 이런 상황의 창출이 법질서 바깥에서 오는 신적 폭력에 의해 가능하다고 보고 있습니다.

어쨌든 아감벤이 『예외상태』에서 벤야민의 신적 폭력 개념을 슈미트

9 발터 벤야민, 「역사 개념에 대하여」, in 『〈역사의 개념에 대하여〉, 〈폭력비판을 위하여〉, 〈초현실주의〉 외』, 최성만 옮김, 길, 2008, 336-337쪽.

의 주권권력 및 예외상태와 비교하면서 해석했던 그 의도는 분명합니다. 슈미트가 어떤 대가를 치르고서라도 법과 폭력과의 관계를 유지하고자 했다면, 벤야민은 무슨 일이 있더라도 그 관계를 끊어 버리고자 했다는 것입니다. 요컨대 슈미트는 모든 폭력을 법적 맥락 속에 기입해야 함을 강조했던 반면, 벤야민은 신적 폭력, 순수한 폭력을 법질서의 외부에 두어야 함을 강조했습니다.

그런데 이런 슈미트의 입장은 어떤 면에서 「폭력비판을 위하여」에 대한 해체적 독해로 신적 폭력에 의한 정의의 구현은 가능하지 않다고 주장한 데리다의 입장과 다소 일맥상통한다고 할 수 있습니다. 앞에서 살펴본 것처럼, 정의와 해체를 같은 것으로 여긴 데리다는 법질서 내부에서 끊임없이 법을 개선하고 재정립하면서 정의를 향해 나아갈 필요성을 역설했습니다. 다시 말해 정의는 법질서 안에 머물면서, 또 정의를 향해 앞으로 나아가면서 이 법질서 안에서 발생하는 법과 폭력의 공모를 조금씩 약화시킬 필요가 있다고 말입니다. 데리다의 해체 개념이 'déconstruction'이라는 사실에 유념할 필요가 있습니다. 그러니까 해체는 항상 'construction'된 것을 전제로 하며, 그것의 완전한 파괴나 무화無化를 겨냥하지 않습니다.

이렇듯 법과 폭력과의 관계 설정에서 법 내재적 입장을 취한다는 점을 보면, 데리다와 슈미트의 입장이 어느 정도 일맥상통하는 것처럼 보입니다. 물론 데리다에게서는, 폭력을 법질서 내부로 끌어들여 포섭하는 과정에서 슈미트가 저지른 과오, 즉 히틀러와 같은 독재자의 통치를 정당화할 여지는 적어 보입니다. 왜냐하면 데리다는 한 공동체에서 정립된 법, 이 공동체를 보존하는 법질서의 기저에 놓여 있는 법을 조금씩 개선해 나가는 과정, 곧 해체가 정의와 같다고 보았기 때문입니다.

호모 사케르와 생명정치

방금 벤야민의 「역사 개념에 대하여」에서 제시된 8번 테제를 보면서 다음과 같은 사실에 주목한 바 있습니다. 피억압자의 입장에서 예외상태가 상례가 되었다는 것은 그들의 삶과 죽음의 문제가 예외상태와 무관하지 않게 되었다는 사실 말입니다. 그러니까 억압자들이 장악하고 있는 모든 법이 제대로 작동하지 않고, 나아가 그 효력이 정지되었을 경우, 즉 예외상태가 선언된 경우, 피억압자들의 운명은 완전히 억압자들의 손에 달려 있게 됩니다. 그런데 이렇듯 피억압자들의 삶과 죽음이 억압자들에게 달려 있는 예외상태와 아감벤이 『호모 사케르』에서 제시하고 있는 이른바 벌거벗은 삶이라는 개념 및 호모 사케르 개념은 서로 밀접하게 연결되어 있습니다.

우선, 벌거벗은 삶은 아감벤이 벤야민에게서 차용한 개념입니다. 벤야민은 「폭력비판을 위하여」에서 벌거벗은 삶의 개념을 제시하고 있습니다. 이런 유형의 삶은 인간의 단순한 삶, 동물적인 삶, 본능적인 삶과 같은 것으로 여겨집니다. 이와 관련해 아감벤은 『호모 사케르』에서 '삶'을 가리키는 두 개의 그리스어 단어를 제시합니다. '조에'와 '비오스'가 그것입니다. 조에는 모든 생명체에게 공통되는 삶으로, 단순히 살아 있음을 의미합니다. 인간의 동물적인 삶, 그리스 사회의 노예들이 영위했던 삶 등이 여기에 해당합니다. 그에 반해 비오스는 폴리스에서 자유롭게 토론할 수 있었던 시민들의 삶을 가리킵니다(『호』, 33쪽). 이렇듯 조에와 비오스는 각각 주체성이 결여된 채 그저 살기 위해 사는 삶과 인간으로서 가치 있게 사는 삶, 또는 인간답지 못한 삶과 인간다운 삶 등으로도 이해됩니다. 이 두 단어 중에서 벌거벗은 생명에 해당하는 것은 조에적 삶이라는 것은 말할 나위가 없습니다.

그런데 아감벤은 이 같은 조에적 삶, 벌거벗은 생명, 예외상태와 관련해 호모 사케르homo sacer 개념을 제시합니다. 이 두 단어를 직역하면 '성스러운 생명(인간)'입니다. 그런데 '사케르'에는 두 가지 의미가 있습니다. '성스러운'의 의미와 '저주받은'의 의미가 그것입니다. 아감벤은 니체와 푸코에게 익숙한 이른바 계보학을 통해 그리스 시대로 거슬러 올라가 이 호모 사케르라는 수수께끼 같은 존재의 비밀을 밝히고자 합니다. 아감벤이 여기에 주목하는 것은 바로 이 존재 속에서, 현대 정치에서 통치권이 작동하는 패러다임, 특히 생명정치의 패러다임과 그런 정치로부터 벗어날 수 있는 새로운 정치의 가능성을 엿보고 있기 때문입니다.[10]

아감벤은 그리스 학자 페스투스Festus가 『말의 의미에 대하여』에서 호모 사케르에 대해 내리고 있는 다음과 같은 정의에 주목하고 있습니다.

> 사람들이 범죄자로 판정한 자를 말한다. 그를 희생물로 바치는 것은 허용되지 않지만, 그를 죽이더라도 살인죄로 처벌받지 않는다. (『호』, 156쪽)

이런 수수께끼 같은 존재에 대해 수많은 해석이 있다는 것을 살핀 후에, 아감벤은 호모 사케르를 다음과 같은 의미로 해석합니다. 이 존재가 살던 시대의 법질서에서 배제되고(또는 추방되고), 또 종교적 질서에서도

10 푸코는 『앎에의 의지(*La Volonté du savoir*)』에서 근대적 인간은 생명 전체가 정치에 의해 문제시되는 동물이라는 주장을 펴면서 생명정치의 본격적인 시작이 근대에 들어와 시작되었다고 말하고 있다. 하지만 아감벤은 호모 사케르 개념을 통해 생명정치가 이미 그리스 시대부터 행해졌다고 주장한다. 물론 푸코나 아감벤은 이렇게 시작된 생명정치가 자본주의 시대에 들어와 이른바 순종하는 신체, 즉 신체 길들이기와 신체에 대한 과도한 관심(성형, 육체미 등)으로 강화되고 있다고 본다.

배제된(또는 추방된) 존재라고 말입니다. 다시 말해 이중으로 배제된(또는 추방된) 존재인 것입니다. 호모 사케르가 법질서에서 배제되었다는 것은 이 법질서에 의해 이 존재가 자신의 생명을 보호받지 못하게 되었다는 것을 의미합니다. 그리고 호모 사케르가 종교적 질서에서 배제되었다는 것은 이 존재가 깨끗하지 못한 존재라는 것, 곧 불순한 요소에 감염되었다는 것을 의미합니다. 그러니까 호모 사케르는 예외적 존재입니다. 그것도 이중으로 예외적 존재입니다.

하지만 중요한 것은 이처럼 이중으로 배제되었음에도 불구하고 호모 사케르는 법질서와 종교적 질서에 여전히 포섭되어 있다는 것입니다. 다시 말해 호모 사케르는 배제를 통한 포섭이라는 이중 구조에 묶여 있는 것입니다. 가령, 관타나모만 수용소에 갇혀 있는 포로들을 생각해 보시기 바랍니다. 이 수용소는 9·11 테러를 계기로 조지 부시Gorges Bush 대통령이 시작한 테러와의 전쟁 중에 생포한 테러리스트들을 수용하기 위해 설립되었습니다.

여기에 갇혀 있는 포로들은 정확히 호모 사케르에 해당합니다. 우선, 그들은 자신들의 조국으로부터 법의 보호를 받지 못합니다. 그들은 조국의 법 바깥에 내쳐져 있습니다. 또한 그들을 포로로 삼고 있는 미국 법의 보호도 받지 못합니다. 그렇지만 그들이 미국 법으로부터 자유로운 것은 결코 아닙니다. 그들은 그렇게 배제됨으로써 오히려 미국 법에 더욱 공고히 묶여 있는 것입니다.

그다음으로 포로들은 언제 어떻게 죽을지 아무도 모릅니다. 그들은 살아 있으면서도 죽은 것이나 마찬가지입니다. 또한 그들을 죽인다고 해도 살인죄가 적용되지 않고 면책될 공산이 큽니다. 특히 그들을 감시하는 미군이 그들을 살해할 경우에 그렇습니다. 다시 말해 그들은 이 수용소에서 벌거벗은 생명[11]으로 존재합니다.

여기에서 중요한 문제가 제기됩니다. 관타나모만 수용소가 누구에 의해 세워졌는가의 문제가 그것입니다. 답은 분명합니다. 미국 대통령의 명령에 따라 세워졌습니다. 그렇다면 미국 대통령은 이 수용소의 모든 것, 그중에서도 특히 그 안에서 법의 효력을 정지시킬 수 있는 자입니다. 이런 의미에서 미국 대통령은 예외상태를 결정하는 주권자입니다. 이와 관련해 아감벤이 말하는 이른바 "주권의 역설" 개념은 흥미롭습니다. 아감벤에 의하면 "주권자는 법질서의 외부와 내부에 동시에 존재"합니다(『호』, 55쪽). 부시 대통령의 경우를 보면, 그는 관타나모만 수용소에서 적용되는 법의 외부에 있으면서도, 그것에 관여하고 있기 때문에 그 내부에 있게 된 것입니다. 그리고 이 수용소, 즉 예외상태인 공간 내에 있는 포로들은 이 주권자의 결정에 의해 호모 사케르가 되는 것입니다.

이런 의미에서 주권자가 행사하는 주권은 벌거벗은 생명, 곧 호모 사케르를 산출하는 근본적인 요인입니다(『호』, 177쪽). 다시 말해 미국 대통령에 의해 세워진 관타나모만 수용소에서 적용되는 법을 비롯하여 이곳을 둘러싸고 이루어지는 정치는 포로들의 삶의 형식을 결정하는 것입니다. 그러니까 그들의 삶이 조에적 삶인지 비오스적 삶인지를 판단하고 결정하고, 전자의 경우라면 그들을 죽이는 것까지도 결정하는 것입니다.

11 대표적인 예로는 나치 수용소에서 인간으로서의 모든 자존심과 인격, 희망, 수치심 등을 완전히 상실한 '무젤만(Muselman)'이 그 좋은 예이다. 독일어로 '무젤만'은 '무슬림'을 의미한다. 나치가 설치한 집단 수용소에서 지내는 유대인들의 모습이, 기도할 때 무기력하게 쪼그려 앉아 기도하는 무슬림의 모습과 비슷해서 이런 용어가 사용되었다. 극한의 영양실조로 뼈만 남은 상태에서, 삶에 대한 그 어떤 의지도 없이, 그저 바위처럼 굳어 버린 유대인들의 모습이 그것이다.

아감벤은 이런 상황을 "정치란 달리 말해서 … 인민의 생명에 일정한 형식을 부여하는 것이다"라는 말에 주목합니다(『호』, 283쪽).

더군다나 아감벤은 벤야민의 「역사 개념에 대하여」의 8번 테제를 빌려 피억압자들의 눈으로 보면 예외상태가 상례가 되고 있다는 사실을 지적합니다. 그런데 이런 사실은 오늘날 우리가 살고 있는 현대사회의 가장 두드러진 '통치gouvernement' 방법 중 하나입니다. 이른바 '상시常時 감시' 체계가 그것입니다. 주권자는 그가 통치하는 모든 영역, 모든 공간을 예외상태화하려고 노력합니다. 그러면서 그 영역, 그 공간에 있는 모든 사람을 잠재적인 호모 사케르로 간주합니다. 즉 그들의 생사여탈권을 틀어쥐는 것입니다. 생명을 담보로 하는 생명정치가 이루어지는 것입니다.

가령, 북한에서 이루어지고 있는 5호 담당제를 생각해 보시기 바랍니다. 북한에서는 주민 모두가 잠재적인 사상범으로 여겨집니다. 우리나라에서도 과거에 시행된 바 있는 긴급조치 상황을 생각해 보시기 바랍니다. 긴급조치가 떨어진 상황에서는 국민 개개인이 언제, 어디에서라도 검문검색을 받고, 연행되고, 구금될 수 있습니다. 이런 상황에서는 국민 모두가 국가 권력에 의해 배제됨과 동시에 포획되며, 언제든지 죽임을 당할 수 있는 벌거벗은 생명, 곧 호모 사케르가 되는 것입니다.

잠재성과 무위無爲

아감벤이 궁극적으로 제기하는 문제는 이런 상황, 즉 벤야민의 용어로 말하자면 신화적 폭력이 법의 가면을 쓰고 관리하고 지배하는 이 같은 폭력적인 상황(예외상태가 상례가 된 상황)으로부터 어떻게 벗어날 수 있는가 하는 것입니다. 여러 차례 지적했지만, 벤야민은 이런 상황을 타파하기 위해, 즉 신화적 폭력을 타파하기 위해 신적 폭력에 호소합니다. 그리고 이 신적 폭력으로써 신화적 폭력을 파괴하는 것을 법의 탈정립으로 이해합니다. 그리고 이런 탈정립을 계기로 새로운 역사 시대가 열릴 수 있다고 주장합니다. 물론 벤야민은 이 같은 새로운 역사 시대의 모습이 구체적으로 어떤 것인지는 제시하지 않고 있습니다. 우리는 그 모습이 법과 폭력의 관계가 완전히 단절된 세계라고만 말할 수 있을 뿐입니다.[12] 아감벤은 『예외상태』의 말미에서 이렇게 말하고 있습니다. "진정으로 정치적인 행위란 폭력과 법 사이의 연결망을 끊어 버리는 행위"라고 말입니다(『예, 166쪽).

「폭력비판을 위하여」에서 법과 폭력과의 연결고리를 끊는 방법은 신적 폭력을 통해 신화적 폭력을 파괴하는 것입니다. 벤야민은 이것을 기존의 법, 즉 법정립적 폭력과 법보존적 폭력의 변증법적 부침에 의지하는 법을 탈정립시키는 것이라고 표현하고 있습니다. 물론 이 같은 법의 탈정립은 신적 폭력에 의해서만 가능합니다.

이 단계에서 중요한 물음이 제기됩니다. 신적 폭력에 의해 기존의 법을 탈정립하고자 하는 벤야민에 동의하는 아감벤은 대체 어떤 방법을 통해 이 같은 법의 탈정립을 모색하는가 하는 물음이 그것입니다. 이것은 아감벤의 전체 사유를 관통하는 핵심적인 물음에 해당합니다. 다시 말해 아감벤이 구상하는 새로운 정치, 진정으로 정치적인 행위의 모색과도 같은 것입니다.

이런 모색과 관련해 아감벤이 아리스토텔레스로부터 '현실성(현실태,

12 이와 관련해 아감벤이, 벤야민의 유고집으로 출간된 짧은 글 중 하나에서 '정의(正義)'를 "세계가 절대로 전유되거나 법질서화될 수 없는 선의 모습으로 드러나는 그런 세계의 상태"라고 말한 점은 흥미롭다(『예』, 124쪽).

actualité, energeia)'과 '잠재성(잠재태, potentialité, dynamis)' 개념을 차용하고 있다는 사실은 흥미롭습니다. 아감벤에 의하면 아리스토텔레스가 『형이상학』에서 제시하고 있는 '잠재성'은, "오직 실현 속에서만 존재한다고 확신하는 메가라학파[13]를 반박하면서 항상 잠재성의 자율성을 강조하는 데 큰 관심을 쏟았"습니다(『호』, 110쪽). 아감벤은 아리스토텔레스에게서 "잠재성이 있다는 것"은 "현실성으로 나아가지 않을 수 있는 잠재성이 있다는 것을 의미"한다고 해석합니다(『호』, 111쪽). 곧 '…하지 않을 가능성'(이것이 바로 '무위in-operation'입니다)이 그것입니다.

이런 의미에서 아리스토텔레스의 잠재성은 '비잠재성im-potentialité, adynamia'이어야만 합니다. 이런 잠재성이 현실성이 되는 것은 현실성으로 나아가지 않을 수 있는 그 자체의 능력(곧, 비잠재성)을 유보하는 경우에만 가능한 것입니다(『호』, 112). 하지만 잠재성이 현실화되었다고 해서 그 잠재성(비잠재성)이 사라지는 것은 아닙니다. 현실화되지 않을 수 있는 그 자체의 능력을 유보하면서 현실화되었던 잠재성이 그 유보를 해제하고 자기에게로 되돌아와 또 다른 현실성으로 나아가지 않을 가능성은 항상 존재합니다. 이런 의미에서 아감벤은 이렇게 말하고 있습니다.

> 아리스토텔레스의 사유에서 잠재성은 한편으로는 현실성에 우선하면서 그것을 조건 짓지만, 다른 한편으로 본질적으로는 현실성에 종속된 상태에

13 메가라학파(Megarian school)는 소크라테스의 제자였던 메가라의 에우클레이데스를 시조로 하는 철학의 학파이다. BC 4세기 초부터 활동한 이 학파에서는 잠재태의 존재를 부정한다. 이 학파에서는 하나의 사물이 일정한 상태에 있든지, 아니면 그렇지 않든지 이 둘 중 하나라고 주장한다.(cf. W. D. 로스, 『아리스토텔레스: 그의 저술과 사상에 관한 총설』, 김진성 옮김, 세창출판사, 2016, 302쪽.)

머물러 있는 것으로 보인다. (『호』, 110쪽)

예를 들어 보겠습니다. 여기에 집을 짓는 한 명의 건축가가 있다고 칩시다. 이 건축가는 집을 짓는 일을 하고 있지 않을 때도 집을 지을 수 있는 능력, 곧 잠재성을 가지고 있습니다. 물론 이 건축가는 집을 짓지 않을 수 있는 잠재성(비잠재성)을 당연히 가지고 있습니다. 그리고 이 건축가가 집을 짓는 행위를 할 경우, 그는 자신의 집을 짓지 않을 잠재성(비잠재성)을 유보한 것입니다. 또한 이 건축가가 어떤 집을 짓는 행위를 한다고 해서 그의 잠재성이 없어지는 것이 아닙니다.

이제 이 건축가가 어떤 집을 짓고 난 뒤에, 그 집의 스타일이 마음에 들지 않았다고 가정해 보겠습니다. 그다음에 지은 집의 스타일도 마음에 들지 않았고, 지은 집마다 스타일이 마음에 들지 않는 상태가 계속된다고 가정해 보겠습니다. 물론 집을 새로 지을 때마다 이 건축가가 그의 잠재성의 상태로 되돌아간다는 것은 분명합니다. 그런데 지은 집마다 그 스타일이 이 건축가의 마음에 들지 않는 극단적인 경우에 어떤 일이 벌어질 수 있을까요? 다음과 같은 추측이 가능할 것입니다. 첫째, 그럼에도 이 건축가는 계속 과거에 지어 오던 집의 스타일을 개선해 나간다. 둘째, 전혀 다른 스타일의 집을 새로이 짓는다. 첫 번째의 경우에는 이 건축가가 자신의 마음에 드는 스타일의 집을 지을 수 있는 가능성이 여전히 남아 있는 것으로 보입니다. 그리고 이는 해체와 정의를 같은 것으로 보며, 정의를 향한 법의 계속되는 전진, 개선을 강조하는 데리다의 경우에 해당한다고 할 수 있을 것 같습니다.

두 번째의 경우에 이 건축가는 새로운 스타일의 집을 짓는 건축가로 재탄생할 수 있을 것 같습니다. 그로부터 이 건축가가 기존 스타일의 집을 지으면서 자신의 능력을 극대화하는 것보다는 오히려 실험적이고 창의적이고 새로운 세계에 대한 생각과 그런 세계에로의 진입이 가능할 것입니다(이런 의미에서 기존의 스타일과 전혀 다른 집을 짓는 것은 '탈창조dé-création'라고 할 수 있을 것 같습니다.)

물론 이 건축가가 전혀 다른 스타일의 집을 짓는 능력, 즉 기존 스타일의 집을 짓지 않을 능력은 그의 잠재성의 영역에 놓여 있습니다. 그리고 이 경우는 항상 법과 폭력과의 관계를 완전히 끊어 버리면서 법을 탈정립시키고자 하는, 다시 말해 폭력에 의해 법이 오염될 수 있는 메커니즘의 작동을 정지시키고자 하는 아감벤, 벤야민의 경우에 상응한다고 할 수 있을 것 같습니다.

오늘 강의를, 허먼 멜빌Herman Melville(1819-1891)의 단편소설 「필경사 바틀비Bartleby the Scrivener」(1853)에서 바틀비의 행동에 주목하면서 정리하고자 합니다. 이 단편의 배경은 뉴욕의 월가입니다. 그곳에서 한 변호사가 필경사들을 고용했는데, 그중 한 명의 이름이 바틀비입니다. 그는 처음에는 열심히 일을 했으나, 어느 날 자기를 고용한 변호사에게 "나는 안 하는 편을 택하겠습니다I would prefer not to"라고 말합니다. 무위를 내세운 것입니다. 아감벤은 이런 태도를 취하는 바틀비에 주목합니다. 그러면서 바틀비의 "나는 안 하는 편을 택하겠습니다"라는 이 문장에서 아리스토텔레스가 말한 '…하지 않을 잠재성', 곧 비잠재성을 봅니다.

아감벤은 바틀비의 무위를 내세우는 이 문장에서, 이 단편이 집필되던 당시의 미국 사회, 자본주의가 발전하면서 인간을 인간으로 취급하는 것이 아니라 한낱 돈 버는 기계, 곧 경제적 동물로 취급하는 사회가 작동하는 메커니즘,[14] 곧 폭력적인 사회를 탈정립할 수 있는 원동력을 보는 것입니다. 그러니까 변호사와 바틀비의 관계는, 오직 바틀비의 필경사로서의 능력, 곧 그의 노동력만을 고려할 경우, 억압적이고 비인간적일 수밖에 없다는 것입니다. 더군다나 필경사가 일하는 곳은 변호사 사무실이고, 이 장소에서 문제가 되는 것은 항상 법입니다. 그러므로 필경사의 무위는 곧 법의 작동을 정지시키는 효과도 있는 것입니다.

그렇다면 변호사와 바틀비, 바틀비와 법, 바틀비와 세계 사이에 관계가 개선될 여지는 있는 것일까요? 그렇다고 생각하면 데리다의 입장에서는 것이라고 생각됩니다. 하지만 개선의 여지보다는 오히려 그런 관계가 애당초 정립되지 않을 가능성을 모색하는 것은 벤야민, 아감벤의 입장에 서는 것으로 보입니다. 그리고 극단적으로는 이런 관계가 아예 정립되지 않는 것이 바틀비에게 가해지는 모든 압력과 폭력을 철저히 근절하는 길이 될 것입니다. 다시 말해 바틀비가 지금의 삶과는 완전히 다른 새로운 삶을 살아갈 수 있는 단초가 될 것입니다.

하지만 자본주의 사회에서 노동 내지 계약에 의거한 관계가 필수적이라면, 그러면서도 지금과는 전혀 다른 관계를 맺고자 한다면, 바틀비는 최소한 자신의 잠재성의 영역으로 되돌아가 지금까지와는 다른 방식으로 자기 자신, 변호사, 세계와 관계 맺는 것을 탐색해야 할 것입니다. 그렇게 해야만 비로소 바틀비의 무위를 통해 자신을 오직 돈 버는 기계, 곧 경제적 동물 취급하는 그 당시의 미국 사회의 메커니즘, 곧 법을 정지시킬 수 있을 것입니다.

---

14 「필경사 바틀비」에서 변호사는 바틀비 이전에 이미 두 명의 필경사를 고용했다. 그들의 별명은 각각 니퍼(Nipper)와 칠면조(Turkey)이다. 그리고 이 사무소에서 일하는 어린 사환의 별명은 생강 과자(Ginger Nut)이다. 니퍼, 터키, 진저넛은 모두 다 본명이 아니라 음식에서부터 이름을 따온 별명이다. 이것은 그들에 대한 친근감의 표현이 아니라, 사람을 사람으로 알려 하지 않고 그저 비용 대비 고효율의 노동력으로만 평가한다는 것을 보여 준다.

거칠게 말하자면 이런 논리는, 아감벤이 말하고 있는 폭력과 법과의 관계를 근본적으로 단절하는 행위의 기저에 놓여 있다고 할 수 있습니다. 그러니까 아감벤은 주권권력, 예외상태, 호모 사케르, 곧 벌거벗은 생명에 바탕을 두고 작동되는 인류의 모든 통치와 그것을 가능케 해 주는 법, 특히 이를 바탕으로 민주주의에서 행해지는 생명정치를 그 근본에서부터 재검토하는 것이 필요하다는 것을 역설하고 있는 것입니다.[15] 아감벤은 다음과 같이 말하고 있습니다. "권력의 '비밀상자' 중의 비밀상자"가 그 자체의 한가운데 숨겨 놓고 있는 것은 "예외상태"이다(『예』, 163쪽). 이런 의미에서 아감벤의 정치철학은 급진적이라는 평가를 받고 있습니다.

이와 관련해 '예외exception' ―'추방' 또는 '추방령'― 라는 단어가 갖는 다음과 같은 두 가지 의미는 아주 흥미롭다고 할 수 있을 것 같습니다. 하나는 '배제된' '추방된'의 의미입니다. 다른 하나는 '벗어나다' '자유롭게 되다' '모두에게 열려 있다'의 의미입니다. 이런 두 가지 의미에서 보면 주권자에 의해 결정되는 예외상태, 이런 예외상태에서 주권권력에 의해 배제되면서 포섭되어 있는 호모 사케르, 주권권력에 의해 삶과 죽음이 결정되는 상태, 곧 벌거벗은 생명을 영위하고 있는 호모 사케르는, 아감벤에 의하면, 이른바 '비식별역zone d'indifférenciation'에 머물고 있는 존재입니다.

여기에서 비식별역에 머문다는 것은, 아리스토텔레스의 잠재성 개념

15 아감벤은 이것을 "근대 민주주의 특유의 아포리아"(『호』, 47쪽)라고 규정한다. 그러니까 민주주의는 발전 과정에서 "조에의 권리 주장과 해방"을 내세웠으며, "끊임없이 벌거벗은 생명 그 자체를 하나의 삶의 방식으로 변형시키려고" 하는 반면에, 바로 이 '벌거벗은 생명'에서 인간의 자유와 행복을 발견하려 한다는 것이다(같은 책, 48-49쪽).

과 마찬가지로 호모 사케르가 자기를 호모 사케르로 만드는 '통치('권력' '지배')-기계machine de gouvernement'의 완전한 희생물임과 동시에 오히려 역으로 이 통치-기계의 작동을 그 근본에서부터 멈추게 할 수 있는 잠재성을 지닌 존재임을 구별하는 게 불가능하다는 것을 의미합니다. 이런 의미에서 아감벤은 예외상태를 주권자의 결정의 산물로 보는 슈미트와는 다른 해석을 하고 있는 것입니다. 어쨌든 아감벤에 의하면 인류의 미래는, 이 비식별역에서 호모 사케르가 후자의 존재로서의 지위를 발휘하는가, 발휘한다면 어떻게 발휘하는가의 여부에 달려 있다고 할 수 있을 것입니다.[16]

16 우리나라에서 일진들이 판을 치는 한 학교를 예로 들어 보자. 일진들이 한 교실을 장악했다고 하면, 이 교실은 교칙이라는 법이 일시 중지된 '예외상태'의 공간이고, 이 공간이 학교 전체로 확대되었다고 한다면, '예외상태'가 '상례'가 되었다고 할 수 있다. 이때 이 학교에 드리워진 폭력적인 분위기를 일소하기 위해서는 어떤 가능성을 생각해 볼 수 있을까? 다시 말해 벤야민이 말하는 실제적인 예외상태를 사라지게 하기 위해서는 어떤 가능성들이 있을까? 첫째로 일진들을 달래고 벌하면서 점차 보통 학생들이 되게끔 유도하는 것이다. 이것은 데리다의 정의 및 해체 개념과 비슷하다. 하지만 이 경우에는 시간이 필요하며, 그 시간 동안에 여전히 일진들의 행패는 지속될 것이다. 점차 그 강도가 약해진다고 해도 말이다. 둘째로 일진들보다 더 싸움을 잘하는 학생이 나타나 그들을 모조리 제압해 버리는 것이다. 이것은 벤야민의 신적 폭력과 비슷하다. 다만 이 학생이 일진들과는 달리 정의의 사도라는 사실이 전제되어야 한다. 다시 말해 이 학생이 시간이 흐름에 따라 일진들과 같이 행동하는 자로 변해서는 안 된다. 셋째로 모든 학생(일진들과 다른 학생들)이 과거로 돌아가 그들 자신이 일진이 되지 않을 비잠재성을 유보하지 않는 것이다. 이것이 아감벤이 제시하는 방법 중 하나라고 할 수 있다. 하지만 이 방법의 실천은 결코 쉽지 않다. 특히 일진이 된 학생들에게 권력의 달콤함과 지배의 쾌감은 크기만 하며, 폭력의 유혹은 거기에 비례할 것이다. 넷째로 일진들의 폭력을 견디어 내는 자들 각자가 바틀비와 같은 행동을 하는 것이다. 이것도 아감벤이 제시하는 방법 중 하나이다. 이것은 일진들을 제외한 학생들이 학교에 등교하지 않는 것을 전제로 한다. 그렇게 되면 이 학생들과 일진들의 권력-지배-통치의 관계는 단절될 것이다. 괴롭힐 학생이 한 명도 없는 상황에서 일진

이 생겨날 이유는 처음부터 나타나지 않을 것이다. 문제는 학교에 나오지 않기로 한 학생들에 대한 교육을 어떻게 할 것인가가 될 것이다. 일진이 없는 다른 학교, 대안학교, 검정고시, 독학 등과 같은 방법을 택할 수도 있다. 하지만 이것은 또 다른 막대한 사회비용을 치르는 결과를 초래하지 않을까? 여러 의문점이 머릿속에서 맴돈다. 다음 시간에 살펴볼 지젝 역시 위의 두 번째와 세 번째 가능성을 염두에 두고 있는 것으로 보인다. 지젝은 벤야민의 신적 폭력을 완전히 프롤레타리아계급의 총파업으로 해석하고, 또 바틀비와 같은 무위도 전 지구적 자본주의라는 거대한 기계의 작동에 큰 타격을 줄 수 있는 하나의 방법, 그것도 가장 파괴적인 방법이라고 보고 있다. 아감벤과의 차이에 대해서는 다음 시간에 살펴보자.

제9강

지젝의 폭력론:

『폭력이란 무엇인가』를 중심으로

9.1.
시작하며

오늘 강의에서는 지젝의 폭력론을 살펴보고자 합니다. 구체적으로는 지젝이 2008년에 출간한 『폭력이란 무엇인가: 폭력에 대한 6가지 삐딱한 성찰*Violence: Six Sideways Reflections*』, 그중에서도 제6장에 해당하는 "신적 폭력Divine Violence" 부분을 벤야민의 신적 폭력과 연결해 살펴보고자 합니다.

지금까지 우리가 살펴본 학자들의 폭력론이 그렇듯이, 지젝의 폭력론도 그의 전체 사유와 밀접하게 연결되어 있습니다. 그렇기 때문에 폭력론 일부를 통해 그의 폭력론 전체의 윤곽을 소묘하는 것은 아주 어려운 일일 것입니다. 그럼에도 부분적인 폭력론 속에서도 전체적인 폭력론의 내용을 이해할 수 있는 핵심적이고 결정적인 요소가 들어 있는 경우도 없지 않습니다. 지젝의 경우가 거기에 해당할 것입니다.

벤야민의 「폭력비판을 위하여」에서 보았던 신적 폭력의 경우, 그 구체적인 모습에 대한 논의가 활발하게 이루어졌습니다. 신학적 관점, 즉 메시아의 구원적 시각에서 해석하면서, 신적 폭력을 참다운 의미에서 메시아의 도래로 해석하는 자들도 없지 않습니다. 또한 벤야민 자신이 암시하고 있듯이 신적 폭력이 지상에서 실제로 프롤레타리아트 총파업의 형태로 나타난다고 할 수도 있을 것입니다.

어쨌든 지젝 역시 새로운 역사 시대 도래의 계기가 될 신적 폭력을 자신만의 방식으로 해석하면서 이 논의에 가세하게 됩니다. 지젝의 해석의 특징은 이 개념에서 신학적, 메시아적 해석을 완전히 탈색시키고 그 개념을 탈신비화시키고 있다는 것입니다. 나아가 지젝의 이 같은 해석은 그의 고유한 실천의 방향, 이를테면 신자유주의의 질서 속에서 '몫 없는 자들에게 그들의 정당한 몫'을 찾아 되돌려주는 것과 밀접하게 연결되어 있습니다.

9.2.
지젝의 생애와 저작

현대 철학에서 가장 논쟁적인 인물이자 가장 위험한 철학자로 여겨지는 슬라보예 지젝Slavoj Zizek은 1949년에 슬로베니아의 수도 류블랴나에서 태어났습니다. 류블랴나대학에서 철학 박사학위를, 파리 8대학에서 정신분석학 박사학위를 취득했습니다. 그 이후 프랑스, 영국, 미국 등의 여러 대학교에서 강의를 했고, 2013년에는 경희대에서 강의를 하기도 했습니다.

지젝은 헤겔, 마르크스, 라캉의 사유를 토대로 인문학, 사회과학, 예술, 대중문화 등 여러 방면에서 활동하고 있는 철학자, 문화비판이론가, 정치이론가입니다. 지젝은 "문화 이론의 엘비스 프레슬리" "지적 록스타"라고 불리기도 합니다. 지젝 자신은 스스로를 "정통적인 라캉주의적 스탈린주의자" "마르크스주의자" "공산주의자"라고 부릅니다. 지젝의 지향점은 신자유주의가 지배하는 세계화 시대에서 '몫 없는 자들의 몫'을 찾기 위해 꺼져 가는 '혁명'의 불꽃을 살리고자 기름을 들이붓는다는 데 있습니다.

지젝에 대한 호불호는 뚜렷합니다. 지젝에 대해 비판적 입장에 있는 연구자들은 주로 다음과 같은 두 가지 측면에서 그를 비판합니다. 지젝이 강하게 비난하는 현대사회, 정치, 경제를 대체할 사회 및 프로그램 제시의 실패와 그의 이론에서 발견되는 엄격성의 결여입니다. 이런 이유로 지젝은 차분한 이론적 성찰보다는 오히려 도발로 일관한다는 비판에 직면해 있습니다.

지젝은 혁명적 마르크스주의 프로젝트를 수행한다고 주장합니다. 하지만 그 프로젝트가 구체적으로 무슨 내용인지 분명하지 않습니다. 오늘 강의에서 살펴볼 지젝의 폭력론은 이런 비판에 어느 정도의 대답이 될 수 있을 것 같습니다. 하지만 폭력론을 위시해 그의 전체 프로젝트는 라캉의 정신분석학 이론과 레닌주의, 스탈린주의, 마오주의, 포스트구조주의 등을 버무린 19세기 담론 같다는 인상도 없지 않습니다.

이 강의를 하고 있는 2023년 현재, 지젝에 대한 관심, 특히 우리나라에서의 관심은 어느 정도 진정 국면에 들어섰다고 할 수 있습니다. 하지만 지젝은 활발한 활동을 바탕으로 약 60여 권의 저작이 있고, 그의 사유는 여러 측면에서 학술적 논의의 대상이 되고 있습니다. 2007년에는 『국제지젝연구저널』이 창간되기도 했습니다.

우리말로 번역된 지젝의 저작들은 대략 다음과 같습니다.

『이데올로기라는 숭고한 대상*The Sublime Object of Ideology*』(1989)

『삐딱하게 보기*Looking Awry*』(1991)

『그들은 자기가 하는 일을 알지 못하나이다*For They Know Not What They Do*』(1991)

『당신의 징후를 즐겨라*Enjoy Your Symptom!*』(1992)

『부정적인 것과 함께 머물기 *Tarrying with the Negative*』(1993)

『향락의 전이 *The Metastases of Enjoyment*』(1994)

『환상의 돌림병 *The Plague of Fantasies*』(1997)

『까다로운 주체 *The Ticklish Subject*』(1999)

『무너지기 쉬운 절대성 *The Fragile Absolute*』(2000)

『전체주의가 어쨌다구? *Did Somebody Say Totalitarianism?*』(2001)

『진짜 눈물의 공포 *The Fright of Real Tears*』(2001)

『실재계 사막으로의 환대 *Welcome to the Desert of the Real*』(2002)

『신체 없는 기관 *Organs without Bodies*』(2003)

『시차적 관점 *The Parallax View*』(2006)

『레닌 재장전 *Lenine Reloaded*』(2007, 공저) 등등.

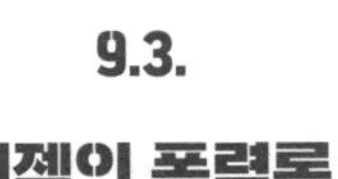

9.3.
지젝의 폭력론

1) 『폭력이란 무엇인가』의 구성

지젝의 『폭력이란 무엇인가: 폭력에 대한 6가지 삐딱한 성찰』은 2008년에 출간되었습니다. 우리말 번역본은 2011년에 난장 출판사에서 이현우, 김희진, 정일권 3인의 공역으로 출간되었습니다. 이 책의 구성은 다음과 같습니다.

『폭력이란 무엇인가』를 읽기 위한 우회로

0. 서문 - 폭군의 피 묻은 예복

제1장 SOS 폭력

폭력: 주관적 폭력과 객관적 폭력

포르투 다보스의 선량한 사람들

자유주의적 공산주의 마을

'무조無調의 세계'속 성생활

제2장 네 이웃을 너 자신처럼 두려워하라!

공포의 정치

이웃이라는 사물

언어의 폭력

제3장 '피로 물든 조수가 범람하다'

교감적 의사소통의 이상한 사례

테러리즘이 가진 원한

약탈과 강간을 저지를 것 같은 주체

제4장 관용적 이성의 이율배반

자유주의냐 근본주의냐? '두 가문 모두에 저주 있으라!'

예루살렘의 백묵원

무신론이라는 익명의 종교

제5장 관용은 이데올로기다

정치의 문화화

실효적 보편성

"저승을 움직이리라": 지하세계

제6장 신적 폭력
히치콕과 함께 벤야민을
신적 폭력: 그것은 무엇이 아닌가…
…그리고 마침내, 그것은 무엇인가!

에필로그
한국어판 후기 - 혁명적 진리의 얼굴

위의 내용 중에서 '『폭력이란 무엇인가』를 읽기 위한 우회로'는 '옮긴이의 말'이며, '한국어판 후기 — 혁명적 진리의 얼굴'은 한국어판에 부친 지젝의 글입니다. 이 책의 특징 중 하나는 제1장에서부터 에필로그까지 각각 음악에서의 빠르기와 세기를 의미하는 다음과 같은 부호들이 붙어 있다는 것입니다. 각 장을 읽을 때 속도와 감정을 조절하라는 의미인 것으로 보입니다.

느리게 그러나 지나치지 않게, 감정을 풍부하게 담아Adagio ma non troppo e molto espressivo — 조금 빠르게 — 느리게Allegro moderato-Adagio — 느리게 그러나 지나치지 않게, 감정을 충분히 담아서Andante ma non troppo e molto cantabile — 매우 빠르게Presto — 아주 느리게 — 느리게Molto adagio-Andante — 빠르게Allegro — 느리게Adagio

오늘 강의에서는 제1, 2장의 내용을 간략하게 소개한 다음, 특히 제6장 '신적 폭력'을 중점적으로 살펴보고자 합니다. 지난 강의에서 보았던 벤야민의 「폭력비판을 위하여」에 대한 지젝의 고유한 해석과 지젝 자신의 전체 폭력론의 핵심적인 내용이 '제6장'에 담겨져 있는 것으로 보이기 때문입니다.

2) 『폭력이란 무엇인가』의 의도

지젝은 책의 서문에서 폭력을 세 종류로 구분하는 한편, 자신의 집필 의도를 밝히고 있습니다. 이어지는 제1장에서부터 제6장까지는 그가 의도한 바에 도달하기 위한 일종의 우회로라고 할 수 있습니다. 에필로그는 폭력에 대한 그 나름의 해결책에 할애되고 있습니다. 그렇다면 그가 제시하고 있는 세 종류의 폭력이란 어떤 것이고, 집필 의도는 무엇일까요?

이 질문과 관련해 서문에서 지젝은 하나의 일화를 들려주고 있습니다.

> 물건을 훔쳐 낸다는 의심을 받던 일꾼이 한 명 있었다. 매일 저녁, 일꾼이 공장을 나설 때면 그가 밀고 가는 손수레는 샅샅이 검사를 받았다. 경비원들은 아무것도 발견할 수 없었다. 손수레는 언제나 텅 비어 있었다. 결국 진상이 밝혀졌다. 일꾼이 훔친 것은 다름 아닌 손수레 그 자체였던 것이다.[1]

이 일화에는 지젝이 시도하고 있는 폭력 성찰의 방법이 들어 있는 것으로 보입니다. 그 방법은 어떤 현상을 직접 보지 말고 그 배후, 주위, 곧

1 슬라보예 지젝, 『폭력이란 무엇인가: 폭력에 대한 6가지 삐딱한 성찰』, 이현우 외 옮김, 난장, 2011, 23쪽.(이하 『폭』으로 약기.)

맥락을 둘러보는 것입니다. 지젝은 이를 폭력의 이해와 분석에 적용하기 위해 우선 폭력을 크게 다음의 두 가지로 구분하고 있습니다. '주관적 폭력'과 '객관적 폭력'이 그것입니다. 주관적 폭력은 가시적이고, 직접적인 폭력, 즉 명확히 식별 가능한 행위자가 저지르는 폭력입니다(『폭』, 23-24쪽). 객관적 폭력은 다시 '상징적 폭력'과 '구조적 폭력'[2]으로 구분됩니다.[3] 객관적 폭력은 주관적 폭력과는 달리 비가시적이고, 간접적인 폭력이라고 할 수 있을 것입니다.

주관적 폭력은 이 세 가지 폭력 가운데 가장 가시적인 일부에 불과하다. 이 세 가지 폭력 중 나머지들은 객관적인 폭력인데, 그 첫 번째는 하이데거가 '존재의 집'이라고 칭한 언어를 통해 구현되는 '상징적' 폭력이다. 앞으로 보게 되겠지만, 이 폭력은 습관적인 언어 사용을 통해 재생산되는 사회적 지배관계나 선동적인 언어 속에서만 분명하게 나타나는 것이 아니다(이런 사례들은 충분히 연구됐다.) 보다 근본적인 형태의 폭력이 언어 자체에 들어 있으며, 언어가 의미 세계를 대상에 부과할 때 따라붙는다. 두 번째로, 내가 '구조적' 폭력이라고 부르고자 하는 폭력이 있다. 그것은 어떤 경우에 우리의 경제체계와 정치체계가 정상적으로 작동할 때 나타나는 파국적인

2 지젝의 『폭력이란 무엇인가』의 번역자들의 번역을 따라 '구조적 폭력'이라고 했지만, 실제로 원어는 'systemic violence'이다. 따라서 엄밀한 의미에서는 '시스템적 폭력'이라고 옮겨야 할 것이다.

3 지젝의 이런 구분은 요한 갈퉁(J. Galtung)이 『평화적 수단에 의한 평화』(강종일 외 옮김, 들녘, 2000)에서 제시하고 있는 '직접적 폭력' '구조적 폭력' '문화적 폭력'의 삼각형을 떠오르게 한다. 하지만 지젝은 갈퉁에 대해 아무런 언급을 하지 않고 있다. 덧붙이자면 갈퉁의 경우에는 '구조적 폭력'이 'structural violence'의 번역어이다. 하지만 의미는 지젝의 '시스템적 폭력(구조적 폭력)'과 거의 비슷한 것으로 보인다.

결과이기도 하다. (『폭』, 24쪽)

주관적 폭력은 "'정상적'이고 평온한 상태를 혼란하게 하는 것"으로 보이며, 그런 만큼 쉽게 드러나지만, 객관적 폭력은 잘 드러나지 않는데, 그 이유는 그것이 "바로 이 '정상적인' 상태에 내재해 있는" 폭력이기 때문입니다(『폭』, 24쪽). 다시 말해 객관적 폭력은 물리학에서 말하는 악명 높은 '암흑물질'[4]과도 같은 것으로(『폭』, 24쪽), 정상적인 상태에 내재해 있어 눈에 잘 띄지 않지만, 객관적 폭력의 배경이 되는 동시에 그 피해가 지속적이고 엄청난 폭력입니다. 그런 만큼 폭력 현상을 제대로 이해하기 위해서는 주관적 폭력만을 보고자 하는 유혹에서 벗어나서, 그것이 어떤 배경, 문맥 속에서 발생하는지를 보아야 한다는 것이 지젝의 주장입니다(『폭』, 24쪽).

그러니까 지젝은 폭력을 한발 물러나서 보기를 제안하고 있는 것입니다. 지젝은 이를 이 책의 출발점이자 공리로 규정하고 있습니다(『폭』, 24쪽). 요컨대 폭력 현상을 "삐딱하게"(『폭』, 26쪽) 보아야 한다는 것입니다.

이 책에서 폭력을 직접적으로 다루는 대신 폭력으로 향하는 여섯 가지의 우회로를 일별해 보고자 한다. 폭력의 문제를 삐딱하게 바라보아야 하는 이유는 여러 가지다. 폭력을 직접적으로 건드리게 되면 폭력은 반드시

4 암흑물질(dark matter)은 중력을 통해 우주에 존재한다는 것을 유추할 수 있는, 하지만 전자기파를 비롯한 다른 수단으로 전혀 관측되지 않는 수수께끼의 물질이다. 암흑물질은 우주 전체 물질의 84.5%를 차지하며, 가시광선으로 관측할 수 있는 물질보다 훨씬 더 많다고 추측되고 있다.

신비화되는데, 바로 이 점은 이 책에서 논의하고자 하는 내용의 대전제다. (『폭』, 26쪽)

이를 위해 지젝은 6가지의 우회로에서 수많은 대중문화에 속하는 자료들을 동원하고 분석하면서 폭력 문제를 성찰하고 있습니다. 물론 그 나름의 해결책도 제시하고 있습니다. 이제 6가지의 우회로에서 만나게 되는 지젝의 사유의 단편 중 2가지를 간략하게 요약해 보겠습니다. 그리고 6번째 우회로, 곧 신적 폭력 부분은 따로 검토해 보겠습니다.

3) 우회로들의 풍경

인도주의적 위기와 SOS 폭력

지젝은 서문과 제1장에서 '인도주의적 위기humanitarian crises'와 'SOS 폭력'을 다룹니다. SOS 폭력은 인도주의적 위기에 기대어 발생합니다. 그것의 발생 징후는 "거짓 급박감"입니다. 예를 들면 "당신이 이 문단을 읽을 동안 열 명의 아이가 굶주릴 것입니다"라는 구호를 통해 인도주의적인 위기감과 급박감을 조성합니다. 그런데 이 같은 구호는 SOS 폭력이 발생하는 배후로 작용하게 됩니다. 지젝은 스타벅스의 광고 문구의 예를 들고 있습니다.

스타벅스는 바로 몇 년 전에 이런 종류의 거짓 급박감을 써먹은 적이 있다. 매장 입구에 스타벅스 체인 이윤의 거의 절반이 커피 원산지인 과테말라의 어린이들을 위한 의료시설로 간다는 내용의 포스터를 붙여 놓아, 커피 한 잔을 마실 때마다 한 어린이의 생명을 살리게 된다는 의미를 은연중

에 풍겼던 것이다. (『폭』, 30-31쪽)

하지만 이런 광고 문구의 배후를 잘 들여다보면, 우리는 거기에서 어렵지 않게 해당 기업의 이윤 극대화의 전략을 보게 됩니다. 이런 전략은 흔히 착한 구매, 착한 소비로 포장됩니다. 그 포장 속에는 인도주의를 가장한 이윤 증대라는 시커먼 속셈이 감춰져 있는 것입니다. 착한 구매나 착한 소비로 커피 생산국의 어린아이들을 구할 수도 있습니다. 하지만 그 수는 극히 제한적일 것입니다. 구호만 요란할 뿐, 실효는 거의 없을 것입니다. 또한 일시적일 수 있습니다. 그런 행동은 오히려 주관적 폭력의 원인이 되는 전 지구적인 자본주의 경제 구조를 강화할 뿐이라는 것이 지젝의 주장입니다. 이런 의미에서 보면 SOS 폭력은 인도주의적 위기의 배후에서 자본주의 경제 구조의 심화를 통한 착취와 약탈이라는 객관적 폭력 중 구조적 폭력에서 기인하는 폭력에 속합니다.

제1장에서 지젝은 세계적인 거부들인 앤드류 카네기, 빌 게이츠, 조지 소로스 등을 SOS 폭력의 주체로 규정하고 있습니다. 그들의 특징 중 하나는 인도주의적 목적을 위해 자신들의 사적 재산을 기부하는 것입니다. 또는 자선사업 재단을 건립해 가난한 자들의 교육과 치료를 위한다는 명목으로 막대한 금액을 희사喜捨하는 것입니다.

하지만 카네기는 사병을 고용해 자신의 철강소에서 일하는 노동자의 단결을 잔혹하게 억눌렀습니다. 빌 게이츠도 독점을 노리며 경쟁사들을 무자비하게 파산시켰으며, 이익을 증대시키기 위해 온갖 치사한 거래 수법을 다 동원했다고 합니다. 이런 의미에서 지젝은 "자선은 경제적 착취라는 얼굴을 감추고 있는 인도주의적 가면"(『폭』, 52쪽)이라고 규정하고 있습니다. 지젝은 이렇듯 자본주의의 경제 구조가 주관적 폭력을 일으키는 배경, 즉 객관적 폭력, 그중에서도 구조적 폭력의 요인이라는 사실을 드러내고 있습니다.

상징적 폭력과 물신주의적 부인

'네 이웃을 너 자신처럼 두려워하라!'라는 제목이 붙은 제2장에서 지젝은 상징적 폭력을 다루고 있습니다. 지젝은 이를 위해 라캉의 상상계, 상징계, 실재계를 차용합니다. 상징이 폭력의 근본적인 원인이 될 수도 있다는 것입니다. 언어와 사고, 특히 언어와 이성은 동전의 양면처럼 구분이 안 됩니다. 언어는 그것을 지배하는 규칙에 복종해야 합니다. 따라서 언어는 합리적, 논리적이어야 합니다. 그래야만 언어를 통해 다른 사람들과 안정적인 의사소통을 하면서 살아갈 수 있습니다. 게다가 언어를 통한 의사소통이 가능하려면, 의사소통에 참여하는 자가 상대방을 인정해야 합니다. 이런 의미에서 언어는 폭력의 포기와 동의어일 수도 있습니다(『폭』, 100쪽).

하지만 지젝은 이런 언어가 폭력, 그것도 상징적 폭력의 한 요인이 될 수 있음을 지적하고 있습니다. 언어를 통해 어떤 사물을 지칭하는 것은 그 사물을 억압하는 것이라고 할 수 있습니다. 예컨대 '장미꽃'이라는 단어를 보겠습니다. 이 세상에는 수없이 많은 장미꽃이 있습니다(상상계). 그런데 인간은 이 모든 장미꽃을 장미꽃이라는 단 하나의 기호로 규정해 버립니다. 즉 상징화하는 것입니다(상징계). 그렇게 되면 모든 장미꽃은 장미꽃이라는 기호에 의해 그것들 하나하나가 가지고 있는 고유성, 유일무이성, 개별성 등이 증발되어 버립니다. 다시 말해 장미꽃이라는 기호는 장미꽃 하나하나의 있는 그대로의 고유한 모습(실재계)을 사상捨象시켜 버리는 것입니다.

그런데 만일, 바로 인간이 말한다는 그 이유 때문에 폭력을 행하는 인간의 능력이 동물을 능가한다면 어떤가? 헤겔이 이미 잘 알고 있었던 바와 같이 어떤 사물을 상징화한다는 것은 그 사물을 억압하는 것과 마찬가진데, 이렇게 상징화하는 과정 자체에 폭력적인 면이 있다. 그리고 이 폭력은 다양한 차원에서 동시에 작동한다. 일단 언어는 그것이 가리키는 사물을 단순화하고, 사물을 단일한 하나의 속성으로 환원해 버린다. 언어는 사물을 부분 부분으로 절단하고, 그 유기적 통합을 파괴하며, 각 부분과 속성을 자율적인 것으로 취급한다. 언어는 사물을 의미의 영역으로 밀어 넣는데, 이 의미 영역은 결국 그 사물에게는 외부적인 것이다. 금을 '금'이라 이름 붙임으로써, 우리는 한 금속을 그 자연 조직으로부터 폭력적으로 적출해 내고, 그 금속에 부, 권력, 영적인 순수함 등 우리의 꿈을 부여한다. 사실 그런 꿈들은 실제 금과 아무런 관련이 없는데 말이다. (『폭』, 100-101쪽)

이렇듯 우리 삶의 거의 전부인 언어가 지니는 상징성으로 인해 이 언어는 폭력, 즉 상징적 폭력 발생의 기저에 자리하고 있는 것입니다. 또 다른 예를 들어 보겠습니다. 2003년에 미국과 영국은 합동으로 이라크에 공격을 감행했습니다. 그 이유는 이라크가 대량 살상 무기를 보유하고 있을 가능성과 함께 세계 안보에 대한 위협이라는 판단(상상계)하에 세계 평화를 구하기 위함(상징계)이었습니다. 하지만 2004년 미국의 조사단은 이라크에 대량 살상 무기가 없다는 사실을 확인(실재계)한 후에 전쟁의 정당성이 없다는 것이 밝혀지게 됩니다. 이 전쟁(주관적 폭력)이 가능했던 것은 다름 아닌 세계 평화라는 언어의 상징성(상징적 폭력)이었던 것입니다.[5]

또한 지젝은 언어의 상징성이 "윤리적 착각"(『폭』, 76쪽)을 불러일으킬 수 있다고 말합니다. 사람은 죽음을 터부시합니다. 그렇기 때문에 가능하면 죽음으로부터 멀리 있고자 하죠. 특히 다른 사람을 직접 죽이는 것을 꺼려 합니다. 하지만 죽음이 직접 보이지 않거나 멀리 있는 경우에는 죽음에 대한 거리낌이 줄어들 수도 있습니다. 죽음에 대한 판단의 범위가 좁아지는 것입니다. 지젝은 이렇게 말합니다. "버튼 하나를 눌러 눈에 보이지 않는 수천 명의 사람을 죽이는 일보다 총으로 누군가를 직접 겨냥해 쏘는 일에 대해 더 큰 거부감을 갖는다."(『폭』, 76-77쪽)

그렇다면 전쟁에 참가한 군인들은 어떨까요? 그들 역시 죽음을 꺼려 하고, 눈앞에 있는 적을 직접 쏘는 것을 달가워하지 않을 것입니다. 그럼에도 그들은 적을 향해 총을 쏘아야 합니다. 그들로 하여금 이처럼 잔인한 주관적 폭력의 주체가 되게끔 하는 것은, 바로 그들이 불구대천의 원수, 평화, 정의 등과 같이 말로 상징화된 언어의 지배하에 있기 때문입니다. 다시 말해 평소에 심약한 군인도 평화와 정의를 수호한다는 명목으로 살상을 하는 것입니다. 인질을 죽이라는 명령을 내린 지휘관이 바로 그날 밤 자기 가족에게 사랑이 가득 담긴 편지를 쓸 수 있는 것은 모순된 행동처럼 보입니다. 하지만 언어가 지니는 상징성은 윤리적 착각을 낳게 하고, 그 결과 "윤리적 고려의 범위"가 좁아지는 것입니다(『폭』, 88쪽).

지젝에 의하면 이런 모순적인 행동이 가능한 것은 바로 윤리가 "물신주의적 부인"(『폭』, 89쪽)에 의존하고 있기 때문입니다. 물신주의적 부인이란 각자가 겪어 알고는 있지만 망각하고 부인하면서 그 상징적 효력을

5 지젝은 반유대주의의 기저에 놓여 있는 환상이라고 할 수 있는 "'유대인'에 대한 이미지/형상"(같은 책, 106쪽), 노동 시위에 내걸려 있는 "플래카드의 구호"(같은 책, 107쪽) 등의 예를 들고 있다. 반공주의가 한창일 때 초등학교 학생이었던 이승복이 했다는 "나는 공산당이 싫어요"라는 말도 그런 예에 포함될 수 있을 것이다. 한때 이 문장은 우리나라의 반공주의 정책을 가장 잘 보여 주는 상징적인 기호였다.

유예하는 행동을 말합니다. 다시 말해 행동하는 사람은 알지만, 그것을 알게 됨으로써 따라오는 당연한 결과들을 완전히 떠맡기를 거부하는 것입니다. 왜냐하면 그렇게 해야만 이 사람은 마치 아무것도 모르는 것처럼 행동할 수 있기 때문입니다(『폭』, 89쪽).

> 공장식 농장에 가서 돼지들이 반쯤 눈멀고 제대로 걷지도 못하는 상태로 도살을 위해 살찌워지는 광경을 보고 난 뒤에도 계속 돼지고기를 먹을 수 있는 사람이 우리 중에 과연 있을까? … 그리고 우리는 알고는 있으나 묵인하는 편을 택한, 고문받고 고통당하는 수많은 사람들은 어떤가? 하루에도 수천 번씩 세계 곳곳에서 일어나는 상황을 스너프 영화[6]를 통해 지켜보아야 한다고 상상해 보라. 눈알을 뽑고 고환을 으스러뜨리는 등의 무자비한 고문 행위들…. 그 장면을 본 사람이 평소와 같은 생활을 할 수 있을까? 그렇다. 하지만 이는 자신이 목격한 장면을 어떻게든 망각할 수 있을 때만 가능하다. 그것이 가지는 상징적 효력을 유예하는 행동을 통해 말이다. 이렇게 자신이 본 것을 망각하고자 하는 데서 물신주의적 부인이라는 제스처가 나온다. (『폭』, 89쪽)

4) 여섯 번째 우회로의 풍경

신적 폭력에 대한 지젝의 해석

지젝은 제6장에서 벤야민이 「폭력비판을 위하여」에서 제시한 신적 폭

6 'snuff movie'는 폭력, 강간, 살인 등의 장면을 연기가 아닌 실제 상황 그대로 필름에 담은 것을 말한다.

력 개념을 6번째 우회로로 검토하고 있습니다. 지젝이 신적 폭력을 다루는 것은 바로 신자유주의, 글로벌 자본주의의 체계에 내재된 구조적 폭력의 해결책 모색의 일환으로 보입니다. 지젝은 신적 폭력과 신의 이름 하에 자행되는 근본주의적 테러리즘을 구별합니다.

> 우리의 첫 번째 결론은 '신적 폭력'에 대한 벤야민의 오해가 오늘날 종교적 근본주의자들이 자행하는 테러리즘 폭력과는 무관하다는 것이었다. 이 종교적 근본주의자들은 그들이 마치 신의 대리자라도 되는 양 행세하며, 신의 의지가 담긴 도구인 척 행동한다. (『폭』, 265쪽)

지젝은 벤야민의 해석자들이, 신적 폭력이 구체적으로 무엇을 의미하는가를 놓고 고심해 왔다는 사실을 지적합니다(『폭』, 270쪽). 하지만 지젝은 신적 폭력을 한번도 일어난 적이 없는 '순수한' 사건에 대한 좌파의 꿈(『폭』, 270쪽)으로 여기지 않습니다. 그와는 달리 지젝은 신적 폭력을 실제로 존재했던 역사적 현상과 등치시키는 것을 두려워해서는 안 되며, 그렇게 해야만 모호한 신비화를 피할 수 있다고 주장합니다(『폭』, 272쪽). 그러면서 지젝은 신적 폭력을 "백성의 소리는 신의 소리*vox populi, vox dei*"라는 의미로 이해해야 한다고 주장하면서 다음과 같이 정의하고 있습니다.

> 신적 폭력은 바로 오래된 라틴어 경구, '백성의 소리는 신의 소리'라는 말이 뜻하는 바로 그 의미에서 신적인 것이라고 간주해야 된다. 말하자면 그것은 "우리가 그저 인민의 의지를 집행하는 수단으로서 그 일을 하고 있다"는 도착적 의미가 아니라 고독한 주권적 결정을 영웅적으로 떠안는다는 의미로 보면 된다. 살인을 하거나 자신의 목숨을 거는 일에 대한 결단은

절대적 고독 속에서 이루어지며, 대타자[7]의 치마폭 속에 숨을 수는 없다. 그것은 초도덕적일지는 몰라도 '부도덕'한 것은 아니다. 신적 폭력은 그 폭력을 행사하는 자가 멋대로 살인을 하더라도 천사와 같은 순결함을 가질 수 있는, 그런 것이 아니다. 구조화된 사회적 공간 바깥에 있는 자들이 '맹목적으로' 폭력을 휘두르면서 즉각적인 정의/복수를 요구하고 실행에 옮기는 것, 바로 이것이 신적 폭력이다. (『폭』, 277쪽)

이렇듯 지젝은 벤야민의 신적 폭력 개념을 수용하면서, 그것을 하늘이 아니라 지상의 일로 해석합니다. "신적 폭력은 전능한 신이 최후의 심판에 대한 일종의 예고나 맛보기로 인간의 과도함을 징벌하려는 직접적 개입이 아니다."(『폭』, 276쪽) 거칠게 요약하자면 이것이 벤야민의 신적 폭력에 대한 지젝의 해석입니다.

신적 폭력의 구체적인 예

지젝은 이 같은 신적 폭력에 대한 그만의 고유한 해석에 입각해 인류의 역사에서 신적 폭력의 몇몇 구체적인 예를 찾아내고 있습니다. 그중 하나가 파리 코뮌입니다. 지젝은 신적 폭력이 무엇인지를 알려면 "엥겔스가 1891년에 파리 코뮌을 두고 프롤레타리아트 독재의 사례로 지적한 것을 상기해야만 한다"(『폭』, 270쪽)고 말하고 있습니다.

최근 들어 사회 민주주의적 속물들이 프롤레타리아 독재란 말에 다시금 공포에 떨고 있습니다. 좋습니다. 여러분, 이 독재가 어떤 것인지를 알고

7 여기서는 신의 존재를 의미한다.

싶습니까? 그러면 파리 코뮌을 보십시오. 그것이 바로 프롤레타리아트 독재였습니다. (『폭』, 271-272쪽)

지젝은 이 같은 엥겔스의 말을 약간 변형시켜 이렇게 말하고 있습니다.

좋습니다, 비판 이론가 여러분, 여러분은 신적 폭력이란 게 어떤 것인지 알고 싶습니까? 1792년-1794년의 혁명적 테러[8]를 보십시오. 그것이 바로 신적 폭력입니다(그리고 이 시리즈는 계속될 수 있을 것이다). 1919년 러시아 적위군의 테러로…. (『폭』, 271쪽)

지젝이 들고 있는 신적 폭력의 두 번째 예는 브라질의 수도 리우데자네이루에서 일어난 폭동 사태입니다. 지젝은 이 사태에 대해 이렇게 말하고 있습니다.

십수 년 전에 브라질의 리우데자네이루에서 일어난 사태를 상기해 보자. 빈민가의 군중들이 도심의 부유층 거리로 가서 슈퍼마켓을 마구 약탈하고 방화하기 시작했다. 이런 것이 바로 신적 폭력이다. 그들은 인간의 죄를 신의 이름으로 벌주기 위해 성경에 나온 메뚜기 떼 같았다. 신적 폭력은 목적 없는 수단으로 어딘지 모르는 곳에서 들이닥친다. (『폭』, 277-278쪽)

그리고 지젝은 프랑스 혁명 당시 로베스피에르가 루이 16세의 처형을 요구하는 연설에서도 신적 폭력의 모습을 봅니다.

8 로베스피에르의 공포정치 시대를 가리킨다.

인민들은 법정에서와 같이 판단하지 않습니다. 그들은 판결을 내리지 않습니다. 그들은 벼락을 내리칩니다. 그들은 왕을 비난하지 않습니다. 그들은 그저 왕의 지위를 무효로 만들어 놓습니다. 그리고 이 정의는 법정의 정의만큼이나 가치가 있습니다. (『폭』, 278쪽)

지젝은 신적 폭력의 또 다른 예로 2004년에 아이티의 혁명가 아리스티드에 의해 주도되었던 아이티의 민중폭력을 들고 있습니다.[9] 지젝은 이 민중의 폭력 분출을 "선과 악 너머에 있는" 행위로 여기며, "이런 행위야말로 윤리적인 것을 정치-종교적으로 유예시킨다"[10]고 평가합니다. 아이티에서 민중이 적에게 가한 테러와 폭력은 윤리적, 비윤리적이라는 이분법적 판단의 대상이 되지 않는다는 것입니다. 왜냐하면 그것은 자신들의 삶을 불가능한 삶 속에 방치한 지배세력, 자본가들의 착취와 억압, 즉 스스로 윤리적이 되어야 하는 의무를 저버리고 죄를 지은 기득권세력에 대한 필사의 저항이기 때문입니다.

프롤레타리아트 독재와 레닌 재장전

이 단계에서 우리는 지젝이 벤야민의 신적 폭력을 전 지구적이고, 신자유주의 체제하에서 자행되고 있는 객관적 폭력을 극복하는 하나의 해결책으로 제시하고 있다고 말할 수 있습니다. 이와 관련해 다음과 같은 두 가지 사실을 지적하는 것은 지젝의 폭력론을 종합적으로 이해하는 데

9 슬라보예 지젝, 「민주주의에서 신적 폭력으로」, in 『민주주의는 죽었는가?: 새로운 논쟁을 위하여』(조르조 아감벤 외, 김상운 외 옮김, 난장, 2012), 186-187쪽.

10 같은 책, 187-188쪽.

유익할 것 같습니다. 하나는 지젝이 이런 신적 폭력을 새롭게 실현되어야 할 프롤레타리아트 독재와 연결시키고 있다는 사실입니다. 다른 하나는 지젝이 이 같은 프롤레타리아트 독재의 실현을 위해 레닌 재장전 또는 레닌의 회귀를 주장하고 있다는 사실입니다.

지젝의 신적 폭력의 이해에서 중요한 것은 다름 아닌 지금, 여기에서의 '진리의 정치'라고 할 수 있습니다. 다시 말해 신자유주의의 지배하에 있는 세계화의 시대에서 펼쳐지고 있는 정치 현실에 대한 정확한 파악과 인식이 그것입니다. 지젝은 이런 진리의 핵심을, 모든 것이면서 아무것도 아닌 계급에 속해 있는 자신들의 자리를 강탈당한 몫 없는 자들, 절대적 보편이자 동시에 아무것도 아닌 자들의 존재에서 발견합니다. 그리고 그들을 그런 존재로 있을 수밖에 없게 만든 정치적 현실은, 자본가세력이 동원하는 객관적 폭력, 즉 구조적 폭력과 상징적 폭력의 베일에 가려져 있습니다. 지젝에게서는 이런 베일을 걷어 내고, 있는 그대로의 현실을 드러내는 것이 바로 진리의 정치에 해당합니다. 그리고 이 진리는 당파적impartial일 수밖에 없습니다. 그도 그럴 것이 이 진리는 이미 기울어진 운동장에서 드러난 진리이기 때문입니다.

이렇듯 지젝은 이런 진리를 드러내고, 나아가 몫 없는 자들이 폭력과 테러에 호소해 그들의 빼앗긴 몫, 즉 그들의 정당한 몫을 찾기 위해 호소하는 극단적인 수단을 신적 폭력으로 보고 있는 것입니다. 지젝은 그들이 이런 방법을 동원해 정치적 주체가 되어 기존의 모든 국가 권력을 완전히 무효화시킬 때 나타나는 것이 바로 새로운 형태의 프롤레타리아트 독재로 보고 있습니다. 물론 이런 새로운 프롤레타리아트 독재에 대해 구체적인 프로그램을 제시하지 않고 있습니다. 그로 인해 지젝은 공허하기 짝이 없는 공산주의자 이론가로 여겨지기도 합니다.

어쨌든 이런 프롤레타리아트 독재에 대한 비전 제시는, 지금은 그 유효성이 바닥난 좌파적 관점을 끝까지 고수하려는 그의 집념과 좌파적 상상력의 발현을 통한 유토피아의 실현을 위해 꺼져 가는 불꽃에 기름을 붓고자 하는 노력의 일환이라고 할 수 있습니다.

이를 위해 지젝은 레닌이라는 기표를 소환합니다. 지젝에 의하면 레닌은 신적 폭력을 프롤레타리아트 독재 개념으로 가장 잘 승화시킨 전형적인 인물입니다.[11] 지젝에게서 지금의 세계는 현존 체제의 변화 가능성에 대한 모든 종류의 사고思考 금지를 통해 유지됩니다. 또한 기존의 질서와 체계에 도전하는 모든 노력은 체제순응주의적인 자유주의자들의 협박과 공갈(이것이 바로 객관적 폭력입니다)에 의해 좌절되기 일쑤라는 것이 지젝의 생각입니다. 이 같은 사고 금지와 협박과 공갈을 타파하고 앞에서 언급한 진리의 정치를 실현하기 위해 지젝은 레닌의 복귀를 주장합니다.[12]

물론 지젝이 레닌을 소환하는 데는 그 나름의 이유가 있습니다. 지젝은 오늘날 포스트 급진주의적 좌파주의자들이 신자유주의적 체제에 대해 겉으로는 저항하고, 그것의 전복을 외치기는 하지만, 근본적으로는 이 체제의 원활한 작동에 일조하고 있다고 생각합니다. 지젝은 이런 상황을 과거 레닌이 살았던 시대의 정치 상황, 즉 그가 살던 시대의 개량주의적 사회주의자들이 노동자들의 준비 부족을 이유로 혁명의 시기상조론을 주장하면서 점진적인 개혁을 고수했던 상황과 비슷한 것으로 봅니다. 이런 상황에서 레닌이 개량주의적 마르크스주의자들과의 이념적 논

11 같은 책, 191쪽.

12 cf. 슬라보예 지젝 외, 『레닌 재장전』, 마티, 이재원 외 옮김, 2010, 21쪽.

쟁을 통해 마르크스 본연의 원칙을 고수하고자 했던 것처럼, 지젝은 진리의 정치를 통해 개량주의적 태도로 일관하는 포스트 급진주의적 좌파주의자들을 공격할 수 있다고 생각하는 것입니다.

거칠게 요약하자만 지젝의 전략은 다음과 같습니다. 즉 사고 금지를 금지시키고자 하는 이데올로기적 환상(객관적 폭력)들의 돌파, 전 지구적 신자유주의적 질서에 대한 전면적인 거부, 반자본주의적 정치경제적 폭력에 대한 긴급한 개입과 행동 등이 그것입니다. 지젝은 이것을 "프롤레타리아트 독재의 새로운 양식"(『폭』, 303쪽)이라고 지칭하고 있습니다. 지젝은 이런 양식 안에 여전히 살려 낼 만한 유토피아의 불꽃이 남아 있다는 것을 인정하고 있습니다.[13] 요컨대 지젝은 이런 불꽃을 살려 내기 위해 레닌을 소환하는 것입니다.

불길한 수동성

이 단계에서 한 가지 의문이 듭니다. 지젝은 과연 벤야민의 신적 폭력을 주관적 폭력과 객관적 폭력을 포함한 모든 폭력에 종지부를 찍을 수 있는 방법으로 생각했을까요? 지금까지의 논의로 보면 그렇다고 할 수 있습니다. 하지만 약간의 유보는 하고 있는 것으로 보입니다.

지젝은 제6장의 결론 부분에서 신적 폭력을 식별할 수 있는 객관적인 기준이 없으며, 같은 행위라도 외부의 관찰자는 그것을 단순히 폭력이 분출되는 행위로 볼 수 있고, 직접 참여한 자에게는 그것이 신적 폭력이 될 수도 있다고 말합니다(『폭』, 279쪽). 그러면서 지젝은 신적 폭력을 떠맡는 위험은 온전히 주체의 몫(『폭』, 279쪽)이라고 주장합니다. 하지만 이

13 슬라보예 지젝, 『혁명이 다가온다: 레닌에 대한 13가지 연구』, 길, 이서원 옮김, 2006, 273쪽.

런 주장은 신적 폭력을 상대화시키고, 그로 인해 지젝이 앞에서 구체적인 예를 들면서 했던 주장을 모호하게 만드는 결과를 낳는 것으로 보입니다.

또한 에필로그에서 지젝은 신적 폭력과는 다른, 폭력에 대한 또 다른 극복 방법을 제시하고 있습니다. 그것은 바로 '바틀비의 수동성'입니다. 주지하다시피 멜빌의 단편 「필경사 바틀비」에서 볼 수 있는 것처럼, 변호사 사무실의 필경사로 고용된 바틀비는 '안하는 것'이 아니라 '안하는 것을 하는 것'을 선택합니다. 이것이 그 유명한 바틀비의 수동성입니다. 이 주제에 대해서는 들뢰즈, 네그리와 하트, 아감벤 등의 흥미로운 논의가 있습니다. 어쨌든 지젝은 이 같은 바틀비의 수동성을 특히 객관적 폭력에 대한 대안으로 제시합니다.

지젝에 의하면 기존의 지배세력이 자행하는 폭력을 비판하고, 그것을 극복하고자 하는 노력은 오히려 이 세력이 쳐 놓은 덫에 걸릴 위험이 있습니다. 우선 신적 폭력과 같은 극단적인 폭력의 경우, 자칫 더 큰 폭력(가령, 군대를 동원한 반격)을 불러올 위험성이 항상 도사리고 다는 것입니다. 다시 말해 폭력의 악순환에 빠질 가능성을 무시할 수 없는 것입니다. 그다음으로 객관적 폭력을 보지 못하고 주관적 폭력을 고발하고 드러내면서 비판하는 것은 자칫 지배세력의 함정에 빠질 위험이 있다는 것이다.

이런 점을 감안하면서 지젝은 "체계 내에 변화를 일으키기 위한 첫 번째 제스처는 활동을 철회하는 것, 아무것도 하지 않는 것"이라고 주장합니다(『폭』, 293쪽). 지젝은 이런 예로 방금 언급한 바틀비의 수동성과 주제 사라마구의 소설 『눈뜬 자들의 도시』(원제는 "광명에 대한 에세이")를 들고 있습니다. 먼저 바틀비적 수동성에 대해 지젝은 이렇게 말하고 있습니다.

가령 "그럼 우리가 '아무것도' 하지 '말아야' 한다는 건가요? 그냥 손 놓고 기다리라고요?"라는 식의 비난 말이다. 우리는 주저하지 말고 대답해야 한다. "예, 바로 그겁니다!" 어떤 상황에서는, 즉각 참여하고자 하는 충동에 저항하는 것, 끈기 있고 비판적인 분석을 사용하여 '일단 기다리면서 두고 보는 것'이 유일하게 할 수 있는, 진정으로 '실제적인' 일일 때도 있다. (『폭』, 31쪽)

또한 지젝은 주제 사라마구의 소설 『눈뜬 자들의 도시』에서 볼 수 있는, 투표를 하지 않는 기권에 의한 정부의 기능 정지의 예는 "바틀비적 정치학에 대한 정신적 실험"(『폭』, 294쪽)로 간주될 수 있다고 주장합니다. 어떤 의미에서 그럴까요? 지젝의 답은 이렇습니다.

유권자들의 기권이 정부를 어째서 공황상태로 몰아넣는가? 정부가 존재하고 그 권력을 행사할 수 있기 위해서는 국민이 심지어 거부의 형태로라도 정부를 용인해야만 한다는 사실이다. 유권자들의 기권은 정치 안에서의 거부, 곧 불신임 투표보다 한 걸음 더 나간다. 그것은 결정의 프레임 자체를 부정하는 것이기 때문이다. (『폭』, 295-296쪽)

지젝에 의하면 우리가 살고 있는 이 세계는 하나의 거대한 체계(또는 기계)로 여겨집니다. 그리고 지금 우리가 그 안에 살고 있는 체계는 전 지구적 네트워크를 지닌 신자유주의의 지배하에 있는 그야말로 거대한 체계입니다. 물론 이 체계에는 그것을 작동하는 규칙과 법칙(상징계)을 가지고 있습니다. 그런데 이렇게 거대한 체계에 대한 부분적인 저항은 오히려 이 체계를 더욱 공고하게 해 주는 빌미를 제공할 뿐이며, 그것이 이 체계를 장악하고 있는 보이지 않은 세력의 전략이라는 것이 지젝의 생각입니다.

따라서 섣불리 움직이는 것, 즉 '유사능동성'보다는 오히려 아무것도 안 하는 '수동성'이 이 거대한 체계에 더 큰 타격을 줄 수 있다는 것입니다(『폭』, 296쪽). 다시 말해 이 체계를 움직이는 자들의 눈에는 이런 수동성은 항상 불길한 것입니다. 그런 만큼 이런 불길한 수동성을 급진화急進化시키는 것이 오히려 진정한 정치적 행위라는 것입니다. 이런 의미로 지젝은 『폭력이란 무엇인가』를 다음과 같은 역설적인 말로 끝을 맺고 있습니다.

> 만약 우리가 폭력이란 말로 사회관계를 발본적으로 뒤집어 버리는 것이라는 뜻으로 사용한다면, 몰지각하고 정신 나간 소리로 들릴지는 모르겠지만, 수백만 명을 학살한 역사상의 '괴물'들이 가지고 있는 문제는 이 괴물들이 충분히 폭력적이지 않았다는 데 있다. 때로는 아무것도 하지 않는 것이 가장 폭력적으로 무언가를 하는 것이다. (『폭』, 297쪽)

지금까지 살펴본 내용을 정리해 보겠습니다. 지젝은 폭력에 대한 해결책으로 크게 두 가지 방법을 제시한 것으로 보입니다. 폭력과 비폭력, 신적 폭력과 바틀비적 수동성이 그것입니다. 물론 지젝에게 있어서 후자적인 방법이 오히려 가장 폭력적인 방법이기 때문에, 이 두 가지 방법은 결국 하나를 이룰 뿐입니다. 그럼에도 이 두 가지 방법을 제시하는 지젝의 태도가 모호하지 않다고 할 수 없습니다.

물론 이 두 가지 방법 사이에서 어느 하나를 선택해야 한다고 주장하진 않습니다. 지젝은 상황에 따라서 그 선택이 달라질 수 있음을 강조합니다. 하지만 이런 지젝의 모습이 여태껏 새로운 프롤레타리아트 독재를 향한 열정을 불사르는 급진적 공산주의자로서의 모습과 어느 정도 거리가 있다는 것은 부인할 수 없을 것 같습니다.

그럼에도 지젝의 이 같은 주저하는 모습은 폭력 문제가 쉽게 해결될 수 있는 문제가 아니라는 점, 그리고 폭력 문제는 끊임없이 새롭게 주제화될 필요가 있는 문제라는 점을 단적으로 보여 준다고 할 수 있습니다. 특히 폭력에 대한 선부른 논의는 오히려 폭력 문제 해결에서 더 큰 장애물일 수도 있다는 지젝의 지적은 많은 것을 생각해 보게 합니다.

제10강

갈퉁의 폭력론:

『평화적 수단에 의한 평화』를 중심으로

10.1. 시작하며

오늘 강의에서는 요한 갈퉁Johan Galtung(1930-)의 폭력론을 살펴보고자 합니다. 갈퉁의 폭력론은, 앞에서 살펴보았던 벤야민의 「폭력비판을 위하여」를 비롯한 데리다, 아감벤, 지젝 등의 폭력론과는 크게 연관이 없다고 할 수 있습니다. 그럼에도 여기에서 갈퉁의 폭력론을 다루고자 하는 것은 다음과 같은 두 가지 이유에서입니다.

하나는 지젝과 갈퉁 사이의 영향 관계입니다. 지난 시간에 지젝의 폭력론을 살펴보면서 그가 폭력을 직접적이고 가시적인 주관적 폭력, 간접적이고 비가시적인 객관적 폭력으로 구분하고, 객관적 폭력에 시스템적(구조적) 폭력과 상징적 폭력을 포함시키고 있다는 사실을 지적한 바 있습니다. 그런데 이런 구분은 갈퉁이 그의 저서 『평화적 수단에 의한 평화 *Peace by Peaceful Means*』(1995)[1]에서 제시하고 있는 '직접적 폭력direct violence' '구조적 폭력structural violence' '문화적 폭력cultural violence'을 떠올리게 합니다. 갈퉁의 책이 지젝의 책보다 먼저 출간되었고, 독서광으로 알려진 지젝이 갈퉁의 책을 읽었을 것이라는 합리적 의심이 듭니다. 이렇듯 두 사람 사이에는 영향 관계가 있는 것으로 보입니다. 하지만 지젝은 『폭력이란 무엇인가: 폭력에 대한 6가지 삐딱한 성찰』에서 갈퉁에 대해 전혀 언급하

1 이 책은 출판사 들녘에서 강종일, 정대화, 임성호, 김승채, 이재봉의 공역으로 2000년에 출간되었다.

지 않습니다. 이런 이유로 갈퉁이 어떤 폭력론을 전개하고 있는지가 궁금해졌습니다.

다른 하나는 갈퉁이 '평화학paxology, peace science, peace studies'[2]을 정립하고, 나아가 '평화학자'로 전 세계적인 명성을 얻고 있지만, 폭력에 대한 논의가 그의 평화학에서 중요한 위치를 차지하고 있다는 것입니다. 갈퉁은 폭력에 대한 정의는 물론이고, 그 다양한 형태의 제시와 분석, 적극적인 대안 마련을 위해 노력해 왔습니다. 이런 노력의 결과로 폭력 자체에 대한 담론에서도 갈퉁의 사유는 중요한 위치를 차지하고 있다고 할 수 있습니다.

오늘 강의에서는 갈퉁의 『평화적 수단에 의한 평화』를 중심으로 그의 평화학에서 폭력론이 어떤 위치를 점하고 있는지를 살펴보고자 합니다. 하지만 『평화적 수단에 의한 평화』에서 다루어지고 있는 주제가 너무 광범위하고, 그 내용이 지나치게 산만하기 때문에, 오늘 강의에서는 이 책의 내용을 간략하게 요약하는 것으로 그치고자 합니다.

2 평화학은 상호 학제간 연구 분야로 주로 정치외교, 사회학, 과학, 역사, 신학, 철학 등 다양한 학문들을 통해 분쟁의 원인을 밝히고, 전쟁, 학살, 테러, 그리고 다른 형태의 인권 침해를 방지, 해결하는 방법을 연구하며, 평화롭고 정의로운 세계의 구현을 목표로 하는 학문으로 정의된다. 전쟁을 비롯한 모든 종류의 폭력을 배제하고 평화를 추구하기 위한 학문이기 때문에 평화학은 가치중립적 학문이라기보다 가치지향적 학문으로 간주된다. 우리나라에도 몇몇 대학의 대학원 과정에서 통일, 평화 분야의 전공이 개설되어 있다.

10.2.
갈퉁의 생애와 저작

평화학의 창시자 또는 평화학의 대부로 여겨지는 갈퉁은 1930년에 노르웨이 오슬로에서 태어났습니다. 갈퉁은 오슬로대학에서 1956년에 수학 박사학위, 1957년에는 사회학 박사학위를 받았습니다. 1957년에 미국 컬럼비아대학 사회학과 교수로 짧은 기간 동안 재직하기도 했습니다. 하지만 곧 오슬로로 돌아와 1959년 오슬로 평화연구소PRIO: Peace Research Institute Oslo를 창립했습니다. 갈퉁은 1964년 세계 최초의 『평화학 학술지 *Journal of Peace Research*』를 창간했고, 같은 해에 국제평화학회IPRA: International Peace Research Association 창립을 주도했습니다. 갈퉁은 오슬로대학에 평화분쟁학과를 개설하기도 했습니다.

갈퉁은 여러 차례 노벨평화상 수상 후보 명단에 올랐습니다만, 수상하지는 못했습니다. 이유는 그가 노르웨이 국적을 가졌기 때문입니다.[3] 그래도 노벨평화상을 대신하는 상, 곧 대안적 노벨상으로 불리는 '올바른 삶을 기리는 상Right Livelihood Award'을 1987년에, 간디 비폭력평화상을 1995년에 수상하기도 했습니다.

갈퉁은 1950년대에는 수학과 사회학, 1960년대에는 정치학, 1970년대 경제학과 역사학, 1980년대 인류학, 신학 등을 주로 연구하고 평화를 주

3 다른 노벨상은 스웨덴에서 결정하고 수여하지만, 노벨평화상은 노르웨이에서 결정하고 수도 오슬로에서 시상한다. 그런 만큼 자국 국민인 갈퉁에게 이 상을 시상하는 것이 자연스럽지 못하다는 생각이 있었던 것 같다.

제로 하는 학문을 연구하면서 혁혁한 성과를 거두었습니다. 갈퉁이 평화학을 개척하고 거기에 상호 학제적인 접근을 하게 된 것은 상당 부분 그가 다양한 학문 분야를 섭렵했기 때문입니다. 하지만 갈퉁이 평화에 관심을 갖게 된 것은 오히려 그가 12세의 어린 나이에 경험했던 나치의 만행이 결정적이었다고 할 수 있습니다.

실제로 갈퉁은 독일이 노르웨이를 점령했을 당시에 아버지가 나치에 의해 체포당하는 것을 직접 목격했습니다. 어린 갈퉁은 그때 이미 비폭력과 평화의 필요성을 간절하게 느꼈을 것 같습니다. 1951년에는 군복무의 의무를 거부하고 그 대신 사회봉사를 했습니다. 하지만 사회봉사를 군복무 기간보다 6개월 더 해야 한다고 해서 갈퉁은 이를 거부하고 감옥에 가는 것을 택했다고 합니다.

이렇듯 평화에 대한 갈퉁의 관심은 관념적이기보다는 오히려 현실적이고 구체적인 성격이 강하다고 할 수 있습니다. 갈퉁은 세계의 여러 분쟁현장을 직접 방문하면서 해결을 위한 중재 역할을 마다하지 않았으며, 현장 경험과 조사를 토대로 평화학의 체계와 내용을 다듬었습니다. 갈퉁은 이 같은 다양한 현장 경험, 관찰, 분석 등을 바탕으로 1993년에 트랜센드(평화-개발-환경 네트워크, TRANSCEND: A Peace Development Environment Network)라는 조직을 만들었습니다. 이 조직은 주로 온라인을 통해 평화 연구, 교육, 홍보, 자문을 해 오고 있습니다.

갈퉁은 분단 상태에 있는 우리나라에도 큰 관심을 보였습니다. 우리나라를 여러 차례 방문했고, 특히 김대중 정부 시절에 한반도의 평화적 해결 모색에 일조한 것으로 알려져 있습니다. 갈퉁은 평생 평화학을 위해 노력한 끝에 약 1백여 권의 책과 1천여 편의 논문을 발표했습니다. 그로 인해 갈퉁의 연구 성과가 너무 많고, 다양해서 그것들이 인간에게서 나

왔다고 하기에는 믿기 힘들다는 평을 받기도 합니다.

갈퉁의 주요 저서는 다음과 같습니다.

『간디의 정치적 윤리』[*Gandhi's political ethics*](1955)

『사회적 연구의 이론과 방법』[*Theory and Methods of Social Research*](1967)

『폭력, 평화 및 평화 연구』[*Violence, Peace and Peace Research*](1969)

『평화, 폭력 및 제국주의』[*Peace, violence and imperialism*](1974)

『평화적 수단에 의한 평화』(1996)

『평화를 찾아서』[*Searching for Peace*](2002)

『초월과 전환』[*Transcend and Transform*](2004)

『50년: 100개의 평화와 갈등 전망』[*50 Years: 100 Peace and Conflict Perspectives*] (2008)

『민주주의, 평화, 개발』[*Democracy-Peace-Development*](2008) 등등.

10.3. 갈퉁의 폭력론

1) 『평화적 수단에 의한 평화』의 구성

갈퉁의 폭력론의 윤곽을 볼 수 있는 『평화적 수단에 의한 평화』는 1996년에 출간되었고, 그 원제는 *Peace By Peaceful Means: Peace and Conflict, Development and Civilization*입니다. 이 책의 제목에서 일단 '평화적 수단'

이라는 말이 주목을 끕니다. 갈퉁은 이를 통해 평화란 어떤 경우에도 평화적 수단에 의해 달성되어야 한다는 것을 단적으로 강조하고 있는 것으로 보입니다. 평화를 위해 전쟁과 같은 폭력적 수단에 호소해서는 안 된다는 것입니다.

이 책은 평화학 분야의 기념비적인 저작으로 평가됩니다. 갈퉁은 오랫동안 분쟁의 현장을 찾아 평화학의 골격이 될 만한 주제들을 탐색했습니다. 그러면서 그 주제들에 적절한 자리매김을 하고 있습니다. 그 주제들이 제목에 들어 있는 '평화' '갈등' '개발' '문명'입니다. 이런 사실을 바탕으로 갈퉁은 이 책에서 평화학의 토대로 '평화 이론' '갈등 이론' '개발 이론' '문명 이론'을 제시하고 있습니다. 실제로 이 이론들이 책의 4부를 구성하고 있습니다. 하지만 그 내용은 복잡하고 조금 난삽하다는 인상을 줍니다. 오늘 강의에서는 이 책의 4부의 내용을 간략하게 요약한 후에 갈퉁의 폭력론을 중점적으로 살펴보도록 하겠습니다.

갈퉁은 『평화적 수단에 의한 평화』의 '서문'에서 "우리가 평화 연구를 할 때 가장 먼저 해야 할 일 중의 하나는 우리가 너무 오랫동안 지속시켜 옴으로써 더욱 폭력적으로 되어 버린 학문의 문화적 폭력의 틀로부터 벗어나는 것이다"[4]라고 말하고 있습니다. 뒤에서 문화적 폭력 개념을 살펴볼 것입니다. 하지만 이 개념은 평화학에 대한 기존 연구가 지닌 권위는 존중하되, 그것에 대한 무조건적인 추종에서 벗어나야 할 필요성을 강조하고 있는 것으로 이해해야 할 듯합니다. 물론 이런 태도는 평화학만이 아니라 모든 학문에도 적용될 것입니다.

4 요한 갈퉁, 『평화적 수단에 의한 평화』, 강종일 외 옮김, 들녘, 2000, 6-7쪽.(이하 『평』으로 약기.)

어쨌든 갈퉁은 이 책에서 자신의 사유가 기존의 평화를 주제로 한 저작들과는 근본적으로 다른 철학, 이론, 방향으로 나아간다는 사실을 선언하고 있는 것입니다. 갈퉁에 의하면 평화를 주제로 하는 기존의 저작들은 주로 '평화는 전쟁의 부재'라는 생각에서 벗어나지 못하고 있습니다. 갈퉁은 이것을 '국가 안보national security'와 연결시키면서 '소극적 평화negative peace'로 규정하고, 이런 평화에서 벗어나 '인간 안보human security'를 내세우는 '적극적 평화positive peace' 개념을 제시하고 있습니다. 적극적 평화란 전쟁의 부재뿐만 아니라 구조적 폭력, 문화적 폭력 등과 같은 비가시적이고 간접적인 폭력이 없는 상태임을 전제하고 있습니다.

제1부의 제목은 '평화 이론'입니다. 1부에는 다음과 같은 5개의 장章이 포함되어 있습니다.

1. 평화 연구의 인식론적 기초
2. 평화 연구의 몇 가지 기본적 패러다임들
3. 여성 : 남성 = 평화 : 폭력?
4. 민주주의 : 독재주의 = 평화 : 전쟁?
5. 국가제도 : 분리적, 연합적, 동맹적, 연방적, 단일적 또는 해당 없는 경우?

1부에서 갈퉁은 평화에 대한 자료, 이론, 가치의 삼각관계의 토대 위에서 평화에 대한 경험 연구, 비판 연구, 구조 연구를 제시하고 있습니다. 갈퉁은 평화 연구의 범위를 "자연, 사람, 사회, 세계, 문화, 시간"(『평』, 83쪽) 여섯 개의 공간으로 확대합니다. 또한 거기에 내적 논리와 외부와의 관계, 폭력 및 평화 발생 요인을 연결시키면서 평화학의 핵심 패러다임을 제시합니다. 갈퉁은 폭력을 줄이고, 예방하고, 정착시키려면 보이지 않는 다양한 요소, 가령 정치체제, 성性, 생활양식 등도 고려해야 한다는 점을 강조하고 있습니다. 그렇게 하면서 갈퉁은 자신의 평화 이론을 기존의 평화 이론과 차별화하고자 노력하고 있습니다.

제2부의 제목은 '갈등 이론'입니다. 2부에는 다음과 같은 다섯 개의 장이 포함되어 있습니다.

1. 갈등의 형성
2. 갈등의 주기 또는 순환
3. 갈등의 전환
4. 갈등의 개입
5. 비폭력적 갈등의 전환

2부에서 갈퉁은 갈등의 기능이 부정적인 것만은 아니라는 사실, 다시 말해 갈등이 창조적 또는 파괴적으로 기능할 수 있음을 강조합니다. 갈퉁은 이런 이유로 갈등이 가진 에너지를 건설적으로 유도할 수 있는 방법에 주목합니다. '갈등의 창조적 전환'이 그것입니다. 갈퉁은 인간의 태도, 행동, 모순을 세 꼭지점으로 하는 이른바 '갈등의 삼각형conflict triangle'을 중심으로 갈등의 '여섯 개 방향'과 아홉 가지 가능성'을 제시합니다. 갈등 유형에 따라 갈등의 전환도 달라져야 한다는 것입니다. 가장 주목할 만한 것이 바로 '비폭력적 갈등의 전환'입니다. 갈퉁은 이렇게 말하고 있습니다. "비폭력의 역사를 살펴보지 않고 금세기의 난폭한 역사를 기록하고 정치를 연구한다는 것은 금세기를 더욱 비방하는 일이 된

다."(『평』, 261쪽)

제3부의 제목은 '개발 이론'입니다. 3부에는 다음과 같은 다섯 개의 장이 포함되어 있습니다.

1. 개발 이론과 실제에 관한 15가지 명제
2. 여섯 경제학파
3. 경제적 외부효과
4. 절충의 개발 이론에 관한 10가지 명제
5. 공간을 가로지르는 접근으로서의 개발

3부에서 갈퉁은 평화학이 '개발학developement studies'과 무관하지 않다고 봅니다. 그러면서 개발과 관련된 열다섯 개의 명제를 제시합니다. 거기에는 분화differenciation와 성장growth을 바탕으로 이루어진 서구문명은 보편적 문명이라는 생각에 대한 비판과 서구 지역 이외의 지역에 대한 개발 원조에 대한 비판도 포함되어 있습니다. 그 배후에는 제국주의, 식민주의, 성장주의가 도사리고 있다는 것이 갈퉁의 생각입니다.

그런데 갈퉁은 이 같은 지배적 담론의 특징이 구조적이고 문화적인 폭력을 가능케 하는 주된 원동력이며, 그로 인해 세계 평화가 이룩되지 못한다고 주장합니다. 이런 상태를 개선시키기 위해 갈퉁은 '개발 이론'을 제시합니다. 그 주된 내용은 다중 경제체제의 공존과 성장, 분배, 생태, 평안을 가져다줄 수 있는 절충적 개발 이론입니다.

제4부의 제목은 '문명 이론'입니다. 4부에는 다음과 같은 다섯 개의 장이 포함되어 있습니다.

1. 문화적 폭력

2. 6가지 우주론: 하나의 인상적인 제안

3. 평화, 전쟁, 갈등, 개발의 의미

4. 구체적 예시: 히틀러주의, 스탈린주의, 레이건주의

5. 연구과제: 병리적 우주론에 대한 처방은 있는가?

4부에서 갈퉁은 평화학의 정립을 위해 또 하나의 필요한 요소로 '문명 이론'을 제시하고 있습니다. 그는 인류 문명을 6가지 우주론에 입각해 이해하고자 합니다. 그러면서 '자연, 자아, 사회, 세계, 시간, 개인 간 관계, 인식' 등 일곱 개의 공간에 주목합니다. 인류 문명이 이 공간에서 어떻게 발전되었는지를 밝히고자 합니다. 갈퉁의 개발 이론은 구조적 폭력, 즉 착취와 억압 구조를 극복하고 적극적 평화를 가져올 수 있는 논리적 토대라고 할 수 있습니다. 이에 비해 문명 이론은, 평화는 여러 문화권에서 다양한 방식으로 추구되기는 하지만 유사한 현상이라는 점을 강조하는 장치로 보입니다. 갈퉁은 이런 이유로 '히틀러주의' '스탈린주의' '레이건주의'를 주요 문화권에서 나타난 구조적 폭력, 문화적 폭력의 전형적인 표출로 간주하고 있습니다.

2) 갈퉁의 폭력론

평화와 폭력의 정의

갈퉁의 폭력론의 특징 중 하나는 바로 그가 폭력을 평화와의 관련 속

에서 이해하고자 한다는 것입니다. '평화peace, paix'의 사전적 의미는 '조용한 상태' 또는 '전쟁을 하지 않는 상태'를 의미합니다. 하지만 현대 평화학에서는 평화를 분쟁과 다툼 없이 서로 이해하고, 우호적이며, 조화를 이루는 상태로 이해합니다. 평화는 인류가 겨냥하는 가장 완전한 상태라고 할 수 있을 것입니다.

평화의 어원에 대해 살펴보자면 평화에 해당하는 불어 단어는 'paix'인데, 이 단어의 라틴어는 '*pax*' 또는 '*pacis*'입니다. 이 라틴어 단어는 대립하는 쌍방 간의 협정을 의미합니다. 라틴어 동사 '*pacificare*'가 거기에서 파생되었습니다. 이 동사에 해당하는 불어 단어는 'pacifier'로, 그 의미는 '평화를 조성하다, 협정을 맺다'입니다. 또한 약간 변형되어 '평화를 가져오다, 분쟁을 끝내다, 질서를 회복하다' 등의 의미도 갖습니다. 다만 라틴어 '*pax*'는 평화의 기간(예: Pax romana)이라는 의미는 가지고 있지 않고, 단지 '협정을 통해 평화를 조성하다'의 의미만을 가지고 있습니다. '조정' '협정' 등을 의미하는 라틴어 '*pactum*'과 같은 의미를 가지고 있습니다. 이 단어로부터 불어 단어 'pacte'(협정, 조약, 규약)와 그것의 동상인 'pactiser'(협정, 조약, 규약을 맺다)가 유래했습니다.

앞에서 언급한 것처럼 갈퉁은 『평화적 수단에 의한 평화』에서 평화를 소극적 평화와 적극적 평화로 구분합니다. 소극적 평화는 평화의 사전적 의미에 가깝습니다. 보통 전쟁의 부재 상태로 이해됩니다. 하지만 갈퉁은 평화를 단순히 전쟁의 부재 상태로 여기지 않습니다. 전쟁은 폭력의 한 양태일 뿐입니다. 전쟁이 없다고 해서 평화가 이룩되었다고 할 수는 없을 것입니다. 참다운 의미에서 평화는 모든 종류의 폭력이 없는 상태일 것입니다.

곧이어 자세히 보겠지만 갈퉁은 폭력을 직접적 폭력, 구조적 폭력, 문화적 폭력으로 구분합니다. 이런 폭력들과 관련해 갈퉁은 소극적 평화를, 체계화된 집단적 폭력이 없는 상태the absence of organized collective violence로 이해합니다. 반면 구조적 폭력과 문화적 폭력이 없는 상태, 곧 체계화된 집단적 폭력의 부재함을 넘어서 사람들 간에 협력cooperation, 통합integration, 조화harmony, 회복rehabilitation 그리고 정의justice가 실현된 상태를 적극적 평화로 이해합니다.

갈퉁은 소극적 평화와 적극적 평화 개념을 보건학health science으로부터 영감을 받아 착안하게 되었습니다. 보건학에서 '건강health'은 신체에 병이 없는 상태absence of disease 내지 신체에 면역 반응이 일어날 수 있게 하는 능력을 갖춘 상태를 말합니다. 이와 마찬가지로 평화도 소극적으로 평화를 진단, 예측, 치유하는 능력뿐만 아니라 적극적으로 평화를 위해 폭력을 예방할 수 있는 능력을 모두 갖추어야 한다는 것입니다.

> 평화 연구는 진단, 예측, 처방이라는 삼각 구도가 적용될 수 있다는 점에서 건강 연구와 비슷하다. 여기에는 행위자가 세포 같은 체계, 그리고 좋은 상태와 나쁜 상태에 관한 일반적인 개념이 있다. 건강 연구에서의 '건강-질병'과 평화 연구에서 '평화-폭력'이라는 말들은 이렇게 일반적인 개념을 열거해 놓은 것으로 볼 수 있다. (『평』, 17쪽)

그렇다면 갈퉁은 폭력에 대해 어떤 정의를 내리고 있을까요? 또 갈퉁이 구분하고 있는 직접적 폭력, 구조적 폭력, 문화적 폭력은 무엇일까요? 우리는 이 질문과 더불어 갈퉁의 폭력론 한복판으로 뛰어들게 됩니다. 갈퉁은 인간의 실제적인 신체적, 정신적 실현이 어떤 영향으로 인해 그 잠재적 실현보다 낮아진다면, 그리고 둘 사이의 괴리가 불가피한 것이라면, 이미 거기에는 폭력이 존재한다고 보고 있습니다.

> 나는 폭력을 인간에게 기본적으로 필요한 것[욕구]보다 일반적으로는 생명에 대해서 가해지는 피할 수 있는 상해 행위로 간주하는데, 즉 잠재적으로는 가능한 어떤 수준 이하로 그 필요에 대한 만족의 실제 수준을 저하시키는 것이다. (『평』, 414쪽)

이 같은 폭력에 대한 갈퉁의 정의는 다른 인간(또는 집단)의 의도적인 행위에 의한 한 인간(또는 집단)의 신체적 훼손 및 무력화라는 협의의 폭력 개념을 넘어서는 것입니다. 실제로 폭력의 사전적 정의는 힘의 과도한 사용입니다. 갈퉁의 폭력 개념에 대한 확장된 정의에서 핵심 쟁점은 다음과 같은 두 가지로 보입니다. 하나는 폭력이, 해를 끼치고자 하는 대상에 대한 개인적, 집단적 의도를 가진 직접적, 물리적 행위만이 아니라는 것입니다. 다른 하나는 한 인간(또는 집단)에게서 잠재적인 것과 실제적인 것, 그럴 수 있었던 것과 그렇게 되었던 것 사이의 차이를 발생시켜 그 인간(또는 집단)의 목표 달성을 방해하고 저지하는 비의도적, 간접적, 집합적인 계기도 역시 폭력에 포함된다는 것입니다.

폭력에 대한 갈퉁의 확장된 정의에서 특히 주목을 요하는 것은 잠재적이라는 표현입니다. 이 표현은 한 인간(또는 집단)에게 아무런 제한이 가해지지 않았을 경우에 그 인간(또는 집단)이 자신의 목표를 달성할 수 있는 가능성을 의미합니다. 그러니까 폭력은 한 인간(또는 집단)이 잠재적으로 실현할 수도 있었을 목표를 좌절시키는 요인입니다. 이렇듯 폭력은 한 인간(또는 집단)의 실제 만족도를 잠재적 만족도 아래로 떨어뜨리는 결과를 낳게 됩니다. 그렇기 때문에 인간(또는 집단)은 폭력이 자행되지 않았다면 실현할 수 있었을 목표와 현실의 격차가 크면 클수록 더 큰 신체적, 정신적 아픔과 고통을 느끼게 되는 것입니다.

폭력의 종류

그런데 갈퉁이 이처럼 확대해서 추정하고 있는 폭력에는 명백히 드러나는 형태도 있고 또 눈에 잘 보이지 않는 형태도 있을 수 있습니다. 가령, 길을 걷고 있는 중에 앞에서 오는 행인이 나를 갑자기 이유 없이 때리는 장면을 상상해 보죠. 내가 이 행인에 의해 맞지 않았다면, 나는 가던 길을 아무런 문제없이 갈 수 있었을 것이고, 시간에 맞춰 목적지에 무사히 도착할 수 있었을 것입니다. 요컨대 나는 잠재적 만족도를 채울 수 있었을 것입니다. 하지만 상황은 정반대입니다. 갈퉁에 의하면 이런 경우에 직접적 폭력이 있게 됩니다. 지나가면서 이런 유형의 폭력이 지젝의 폭력 구분에서 주관적 폭력에 해당한다는 사실을 지적하겠습니다.

이런 유형의 폭력이 반드시 사람들(또는 집단들) 사이의 신체적 접촉에 의해 촉발될 필요는 없습니다. 언어를 중개로 자행되는 폭력 역시 상대방에게 상처를 주며, 상대방으로 하여금 잠재적 만족도에 비해 실제 만족도가 떨어지게 만들 수 있습니다. 갈퉁은 이런 유형의 폭력도 직접적 폭력으로 규정합니다(『평』, 84쪽). 이런 유형의 폭력을 직접적 폭력으로 분류하고 있는 갈퉁과 언어에 의한 폭력을 객관적 폭력의 하나인 상징적 폭력으로 구분하고 있는 지젝 사이에는 약간의 차이가 있는 것으로 보입니다.

어쨌든 갈퉁에게서 직접적 폭력의 경우에는 폭력에 연관된 자들(또는 집단들), 곧 가해자와 피해자가 아주 명백하게 드러납니다. 그들의 관계 역시 눈에 보입니다. 하지만 가해자와 피해자가 잘 식별되지 않는 폭력이 있을 수 있습니다. 그들의 관계 역시 잘 드러나지 않을 수 있습니다. 특히 한 공동체에서 어떤 특정 집단 또는 계급이 사회적 재화와 부를 증식시킬 수 있는 대부분의 수단과 방법, 결정권 등을 독점함으로써, 여기에 속하지 않는 자들의 능력을 제한해서 그들의 실제적 만족도를 잠재적 만족도 이하로 떨어뜨리는 것은 항상 가능합니다.

갈퉁은 이런 유형의 폭력을 구조적 폭력으로 규정합니다. 이런 유형의 폭력의 가해자들 또는 가해 집단들의 존재는 눈에 잘 띄지 않을 수 있으며, 또한 그들은 자신들의 의도와는 상관없이 폭력적 주체가 될 수 있습니다.

> 지금까지 우리는 피해자의 처지에서 폭력을 보아 왔다. 만약 폭력의 이러한 결과를 의도한 행위자 또는 가해자가 존재한다면, 우리는 직접적인 폭력에 대해 얘기할 수 있고, 그렇지 않다면 간접적인 폭력 또는 구조적 폭력에 대해 얘기할 수 있을 것이다. 비참한 것도 고통의 한 형태이므로, 어딘가에 폭력이 존재한다. 이에 따라 우리는 간접적 폭력이 구조적 폭력이라는 입장을 취할 수 있게 된다. 간접적 폭력은 사회 구조 자체에서 일어난다. (『평』, 19쪽)

이런 구조적 폭력의 예로는 한 공동체 내부에서 발생하는 집단적 불평등, 소외 및 억압, 정치적 독재, 경제적 독점 등을 들 수 있습니다. 이런 폭력들은 한쪽으로 지나치게 기울어진 사회 구조로 인해 불공평하게 발생하는 폭력입니다. 한 공동체 내부에서 어떤 사람(또는 집단)이 정상적인 사회였다면 이룰 수도 있었을 목표를, 이미 형성되어 있는 사회 구조 때문에 이루는 것이 어려울 수 있습니다. 그와는 달리 어떤 사람(또는 집단)은 자신의 의지와는 상관없이 이미 형성되어 있는 사회 구조로 인해 특혜를 누리는 경우도 없지 않습니다.

또한 이 같은 현상은 지금 국경이라는 울타리로 제한된 하나의 국가 내부에서만 나타나는 것이 아닙니다. 글로벌 시대로 접어든 지구 곳곳에서도 나타나고 있습니다. 그로 인해 국가, 민족 간의 구조적 폭력이 자행되고 있습니다. 이런 유형의 폭력은 지젝의 객관적 폭력의 하나인 구조적 폭력과 유사한 것으로 보입니다.

또한 갈퉁은 직접적 폭력과 구조적 폭력과 더불어 또 하나의 폭력의 유형을 제시합니다. 문화적 폭력이 그것입니다. 이 유형에 속하는 폭력은 대부분 상징적인 것으로, 종교와 사상, 이데올로기, 언어와 예술, 과학과 법, 대중 매체와 교육, 전통과 역사의 내부에 존재하는 폭력으로 이해됩니다. 가령, 가난을 게으름 탓으로 돌리려는 담론, 경제 위기를 노동자의 파업 때문이라고 주장하는 담론, 성소수자는 비정상이라는 담론, 국기와 국가, 정치인의 선동적인 연설, 정치 포스터 등이 문화적 폭력의 예에 해당합니다(『평』, 412쪽).

이 같은 문화적 폭력의 주요 특징은 직접적 폭력과 구조적 폭력의 배후에서 그것들을 합법화하거나 정당화하는 것입니다(『평』, 412쪽). 갈퉁에 의하면 폭력은 주로 문화적 폭력으로부터 구조적 폭력을 경유해 직접적 폭력으로 번지는 것으로 이해됩니다(『평』, 20쪽). 문화적 폭력이 가진 또 다른 주요 특징은 구조적 폭력에 비해 거의 무의식적으로 행해지는 폭력이라는 점입니다. 구조적 폭력도 한 공동체의 구성원들(또는 집단들)에 의해 무의식적으로 내면화될 수 있는 가능성이 있습니다. 하지만 문화적 폭력의 경우에 그럴 가능성이 훨씬 더 크다고 할 수 있습니다.

갈퉁은 심지어 문화적 폭력의 "심리학적 메커니즘은 내면화"에 대해 말합니다(『평』, 413쪽). 이것은 문화적 폭력의 폐해가 구조적 폭력의 그것에 비해 더 지속적이고, 음험하며, 끈질기다는 것, 곧 더 크다는 것을 의미합니다. 갈퉁의 구조적 폭력과 문화적 폭력은 지젝의 객관적 폭력 중의 하나인 상징적 폭력과 유사하다는 점을 지적하겠습니다.

> 이러한 모든 것의 이면에는 문화적 폭력이 존재한다. 곧 상징적인 것으로 종교와 사상, 언어와 예술, 과학과 법, 대중매체와 교육의 내부에 존재하는 것이다. 이러한 문화적 폭력의 기능은 매우 간단한데, 직접적 폭력과 구조적 폭력을 정당화하는 것이다. (『평』, 19쪽)

폭력의 유형 또는 폭력의 삼각형

갈퉁처럼 폭력을, 인간(또는 집단)의 잠재적 실현을 제한하고 방해하는 요인으로 정의하는 경우에 다음과 같은 문제가 제기됩니다. 실제로 폭력에 의해 제한당하고 방해받는 것은 무엇인가라는 질문이 그것입니다. 이에 대한 답으로 갈퉁은 인간(또는 집단)의 기본적 욕구와 권리를 내세웁니다. 그렇기에 갈퉁은 폭력을 "필요한 것[욕구]을 박탈하는 것needs-deprivation"이라고 규정합니다(『평』, 421쪽). 그리고 『평화적 수단에 의한 평화』에서 8가지 폭력의 유형을 제시합니다. 그런데 이 8가지 유형은 인간의 4가지 기본욕구와 직접적 폭력과 구조적 폭력이라는 2차원의 폭력을 조합한 결과입니다.

갈퉁에 의하면 여기에서 인간(또는 집단)의 4가지 기본욕구는 1) 생존의 욕구survival needs, 2) 복지의 욕구well-being needs, 3) 정체성의 욕구identity needs, 4) 자유의 욕구freedom needs입니다. 그리고 이것을 위협하는 직접적 폭력의 대표적 유형은 각각 1) 살인, 2) 불구화, 포위, 제재, 곤궁, 3) 탈사회화, 재사회화, 이류시민, 4) 억압, 구금, 추방입니다. 한편 기본욕구의 실현을 방해하는 구조적 폭력의 원형은 '중심-주변' '사회적 강자-약자로 분할된 착취 구조'입니다.

특히 이 착취 구조는 사회적 약자를 죽음에 이르게 하는 '강한 착취'와, 영양결핍이나 질병과 같은 '약한 착취'로 구분됩니다. 정체성의 욕구와 자유의 욕구와 관련된 구조적 폭력은 이 같은 착취 구조에 대항하기 위한 사회적 약자들의 조직적인 저항을 분쇄하는 기능과도 밀접히 관련됩니다. 즉 정체성의 욕구와 자유의 욕구에 반하는 '구조적 폭력' 유형은, 각각 사회적 강자들에 의한 사회적 약자들의 파편화, 주변화, 의식화意識化를 방해하기 위한 사회적 강자들의 사회적 약자들의 의식으로의 침투와 분열로 나타나게 된다는 것이 갈퉁의 주장입니다. 이를 도표로 제시하면 다음과 같습니다(『평』, 414).

폭력의 유형

	생존의 욕구	복지의 욕구	정체성의 욕구	자유의 욕구
직접적 폭력	살인	불구화 포위, 제재 곤궁	탈사회화 재사회화 이류시민	억압 구금 추방
구조적 폭력	착취A (강력함)	착취B (약함)	침투 분할	주변인화 분열

언어, 예술, 종교, 이데올로기, 도덕, 가치 등과 같은 상징적 차원에서 자행되는 문화적 폭력은 살인, 빈곤, 억압, 소외, 착취 등과 같은 직접적 폭력과 구조적 폭력의 모든 유형을 지배하며, 그것들에 대해 정당성과 합법성을 부여함으로써 폭력을 은폐하는 기능을 수행합니다. 갈퉁에 의

하면 직접적 폭력이 '사건event'으로, 구조적 폭력이 '과정process'으로 나타난다면, 문화적 폭력은 장기적으로 지속되고 반복되는 '불변형체invariant' 또는 '영구불변의 것permanent'로서 다른 두 폭력의 기저에 놓여 있습니다(『평』, 420쪽).

갈퉁은 이 세 종류의 폭력 사이의 관계를 지진地震 이론과 비교하면서 '폭력의 지층violence strata' 모델을 통해 설명하고 있습니다. 사건으로서의 지진, 과정으로서의 지각판들의 움직임, 영구적인 하나의 조건으로 간주되는 단층선 간의 차이가 그것입니다. 물론 문화적 폭력이 제일 아래 놓여 있는 토대이고, 구조적 폭력이 그 위층에, 그다음 위층인 표면에는 직접적 폭력의 지층이 있게 됩니다.

> 이 3가지 형태의 폭력은 각기 상이한 시간에 시작되는데, 지진 이론에 하나의 사건으로 간주되는 지진과 하나의 과정으로 간주되는 지각판들의 움직임 그리고 보다 영구적인 하나의 조건으로 간주되는 단층선 간에 드러나는 차이와 어느 정도 유사하다.
>
> 이로부터 매우 다양한 가설들을 만들어 내는 하나의 패러다임으로서 유용하게 쓰이는 폭력의 현상학에 대한 폭력의 지층, 이미지(삼각형 이미지를 보완하는)를 얻을 수 있다. 그 밑바닥에는 시간을 관통하는 문화적 폭력의 끊임없는 흐름이 있으며, 그것은 또한 다른 2개가 그 자양분을 이끌어 낼 수 있는 토대이기도 하다. 그다음 층에 구조적 폭력의 규칙적인 반복운동이 위치한다. … 그리고 최상층에는 육안과 맨발의 경험주의에도 뻔히 보이는, 인류가 상호 간에 일반적으로 다른 형태의 생명과 자연에 대해 잔인하게 행사한 직접적 폭력의 전반적인 기록을 가진 직접적 폭력의 지층이 있다. (『평』, 420쪽)

갈퉁은 이 같은 폭력의 지층에서 "일반적으로 문화적 폭력으로부터 구조적 폭력을 거쳐 직접적 폭력으로 향하는 인과적 흐름이 확인 가능하다"고 봅니다(『평』, 420쪽). 하지만 갈퉁은 이런 폭력의 지층 모델에 더해 세 종류의 폭력에 의해 형성되는 이른바 폭력의 삼각형을 제시하고 있습니다. 그리고 이 폭력의 삼각형 모델은 폭력의 지층 모델과 더불어 폭력 현상을 더욱 더 입체적으로 분석, 비교할 수 있는 장치로 보입니다. 그도 그럴 것이 폭력의 지층 모델은 세 종류의 폭력이 시간적으로 문화적 폭력 → 구조적 폭력 → 직접적 폭력이라는 인과적 흐름을 보여 주는 데는 탁월하지만, 이 세 종류의 폭력 사이의 긴밀한 상호 관계와 그 복합적인 흐름과 방향 등을 포착하는 데는 부족한 점이 없지 않기 때문입니다.

갈퉁은 폭력의 삼각형의 한 꼭지점에 놓일 수 있는 세 종류의 폭력 하나하나가 폭력의 출발점이 될 수 있고, 또 다른 꼭지점에 있는 다른 폭력들과 연결될 수 있다고 주장합니다. 그렇기 때문에 폭력의 지층 모델을 폭력의 삼각형 모델로 보완해야 할 필요성이 있다는 것이 그의 주장입니다.

> 그러나 폭력의 지층 이미지는 폭력의 삼각형에서 인과적 사슬만을 정의하지 않는다. 삼각형에는 6가지의 모든 방향으로의 연계와 인과적 흐름이 있고, 3개의 꼭지점 모두 어떤 지점에서라도 시작될 수 있도록 연결시켜 주는 사이클이 있다. 이것이 바로, 때때로 삼각형이 3층으로 된 지층 모델보다 더 나은 이미지일 수 있는가에 대한 훌륭한 이유이다. (『평』, 421-422쪽)

또한 갈퉁은 이 세 종류의 폭력을 토대로 그려지는 폭력의 삼각형을 "사악한 삼각형"이라고 부릅니다. 앞에서 지적했듯이 갈퉁은 직접적 폭력이 없는 상태를 소극적 평화로, 구조적 폭력과 문화적 폭력까지도 없는 상태를 적극적 평화로 부릅니다. 그런데 한 가지 흥미로운 것은 평화를 실현하기 위해 갈퉁이 이 사악한 폭력의 삼각형과 대비되는 "고결한 (평화) 삼각형"을 제시하고 있다는 점입니다. 물론 이 고결한 (평화) 삼각형은 '문화적 평화' '구조적 평화' '직접적 평화'라는 개념으로 이루어집니다.

> 폭력은 직접적-구조적-문화적 폭력의 삼각형에 있어 어떤 꼭지점에서도 시작될 수 있고 다른 꼭지점으로 쉽사리 전달된다. 제도화된 폭력적 구조와 내면화된 폭력적 문화와 더불어 직접적 폭력은 또한 장기간에 걸친 복수전처럼 제도화되고, 반복되고, 의식화儀式化되려는 경향이 있다. 그렇다면 폭력에 대한 이러한 삼각형적 증후군은, 마음속에서 문화적 평화가 다양한 상대들 간의 공생적이고 동등한 관계와 더불어 구조적 평화를 낳고, 그리고 협력의 활동과 우정 그리고 사랑과 더불어 직접적 평화를 낳는 평화의 신드롬과 대비되어야 한다. 그것은 사악한 삼각형이라기보다는 고결한 삼각형이며 또한 자기 강화적이다. 이 고결한 삼각형은 동시에 세 군데의 꼭지점에 대한 작업에 의해 획득될 수 있을 것이며, 어떤 하나에서의 기본적인 변화가 자동적으로 다른 두 군데서의 변화를 유발할 것이라고는 가정되지 않는다. (『평』, 439쪽)

위의 인용문에서는 고결한 평화의 삼각형을 구성하는 세 꼭지점에 위치한 직접적 평화, 구조적 평화, 문화적 평화의 구성요소들이 추상적으로나마 나열되어 있습니다. 가령, "상대들 간의 공생적이고 동등한 관계" "협력의 활동과 우정" "사랑"이 그것입니다. 갈퉁은 이런 요소들을 통해 평화, 곧 적극적 평화를 이룩하기 위해서는 여러 학문의 상호 학제적 협력과 연구가 필요하다는 사실을 지적하고 있습니다. "평화 연구는 배워야 할 것도, 취해야 할 것도, 받아들여야 할 것도 많다. 아마도 우리는 머지않아 다양성, 공생 그리고 평등의 정신 속에서 다소나마 공헌하게 될 것이다."(『평』, 440쪽) 이런 이유로 갈퉁은 진정한 의미에서의 평화를 직접적 폭력의 부재를 가리키는 소극적 평화가 아니라 구조적 폭력과 문화적 폭력의 부재까지를 포함하는 적극적 평화로 규정하는 것입니다.

지금까지 살펴본 갈퉁의 폭력론을 요약해 보겠습니다. 갈퉁은 "평화는 혁명적 사상"이라고 선언합니다. 물론 이때의 혁명은 "평화적 수단에 의한 비폭력으로서의 혁명"을 의미합니다. 갈퉁은 "이런 혁명의 임무는 끝이 없으며, 문제는 우리가 그런 일을 해 낼 수 있는가 없는가이다"라고 말합니다(『평』, 580쪽). 그리고 이런 임무를 수행하기 위해 필요한 요소들을 다음과 같이 제시하고 있습니다.

> 이와 관련하여, 필자는 기본적으로 국가 체제를 무시하고, (갈등이 점점 피할 수 없는 것으로 되면서 우리 모두가 궁극적으로 희생자가 될 수 있는데) 한편으로는 희생자들에 대한 동정심에서 나오는 정의로부터 정당성을 이끌어내고, 다른 한편으로는 평화적 행동을 위한 근본 원칙을 내세우면서, 원하든 원하지 않든, 갈등에 깊이 개입할 것을 주장해 왔다. 여기서 평화적 행동을 위한 근본 원칙이란 가역성reversibility, 즉 우리가 잘못을 저지르고 있는지도 모르기 때문에 돌이킬 수 있는 일만을 행한다는 것이다.[5] 이는 말할 필

5 갈퉁은 '가역성의 원칙'을 다음과 같이 몇 문장으로 요약하고 있다. "당신의 행위에 대한 결과가 뒤집혀질 수 있도록 행동하라'는 것이다. 원상태로 돌릴 수 있는 행동을 선호하라. 조심스럽게 진행하라. 당신이 틀릴지도 모르니까. 당신의 지식은 부적절하고 당신의 동정심은 잘못 인도될지 모르니까."(같은 책, 575-576쪽)

요도 없이 잘못을 인정하는 능력과, 우리의 정신과 이성 속에 깃들인 자명하고 명백한 진리보다는 경험적 세계의 판단에 귀 기울이는 능력을 전제로 한다. (『평』, 580쪽)

위의 인용문에서 갈퉁이 제시하고 있는 평화를 위한 근본 원칙과 평화의 실현에 소용되는 능력은 "평화의 일꾼peace worker"(『평』, 563쪽)이 갖추어야 할 원칙과 능력일 것입니다. 다만 문제가 되는 것은 이 같은 근본 원칙과 능력을 지키고 갖추는 것, 그리고 이를 바탕으로 평화의 실현을 위한 구체적인 실천의 어려움일 것입니다. 방금 갈퉁이 평화를 혁명으로 여기고 있음을 보았습니다. 이 혁명은 장시간의 인내와 고도의 훈련이 요구되는 "끝이 없는 과정"(『평』, 561쪽)이라는 것이 갈퉁의 생각입니다.

갈퉁은 『평화적 수단에 의한 평화』를 다음과 같은 문장으로 맺고 있습니다. "그러나 평화는 역시 인내의 훈련이다. … 평화를 위해 일하는 것은 그 즉시 만족을 느낄 수 있는 길이 아니다. 목표는 평화이지, 널리 알려지는 것이 아니다."(『평』, 580쪽) 평화에 이르는 길은 멀고도 험하다는 일갈一喝이 아닐 수 없습니다.

갈퉁의 폭력론에서 가장 문제가 되는 것은 구조적 폭력이 가진 모호함이라고 할 수 있을 것입니다. 갈퉁의 이 개념이 학문적 엄밀함과는 거리가 있으며, 따라서 폭력 분석의 도구로서 적절하지 못하다는 평가가 주를 이루고 있습니다. 특히 결핍이나 박탈, 불평등과 억압의 문제가 지닌 폭력적인 성격에도 불구하고 그것들을 곧바로 폭력이라고 규정하는 것은 많은 문제를 야기할 수 있습니다. 그로 인해 폭력을 자행한 자들의 책임 문제가 희석된다는 주장도 없지 않습니다. 여기에 더해 갈퉁이 『평화적 수단에 의한 평화』에서 다루는 주제가 너무 광범위한 분야에 걸쳐 있어 풍부하기보다는 난삽하다는 인상이 강합니다.

이런 사실에도 불구하고 갈퉁의 직접적-구조적-문화적 폭력 개념과 소극적-적극적 평화 개념이 많은 평화 연구자에게서 인정받고 있는 것은 그의 도덕적 영향력과 평화 문제에 대한 열정적인 활동과 개입 덕분일 것입니다. 하지만 그것만이 전부가 아닙니다. 불의, 불공정, 불평등, 억압, 폭력, 지배하에 있는 구체적 현실을 도외시하고 그 극복 문제에 정면으로 도전하지 않는다면 평화학은 그 존재이유를 상실하게 될 것입니다. 바로 거기에 평화학 정립을 위한 갈퉁의 오랜 노력이 자리하며 그의 폭력론에 주목해 볼 필요성이 자리한다고 할 수 있을 것입니다.

제11강

한병철의 폭력론:

『폭력의 위상학』을 중심으로

11.1.
시작하며

오늘 강의는 이번에 기획된 강의 가운데 마지막에 해당합니다. 원래 계획에서는 프랑스 신학자 자크 엘륄Jacques Ellul의 폭력론을 살펴볼 예정이었고, 아감벤의 폭력론은 예정되지 않았었습니다. 하지만 시의성과 강의의 연속성을 고려해 강의 계획을 변경해 엘륄의 폭력론 대신 아감벤의 폭력론을 살펴보았던 것입니다.

여기에서 시의성이라 함은 아감벤의 사유가 20세기 후반부터 지금까지 전 세계에서 펼쳐지고 있는 통치, 즉 예외상태의 결정과 벌거벗은 생명의 창출이라는 폭력 방식의 비밀을 백일하에 드러내고 있다는 것과 무관하지 않습니다. 그리고 연속성이라 함은 소렐의 폭력론을 필두로 하여 벤야민의 「폭력비판을 위하여」를 중심으로 데리다, 아감벤, 지젝 등에 의해 이루어진 해석상의 비교, 분석과 무관하지 않습니다.

오늘 강의에서는 『폭력의 위상학』(김태환 옮김, 김영사, 2020)을 놓고 한병철의 폭력에 대한 사유의 일단을 살펴보고자 합니다. 이 책은 2020년에 우리말로 번역되었지만, 원본은 *Topologie der Gewalt*라는 제목으로 2011년에 독일에서 출간되었습니다. 이 책에서 한병철은 지금까지 우리가 다룬 여러 학자의 폭력론에 대해 비판적인 태도를 견지하고 있습니다. 그 이유는 그들의 폭력론이 '타자-적'을 상정하는 이른바 '부정성의 폭력'을 전제로 하고 있기 때문입니다. 이에 반해 한병철은 『폭력의 위상학』에서 우리가 현재 살고 있는 사회를 '성과사회'로 규정하고, 이 사회를 특징짓는 이른바 '긍정성의 폭력'을 주로 문제 삼고 있습니다.

물론 긍정성의 폭력이라는 개념이 『폭력의 위상학』에서 처음으로 등장한 것은 아닙니다. 한병철이라는 이름을 널리 알리게 된 『피로사회 *Müdigkeitsgesellschaft*』(2010)에서 이미 이 개념이 등장한 바 있습니다.[1] 게다가 『폭력의 위상학』은 『피로사회』의 마지막 장에서 "피로는 폭력이다"[2]라는 테제를 연장한 책이라고 할 수 있습니다.

주지하다시피 폭력의 기능은 선험적으로 부정적인 것으로만 여겨지지 않습니다. 폭력은 긍정적인 기능을 가지고 있기도 합니다. 기존폭력에 저항하는 수단으로서의 대항폭력이 그 예입니다. 『피로사회』에서도 한병철은 피로를 반드시 부정적인 것으로만 보지 않습니다. 오히려 '치유적 피로'의 개념을 제시하면서 긍정적 기능을 발휘하는 피로를 제시하고 있기도 합니다. 안식일이 그 예입니다. 하지만 한병철은 성과사회에서 살아가는 자들, 곧 성과주체들이 자신들을 지나치게 착취하는 폭력 때문에 나타나는 피로를 강조하고 있습니다.

오늘 강의에서는 『폭력의 위상학』에서 중점적으로 다루고 있는 긍정성의 폭력과 더불어 특히 '시스템적 폭력'[3]에 주목하고자 합니다. 지난 두 차례의 강의에서 갈퉁과 지젝의 폭력론을 다루면서 구조적 폭력,

1 한병철은 『피로사회』에서 이미 '신경성 폭력' '상징적 폭력' 등의 개념을 사용하고 있기도 하다.

2 한병철, 『피로사회』, 김태환 옮김, 문학과지성사, 2012, 67쪽.

3 『폭력의 위상학』의 역자는 '시스템의 폭력', '시스템적 폭력'이라는 용어를 혼용하고 있다. 이 책의 한 장(章)의 제목에서는 '시스템의 폭력'이, 본문에서는 '시스템적 폭력'이 사용되고 있다. 여기에서는 다른 폭력의 구분, 가령 객관적 폭력, 주관적 폭력, 상징적 폭력, 문화적 폭력 등과 같은 개념들과의 일관성을 위해 시스템적 폭력이라는 용어를 사용하기로 한다.

시스템적 폭력 개념을 보았습니다. 한병철은 시스템적 폭력 개념에서 갈퉁과 지젝, 그리고 부르디외P. Bourdieu의 '상징 폭력' 개념까지도 비판하고 있습니다. 오늘 강의에서는 그 차이에 대해서도 주목해 보고자 합니다.

11.2.
한병철의 생애와 저작

1959년 서울에서 출생한 한병철은 독일에서 활동하는 철학자입니다. 『피로사회』를 통해 "독일에서 가장 인기 있는 문화비평가 중 한 사람"[4]으로 여겨지게 되었고, 또 그의 다른 저작들을 통해 "세계에서 가장 널리 읽히는 살아 있는 독일 철학자"로 불리게 된 한병철은, 고려대학에서 금속공학을 전공했고, 22세 때 독일로 건너가 프라이부르크대학과 뮌헨대학에서 철학, 독문학, 신학 등을 공부했습니다.

한병철은 1994년에 프라이부르크대학에서 하이데거를 주제로 박사학위를 받았고, 2000년에 바젤대학에서 데리다에 관한 논문으로 교수자격을 취득했습니다. 그 후 바젤대학 철학과와 독일 및 스위스의 여러 대학에서도 강의를 했습니다. 2010년에 독일 카를스루에 조형예술대학의 철학-미디어학 교수가 되었으며, 2012년부터 2017년까지 베를린 예술대

4 한병철, 『피로사회』, 앞의 책, 5쪽(한국어판 서문).

학에서 철학 및 문화학 교수로 재직했습니다. 2011년에 『권력이란 무엇인가』가 우리말로 번역되어 국내에 이름이 알려지기 시작한 한병철은 지금까지 약 100여 권의 저서를 출간했습니다. 그중 다음의 저서들이 널리 알려져 있습니다.

『죽음의 종류. 죽음에 대한 철학적 연구』[*Todesarten. Philosophische Untersuchungen zum Tod*](1998)

『하이데거 입문』[*Martin Heidegger*](1999)

『죽음과 타자성』[*Tod und Alterität*](2002)

『선불교의 철학*Philosophie des Zen-Buddhismus*』(2002)

『권력이란 무엇인가*Was ist Macht?*』(2005)

『헤겔과 권력—친절함에 대한 시도』[*Hegel und die Macht. Ein Versuch über die Freundlichkeit*](2005)

『시간의 향기*Duft der Zeit*』(2009)

『피로사회』(2010)

『폭력의 위상학』(2011)

『투명사회*Transparenzgesellschaft*』(2012)

『심리정치』[*Psycho Politik*](2014)

『에로스의 눈물*Agonie des Eros*』(2012) 등등.

11.3.
한병철의 폭력론

1)『폭력의 위상학』의 구성

2011년에 독일에서 출간되고 2020년에 국내에 번역되어 출간된『폭력의 위상학』은 '서론'을 포함해 총 2부로 구성되어 있습니다. 1부의 제목은 "폭력의 거시물리학"이고, 2부의 제목은 "폭력의 미시물리학"입니다. 각 부의 차례를 소개하면 다음과 같습니다.

서론

1부 : 폭력의 거시물리학

1. 폭력의 위상학
2. 폭력의 고고학
3. 폭력의 심리
4. 폭력의 정치
5. 폭력의 거시논리

2부 : 폭력의 미시물리학

1. 시스템의 폭력
2. 권력의 미시물리학
3. 긍정성의 폭력
4. 투명성의 폭력
5. 미디어는 매스-에이지다

6. 리좀적 폭력

7. 지구화의 폭력

8. 호모 리베르

한병철의 『폭력의 위상학』에서 특히 관심을 끄는 것은 그의 폭력론이 현재 우리가 살고 있는 사회에서 발생하는 폭력 현상에 주로 초점이 맞춰져 있다는 사실입니다. 지금까지 우리는 여러 학자의 폭력론을 살펴보았습니다. 지라르, 사르트르, 아렌트, 소렐, 벤야민, 데리다, 아감벤, 지젝, 갈퉁 등의 폭력론이 그것입니다. 이 가운데 현재 살아 있는 학자는 아감벤, 지젝, 갈퉁이 전부입니다. 이 세 명의 학자도 당연히 현대사회에서 발생하는 다양한 폭력 현상에 대해 관심을 표명하면서 이를 이해하고, 나아가 해결 방안을 모색하기 위해 노력하고 있습니다.

하지만 한병철은, 이 세 명의 학자를 포함해 앞의 다른 학자들의 폭력론은 부정성의 폭력을 전제로 한다고 비판하고 있습니다.[5] 한병철에 의하면 그들은 현대사회의 고유한 폭력 현상들을 놓치고 있습니다. 한병철은 그들이 놓치고 있는 '신경성 폭력' '긍정성의 폭력' '투명성의 폭력'[6]

5 한병철은, 『폭력의 위상학』에서 우리가 이번 강의에서 다룬 학자들 이외에도 프로이트, 세넷, 푸코, 부르디외, 하이데거 등의 사유를 비판적으로 검토하고 있기도 하다. 그의 비판의 기저에 놓여 있는 일관된 논리는 바로 그들이 예외 없이 '부정성'이라는 패러다임 위에서 자신의 사유를 전개하고 있다는 사실이다.

6 "투명성에 대한 줄기찬 요구의 바탕에는 어떤 형태의 부정성도 없어진 세계, 또는 그런 인간의 이념이 깔려 있다. 완전히 투명한 것은 기계다. 투명한 커뮤니케이션이란 인간에

'리좀적 폭력'[7] 등과 같은 새로운 폭력을 다루고 있습니다. 이런 폭력들은 주로 『폭력의 위상학』의 2부에서 다루어지고 있습니다.

『폭력의 위상학』의 1부에서 한병철은 지금까지 인류의 역사를 돌이켜 보면서 각 시대마다 고유한 사회 유형이 있었으며, 각 사회마다 고유한 폭력 형태가 있었다고 주장합니다. 가령, "태고 시대의 희생과 피의 폭력, 질투와 복수심에 불타는 신들의 폭력, 처형을 명하는 주권자의 폭력, 고문의 폭력, 가스실의 무혈 폭력, 테러리즘의 바이러스 폭력"(『폭위』, 8쪽) 등이 그것입니다. 한병철은 이런 폭력들을 "거시물리적 폭력"(『폭위』, 8쪽)이라고 명명합니다.[8] 그리고 이런 폭력들은 모두 타자-적의 존재를 전제하고, 그로부터 오는 일종의 부정성의 형태로 나타나는 부정성의 폭력(『폭위』, 8쪽)에 속한다고 보고 있습니다.

그리고 이런 폭력들의 위상학을 살펴보면서 '폭력의 고고학' '폭력의

게는 가능하지 않은 기계의 커뮤니케이션일 것이다. 전면적 투명성의 강박은 인간 자신을 시스템의 한 기능적 요소로 획일화한다. 여기에 투명성의 폭력이 있다. 한 인간의 전체적 인격 역시 어느 정도 접근할 수 없는 면을 포함한다. 인간을 완전히 들추어내고 그에게 과도한 조명을 비추는 것은 폭력일 것이다."[한병철, 『폭력의 위상학』, 김태환 옮김, 김영사, 2020, 153-154쪽.(이하 『폭위』로 약기.)] 또한 투명성의 폭력과 관련해 현대사회의 기계적, 계산적 특징에 대해 한병철은 다음과 같이 말하고 있다. "계산은 이야기하기보다 더 투명하다. 가산은 서사보다 더 투명하다. 잘 알려져 있다시피 숫자는 시간에서 향기를 빼앗아 간다. 투명한 시간은 향기가 없는 시간이다. 이 시간에는 사건도, 서사도, 장면도 없다."(같은 책, 155쪽.)

7 '리좀적 폭력' 개념에서 '리좀(rhizome)'이라는 용어는 들뢰즈, 과타리에게서 빌려 온 것이다. 그렇기 때문에 리좀적 폭력이 반드시 한병철의 고유한 개념이라고 할 수만은 없을 것이다. 하지만 한병철은 이 개념을 사용하면서도 들뢰즈, 과타리의 사유를 비판하고 있기도 하다.

8 물론 "테러리즘의 바이러스 폭력"은 '테러'라는 면에서 보면 거시물리학적 폭력이지만, 그 방법적 측면에서는 미시물리학적 폭력에 속한다고 할 수 있을 것이다.

심리' '폭력의 정치' '폭력의 거시논리'를 다루고 있습니다. 그러면서 한병철은 스스로 성과사회로 규정하고 있는 현대사회를 특징짓는 긍정성의 폭력 개념을 제시하고 있습니다. 뒤에서 다시 보겠지만, 이 긍정성의 폭력은 성과사회에서 타자-적으로부터 오는 폭력이 아닙니다. 그보다는 오히려 이 사회의 구성원들 모두가 성과주체가 되면서 나와 타자 사이의 차이가 희미해지다가 소멸되고, 그 결과 동일한 자들이 되면서 각자가 상대방을 부정하기보다는 각자가 자기를 최대한 실현하고자 노력하면서 결국 '자기 착취', 곧 '자기가 자기에게 가하는 폭력'을 행사하기에 이른다고 보고 있습니다. 이것이 『폭력의 위상학』의 1부의 내용에 해당합니다.

2) 폭력의 위상학적 변화

『폭력의 위상학』은 다음의 문장으로 시작합니다. "사라지지 않는 것들이 있다. 폭력도 그런 것 가운데 하나다."(『폭위』, 7쪽) 우리는 이번 강의를, 강의계획서에서 다음과 같은 말로 소개했던 것으로 기억합니다. "'폭력'을 의미하는 'violence'와 '삶'을 의미하는 불어 단어 'vie'는 같은 어원을 가지고 있다. 이는 인간의 삶이 곧 폭력과 떼려야 뗄 수 없는 관계를 맺고 있다는 것을 단적으로 보여 준다. 이처럼 폭력은 인류의 가장 오랜 동반자이다. 하지만 폭력은 또한 인류가 물리쳐야 할 '공적公敵 No. 1'이기도 하다. 8주씩 두 차례에 걸쳐 진행될 강의에서 폭력 현상에 대해 인문학적 성찰을 하고 있는 인문학자들(소렐, 벤야민, 데리다, 지젝, 갈퉁, 엘륄, 한병철 등)의 사유를 비교, 검토하며, 이를 통해 폭력 극복을 위한 노력에 동참하고자 한다." 아마 기억하고 계실 것입니다. 방금 인용한 한병철의 문장에서도 그렇고, 우리의 강의 소개에서도 볼 수 있듯이 폭력은 인류의 가장 오랜 동반자라고 할 수 있습니다. 폭력은 인간의 출현과 그 역사를 같이합니다. 인류는 폭력을 극복하고 물리치기 위해 폭력에 대해 헤아릴 수 없을 정도로 많은 전쟁을 선언했습니다. 하지만 폭력은 이 같은 인류의 노력을 비웃듯이 여전히 사라지지 않고 있습니다. 더 참담한 것은, 폭력이 시간과 더불어 더욱 다양해지고, 복잡해지고, 교묘해지고, 한층 음험해지고, 더욱더 큰 폐해를 낳고 있다는 점입니다. 물론 그럴수록 폭력을 극복하고 물리치기 위해 우리 모두 큰 노력을 경주해야 할 것입니다.

한병철의 『폭력의 위상학』도 이런 노력의 하나임에 틀림없습니다. 게다가 한병철은 이 책에서 지금까지의 수많은 폭력론을 짧게나마 검토하면서 비판하고 있습니다. 그 주된 논지는 이 이론들이 예외 없이 부정성에 기초하고 있다는 것입니다. 여기서 말하는 부정성이란 타자-적이 나를 해치고자 하는 성향이라고 할 수 있습니다. 어쨌든 한병철은 이런 부정성의 폭력을 고고학적 시각, 심리적 시각, 정치철학적 시각에서 검토하고 있습니다.

그 과정에서 한병철은 인류의 역사에서 시대에 따라 폭력이 다양한 형태를 보여 왔음을 지적하고 있습니다. 그리고 결론으로 우리가 살고 있는 현대사회에서 자행되고 있는 새로운 형태의 폭력을 드러내고 있습니다. 한병철에 의하면 다양한 형태의 폭력에 대한 이런 검토가 바로 '폭력의 위상학'을 형성하고 있습니다. 그 내부의 조감도를 한병철은 이렇게 소묘하고 있습니다.

> 폭력은 그저 변화무쌍할 뿐이다. 사회적 구도가 변화함에 따라 폭력의 양상도 달라진다. 오늘날 폭력은 가시성에서 비가시성으로, 정면 대결성에

서 바이러스성으로, 노골성에서 중개성으로, 실재성에서 잠재성으로, 육체성에서 심리성으로, 부정성에서 긍정성으로 이동하며, 그리하여 피하皮下로, 커뮤니케이션의 뒤편으로, 모세관과 신경계의 공간으로 물러난다. 그리하여 폭력이 사라진다는 잘못된 인상이 생긴다. 폭력은 자신의 반대 형상인 자유와 합치를 이루는 순간 완전히 보이지 않게 된다. 군사적 폭력은 오늘날 익명화된, 탈주체화된 시스템적 폭력에 자리를 내준다. 이러한 폭력은 폭력으로 드러나지 않는다. 그것 자체가 사회와 하나가 되어 버리기 때문이다. (『폭위』, 7-8쪽)

위의 인용문에서 볼 수 있는 폭력의 형상 변화와 위상 변화를 추적하기 위해 한병철은 먼저 그리스 사회에서 자행되었던 폭력에 주목합니다. "그리스 신화는 피와 난도질된 신체로 가득하다. 신들에게 폭력은 목적을 달성하고 의지를 관철하기 위한 당연하고 자연스러운 수단이다."(『폭위』, 14쪽) 그리고 이같이 일상적이고, 가시적이고, 신체적이고, 잔인한 폭력은 로마 시대를 거쳐 근대 이전까지 계속 이어졌다는 것이 한병철의 주장입니다. 한병철은 이 시기의 폭력의 특징을 '과시적誇示的'이라고 봅니다. 권력을 장악한 자들이 자신들의 힘을 과시함으로써 통치의 효율성을 제고할 목적으로 연극적으로 연출된 스펙터클한 폭력이 행해졌다는 것입니다. 요컨대 공공장소에서 벌어지는 "잔혹극은 연출된 권력과 지배의 드라마"라는 것입니다.

전근대 사회에서 폭력은 도처에서 존재했고, 무엇보다도 일상적이고 가시적인 현상이었다. 폭력은 사회적 실천과 커뮤니케이션의 본질적 요소인 까닭에, 단순히 행사되는 데 그치지 않고 의도적으로 공공연히 전시되었다. 지배자는 처형과 피를 통해 권력을 과시한다. 광장에서 벌어지는 잔혹극은 연출된 권력과 지배의 드라마다. 폭력과 그것의 연극적 전시는 권력과 지배가 관철되는 과정의 본질적인 부분을 이룬다. (『폭위』, 15쪽)

예컨대 고대 로마에서는 '무누스 글라디아토리움*munus gladiatorium*'이라는 처형이 공개적으로 열렸습니다. 여기에는 '칼에 의한 죽음*damnatio ad gladium*' '불에 의한 죽음*damnatio ad flammas*' '야수에 의한 죽음*damnatio ad bestias*' 등이 있었습니다(『폭위』, 15-16쪽). 마지막 죽음의 경우에는 범죄자들이 굶주린 맹수들에게 먹이로 산 채로 던져져 갈기갈기 찢겨 죽습니다. 영화에서 많이 등장하는 장면들입니다. 이런 종류의 죽임은 황제의 권력과 위엄을 만천하에 과시하기 위한 것입니다. "무자비한 권력은 권력의 인장印章으로 기능"한 것입니다(『폭위』, 16쪽). 여기에 더해 중세에서 절대왕권이 지배하던 시대에는 이른바 공개된 장소에서 행해지는 고문과 참수형도 같은 기능을 수행했습니다.[9]

하지만 한병철에 의하면 근대에 이르러 무자비한 폭력은 정치 무대에서뿐만 아니라 거의 모든 사회적 영역에서 점차 정당성을 박탈당합니다(『폭위』, 16쪽). 통치권을 강화시켜 주는 기능을 하던 폭력이 전시될 무대도 점차 사라지고, 일반인들이 접근할 수 없는 은밀한 장소에서 이루어

9 한병철은 『폭력의 위상학』에서 주로 서양, 그것도 유럽의 역사를 중심으로 폭력의 위상학적 변화를 다루고 있다. 하지만 그의 논의 대부분은 동양에도 그대로 적용되는 것으로 보인다. 가령, 고대 중국과 우리나라에도 왕권에 도전했다 실패한 반역자들을 참수하고, 그들의 목을 효수(梟首)하는 행위가 있었는데, 이는 권력의 과시적, 전시적 효과와 무관하지 않다. 한병철이 서양의 근대와 현대의 특징으로 들고 있는 '훈육' '규율' '성과' 등의 개념도 동양의 근대와 현대에 그대로 적용될 수 있는 것으로 보인다.

지게 됩니다. 강제수용소나 감옥 등이 폭력의 위상학적 변동이 이루어진 공간이 됩니다. 이런 기관들은 많은 사람이 거주하는 도심이 아니라 변두리에 자리 잡게 됩니다(『폭위』, 17쪽). 이런 상황에서 폭력은 이제 스펙터클하게 전시되는 대신에 부끄러운 듯 몸을 숨기게 됩니다. 가령, 사형 집행은 비공개로 이루어집니다. 아직도 몇몇 나라에서는 사상범이나 풍속 위반범에 대해 공개처형이 시행되고 있기는 합니다. 하지만 폭력은 점차 공공장소에서 물러나 그 잔혹한 발톱을 숨기면서 자행됩니다.

> 폭력은 화려하게 치장하고 무대에 나서지 못하고, 부끄러운 듯 몸을 숨긴다. 폭력은 계속 행사되지만 공적으로 무대 위에 올려지지 않는다. 폭력은 특별히 주목받고자 하지 않는다. 여기에는 어떤 언어도, 어떤 상징성도 없다. 폭력은 아무것도 선포하지 않는다. 그저 말없이 침묵 속에서 파괴할 따름이다. (『폭위』, 17쪽)

전근대사회에서 근대사회로 넘어오는 과정에서 폭력의 위상은 또 한 번의 변화를 거친다는 것이 한병철의 주장입니다. 폭력은 점차 그 모습을 더 깊숙이 숨기면서 "피하로, 커뮤니케이션의 뒤편으로, 모세관과 내면적 영혼의 공간으로 물러"나게 됩니다(『폭위』, 18쪽). 그러면서 폭력은 비가시적인 것, 은밀한 것, 심리적인 것, 중개적인 것이 되어 갑니다. 특히 폭력의 심리적 내면화는 폭력의 그러한 위상학적 변화의 핵심에 해당합니다(『폭위』, 19쪽). 이제 폭력은 단지 외부에서 나에게 일방적으로 오는 강제적 힘이 아니라 나로 하여금 자발적으로 그 강제적 힘에 복종하도록 강요하는 형태를 띠게 됩니다.

가령, 프로이트에게서 양심이 그 좋은 예입니다(『폭위』, 19쪽). 프로이트의 정신분석학적 도식에서는 초자아[10]가 그 위력을 발휘하게 됩니다. 한병철에 의하면 이런 상황에서는 "타인을 향한 공격성은 자기 자신을 향한 공격성으로 방향을 돌리게" 되며, "인간이 타인을 향한 공격성을 참는 데 비례하여 양심은 더욱 엄격해지고 더 큰 강제력을 발휘하게" 됩니다(『폭위』, 19쪽). 이런 추세는 이른바 한병철이 성과사회로 규정하고 있는 20세기 후반에서 지금의 사회에 급속도로 강화되며, 그 결과가 긍정성의 폭력으로 나타나게 됩니다. 여기에 대해서는 곧 살펴보도록 하겠습니다.

한병철은 폭력의 위상학이 타자에 대한 공격성에서 나를 향한 공격성으로 이동하는 과정에서 이른바 훈육사회 또는 규율사회가 나타나게 되고, 이런 사회에서는 통치 기술이 폭력의 내면화를 조장하고 이용하게 된다고 보고 있습니다. 구조적 폭력, 상징적 폭력 등은 거기에서 기인하게 됩니다. 요컨대 폭력은 자연화되며, 나아가 통치의 효율성을 높여 주게 됩니다. 다시 말해 한 공동체의 구성원들이 이 공동체가 정립한 규칙에 무의식적으로, 습관적으로, 기계적으로 복종하게 되는 것입니다.

> 지배 기술 역시 폭력의 내부화를 이용한다. 지배 기술의 복종주체가 외적인 지배기구를 내면화하여 자기 자신의 일부로 받아들이도록 유도한다. 이로써 지배에 필요한 비용이 현저히 절감된다. 상징적인 폭력도 일종의

10 초자아(Superego)는 프로이트의 정신분석학에서 이드(Id), 에고(Ego)와 함께 인간의 성격 형성에서 중요한 역할을 담당하는 것으로 여겨지는 개념이다. 이 개념은 주로 부모, 교사, 사회 관습, 규범, 도덕 등에 의해 형성되는 것으로 이해되는 한편, 개인의 자아 이상, 양심, 죄책감 등을 통해서도 형성되는 것으로 이해된다.

폭력이다. 그것은 습관의 자동성에 의지하여 작동한다. 상징적 폭력은 자명한 관념, 습관화된 지각과 행동 패턴 속에 새겨진다. 그리하여 폭력은 자연화된다. 자연화된 폭력은 육체적, 군사적 폭력의 수고를 들이지 않고도 기존의 지배관계를 유지하는 길을 열어 준다. 훈육의 기술 역시 강제의 심리적 내부화에 의존한다. 훈육의 기술은 세밀하고 은근한 개입으로 신경선과 근섬유에 파고들어 가 주체를 정형외과적, 신경교정적 강제와 명령에 예속시킨다. 그리하여 주권사회를 지배하던 무지막지한 참수의 폭력은 연속적이고 피하에서 작용하는 변형의 폭력으로 대체된다. (『폭위』, 19-20쪽)

한병철은 이 같은 근대의 훈육사회 또는 규율사회에 이어 현대사회에서의 폭력의 위상학적 변화를 다루고 있습니다. 그는 현대사회를 성과사회로 규정합니다. 그리고 그 구성원들을 성과주체로 명명합니다. 이런 사회에서 그들은 이제 서로 물리쳐야 할 타자-적이 아니라 동일한 자들이 됩니다. 그러면서 그들의 관심은 오직 자기에게 집중되며, 그 목표는 자신의 존재를 최대한 실현하고 또 자신의 가치를 최대한 끌어올리는 것이 됩니다. 그들은 신자유주의적 체계에서 '무엇을 하지 말라', 또는 '무엇을 해야만 한다'라는 금지나 명령보다 '무엇이든 할 수 있다'라는 구호 아래, 각자의 성과와 업적을 될 수 있는 대로 최고의 수준으로 끌어올리기 위해 최대의 노력을 경주하게 된다는 것이 한병철의 주장입니다. 요컨대 긍정성이 관건이 됩니다.

규율사회는 부정성의 사회이다. 이러한 사회를 규정하는 것은 금지의 부정성이다. '~해서는 안 된다'가 여기서는 지배적인 조동사가 된다. '~해야 한다'에도 어떤 부정성, 강제의 부정성이 깃들어 있다. 성과사회는 점점 더 부정성에서 벗어난다. 점증하는 탈규제의 경향이 부정성을 폐기하고 있다. 무한정 '할 수 있음'이 성과사회의 긍정적 조동사이다. "예스 위 캔"이라는 복수형 긍정은 이러한 사회의 긍정적 성격을 정확하게 드러내 준다. …

규율사회에서 성과사회로의 패러다임 전환은 하나의 층위에서만큼은 연속성을 유지한다. 사회적 무의식 속에는 분명 생산을 최대화하고자 하는 열망이 숨어 있다. 생산성이 일정한 지점에 이르면 규율의 기술이나 금지라는 부정적 도식은 곧 그 한계를 드러낸다. 생산성의 향상을 위해서 규율의 패러다임은 '성과의 패러다임' 내지 '할 수 있음'이라는 긍정의 도식으로 대체된다. 생산성이 일정 수준에 도달하면 금지의 부정성은 그 이상의 생산성 향상을 가로막는 걸림돌로 작용하기 때문이다. 능력의 긍정성은 당위의 부정성보다 더 효율적이다. 따라서 사회적 무의식은 당위에서 능력으로 방향을 전환하게 된다.[11]

하지만 한병철은, 이 같은 자기실현을 위한 긍정적 노력이 과도해지면 그것은 피로로 나타나게 되는데, 이런 피로는 자기 착취의 이면이며, 긍정적 노력은 그대로 자기에 대한 폭력으로 나타난다고 보고 있습니다. "피로는 폭력이다"라는 문장을 기억해 보시기 바랍니다. 그리고 이것이 바로 긍정성의 폭력이 나타나는 과정입니다. 그리고 이런 폭력은 각자의 자유가 타자-적에 의해 구속되고 방해받는 상황에서 이루어지는 것이 아니라, 오히려 그 반대로 각자가 자유롭다고 느끼는 상태에서 이루어지기 때문에 그 폐해가 더 심각할 수 있습니다. 그도 그럴 것이 자기가 하고자 하는 것을 다했을 때, 즉 자기를 완전히 소진燒盡했음에도, 그 결과

11 한병철, 『피로사회』, 앞의 책, 24-25쪽.

에 만족할 수 없다면, 그때 나타나는 것은 자기비하 등과 같은 정신적 질환일 터이고, 극단적인 경우에는 그것이 자기에 대한 포기, 즉 자살로 나타날 수도 있기 때문입니다.[12]

> 후기 근대의 성과주체는 누구에도 예속되어 있지 않다. 성과주체는 사실 주체라고 할 수도 없다. 주체는 그 본질에 예속성이 깃들어 있는 존재이기 때문이다. 성과주체는 스스로를 긍정화한다. 그렇다. 성과주체는 스스로를 해방시켜 하나의 프로젝트Projekt로 만든다. 그러나 주체에서 프로젝트로의 변신이 폭력을 소멸시키지는 못한다. 타자에 의한 외적 강제의 자리에 자유를 가장한 자기 강제가 들어선다. 이러한 발전은 자본주의적 생산관계와 밀접하게 관련되어 있다. 생산의 수준이 일정 단계에 이르면 그때부터는 자기 착취가 타자 착취보다 훨씬 더 효과적이고 더 많은 성과를 가져오기 시작한다. 자기 착취는 자유의 감정과 함께 이루어지기 때문이다. 성과사회는 자기 착취의 사회다. 성과주체는 스스로 불타 버릴 때까지(번아웃) 스스로를 착취한다. 이때 발생하는 자기공격성은 드물지 않게 자살의 폭력으로까지 치닫는다. 이로써 프로젝트는 성과주체가 자신에게 겨냥하는 탄환Projktil임이 드러난다. (『폭위』, 20-21쪽)

3) 긍정성의 폭력 또는 정신질환

방금 한병철이 『폭력의 위상학』에서 개진하고 있는 폭력의 위상학적

12 에리히 프롬의 『자유로부터의 도피』가 그 좋은 예가 될 수 있다. 인간은 자유를 갈망하지만, 막상 자유가 주어지면 그것을 감당할 수가 없어서 자유로부터 도피하려고 할 수 있다.

변화를, 서구에서 형성된 여러 사회의 유형을 중심으로 살펴보았습니다. 그런데 특히 성과사회로 명명된 현대사회, 즉 후기 근대사회에서 나타나고 있는 자기 착취를 근간으로 하는 긍정성의 폭력에 대한 논의는 이미 『피로사회』에서 그 윤곽이 소묘된 바 있습니다. 특히 『피로사회』에서 성과사회는 이미 피로사회로 규정되고 있으며, 그 특징으로 신경성 폭력이라고 명명된 여러 정신질환이 다뤄지고 있습니다. 여기에서는 이 질환들에 대해 주목해 보고자 합니다. 이 질환들은 그대로 성과사회에서 나타나고 있는 자기 착취, 곧 긍정성의 폭력의 특징들을 한눈에 보여 주는 징후이기 때문입니다.

한병철이 성과사회로 명명한 사회에서 살아가는 자들이 바로 성과주체들입니다. 이들 성과주체가 문제시되는 사회는, 주로 20세기 후반에서 21세기를 거치면서 기술, 통신의 발달과 더불어 형성된 전 지구적 자본주의 사회 또는 이른바 포스트모던 사회라고 할 수 있습니다. 한병철은 이 사회를 '후기 근대사회'라고 부르고 있습니다. 이 사회의 주인공인 성과주체들은 거의 예외 없이 심각한 정신질환을 앓고 있다는 것이 한병철의 주장입니다. 그리고 이 정신질환은 각자가 자기에게 가하는 폭력, 곧 긍정성의 폭력의 명백한 징후로 여겨집니다. 게다가 이런 종류의 폭력은 그 성격상 미시적, 바이러스적, 리좀적, 분열적이라는 특징을 보이며, 이런 특징은 성과주체 각자에 대한 모든 정보가 낱낱이 공개된 이른바 투명사회에서 더욱더 강화된다는 것이 한병철의 생각입니다.

한병철이 내세우는 피로사회로서 성과사회의 외관은 대략 다음과 같이 묘사될 수 있을 것입니다. 앞에서도 간략하게 언급한 바와 같이 서양사회에서 근대에 이르기까지 이 사회를 이해하는 데 동원된 패러다임은 주로 부정성의 패러다임이었습니다. 금지, 강제, 규율, 의무, 결핍, 타자에 대한 거부 등이 그것입니다. 한병철은 이런 패러다임을 '면역학적 패러다임'이라고 규정합니다. 한 생물체가, 밖에서 침입하는 위험 요소에 대해 자기를 보호하기 위해 동원하는 것이 바로 면역학적 패러다임의 핵심입니다. 그렇기 때문에 이런 사회 전체를 가로지르는 핵심 패러다임은 부정성입니다. 타자-적을 부정해야만 내가 우뚝 설 수 있는 것입니다.

하지만 20세기 후반부터 지금까지 우리가 살고 있는 사회, 곧 현대사회(또는 후기 근대사회)의 특징은 오히려 자기실현, 자기 과시, 그로 인해 발생하는 자기 착취와 자기 괴롭힘, 또 그 결과로 야기되는 피로 그리고 그 구체적인 증거인 정신질환의 출현입니다. 한병철은 이런 정신질환으로 소진증후군, 우울증, 주의력결핍 과잉행동장애 등을 제시하고 있습니다. 그리고 이런 질환들이, 긍정성의 폭력에 해당한다는 것이 한병철의 주장이라고 할 수 있습니다.

주지하다시피 포스트모던 사회란 중심을 차지하고 있는 일자에 의한 억압과 폭력 때문에 주변부로 쫓겨난 타자들이 그 일자-중심를 향해 일으키는 반란으로 이미지화할 수 있습니다. 그런데 이때 중요한 것은 바로 이 타자들 사이에는 위계질서가 없으며, 오로지 차이와 다양성만이 존재한다는 것입니다. 그렇기 때문에 이 타자들은 일자-강한 적(타자들의 입장에서는 그들이 물리쳐야 할 가장 강한 타자이다)과의 투쟁보다는 오히려 각자가 제 위치에서 자기를 실현하기 위해 최선을 다하는 것이 더 중요하다고 할 수 있습니다.

하나의 예를 들어 보도록 하겠습니다. 문학작품이 하나 있다고 가정해 보겠습니다. 이때 독자들의 입장에서 중요한 것은 두 가지입니다. 하나는 이 작품을 읽으면서 가능한 한 저자가 이 작품을 쓰면서 품었던 '의도mens auctoris, intention'에 가까운 의미를 끌어내는 것입니다. 이 경우에는 저자-독자들 사이에 확실한 위계질서, 곧 부정성의 폭력이 자리합니다. 독자들의 모든 읽기 행위는 저자에 의해 제한됩니다. 그와는 반대로 독자들이 저자의 의도를 무시하고 작품을 읽는 경우를 생각해 보시기 바랍니다. 이 경우에는 어떤 독서라도 모두 유의미합니다. 다시 말해 독자 모두는 그 나름의 의미를 끌어낼 수 있습니다. 하지만 저자의 의도를 상정하지 않기 때문에 독자들이 끌어낸 의미들 사이에는 오직 차이와 다양성밖에 없습니다.

물론 후자의 경우에 독자 모두는 자유를 향유합니다. 저자의 의도가 전제되지 않기 때문에 독자들의 읽기 행위는 그 어떤 제한이나 방해도 받지 않습니다. 하지만 문제는 각각의 독자가 끌어낸 의미가 제대로 된 것인지를 판단할 수가 없습니다. 그렇기 때문에 독자들은 불안해합니다. 특히 독자들 스스로 끌어낸 의미에 대해 자신이 없을 때는 남의 탓을 할 수가 없습니다. 각자 나름대로 판단하고, 스스로 노력하면서 더 낫다고 여겨지는 의미를 끌어내기 위해 노력할 수밖에 없습니다.

그 과정에서 독자 모두가 자신을 닦달하게 되고, 괴롭히게 되는 것은 당연한 처사입니다. 좀 더 나은 의미를 끌어내기 위한 모든 과정은 노력의 과잉 투자, 자기 속박, 자기 착취, 곧 자기가 자기에게 가하는 폭력으로 나타나게 됩니다. 특히 이상적인 독서, 곧 작품에서 저자의 의도와 같은 이상적인 의미[13]를 끌어내야만 한다는 강박관념, 그로 인한 자기 학

13 이와 관련해 한병철이 프로이트의 '이상 자아' 개념을 제시하는 것은 흥미롭다. 내가 나에 대해 이상 자아를 제시하고, 거기에 도달하는 것을 목표로 내세우는 경우, 나는 현실 자아를 항상 그 이상 자아에 비춰 보아 평가하게 된다. 만일 이상 자아와 현실 자아 사이에 거리가 있으면, 나는 그 거리를 메우기 위해 나의 리비도, 즉 에너지를 과잉 투자하게 된다. "초자아의 부정성은 자아의 자유를 제한한다. 반면 이상 자아를 향한 자기 기획은 자유의

대, 자기 착취 등이 바로 한병철에 의해 제시된 긍정성의 폭력입니다. 물론 한병철의 논의는 신자유주의, 전 지구적 자본주의의 시대에서의 생산의 문제를 중심으로 전개되고 있습니다. 하지만 방금 예로 든 작품의 해석(이것도 역시 생산의 일종입니다)도 같은 논리로 이해될 수 있는 것으로 보입니다.

앞에서 지적한 대로 한병철은 이 같은 긍정성의 폭력의 정신질환으로 소진증후군, 우울증, 주의력결핍 과잉행동장애 등을 제시하고 있습니다. 먼저 소진증후군은 이렇게 설명할 수 있습니다. 방금의 예에서 독자들 각자는 자기가 끌어낸 의미가 제대로 된 것인지를 가늠할 수 없기 때문에, 그 작품의 모든 의미를 끌어내려고 노력할 것입니다. 그 과정에서 그들 각자가 가진 모든 에너지를 탕진하게 된다는 것은 자명합니다. 이것이 바로 '소진burn out'입니다.

그다음으로 우울증입니다. 각각의 독자가 최선의 노력을 다했음에도 불구하고 문제의 작품을 읽으면서 끌어낸 의미가 더 나아지는 기색이 별로 없는 경우가 있을 수 있습니다. 이런 경우에 그 독자는 우울증에 시달릴 수 있습니다. 프로이트는 애도와 우울증을 구별합니다. 애도는 리비도를 많이 투사한 사랑했던 대상을 떠나보내는 데 성공한 경우에 나타납니다. 하지만 우울증은 그 대상을 떠나보내지 못했을 때 나타나는 감정입니다. 작품 해석을 하는 독자의 경우에는 에너지를 많이 투사했음에도 불구하고 그 성과, 즉 의미의 정확함, 확고함 등에 자신이 없는 경우에

행위로 해석된다. 그러나 도달 불가능한 이상 자아 앞에서 자아는 자기 자신을 결함이 많은 존재로, 낙오자로 인식하며 스스로에게 자책을 퍼붓는다. 현실의 자아와 이상 자아 사이의 간극에서 자기공격성이 발생한다."(『폭위』, 61-62쪽)

자신의 능력을 의심하면서 우울증에 빠질 수 있을 것입니다.

주의력결핍 과잉행동장애는 이렇게 설명할 수 있을 것 같습니다. 위의 작품 읽기의 예에서 각각의 독자는 자신의 독서 결과에 대해 자신이 없기 때문에 자기 주위의 다른 독자들이 끌어낸 의미들에 대해 항상 지나칠 정도의 관심을 갖게 됩니다. 이런 상황에서 독자는 다른 독자들이 끌어낸 의미와의 비교 속에서 자신이 끌어낸 의미를 평가하는 데 열을 올리게 됩니다. 이 독자는 자기가 끌어낸 의미보다 더 나은 의미를 끌어낸 다른 독자들에 대해서는 절망하고, 이와 반대되는 경우에는 오히려 우쭐하면서 무시하는 태도를 취하게 됩니다. 이런 현상이 심하게 될 경우에 나타나는 것이 바로 주의력결핍 과잉행동장애일 것입니다.[14]

> 문제는 개인 간의 경쟁 자체가 아니라 그 경쟁이 가지는 자기관계적 성격이다. 이로 인해 경쟁은 절대적 경쟁으로 첨예화된다. 즉, 성과주체는 자기 자신과 경쟁하며 자기 자신을 뛰어넘어야 한다는 파괴적 강박에 빠진다. 여기서 성과는 다른 사람들과 비교되지 않는다. 이제는 다른 사람들을 능가하고 이기는 것이 문제가 아니다. 투쟁은 자기관계적으로 된다. 그러나 자신을 이기고, 자신을 뛰어넘으려는 시도는 치명적인 결말로 치닫는다. 자기 자신과의 경쟁은 치명적이다. 그것은 자신의 그림자를 따라잡으

---

14 이런 현상이 가장 잘 나타나는 장소는 중간, 기말시험의 결과나 대학입학 학력고사 결과가 발표되는 우리나라 고등학교 3학년 교실이라고 할 수 있다. 내가 받은 점수를 나의 성과라고 본다면, 이 교실은 성과사회의 모습, 성과주체의 행동과 태도 등이 가장 잘 드러나는 공간이라고 할 수 있을 것이다. 물론 그렇기 때문에 이 공간에서 한병철이 말하는 자기 착취, 과잉, 피로, 그로 인한 긍정성의 폭력, 또 거기에 수반되는 소진증후군, 우울증, 주의력결핍 과잉행동장애가 가장 잘 나타나는 것으로 보인다.

려는 무모한 시도와 다를 바 없다. … 21세기 주요 질병으로 떠오른 소진증후군이나 우울증 같은 정신질환은 모두 자기공격적 특성을 나타낸다. 자아는 스스로에게 폭력을 가하고, 자기 자신을 착취한다. 타자에게서 오는 폭력이 있었던 자리에 스스로 생성시킨 폭력이 들어선다. 이 폭력은 희생자가 스스로 자유롭다고 착각하는 까닭에 타자의 폭력보다 치명적이다. (『폭위』, 60-62쪽)

4) 시스템적 폭력

『폭력의 위상학』 2부의 1장에서는 시스템적 폭력을 다룹니다. 그러면서 갈퉁, 부르디외, 지젝의 폭력론을 비판합니다. 그 이유는 그들이 제시하는 시스템적(구조적) 폭력은, 한 공동체(한 사회, 한 나라, 전 세계 등)에서 권력을 가진 자들과 그렇지 못한 자들, 지배자들과 피지배자들, 억압자들과 피억압자들의 존재와 관계를 전제로 하는 부정성의 폭력에 해당한다는 것입니다. 지난 강의에서 우리는 지젝과 갈퉁이 모두 구조적 폭력 개념(또는 시스템적 폭력 개념)을 제시하고 있다는 사실을 보았습니다. 그런데 한병철은 그들은 물론이거니와 부르디외의 '아비투스habitus' 개념 역시 같은 이유로 비판하고 있습니다.

먼저 한병철은 폭력이 발생하는 상황이 종종 시스템 내적이라는 사실을 지적하면서 갈퉁의 구조적 폭력 개념 역시 거기에 해당한다고 말합니다.

폭력 행위가 발생하는 상황은 종종 시스템에서 그 원인을 찾을 수 있다. 폭력의 상황은 시스템적 구조 속에 편입되어 있으며, 따라서 명시적, 표현

> 적 형태의 폭력은 어떤 내포적 구조들, 지배질서를 확립하고 안정시키는 역할을 하지만 그 자체는 겉으로 드러나지 않는 구조들에서 비롯된다. 갈퉁이 주장하는 '구조적 폭력'의 이론도 폭력이 구조적으로 중개되어 있다는 가정에 바탕을 둔다. 사회 시스템 속에 장착된 구조들은 정의롭지 못한 상태를 유지하는 데 이바지한다. (『폭위』, 121쪽)

하지만 한병철은 이처럼 갈퉁의 구조적 폭력 개념을 인정하면서도 그것이 여전히 한 공동체에서 자원과 기회의 공정한 분배를 방해하는 박탈의 부정성 위에 기초하고 있다고 비판하고 있습니다(『폭위』, 122쪽). 가령, 노동자계급의 아이가 상류층 아이보다 교육의 기회를 적게 누리는 것은 폭력이 아니라 불공정일 뿐이라는 것입니다. 이렇듯 폭력이 사회적 부정성 일반의 상징으로 확대되면 그 개념적 윤곽은 완전히 흐려지고 말 뿐이라는 것이 한병철의 주장입니다. 또한 갈퉁에게서 권력과 폭력의 차이가 제대로 포착되지 못하고 있으며, 그 결과 갈퉁은 "폭력을 권력관계와 지배관계의 초석인 위계질서와 서열의 문제로 환원"하는 결과를 낳게 되었다고 비판하고 있습니다(『폭위』, 122쪽). 요컨대 한병철은 갈퉁에 대해 "구조적 폭력은 엄격한 의미에서 폭력이 아니며, 차라리 지배 기술이라고 해야 할 것"이라고 비판하고 있습니다(『폭위』, 123쪽).

그다음으로 한병철은 부르디외의 상징 폭력을 문제 삼습니다. 부르디외는 공동체의 구성원들 각자의 지각과 행동에 반사적, 전前반성적, 무의식적, 습관적인 방식으로 영향을 주는 아비투스의 중요성을 주장합니다. 부르디외에게서 아비투스란, 인간이 사회화되는 과정에서 무의식적으로 몸에 밴 태도와 취향, 생활습관, 사회적 스킬, 스타일 등을 지칭합니다. 그렇듯 아비투스는 사회적 지위와 계급 등의 영향이 인간의 몸에 새겨진 결과이므로 그것은 상징 폭력으로 작용하게 됩니다. 한병철은 이런 상징 폭력이 물리적 폭력에 대한 호소 없이 지배의 유지에 기여한다는 것을 인정합니다(『폭위』, 124쪽). 하지만 부르디외가 내세우는 상징 폭력 역시 지배관계, 즉 계급 간의 위계적이고 적대적인 관계를 전제하며, 그런 만큼 부정성의 폭력에 해당한다고 보고 있습니다(『폭위』, 125쪽).

마지막으로 한병철은 지젝의 구조적 폭력 개념도 비판합니다. 지젝이 논의 범위를 넓혀 한 국가 내부에서의 지배와 착취 관계를 위시해 신자유주의, 전 지구적 자본주의에서의 삶의 조건을 대상으로 구조적 폭력 개념을 전개한다는 것을 한병철은 인정합니다. 또한 한병철은 그런 구조적 폭력의 희생자들이, 아감벤이 말하는 호모 사케르에 해당한다는 것도 인정합니다. 하지만 지젝 역시 부정성의 모델을 고수한다고 비난하고 있습니다.

가령, 지젝은 서구사회의 거대한 압력으로 여성들이 성 거래 시장에서 경쟁력을 갖기 위해 성형수술을 받고 실리콘을 몸에 집어넣고, 보톡스 주사를 맞는다고 말합니다(『폭위』, 127쪽). 하지만 한병철에 의하면 이 같은 지젝의 생각은 근본적으로 페미니즘적 시각, 곧 남녀를 대결시키는 구조하에서만 유용하다는 것입니다. 이런 성형 문제는 성과사회에서는 남녀 모두에게 공히 적용되며, 남녀의 적대관계, 곧 부분적인 부정성에 기초한 문제가 아니라 오히려 사회 전체의 지배구조에 포획되어 있는 성과주체들의 자기계발, 자기 착취, 곧 긍정성의 폭력으로 이해해야 된다는 것이 한병철의 주장입니다.

> 지젝에 따르면 '객관적 폭력'은 지배와 착취의 관계를 떠받친다. 그가 말하는 착취는 곧 타자 착취이다. 지젝은 지배 없이 자행되는 폭력, 자기 착

취를 불러오는 폭력, 사회의 일부가 아니라 사회 전체를 사로잡고 있는 시스템의 폭력을 간과한다. 서방의 성과사회가 만들어 내는 강압은 여성이나 노동계급만이 아니라 사회 구성원 전체를 구속한다. 지젝의 생각과는 달리 오늘날 성형수술은 여성의 전유물이 아니다. 시장에서 경쟁력을 갖고자 하는 남성들도 기꺼이 성형에 몸을 바친다. 몸을 최적화해야 한다는 강압은 차별 없이 모두에게 덮쳐 온다. 최적화 강압은 보톡스, 실리콘, 에스테틱의 좀비뿐만 아니라 근육질, 근육강장제, 피트니스의 좀비도 양산한다. 성과사회는 도핑사회이기도 하다. 계급과 성별의 차이는 중요하지 않다. 강자도 약자도 성과의 명령, 최적화의 명령에서 벗어나지 못하며, 사회의 모든 구성원이 소진의 위험에 노출되어 있다. 오늘 우리는 모두 성과의 좀비, 건강의 좀비가 된 것처럼 보인다. 이러한 시스템적 폭력의 희생자는 공동체에서 추방당한 호모 사케르가 아니라 시스템 속에 갇힌 성과주체다. … 시스템적 폭력은 배제의 폭력이 아니다. 그것은 오히려 모두를 가두어 놓는다. 모두가 시스템의 포로가 되어 시스템이 강요에 따라 자기 자신을 착취한다. (『폭위』, 127-128쪽)

이렇듯 갈퉁의 구조적 폭력, 부르디외의 상징 폭력, 지젝의 시스템적 폭력을 비판한 후에 한병철은 종합적으로 시스템적 폭력에 대해 다음과 같이 규정하고 있습니다.

부르디외의 '상징 폭력'도, 갈퉁의 '구조적 폭력'도 사회 시스템의 모든 성원에게 무차별하게 가해지는 시스템적 폭력과 구별된다. 시스템적 폭력은 모두를 희생자로 만들며 계급 간의 적대관계도, 상층과 하층의 위계적 관계도 이런 폭력의 전제가 되지 못한다. 시스템의 폭력은 어떤 적대관계나 지배관계 없이 행사된다. 폭력의 주체는 권력을 쥔 개인도, 지배계급도 아니다. 시스템 자체가 폭력의 주체이다. 억압이나 착취에 대해 책임을 지울 행위의 주체는 존재하지 않는다. (『폭위』, 128쪽)

시스템적 폭력은 긍정성의 폭력으로서, 방해하고 거부하고 금지하고 배제하고 박탈하는 부정성을 알지 못한다. 시스템적 폭력은 과잉과 대량화, 초과, 포만, 소진, 과잉 생산, 과잉 축적, 과잉 커뮤니케이션, 과잉 정보의 형태로 현현한다. 그것은 긍정성으로 인해 폭력으로 느껴지지도 않는 그런 폭력이다. (『폭위』, 128-129쪽)

지금까지 살펴본 것처럼 한병철은 현재 우리가 살고 있는 사회에서 발생하는 폭력 현상들을 집중적으로 다루고 있습니다. 그런 만큼 그의 폭력론이 가지는 시의성은 더 크다고 할 수 있을 것입니다. 그럼에도 그의 폭력론에 대해 다음과 같은 두 가지 문제가 제기될 수 있을 것 같습니다. 하나는 그의 폭력론이 주로 개인 차원의 논의에 국한되고 있는 것은 아닌가 하는 것입니다. 다른 하나는 그의 폭력론이 과연 이 같은 폭력 현상들의 진단에만 그치고 있는가, 그 나름대로의 처방을 제시하고 있는가, 만일 있다면 그 유효성은 어느 정도일까 하는 것입니다.

첫 번째 문제에 대해서는 다음과 같이 말할 수 있을 것 같습니다. 한병철의 폭력론은 주로 성과사회의 주인공인 성과주체들이 겪는 자기관계적 폭력에 초점이 맞춰져 있다는 것입니다. 그 결과 한병철의 폭력론이 지나치게 개인적인 측면만을 강조하고 있는 것으로 보입니다. 포스트모던 사회로 규정되는 현대사회가 개인주의를 넘어 극단적인 이기주의 사회로 규정되는 것은 상식에 속하는 일입니다. 그렇기 때문에 성과주체들로 명명된 개인들이 '~을 할 수 있다'라는 기치 아래에서 자신들을 연마하고, 단련하며, 나아가서는 착취에 이를 정도로 자신들의 존재가치를 고양시키려 한다는 것도 사실입니다. 그로 인해 자기에게 가하는 폭력, 곧 긍정성의 폭력이 나타나게 된다는 것은 수긍할 만합니다. 다만 문제는 이런 현상이 단지 개인 차원의 문제만은 아니라는 것입니다.

지젝의 구조적 폭력의 경우, 이미 한쪽으로 너무 기울어진, 너무 불공평하게 형성된 전 지구적 구조 속에서 몫 없는 자들에게 가해지는 구조적 폭력이 우선적으로 문제시되고 있는 것으로 보입니다. 한병철에게서 성과주체들이 겪는 자기 착취, 자기관계적 폭력, 곧 긍정성의 폭력은, 지젝에 의해 제시된 구조적 폭력이 너무 강해 그런 폭력을 행사하는 아주 강한 적-타자에게 저항하는 것을 생각조차 할 수 없게 되어 버린, 곧 그런 저항에 대한 사고를 금지당한 자들의 최후의 몸부림이 아닐는지요?

중고등학교 학생들 가운데 수학을 싫어하다 못해 아예 수학을 포기해 버리는 학생들이 있습니다. 그런 학생들이 수학 대신에 다른 과목을 선택한 경우에 그 과목을 미친 듯이 공부하는 경향이 없지 않습니다. 한병철이 제시하는 성과주체들이 자기에게 가하는 폭력은 이런 부류의 폭력이 아닐까요? 하지만 그런 학생들에게 있어서 진짜 중요한 것은 바로 수학을 포기하지 않고 끝까지 공부하게 되는 것이 아닐까 싶습니다. 한편, 그 이전에 수학을 공부해야만 하는 교육 제도에 문제가 있었을 것입니다. 그런데 이 같은 제도 문제보다는 오히려 수학 대신에 다른 과목에 올인하는 학생들만을 문제시하고 있는 것은 아닌가 하는 생각이 듭니다.

그다음 문제는 한병철이 제시하는 폭력의 극복 문제입니다. 한병철은 『폭력의 위상학』에서는 따로 폭력에 대한 극복 방책을 제시하고 있지 않습니다. 하지만 『피로사회』와 『시간의 향기』 등을 보면 성과사회, 피로사회로 규정되는 현대사회에서 피로를 극복하기 위한, 또 폭력, 특히 자기관계적 폭력을 극복하기 위한 방책이 제시되고 있는 것으로 보입니다. 가령, '치유적 피로' 개념과 '느리게 시간을 사용하기' 등이 그것입니다. 하지만 이런 방책들도 여전히 개인적 차원에 국한되어 있는 것으로 보입니다.

물론 한병철은 자신이 제시하는 이런 방책들이 바틀비적 무위와 다르다는 점을 강조하고 있습니다. 또한 한병철이 제시하는 그런 방책들이 개인의 인격 도야, 개인의 성숙, 개인의 피로, 곧 개인이 자기 자신에게 가하는 긍정성의 폭력, 곧 미시적 폭력을 극복하는 방책으로서는 그 나름의 효과를 낼 수도 있을 것입니다. 하지만 거시적 차원, 집단적 차원에서의 폭력에 대해서는 어느 정도의 효력을 발휘할 수 있을지는 미지수로 보입니다.

강의를 마치며:

저자 후기를 대신하여

이렇게 해서 '폭력에 대한 인문학적 성찰(I-II)'이라는 주제로 철학아카데미에서 2021년 11월부터 2022년 2월까지 16주에 걸쳐 진행했던 강의를 마치게 되었습니다. 때로는 부족한 면도 없지 않았고, 가끔은 어려운 면도 없지 않았으며, 이따금씩 지루한 면도 없지 않았던 강의를 끝까지 들어 주신 모든 분께 감사의 말씀을 드립니다.

이번 강의를 기획한 의도 중 하나는 인류의 역사에서 또 인간 각자의 삶에서, 또 집단적 차원의 공동생활에서 폭력이 지니는 중요성과 심각성, 특히 사회에 만연해 있는 폭력에 대한 무관심이었습니다. 폭력이 우리의 삶과 구분되고 있지 않는 불행한 상황에 대해서는 이의가 없습니다. 하지만 우리 각자는 일상생활에서 이런 폭력에 대해 너무 안일하고 무관심한 태도를 보이기 일쑤입니다. 폭력이 각자에게서 시공간적으로 멀리 있다고 느끼기 때문입니다. 하지만 폭력은 이런 무관심을 자양분 삼아 우리 주위를 배회하면서 우리를 위협하고 있습니다. 이번 강의를 통해 폭력에 대한 무관심으로부터 탈피하고, 나아가 그 대책을 마련하는 데 조금이라도 도움이 되었다면 저로서는 폭력에 대해 함께 성찰하고 고민했던 시간이 헛되지는 않을 것입니다.

우리는 폭력 문제를 다루기 위해 서양의 현대 사상가 11명을 선정해서 이들 각자의 폭력론을, 주요 저작들을 중심으로 살펴보았습니다. 이 가운데 이미 세상을 떠난 이도 있고 사상가들 개개의 사유에 차이도 있겠습니다만, 이들은 대개 폭력의 기원, 폭력 현상의 분석을 위한 문제틀, 폭력 극복을 위한 방책 등을 제시했으며, 특히 폭력을 통한 폭력의 제압 메커니즘의 마련에 많은 관심을 표명했습니다.

그리고 여전히 활동하고 있는 아감벤과 지젝은 벤야민의 폭력론에 대한 해석과 토론을 통해, 갈퉁은 폭력과 평화의 문제를 결부지어, 또 한병철의 경우에는 다른 학자들과는 달리 지금 우리가 빈번하게 경험하는 자기 소진에서 비롯되는 긍정성의 폭력에의 주목을 통해 폭력 문제를 해결하기 위해 노력하고 있습니다. 폭력에 대한 이런 모든 논의는, 한편으로는 폭력 자체의 이해에, 다른 한편으로는 폭력에 대한 대책 마련에 많은 참고점을 제공해 줄 수 있을 것으로 생각합니다.

아울러 말씀드리고자 하는 것은 이번 강의에서는 우리가 다룬 사상가들의 목소리를 직접 전달하고자 노력했다는 점입니다. 이번 강의가 전공 학생이 아니라 일반 대중을 대상으로 진행되었기 때문에 가능하면 우리말로 번역된 저서들을 참고하고자 했습니다. 하지만 강의 원고를 바탕으로 이 책을 펴내는 과정에서는, 가급적 원서를 직접 번역, 인용했다는 점을 밝힙니다. 물론 제가 독일어와 이탈리아어를 잘 구사하지 못해 벤야민, 한병철, 아감벤의 경우에는 우리말 번역서를 참고했고, 또 지젝과 갈퉁의 경우에는 영어 원서를 구하지 못해 우리말 번역서를 참고했음을 밝힙니다.

끝으로 이런 강의를 통해 폭력 문제를 성찰하려고 하는 방식에는 뚜렷한 한계가 있다는 사실을 지적해야 할 것 같습니다. 그중 하나는 이런 성찰 방식이 자칫 이론적, 사변적인 논의에만 그칠 수도 있다는 것입니다. 물론 폭력을 극복하는 과정에서 폭력 자체에 대한 이론적 토대를 잘 이해하는 것은 무엇보다도 중요합니다. 하지만 이런 이해가 폭력에 대한 관심과 그것을 극복하려는 실천으로 이어져야 할 것입니다. 이에 대해서는 또 다른 차원의 고민과 성찰이 필요합니다. 우리는 다만 이번 시도가 이론적, 사변적 차원에만 머무르지 않고 폭력에 대한 크고 작은 전쟁을 승리로 이끄는 작지만 유력한 도구, 수단, 전략이 되길 바라 마지않습니다.

또한 이 강의에 수반되는 시공간의 한계로 인해 폭력 문제를 여타 분야(종교학, 심리학, 범죄학 등)에서 다루고 있는 다른 학자들의 견해를 살펴보지 못했다는 한계 역시 지적되어야 마땅합니다. 앞에서도 누차 강조했습니다만 폭력은 다양하고 복잡한 현상입니다. 그런 만큼 폭력을 잘 이해하기 위해서는 여러 인문학 분야에서의 성찰의 결과가 한데 모아져야 할 필요가 있습니다. 이번 강의에서는 11명의 학자들을 중심으로 폭력을 이해하려고 했지만, 여기에서 누락된 또 다른 학자들의 폭력론에 대한 논의가 더해져야 할 필요성이 있다는 점은 아무리 강조해도 지나치지 않을 것입니다. 앞으로의 연구를 통해 이런 한계를 보완해 나가려고 한다는 말씀을 드리면서 이번 강의를 마치도록 하겠습니다.

이 강의 내용을 더 많은 사람과 공유하고자 하는 생각에 2023년 한국출판문화산업진흥원에서 실시하는 우수출판콘텐츠 제작 지원 사업에 계획서를 접수했고, 다행스럽게 출판 지원을 받게 되었습니다. 이 책의 출간을 지원해 주신 한국출판문화산업진흥원에 감사의 말씀을 드립니다. 또한 어려운 출판 여건에도 불구하고 이 책의 출간을 기꺼이 맡아 주신 세창출판사 이방원 대표님께 감사의 말씀을 드립니다. 특히 이 과정에서 모든 일을 도맡아 처리해 주신 김명희, 김준 선생님, 그리고 원고를 꼼꼼히 읽고 교정해 주신 조성규 선생님께도 역시 감사의 말씀을 드립니다. 늘 그렇듯 옆에서 응원을 해 준 익수와 윤지에게도 고마움을 전합니다.

2023. 11.

변광배

제1강 — 지라르의 폭력론: 『폭력과 성스러움』을 중심으로

Dumouchel (Paul), (sous la direction de), *Violence et vérité: Autour de René Girard*, Colloque de Cerisy, Grasset, 1985.

Girard (René), *Mensonge romantique et vérité romanesque*, Grasset, coll. Pluriel, 1961.

__________, *La Violence et le sacré*, Grasset, 1972.

__________, *Je vois Satan tomber comme l'éclair*, Grasset, 1999.

김모세, 『르네 지라르: 욕망, 폭력, 구원의 인류학』, 살림, 2008.

이종원, 「희생양 메커니즘과 폭력의 윤리적 문제: 르네 지라르의 모방이론과 희생양 메커니즘을 중심으로」, 『철학연구』, 제40집(2015. 11.), 273-301쪽, 중앙대학교 중앙철학연구소.

정일권, 『르네 지라르와 현대 사상가들의 대화: 미메시스 이론, 후기구조주의 그리고 해체주의 철학』, 동연, 2017.

지라르 (르네), 『소설의 이론』, 김윤식 옮김, 삼영사, 1977.

__________, 『폭력과 성스러움』, 김진식 · 박무호 옮김, 민음사, 1993.

__________, 『낭만적 거짓과 소설적 진실』, 김치수 · 송의경 옮김, 한길사, 2001.

__________, 『나는 사탄이 번개처럼 떨어지는 것을 본다』, 김진식 옮김, 문학과지성사, 2004.

__________, 『문화의 기원』, 김진식 옮김, 기파랑, 2006.

__________, 『희생양』, 김진식 옮김, 민음사, 2007.

__________, 『그를 통해 스캔들이 왔다』, 김진식 옮김, 문학과지성사, 2007.

최성희, 「폭력의 기원: 르네 지라르의 희생양과 조르조 아감벤의 호모 사케르」, 『새한영어영문학』, 제52권 3호(2010. 8.), 67-85쪽, 새한영어영문학회.

제2강 — 사르트르의 폭력론: 『존재와 무』와 『변증법적 이성비판』을 중심으로

Aron (Raymond), *Histoire et dialectique de la violence*, Gallimard, coll. Les Essais, CLXXXI, 1973.

Sartre (Jean-Paul), *L'Etre et le néant: Essai d'ontologie phénoménologique*, Gallimard, coll. Bibliothèque des idées, 1943.

______________, *L'Existentialisme est un humanisme*, Nagel, coll. Pensées, 1946.

______________, *L'Engrenage*, Nagel, 1948

______________, *Saint Genet: Comédien et martyr*, (*Œuvres complètes* de Jean Genet, t. I) Gallimard, 1952.

______________, *Critique de la raison dialectique*(précédé de *Questions de méthode*), tome I: *Théorie des ensembles pratiques*, Gallimard, coll. Bibliothèque de philosophie, 1960.

______________, *Situations, X*, Gallimard, 1976.

______________, *Ecrits de jeunesse*, Gallimard, 1990.

______________, *Les Mouches*, in *Théâtre complet*, Gallimard, coll. Bibliothèque de la Pléiade, 2005.

______________, *Huis clos*, in *Théâtre complet*, Gallimard, coll. Bibliothèque de la Pléiade, 2005.

______________, *Les Mots*, in *Les Mots et autres écrits autobiographiques*, Gallimard, coll. Bibliothèque de la Pléiade, 2010.

Solal, (Annie-Cohen), *Sartre, 1905-1980*, Gallimard, 1985.

변광배, 「사르트르, 지라르 그리고 폭력」, 『문학과 사회』, 제18권 제2호(2005. 5.), 352-372쪽, 문학과지성사.

_____, 『존재와 무: 자유를 향한 실존적 탐색』, 살림, 2005.

_____, 『사르트르와 폭력: 사르트르의 철학과 문학에 나타난 폭력의 얼굴들』, 그린비,

2020.
______, 『사르트르 VS. 보부아르』, 세창출판사, 2023.
사르트르 (장폴), 『존재와 무』, I, II, 손우성 옮김, 삼성출판사, 1992.
______________, 『변증법적 이성비판』, 3 vols., 박정자 외 옮김, 나남, 2009.
______________, 『닫힌 방 · 악마와 선한 신』, 지영래 옮김, 민음사, 2013.
______________, 『파리떼 외』, 최성민 옮김, 신영출판사, 1994.
______________, 『말』, 정명환 옮김, 민음사, 2008.
조광제, 『존재의 충만, 간극의 현존: 장 폴 사르트르의 《존재와 무》 강해』, I, II, 그린비, 2013.

제3강 — 파농의 폭력론: 『대지의 저주받은 자들』을 중심으로

Beauvoir (Simone de), *La Force des choses*, Gallimard, 1963.
Fanon (Franz), *Les Damnés de la terre*, (Préface de Jean-Paul Sartre), Maspero, 1961.
Sartre (Jean-Paul), *Situations, II(Qu'est-ce que la littérature?)*, Gallimard, 1948.
고부응 외, 『탈식민주의 이론과 쟁점』, 문학과지성사, 2003.
네이어 (프라모드 K.), 『프란츠 파농, 새로운 인간』, 하상복 옮김, 앨피, 2015.
레비 (베르나르 앙리), 『사르트르 평전』, 변광배 옮김, 을유문화사, 2009.
사르트르 (장폴), 『문학이란 무엇인가』, 정명환 옮김, 민음사, 2000.
셰르키 (알리스), 『프란츠 파농』, 이세욱 옮김, 실천문학사, 2002.
아프리카문화연구소 이석호 엮음, 『아프리카 탈식민주의 문화론과 근대성』, 동인, 2001.
앨렌 (패트릭), 『프란츠 파농 평전 — 나는 내가 아니다』, 곽명단 옮김, 우물이 있는 집, 2001.
자하르 (레나테), 『프란츠 파농』, 김형섭 옮김, 종로서적, 1982.
파농 (프란츠), 『대지의 저주받은 자들』, 남경태 옮김, 그린비, 2004.

제4강 — 아렌트의 폭력론: 『전체주의의 기원』과 『폭력론』을 중심으로

Arendt (Hannah), *The Origins of Totalitarianism*, The Harvest Book, 1968(1951).

______________, *The Human Condition*, The University of Chicago Press, 1998(1958).

______________, *On Violence*, Harcourt, Brace & World, 1970.

Gordon (Rivca), "A Response to Hannah Arendt's Critique of Sartre's Views on Violence", *Sartre Studies International*, vol. 7, Issue 1, 2001.

Laing (R. D.) & D. G. Cooper, *Raison et violence: Dix ans de la philosophie de Sartre 1950-1960*, Payot, coll. PBP, 1972.

김선욱, 「한나 아렌트의 폭력 개념」, 『인문학연구』, 제14집(2008년), 7-29쪽, 한림대학교 인문학연구소.

빌라 (다나 R.), 『아렌트와 하이데거』, 서유경 옮김, 교보문고, 2000.

스위프트 (사이먼), 『스토리텔링 한나 아렌트』, 이부순 옮김, 앨피, 2011.

영-브륄 (엘리자베스), 『한나 아렌트 전기: 세계 사랑을 위하여』, 홍원표 옮김, 인간사랑, 2007.

아렌트 (한나), 『인간의 조건』, 이진우 · 태정호 옮김, 한길사, 2015(1996).

___________, 『혁명론』, 홍원표 옮김, 한길사, 2004.

___________, 『과거와 미래 사이: 정치사상에 관한 여덟 가지 철학연습』, 서유경 옮김, 푸른숲, 2005.

___________, 『전체주의의 기원』, 2 vols., 이진우 · 박미애 옮김, 한길사, 2015(2006).

___________, 『정치의 약속』, 김선욱 옮김, 푸른숲, 2007.

___________, 『어두운 시대의 사람들』, 홍원표 옮김, 인간사랑, 2010.

___________, 「폭력론」, in 『공화국의 위기』, 김선욱 옮김, 한길사, 2011.

___________, 『이해의 에세이, 1930-1954』, 홍원표 외 옮김, 텍스트, 2012.

이상빈, 『아우슈비츠 이후 예술은 어디로 가야 하나』, 책세상, 2001.

최성철, 「폭력을 바라보는 두 시선: 벤야민과 아렌트」, 『독일 연구: 역사 · 사회 · 문화』, 제33호(2016. 11.), 79-119쪽, 한국독일사학회.

제5강 — 소렐의 폭력론: 『폭력에 대한 성찰』을 중심으로

Charzat (Michel), *Georges Sorel et la Révolution au XXe siècle*, Hachette, coll. Essais, 1977.

Sorel (Georges), *Réflexions sur la violence*, Librairie Marcel Rivière et Cie, coll. Etudes sur le Devenir Social, 1946.

김용대, 「폭력과 인권: 소렐, 아렌트, 벤야민에서의 폭력의 문제」, 『민주주의와 인권』, 제4권 제1호(2004. 4.), 91-106쪽, 전남대학교 5·18연구소.

소렐 (조르주), 『폭력에 대한 성찰』, 이용재 옮김, 나남, 2007.

손영원, 「폭력의 원리」, 『제해』, 제30호(1976. 4.), 23-28쪽, 해군사관학교.

이재성, 「폭력이 세계를 구원한다: 조르주 소렐의 《폭력에 대한 성찰》」, 『진보평론』, 제37호(2008. 9.), 307-319쪽, 메이데이.

제6강 — 벤야민의 폭력론: 「폭력비판을 위하여」를 중심으로

김지영, 「벤야민의 폭력비판에 대하여」, 『비평과 이론』, 제18권 제2호(2013. 1.), 39-59쪽, 한국비평이론학회.

문광훈, 『가면들의 병기창 : 발터 벤야민의 문제의식』, 한길사, 2014.

벤야민 (발터), 「폭력비판을 위하여」, in 『〈역사의 개념에 대하여〉, 〈폭력비판을 위하여〉, 〈초현실주의〉 외』, 최성만 옮김, 길, 2008.

___________, 「역사의 개념에 대하여」, in 『〈역사의 개념에 대하여〉, 〈폭력비판을 위하여」〉, 〈초현실주의〉 외』, 최성만 옮김, 길, 2008.

장제형, 「신적 폭력과 신화적 폭력의 단절과 착종: 발터 벤야민의 〈폭력비판을 위하여〉를 중심으로」, 『독일어문학』, 제23권 제1호(2015. 1.), 315-344쪽, 한국독일어문학회.

진태원, 「폭력의 쉬볼렛: 벤야민, 데리다, 발리바르」, 『세계의 문학』, 제35권 1호(2010. 2.), 354-378쪽, 민음사.

제7강 — 데리다의 폭력론: 『법의 힘』을 중심으로

Derrida (Jacques), *La Force de loi: Le "Fondement mystique de l'autorité"*, Gallilée, coll. La philosophie en effet, 1994-2005.

고현범, 「현대 폭력론에 관한 연구: 발터 벤야민의 〈폭력비판론〉에 대한 데리다의 독해를 중심으로」, 『대동철학』, 제50집(2010. 3.), 73-97쪽, 대동철학회.

구자광, 「벤야민의 〈폭력의 비판을 위하여〉에 대한 데리다와 아감벤의 해석 비교 연구」, 『비평과 이론』, 제20권 제1호(2015. 5.), 35-65쪽, 한국비평이론학회.

김성민, 「법의 (불)가능성과 정의의 우선성: 데리다의 《법의 힘》에서 해체적 기획을 중심으로」, 『철학논집』, 제40집(2015. 2.), 201-226쪽, 서강대학교 철학연구소.

데리다 (자크), 『법의 힘』, 진태원 옮김, 문학과지성사, 2004.

페터스 (브누아), 『데리다, 해체의 철학자』, 변광배 · 김중현 옮김, 그린비, 2019.

8강 — 아감벤의 폭력론: 『호모 사케르』와 『예외상태』를 중심으로

Agamben (Giorgio), *Homo sacer: Le Pouvoir souverain et le vie nue*, Seuil, coll. L'ordre philosophique, 1997.

________________, *Potentialities*, *Collected Essays in Philosophy*, Standford University Press, 1999.

________________, *Etat d'exception*, *Homo sacer*, *II*, *1*, Seuil, coll. L'ordre philosophique, 2003.

로스 (W. D.), 『아리스토텔레스: 그의 저술과 사상에 관한 총설』, 김진성 옮김, 세창출판사, 2016.

멜빌 (허먼) 외, 『필경사 바틀비』, 한기욱 엮고 옮김, 창비, 2010.

문성훈, 「벤야민, 지젝, 아감벤의 폭력 개념과 세계화시대의 인정 투쟁」, 『현대유럽철학연구』, 제43집(2016. 1.), 107-134쪽, 한국현대유럽철학회.

벤야민 (발터), 「폭력비판을 위하여」, in 『〈역사의 개념에 대하여〉, 〈폭력비판을 위하여〉, 〈초현실주의〉 외』, 최성만 옮김, 길, 2008.

__________, 「역사 개념에 대하여」, in 『〈역사의 개념에 대하여〉, 〈폭력비판을 위하여〉, 〈초현실주의〉 외』, 최성만 옮김, 길, 2008.
슈미트 (칼), 『정치신학 : 주권론에 관한 네 개의 장』, 김항 옮김, 그린비, 2010.
아감벤 (조르조), 『호모 사케르: 주권 권력과 벌거벗은 생명』, 박진우 옮김, 새물결, 2008.
__________, 『예외상태』, 김항 옮김, 새물결, 2009.
__________, 『장치란 무엇인가: 장치학을 위한 서론』, 양창렬 옮김, 난장, 2010.
이문영, 「21세기 폭력의 패러다임과 폭력·비폭력의 경계: 발리바르, 데리다, 아감벤의 폭력론을 중심으로」, 『평화학연구』, 제16권 제1호(2015. 3.), 7-30쪽, 한국평화연구학회.
이종원, 「신화와 종교 속에서의 폭력: 르네 지라르와 조르주 아감벤의 이론을 중심으로」, 『신학과 실천』, 제48호(2016. 2.), 629-654쪽, 한국실천신학회.
표광민, 「주권 해체를 향한 아감벤의 예외상태론」, 『사회과학연구』, 제37권 제1호(2011. 4.), 1-19쪽, 경희대학교 사회과학연구원.

제9강 — 지젝의 폭력론: 『폭력이란 무엇인가』를 중심으로

갈퉁 (요한), 『평화적 수단에 의한 평화』, 강종일 외 옮김, 들녘, 2000.
김정한, 「폭력과 저항: 발리바르와 지젝」, 『사회와 철학』, 제21호(2011. 4.), 363-390쪽, 사회와철학연구회.
김현, 「폭력 그리고 진리의 정치: 벤야민과 지젝의 '신적 폭력'에 관한 논의를 중심으로」, 『민주주의와 인권』, 제14권 제2호(2014. 8.), 5-41쪽, 전남대학교 5·18연구소.
이동재, 「지젝의 폭력론: 《폭력이란 무엇인가》를 중심으로」, 『현대사상』, 제19호(2018. 4.), 171-194쪽, 현대사상연구소.
이성민, 「폭력, 그리고 불길한 수동성」, 『문학과 사회』, 제24권 제2호(2011. 5.), 379-382쪽, 문학과지성사.
정혜욱, 「지젝의 외상과 바틀비의 정치학」, 『비평과 이론』, 제17권 제2호(2012. 1.), 239-266쪽, 한국비평이론학회.

지젝 (슬라보예), 『폭력이란 무엇인가: 폭력에 대한 6가지 삐딱한 성찰』, 이현우 외 옮김, 난장, 2011.

_______________, 「민주주의에서 신적 폭력으로」, in 『민주주의는 죽었는가?: 새로운 논쟁을 위하여』, 조르조 아감벤 외, 김상운 외 옮김, 난장, 2012.

_______________, 『혁명이 다가온다: 레닌에 대한 13가지 연구』, 이서원 옮김, 길, 2006.

지젝 (슬라보예) 외, 『레닌 재장전』, 마티, 이재원 외 옮김, 2010.

제10강 — 갈퉁의 폭력론: 『평화적 수단에 의한 평화』를 중심으로

갈퉁 (요한), 『평화적 수단에 의한 평화』, 강종일 외 옮김, 들녘, 2000.

김명희, 「종교 · 폭력 · 평화: 요한 갈퉁의 평화이론을 중심으로」, 『종교연구』, 제56집 (2009. 9.), 121-148쪽, 한국종교학회.

이문영, 「폭력 개념에 대한 고찰: 갈퉁, 벤야민, 아렌트, 지젝을 중심으로」, 『역사비평』, 제106호(2014. 2.), 323-356쪽, 역사비평사.

제11강 — 한병철의 폭력론: 『폭력의 위상학』을 중심으로

김진환, 「시스템 폭력의 두 양상: 한병철과 슬라보예 지젝」, 『인문학연구』, 제34집(2020. 12.), 217-240쪽, 인천대학교 인문학연구소.

한병철, 『피로사회』, 김태환 옮김, 문학과지성사, 2012.

_______, 『투명사회』, 김태환 옮김, 문학과지성사, 2014.

_______, 『심리정치』, 김태환 옮김, 문학과지성사, 2015.

_______, 『타자의 추방』, 이재영 옮김, 문학과지성사 2017.

_______, 『폭력의 위상학』, 김태환 옮김, 김영사, 2020.

찾아보기

[ㅂ]

[ㅅ]

[ㅇ]

[ㅈ]

[ㅊ]

[ㅋ]

[ㅌ]

[ㅎ]

폭력에 대한 인문학적 성찰